Martin E. P. Seligman presidió la American Psychological Association, y actualmente dirige el Centro de Psicología Positiva de la Universidad de Pennsylvania, donde se dedica a desarrollar herramientas clínicas y a preparar a la próxima generación de psicólogos positivos. Ha escrito más de veinte libros.

«Una notablemente reveladora reflexión científica y personal acerca de la naturaleza de la felicidad, por uno de los psicólogos más creativos e influyentes de nuestro tiempo.»

STEVEN PINKER, profesor de Psicología del MIT
y autor de *Cómo funciona la mente*

«Finalmente, la psicología se toma en serio el optimismo, la diversión y la felicidad. Martin Seligman nos ha hecho un regalo: una guía práctica para orientarnos en la eterna búsqueda de una vida plena.»

DANIEL GOLEMAN, autor de *La inteligencia emocional*

«Un libro sorprendente, un compendio de sabiduría práctica y de las auténticas fuentes de las que se nutre. Con notable profundidad y referencias a la antigua y la nueva psicología, Seligman pone el acento en nuestro poder de elección. Atrayente y fascinante.»

STEPHEN R. COVEY, autor de *Los siete hábitos
de las personas altamente efectivas*

Papel certificado por el Forest Stewardship Council®

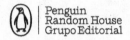

Penguin
Random House
Grupo Editorial

Título original: *Authentic Happiness*

Primera edición en B de Bolsillo: mayo de 2011
Decimocuarta reimpresión: julio de 2023

© 2002, Martin Seligman
© 2003, 2011, Penguin Random House Grupo Editorial, S. A. U.
Travessera de Gràcia, 47-49. 08021 Barcelona
© 2003, Mercè Diago y Abel Debritto, por la traducción
Diseño de la cubierta: Penguin Random House Grupo Editorial
Fotografía de la cubierta: © Getty Images

Printed in Spain – Impreso en España

ISBN: 978-84-9872-508-7
Depósito legal: B-422-2018

Impreso en QP Print
Molins de Rei (Barcelona)

BB 2 5 0 8 C

# La auténtica felicidad

**MARTIN E. P. SELIGMAN**

Traducción de Mercè Diago y Abel Debritto

*Este libro está dedicado a mi esposa,*
*Mandy McCarthy Seligman,*
*cuyo amor ha conseguido*
*que la segunda parte de mi vida*
*sea mucho más feliz y grata*
*de lo que jamás llegué a imaginar.*

# TRASCENDER

*Escher tenía razón.*
*Los hombres suben y bajan escaleras a la vez,*
*la mano dibuja a la mano que la dibuja,*
*y una mujer se suspende*
*sobre sus propios hombros.*

*Sin ti y sin mí el universo es sencillo,*
*gobernado con la regularidad de una cárcel.*
*Las galaxias giran por unos arcos estipulados,*
*las estrellas desaparecen a la hora indicada,*
*los cuervos vuelan hacia el sur*
*y los monos están en celo cuando toca.*

*Pero nosotros, a quienes el cosmos moldeó*
*durante miles de millones de años*
*para encajar en este lugar, sabemos que fracasó.*
*Porque podemos cambiar nuestro molde,*
*alargar un brazo por entre los barrotes*
*y, como Escher, sacarnos.*

*Y mientras las ballenas*
*están eternamente confinadas en los mares,*
*ascendemos por las olas,*
*y miramos la tierra desde la nubes.*

De *Look Down from Clouds* (Marvin Levine, 1997)

# Prefacio

Durante los últimos cincuenta años la psicología se ha dedicado a un único tema, la enfermedad mental, y los resultados han sido bastante buenos. En la actualidad los psicólogos miden conceptos antes confusos como la depresión, la esquizofrenia y el alcoholismo con una precisión considerable. Ahora contamos con mucha información sobre el desarrollo de estos trastornos a lo largo de la vida y sobre sus causas genéticas, bioquímicas y psicológicas. Lo mejor de todo es que hemos aprendido a aliviarlos. Según mis últimas cuentas, catorce de las varias decenas de enfermedades mentales más importantes podrían tratarse de forma eficaz —y dos de ellas curarse— con medicación y psicoterapias específicos.[1]

Pero este progreso se ha obtenido a un precio elevado. Parece ser que el alivio de los estados que hacen que la vida resulte espantosa ha relegado a un segundo plano el desarrollo de los estados que hacen que merezca la pena vivir. No obstante, las personas desean algo más que corregir sus debilidades. Quieren que la vida tenga sentido, y no sólo dedicarse a ir tirando a trancas y a barrancas hasta el día de su muerte. En la cama, antes de dormirse, probablemente cavile, como hago yo, sobre el modo de ser más feliz en la vida, no cómo pasar y sentirse un poco menos desgraciado día tras día. Si es usted de ese tipo de personas, probablemente haya llegado a la conclusión de que la psicología es una decepción desconcertante. Ha llegado el momento de contar con una ciencia cuyo objetivo sea entender la emoción positiva, aumentar las fortalezas y las virtudes y ofrecer pautas para encontrar lo que Aristóteles denominó la «buena vida».

La búsqueda de la felicidad es un derecho legítimo de todo ser humano. Sin embargo, los datos científicos hacen que parezca poco probable que una persona cambie su nivel de felicidad de forma continua. Los estudios apuntan que cada uno de nosotros tiene un rango de felicidad determinado, al igual que sucede con el peso corporal. Por tanto, igual que quienes hacen régimen casi siempre recuperan los kilos perdidos, las personas tristes no son felices de forma duradera y las personas felices no se sienten tristes de forma duradera. No obstante, las nuevas investigaciones sobre la felicidad indican que ésta puede aumentarse de forma duradera. Además, el nuevo movimiento de la Psicología Positiva* muestra que se puede llegar a vivir dentro de los límites más elevados del rango fijo de felicidad; la primera parte de este libro se centra en la comprensión de las emociones positivas y en cómo aumentarlas.

Si bien la teoría de que la felicidad no puede incrementarse de forma duradera supone un obstáculo para la investigación científica sobre el tema, existe otro impedimento más profundo: la creencia de que la felicidad —e incluso de forma más generalizada, toda motivación humana positiva— no es auténtica. Yo califico a esta idea dominante sobre la naturaleza humana, presente en muchas culturas, de dogma corrompido hasta la médula. Si hay una doctrina que esta obra tiene por objeto desterrar, es ésa.

La doctrina del pecado original es la manifestación más antigua de esta clase de dogma, pero tal idea no ha desaparecido en nuestro estado democrático y secular. Freud arrastró esta doctrina hasta la psicología del siglo XX, al

---

* Se ha elegido utilizar mayúsculas con el propósito de destacar este concepto, que es clave en la obra. (N. de la E.)

definir toda la civilización —incluida la ética, la ciencia, la religión y el progreso tecnológico modernos— como una defensa compleja contra conflictos básicos relacionados con la sexualidad y la agresividad en la infancia. «Reprimimos» tales conflictos debido a la angustia insoportable que provocan, y esta angustia se transmuta en la energía que genera civilización. Así pues, el motivo por el que estoy sentado frente al ordenador escribiendo este prefacio en vez de salir a la calle a violar y a matar, se debe a que estoy «compensado», y consigo defenderme de forma satisfactoria de los impulsos salvajes subyacentes. La filosofía de Freud, por extraña que parezca cuando se expone de forma tan descarnada, influye en la práctica psicológica y psiquiátrica diaria, en la que los pacientes rebuscan en su pasado impulsos y sucesos negativos que han forjado su identidad. Así pues, la competitividad de Bill Gates es en realidad su deseo de superar a su padre, y la oposición de la princesa Diana a las minas terrestres no era más que el resultado de sublimar su odio asesino hacia el príncipe Carlos y el resto de los miembros de la familia real.[2]

Esta doctrina corrompida hasta la médula también domina la comprensión de la naturaleza humana en las artes y en las ciencias sociales. Un ejemplo entre mil es *No Ordinary Time* [Una época nada corriente], la apasionante historia de Franklin y Eleanor Roosevelt, escrita por Doris Kearns Goodwin, una de las grandes científicas políticas vivas. Al reflexionar sobre el motivo por el que Eleanor dedicó buena parte de su vida a ayudar a personas de raza negra, pobres o discapacitadas, Goodwin llega a la conclusión de que fue «para compensar el narcisismo de su madre y el alcoholismo de su padre». Las motivaciones como obrar con justicia o cumplir con el deber se descartan por ser demasiado básicas; debe existir algún motivo encubierto y negativo que sustenta la bondad si se desea que el análisis resulte académicamente respetable.[3]

Nunca insistiré lo suficiente: a pesar de la aceptación generalizada de este dogma corrompido en el ámbito religioso y secular, *no existe prueba alguna de que la fortaleza y la virtud tengan su origen en motivaciones negativas*. Considero que la evolución ha favorecido rasgos tanto buenos como malos y que existe una cantidad de roles adaptativos en el mundo que han elegido la ética, la cooperación, el altruismo y la bondad, al igual que existe el mismo número que han optado por el asesinato, el robo, el egoísmo y el terrorismo. Esta premisa de aspecto dual es la piedra angular de la segunda mitad de este libro. La verdadera felicidad deriva de la identificación y el cultivo de las fortalezas más importantes de la persona y de su uso cotidiano en el trabajo, el amor, el ocio y la educación de los hijos.

La Psicología Positiva se basa en tres pilares: en primer lugar es el estudio de la emoción positiva; el estudio de los rasgos positivos, sobre todo las fortalezas y virtudes, pero también las «habilidades» como la inteligencia y la capacidad atlética; y el estudio de las instituciones positivas, como la democracia, las familias unidas y la libertad de información, que sustentan las virtudes y a su vez sostienen las emociones positivas.[4] Las emociones positivas como la seguridad, la esperanza y la confianza nos resultan más útiles en momentos difíciles que cuando la vida es fácil. En épocas de dificultades, comprender y reforzar instituciones positivas como la democracia, la unión familiar y la libertad de prensa cobran una importancia inmediata. En tiempos difíciles, comprender y desarrollar fortalezas y virtudes como el valor, la objetividad, la integridad, la equidad y la lealtad, puede resultar más urgente que en épocas prósperas.

Desde el 11 de septiembre de 2001 he reflexionado sobre la relevancia de la Psicología Positiva. En los momentos difíciles, ¿la comprensión y el alivio del sufrimiento están por encima de la comprensión y el desarrollo de la felicidad? Creo que no. Las personas empobrecidas, deprimidas o con tendencias suicidas se preocupan por muchas más cosas que el mero alivio de su sufrimiento. A estas personas les preocupa, a veces con desesperación, la virtud, el propósito, la integridad y el significado.[5] Las experiencias que provocan emociones positivas hacen que las emociones negativas se desvanezcan rápidamente. Las fortalezas y las virtudes actúan a modo de barrera contra la desgracia y los trastornos psicológicos y pueden ser la clave para aumentar la capacidad de recuperación.[6] Los mejores terapeutas no sólo curan los daños, sino que ayudan a la persona a identificar y desarrollar sus fortalezas y virtudes. Así pues, la Psicología Positiva se toma en serio la gran esperanza de que si una persona se queda encerrada en el garaje de la vida, con escasos y efímeros placeres, con muy pocas gratificaciones y sin encontrar un sentido a su existencia, hay un camino de salida. Este camino le conducirá por un campo de placer y gratificación, por las cimas de la fortaleza y la virtud y, al final, por las cumbres de la realización duradera: el sentido y la determinación en la vida.

# Primera parte

## Emociones positivas

### LA DEMANDA DEL NOVATO

*Escúchame señor bocazas:*
*sólo te pido felicidad,*
*piruletas naranjas grandes,*
*globos violetas.*

> *(Las aguanta ese hombre*
> *medio escondido en la sombra.*
> *Mira su ramillete naranja y violeta.)*

*¿Qué es eso de «contemplar»*
*«distanciarse» y «e-man-ci-par-se»?*
*Sólo quiero felicidad,*
*clara y sencilla.*

> *(Las piruletas se derriten.*
> *Los globos se desinflan.*
> *El hombre espera.)*

De *Look Down From Clouds*
(Marvin Levine, 1997)

# 1
## Sentimiento positivo y personalidad positiva

En 1932, Cecilia O'Payne hizo sus votos definitivos en Milwaukee. Como novicia de la Escuela de las Hermanas de Notre Dame, se comprometió a dedicar el resto de su vida a enseñar a los más jóvenes. Cuando se le pidió que redactara una pequeña autobiografía para la ocasión, escribió:

> Dios me hizo empezar bien la vida al concederme una bendición de valor incalculable [...] El año pasado, que pasé como candidata estudiando en Notre Dame, fue muy feliz. Ahora anhelo con alegría recibir el Hábito Sagrado de Nuestra Señora y una vida de unión con el Amor Divino.

Ese mismo año, en la misma ciudad y en el momento de profesar los mismos votos, Marguerite Donnelly escribió su corto relato autobiográfico.

> Nací el 26 de septiembre de 1909, soy la mayor de siete hermanos, cinco niñas y dos niños [...] Pasé mi año de postulanta en el convento mayor, enseñando química y segundo año de latín en el Instituto de Notre Dame.
> Dios mediante, tengo intención de dar lo mejor por nuestra Orden, para la difusión de la religión y para mi propia santificación.

Estas dos monjas, junto con otras 178, se convirtieron en sujetos del estudio más importante sobre la felicidad y la longevidad realizado hasta el momento.[1]

Investigar cuánto vivirán las personas y comprender qué condiciones acortan o alargan la vida es un problema científico de suma importancia, pero también tremendamente espinoso. Por ejemplo, está bien documentado que las personas de Utah viven más que las del estado vecino de Nevada. Pero ¿por qué? ¿Acaso se debe al aire limpio de las montañas de Utah en contraposición con los gases de los tubos de escape de Las Vegas? ¿Puede atribuirse a la sobria vida mormona, contrapuesta al estilo de vida más frenético del habitante medio de Nevada? ¿Se debe a la alimentación estereotipada de Nevada —comida basura, tentempiés de madrugada, alcohol y tabaco— en contraste con los productos sanos, frescos y a la escasez de alcohol y tabaco en Utah? Existen demasiados factores insidiosos —aparte de sustanciales— que desbaratan las teorías de los científicos para aislar la causa de los contrastes entre estos estados.

A diferencia de los habitantes de Nevada, o incluso de los de Utah, las monjas llevan una vida rutinaria y protegida. A grandes rasgos, todas siguen la misma dieta, simple y fácil de digerir. No fuman ni beben. No padecen enfermedades de transmisión sexual. Pertenecen a la misma clase social y económica y tienen el mismo acceso a buenos cuidados sanitarios. Por consiguiente, casi todos los factores de confusión habituales quedan eliminados, y aun así existe una gran diferencia con respecto al número de años que viven las monjas y a su estado de salud. Cecilia sigue viva a los 98 años y no ha estado enferma ni un solo día de su vida. Por el contrario, Marguerite sufrió un derrame cerebral a los 59 años y murió poco después. Podemos estar seguros de que su estilo de vida, la dieta y la atención médica no tuvieron la culpa. Sin embargo, cuando fueron leídos concienzudamente los relatos autobiográficos de las 180 monjas, surgió una diferencia muy marcada y sorprendente. Repasando lo que escribieron Cecilia y Marguerite, ¿es capaz de advertirlo?

La hermana Cecilia empleó las palabras «muy feliz» y «anhelo» y «alegría», expresiones que denotan un ánimo eufórico. Por el contrario, la autobiografía de la hermana Marguerite no contenía ni un soplo de emoción positiva. Cuando los evaluadores, que no sabían cuántos años habían vivido las monjas, cuantificaron la cantidad de sentimientos positivos, descubrieron que el 90 % del grupo más alegre seguía vivo a los 85 años, en contraste con sólo el 34 % del grupo menos alegre. Asimismo, el 54 % del grupo más animoso seguía vivo a los 94 años, mientras que sólo lo estaba el 11 % del grupo menos alegre.

¿Realmente era el talante optimista de su relato autobiográfico lo que marcaba la diferencia? Quizá consistiera en una diferencia con respecto al grado de infelicidad expresado, o a la ilusión por el futuro, o a la devoción, o a la complejidad intelectual de los relatos. Pero la investigación demostró que ninguno de esos factores determinaba la diferencia, sino sólo la cantidad de sentimiento positivo que expresaban en sus escritos. Así pues, parece que una monja feliz es una monja longeva.

Las fotos de los anuarios de la universidad son una mina de oro para los investigadores de la Psicología Positiva. «Mira el pajarito y sonríe», dice el fotógrafo y uno esboza su mejor sonrisa con diligencia. Resulta que sonreír a petición es más fácil de decir que de hacer. Algunas personas despliegan una sonrisa radiante de genuina alegría, mientras que otras posan educadamente. Existen dos tipos de sonrisas. La primera, llamada sonrisa de Duchenne (en honor a su descubridor, Guillaume Duchenne), es genuina. La comisura de los labios se levanta y la piel del contorno de los ojos se arruga (como las patas de gallo).

Resulta extremadamente difícil controlar de forma voluntaria los músculos encargados de dichos movimientos, el *orbicularis oculi* y el *zygomaticus*. La otra sonrisa, llamada sonrisa Pan American (en honor a las azafatas de los anuncios de televisión de la ya desaparecida compañía aérea), es fingida y no presenta ninguno de los rasgos de la Duchenne. De hecho, guarda más relación con el rictus que muestran los primates inferiores cuando están asustados que con la felicidad.

Cuando los psicólogos experimentados repasan álbumes de fotos distinguen de un vistazo las sonrisas Duchenne de las otras. Dacher Keltner y LeeAnne Harker, de la Universidad de California en Berkeley, por ejemplo, estudiaron 141 fotos de último curso del anuario de 1960 del Mills College.[2] Con excepción de tres mujeres todas sonreían, y la mitad de aquellas sonrisas eran de Duchenne. Los investigadores se pusieron en contacto con todas las mujeres a los veintisiete, cuarenta y tres y cincuenta y dos años y las interrogaron sobre su matrimonio y grado de satisfacción en la vida. Cuando Harker y Keltner heredaron el estudio en la década de los noventa, se preguntaron si podrían predecir cómo sería la vida de casada de estas mujeres únicamente a partir de la sonrisa de su último año de estudios. Por sorprendente que resulte, las mujeres Duchenne, por término medio, tenían más probabilidades de casarse, de mantener su matrimonio y de experimentar un mayor bienestar personal a lo largo de los treinta años siguientes. Estos indicadores de felicidad fueron predecidos por medio de un mero fruncimiento del contorno de los ojos.

A fin de poner en duda tales resultados, Harker y Keltner se plantearon si las mujeres Duchenne eran más guapas y su buena presencia, más que la autenticidad de su sonrisa, era lo que predecía una mayor satisfacción en la vida. Así, las investigadoras se dedicaron a evaluar la belleza de las mujeres y descubrieron que el aspecto no tenía nada que ver con los matrimonios felices o la satisfacción con la vida. Concluyeron que una mujer que sonreía de forma genuina tenía más posibilidades de ser feliz en su matrimonio y en la vida.

Estos dos estudios resultan sorprendentes, porque comparten la conclusión de que un registro momentáneo de emoción positiva predice de forma convincente la longevidad y la satisfacción marital. La primera parte de este libro trata de estas emociones positivas momentáneas: alegría, fluidez, regocijo, placer, satisfacción, serenidad, esperanza y éxtasis. Me centraré especialmente en tres cuestiones:

- *¿Por qué* la evolución nos dotó de sentimiento positivo? ¿Cuáles son las funciones y consecuencias de tales emociones, aparte de hacernos sentir bien?
- *¿Quién* dispone de emoción positiva en abundancia y quién no? *¿Qué* posibilita estas emociones y qué las impide?
- *¿Cómo* se puede desarrollar una mayor y más duradera emoción positiva en la vida?

Todos deseamos responder a estas preguntas y es natural recurrir al campo de la psicología para obtener las respuestas. Por tanto, quizá sorprenda que la psicología haya desatendido el lado positivo de la vida.[3] Por cada cien artículos especializados sobre la tristeza, sólo se publica uno sobre la felicidad.

Uno de mis objetivos es ofrecer respuestas responsables, basadas en la investigación científica, a estas tres preguntas. Desgraciadamente, a diferencia del alivio de la depresión —para la que la investigación ha proporcionado manuales con distintos pasos que están documentados de forma fiable porque se sabe que funcionan—, lo que sabemos sobre la consecución de la felicidad es desigual. Puedo presentar hechos fehacientes sobre ciertos aspectos, pero sobre otros lo mejor que puedo hacer es extraer conclusiones de las últimas investigaciones y sugerir cómo aplicarlas en la vida. En todo caso, diferenciaré entre lo que se sabe y lo que son especulaciones mías. Mi objetivo más ambicioso, tal como se verá en los tres capítulos siguientes, es corregir ese desequilibrio impulsando el campo de la psicología para complementar sus conocimientos —ganados con esfuerzo— sobre el sufrimiento y sobre las enfermedades mentales, con un mayor conocimiento sobre la emoción positiva, así como sobre las fortalezas y virtudes personales.

¿Cómo encajan las fortalezas y las virtudes? ¿Por qué un libro sobre Psicología Positiva trata sobre algo más que la «felicidalogía» o el hedonismo, la ciencia que versa acerca de cómo nos sentimos entre un momento y otro? Una persona hedonista desea el máximo de buenos momentos y el mínimo de malos momentos en su vida, y la teoría hedonista más sencilla dice que la calidad de vida no es más que la cantidad de buenos momentos menos la cantidad de malos momentos. Se trata de algo más que de la teoría de la torre de marfil, puesto que muchas personas van por la vida basándose exactamente en dicho objetivo. Sin embargo, es una falsa ilusión, porque la suma total de nuestros sentimientos momentáneos resulta ser una medida muy imperfecta de lo bien o mal que juzgamos un episodio: ya sea una película, unas vacaciones, un matrimonio o toda una vida.

Daniel Kahneman, distinguido profesor de Psicología de Princeton y principal autoridad mundial sobre el hedonismo, ha forjado su trayectoria profesional demostrando las muchas imperfecciones de una teoría hedonista simplista. Una de las técnicas que emplea para poner en entredicho la teoría hedonista es la colonoscopia, prueba que consiste en introducir un molesto endoscopio por el recto y desplazarlo en sentido ascendente y descendente por los intestinos durante lo que parece una eternidad, aunque en realidad la prueba sólo dura unos pocos minutos. En uno de los experimentos de Kahneman, a 682 pacientes se les asignó al azar la colonoscopia habitual o un procedimiento que duraba un minuto más, aunque en este último minuto el colonoscopio no se movía. El instrumento inmóvil hace que el minuto final resulte menos desagradable, pero añade un minuto de incomodidad. Por supuesto, el minuto adicional hace que el grupo sienta un dolor total mayor que el del grupo de la prueba rutinaria. No obstante, dado que su experiencia termina relativamente bien, su recuerdo del episodio es mucho más optimista y, sorprendentemente, están más predispuestos a volver a someterse a la prueba que el grupo de la prueba rutinaria.[4]

En la vida real hay que tener mucho cuidado con los desenlaces, puesto que marcarán el recuerdo de toda una relación y la predisposición a volver a entablarla. Este libro hablará de por qué falla el hedonismo y lo que eso puede significar para las personas. Así pues, la Psicología Positiva se centra en el significado de los momentos felices e infelices, el tapiz que tejen, y las fortalezas y virtudes que manifiestan y que otorgan una calidad determinada a la vida. Ludwig Wittgenstein, el gran filósofo austriaco, era desgraciado a decir de todos. Colecciono material sobre él y nunca he visto una foto en la que esbozara una sonrisa, ni Duchenne ni de otro tipo. Wittgenstein era melancólico, irascible y ferozmente crítico con quienes lo rodeaban e incluso más crítico consigo mismo. En sus característicos seminarios impartidos en sus fríos y sobrios aposentos de Cambridge, solía caminar de un lado a otro de la habitación murmurando de forma audible: «Wittgenstein, Wittgenstein, qué mal profesor eres.» Sin embargo, sus últimas palabras desmienten a la «felicidalogía». Moribundo y solitario en una buhardilla de Ithaca, Nueva York, le dijo a su casera: «¡Dígales que ha sido maravilloso!»

Supongamos que uno pudiera conectarse a una «máquina de experiencias» hipotética que, durante el resto de la vida, estimulara el cerebro y proporcionara los sentimientos positivos que cada cual deseara.[5] La mayoría de las personas a las que ofrezco esta opción imaginaria rechazan la máquina. No sólo deseamos sentimientos positivos, sino que queremos tener derecho a ellos. No obstante, hemos inventado innumerables fórmulas para sentirnos bien: drogas, chocolate, sexo sin amor, ir de compras, masturbarse y ver la televisión serían algunos ejemplos. (Y desde luego no tengo intención de sugerir que se deban abandonar estas actividades.)

La idea de que podemos recurrir a tales fórmulas para obtener felicidad, alegría, consuelo y éxtasis, en vez de tener derecho a dichos sentimientos gracias al ejercicio de nuestras fortalezas y virtudes personales, hace que exista un buen número de personas que, rodeadas de grandes riquezas, padecen una sed de espiritualidad. Las emociones positivas obtenidas por actividades ajenas al carácter provocan desolación, falta de autenticidad, depresión y, a medida que envejecemos, la atormentadora impresión de que estaremos inquietos hasta la muerte.

El sentimiento positivo que aparece a partir de la puesta en práctica de las fortalezas y virtudes, en vez de las fórmulas rápidas, es genuino. Descubrí el valor de esta autenticidad impartiendo cursos de Psicología Positiva durante los últimos tres años en la Universidad de Pensilvania. (Han sido mucho más divertidos que los cursos de psicología clínica que impartí los veinte años anteriores.) Hablo a mis alumnos de Jon Haidt, un joven profesor con talento de la Universidad de Virginia que inició su carrera trabajando sobre la repugnancia, para lo que daba de comer a la gente saltamontes fritos.[6] Luego pasó a la repugnancia moral, observando la reacción de las personas cuando les pedía que se probaran una camiseta que supuestamente había llevado Adolf Hitler. Agotado por estos estudios negativos, empezó a buscar una emoción que fuera lo contrario de la repugnancia moral, que él denomina «elevación». Haidt recopila historias sobre las reacciones emocionales cuando se experimenta el lado bueno de la humanidad, cuando se ve a otra persona haciendo algo sumamente positivo. Un estudiante de 18 años de la Universidad de Virginia relata una historia de elevación característica.

Regresábamos a casa después de trabajar en el refugio del Ejército de Salvación una noche que nevaba. Pasamos junto a una anciana que estaba quitando la nieve del camino de entrada con una pala. Uno de los muchachos pidió al conductor que lo dejara salir. Pensé que iba a tomar un atajo para dirigirse a su casa, pero cuando lo vi tomar la pala, noté un nudo en la garganta y empecé a llorar. Quería contárselo a todo el mundo. Me pareció algo muy romántico.

Los estudiantes de una de mis clases se preguntaban si la felicidad procede del ejercicio de la amabilidad más fácilmente que del hecho de divertirse. Tras una acalorada discusión, cada uno de nosotros asumió una labor para la siguiente clase: llevar a cabo una actividad placentera y otra filantrópica y escribir sobre ambas.

Los resultados fueron sorprendentes. Los rescoldos de la actividad «placentera» —salir con los amigos, ver una película o comer un montón de helado de chocolate— palidecían en comparación con los efectos de una buena acción. Cuando nuestros actos filantrópicos fueron espontáneos y requirieron el empleo de nuestras fortalezas personales, el día entero fue mejor. Una estudiante me contó que su sobrino le telefoneó para pedirle ayuda con la aritmética de tercer curso. Después de darle una hora de clase, se quedó sorprendida al darse cuenta de que «durante el resto del día escuché mejor, estuve más sosegada y caí mejor a la gente que de costumbre». El ejercicio de la bondad es una gratificación, a diferencia de un placer. Como gratificación, apela a las fortalezas de cada uno y exige dar la talla para asumir un reto. La bondad no va acompañada de una corriente de emoción positiva como el júbilo, sino que más bien consiste en el compromiso total y en la pérdida de conciencia de la propia identidad. El tiempo se detiene. Uno de los alumnos de la escuela de negocios reconoció sin tapujos que se había matriculado en la universidad para aprender a ganar mucho dinero y ser feliz, pero que se había quedado de una pieza al darse cuenta de que le gustaba más ayudar a otras personas que gastar el dinero yendo de compras.

Por consiguiente, para entender el bienestar también necesitamos comprender las fortalezas y las virtudes personales, y éste es el tema de la segunda parte del presente libro. Cuando el bienestar procede del empleo de nuestras fortalezas y virtudes, nuestras vidas quedan imbuidas de autenticidad. Los sentimientos son estados, acontecimientos momentáneos que no tienen por qué ser rasgos de personalidad recurrentes. Los *rasgos*, a diferencia de los estados, son características positivas o negativas que se repiten a lo largo del tiempo y en distintas situaciones, y las fortalezas y virtudes son las características positivas que aportan sensaciones positivas y gratificación. Los rasgos son disposiciones duraderas cuya materialización hace que los sentimientos momentáneos sean más probables. El rasgo negativo de la paranoia incrementa la probabilidad de que aparezca el estado momentáneo de los celos, del mismo modo que el rasgo positivo de tener sentido del humor hace que sea más probable reír.

El *optimismo* como rasgo ayuda a explicar por qué una única instantánea de la felicidad momentánea de las monjas podía predecir cuánto tiempo vivirían. Las personas optimistas tienden a interpretar que sus problemas son pasajeros, controlables y propios de una situación. Las personas pesimistas, por el contrario, creen que sus problemas durarán siempre, socavarán todo lo que hagan y que no podrán controlarlos. Para ver si el optimismo predice la longevidad, los científicos de la Clínica Mayo, de Rochester, Minnesota, seleccionaron a 839 pacientes consecutivos que habían acudido al centro para recibir cuidados médicos hacía cuarenta años. (En el momento del ingreso, los pacientes de la Clínica Mayo se someten a una serie de pruebas tanto psicológicas como físicas y una de ellas es el test del rasgo del optimismo.) Del total de pacientes, 200 habían muerto en el año 2000, y los optimistas presentaban una longevidad un 19 % mayor, con respecto a la esperanza de vida, en comparación con los pesimistas. El hecho de vivir un 19 % más es comparable a las vidas más largas de las monjas felices.[7]

El optimismo no es más que una de las dos docenas de fortalezas que proporcionan un mayor bienestar. George Vaillant, profesor de Harvard que dirige los dos estudios psicológicos más completos sobre hombres a lo largo de sus vidas, estudia las fortalezas que él ha dado en llamar «defensas maduras», entre las cuales se incluye el altruismo, la capacidad de aplazar la gratificación, la previsión de futuro y el sentido del humor. Algunos hombres no maduran nunca y no muestran tales rasgos, mientras que otros se deleitan en ellos a medida que envejecen. Los dos grupos de Vaillant son las promociones de Harvard entre 1939 y 1943, y 456 coetáneos de los barrios pobres de Boston. Ambos estudios se iniciaron a finales de la década de los años treinta, cuando los participantes estaban a punto de entrar en la veintena y se prolongan hasta la actualidad, cuando los hombres tienen ya más de ochenta años. Vaillant ha hecho públicos los factores que mejor predicen el envejecimiento satisfactorio, entre los que se encuentra el nivel de ingresos, la salud física y la alegría de vivir. Las defensas maduras son un indicador fiable de la alegría de vivir, de los ingresos elevados y de la ancianidad vigorosa tanto en el grupo mayoritariamente blanco y protestante de Harvard como en el grupo de la zona pobre de la ciudad, mucho más heterogéneo. De los 76 hombres de la zona pobre que mostraban con frecuencia tales defensas maduras cuando eran jóvenes, el 95 % todavía podía mover muebles pesados, cortar leña, caminar tres kilómetros y subir dos tramos de escaleras sin cansarse siendo mayores. De los 68 hombres de la zona pobre que nunca llegaron a mostrar tales fortalezas psicológicas, sólo el 53 % podía realizar dichas tareas. En el caso de los hombres de Harvard a los 75 años, la alegría de vivir, la satisfacción matrimonial y el sentido subjetivo de salud física se predecían mejor a partir de las defensas maduras practicadas y medidas en la mediana edad.[8]

¿Cómo seleccionó la Psicología Positiva sólo 24 fortalezas de entre la gran cantidad de rasgos existentes? La última vez que alguien se molestó en contarlas, en 1936, más de dieciocho mil palabras en inglés se referían a los rasgos.[9] Escoger los que serán objeto de investigación es un tema serio para un grupo de psicólogos y psiquiatras distinguidos que están desarrollando un sistema cuya intención es convertirse en lo contrario del *DSM* (*Manual Diagnóstico y Estadístico de los Trastornos Mentales* de la Asociación Americana de Psiquiatría, que sirve como esquema de clasificación de las enfermedades mentales). ¿Valentía, amabilidad, originalidad? Sin duda, pero ¿y la inteligencia, tener buen oído o ser puntual? Tres criterios para seleccionar las fortalezas son los siguientes:

- Que se valoren en prácticamente todas las culturas.
- Que se valoren por derecho propio, no como medio para alcanzar otros fines.
- Que sean maleables.

Así pues, la inteligencia y el buen oído se descartan, porque no se pueden aprender. La puntualidad sí puede aprenderse, pero al igual que el buen oído, suele ser un medio para otros fines —como la eficiencia— y no se valora en todas las culturas.

Si bien es posible que la psicología haya desatendido la virtud, no cabe duda de que la religión y la filosofía no lo han hecho y existe una convergencia sorprendente sobre la virtud y la fortaleza a lo largo de los milenios y entre culturas. Confucio, Aristóteles, santo Tomás de Aquino, el código Bushido de los samuráis, el Bhagavad-Gita y otras tradiciones venerables discrepan en cuanto a los detalles, pero estos seis códigos incluyen seis virtudes clave:

- Sabiduría y conocimiento.
- Valor.
- Amor y humanidad.
- Justicia.
- Templanza.
- Espiritualidad y trascendencia.

Cada una de las virtudes clave puede subdividirse para su clasificación y medición. La sabiduría, por ejemplo, comprende fortalezas tales como curiosidad, amor por el conocimiento, criterio, originalidad, inteligencia social y objetividad. El amor incluye amabilidad, generosidad, cariño y la capacidad de amar y ser amado. La convergencia existente a lo largo de miles de años y entre tradiciones filosóficas no relacionadas entre sí es asombrosa y la Psicología Positiva toma este acuerdo intercultural como guía.

Estas fortalezas y virtudes nos sirven tanto en los malos momentos como en los buenos. De hecho, las épocas difíciles son una ocasión única para mostrar fortalezas. Hasta hace poco creía que la Psicología Positiva era hija de los buenos momentos: supuse que cuando las naciones están enfrentadas y empobrecidas y hay agitación social, lo más natural es que se preocupen por la defensa y los daños, y la ciencia que considerarán más apropiada será la que se dedica a cicatrizar heridas. Por el contrario, cuando las naciones pasan por un período de paz, con excedentes y sin agitación social, se dedican a construir los mejores bienes de la vida. Sin embargo, la Florencia gobernada por Lorenzo de Médicis decidió dedicar su superávit no a convertirse en la potencia militar más imponente de Europa, sino a crear belleza...

La fisiología muscular distingue entre la actividad *tónica* (la actividad eléctrica base cuando el músculo está en reposo) y la actividad *fásica* (el estallido de actividad eléctrica cuando el músculo se enfrenta a un estímulo y se contrae). La mayor parte de la psicología se dedica a la actividad tónica; la introversión, el cociente de inteligencia (CI) elevado, la depresión y la ira, por ejemplo, se miden en ausencia de estímulos del mundo real, y la esperanza del experto en psicometría es predecir qué hará la persona cuando se enfrente a un estímulo fásico. ¿Qué tal funcionan las mediciones tónicas? ¿Un CI elevado predice una respuesta realmente astuta cuando un cliente nos dice que no? ¿Hasta qué punto la depresión tónica predice el desmoronamiento de una persona cuando la despiden? «Moderadamente bien, pero de forma imperfecta», es la mejor respuesta en términos generales.

Como es habitual, la psicología predice muchos de los casos, pero existe un buen número de personas con un CI elevado que fracasan y un número igual de importante de personas con un CI bajo que triunfan cuando la vida los desafía a hacer algo de verdad inteligente en el mundo. El motivo de estos errores es que las medidas tónicas no son más que indicadores moderados de la actividad fásica. He dado el nombre de efecto Harry Truman a este fallo en la predicción. Truman, tras una vida mediocre, para sorpresa de casi todos estuvo a la altura de las circunstancias después de la muerte de Roosevelt y acabó convirtiéndose en uno de los grandes presidentes de Estados Unidos.

Necesitamos una psicología que esté a la altura de las circunstancias, porque ésa es la pieza que falta en el rompecabezas de la predicción del comportamiento humano. En la lucha evolutiva por conseguir un compañero o sobrevivir al ataque de un depredador, los antepasados que dieron la talla transmitieron sus genes; los perdedores no. Sus características tónicas, como la vulnerabilidad a la depresión, los patrones de sueño y el contorno de cintura, probablemente no contaran demasiado, excepto en la medida en que alimentan el efecto Harry Truman. Esto significa que todos nosotros poseemos en nuestro interior antiguas fortalezas de las que quizá no tengamos conocimiento hasta que se nos presente un verdadero reto. ¿Por qué los adultos que se enfrentaron a la Segunda Guerra Mundial fueron la «mejor generación»? No porque estuvieran hechos de una materia distinta a la nuestra, sino porque vivieron un momento difícil que les hizo apelar a las antiguas fortalezas internas.

Cuando lea sobre estas fortalezas en los capítulos 7 y 8 y responda al cuestionario sobre las mismas, descubrirá que algunas de sus fortalezas son tónicas y otras fásicas. La amabilidad, la curiosidad, la lealtad y la espiritualidad, por ejemplo, tienden a ser tónicas; pueden aparecer varias veces al día. La perseverancia, la objetividad, la justicia y el valor, situadas en el otro extremo, tienden a ser fásicas; no se puede mostrar valor mientras uno se halla en la cola de un supermercado o sentado en un avión (a no ser que unos terroristas lo secuestren). Una acción fásica en toda una vida puede ser suficiente para demostrar valor.

Algunas fortalezas son profundamente características de su persona y otras no lo son. Denomino a las primeras *fortalezas personales*, y uno de mis objetivos es diferenciarlas de las fortalezas que no son tan propias de su persona.

No considero que uno deba dedicar demasiados esfuerzos a corregir las debilidades. Me inclino por pensar que el éxito en la vida y la satisfacción emocional más profunda proceden del desarrollo y el ejercicio de las fortalezas personales. Por este motivo, la segunda parte de este libro se centra en la identificación de tales fortalezas.

La tercera parte de esta obra trata, nada más y nada menos, sobre qué es una *buena vida*. En mi opinión, ésta puede hallarse siguiendo un camino sorprendentemente sencillo. La «vida placentera» puede encontrarse tomando champán y conduciendo un Porsche, pero no la buena vida. Yo diría que la buena vida consiste en emplear las fortalezas personales todos los días para lograr una felicidad auténtica y abundante gratificación.[10] Es una actividad que puede aprenderse a desarrollar en cada uno de los ámbitos de la vida: el trabajo, el amor y la educación de los hijos.

Una de mis fortalezas personales es el amor por el conocimiento y, por ser profesor, la he incorporado a la estructura de mi vida. Intento hacer algo al respecto todos los días. Simplificar un concepto complejo para mis alumnos o contarle a mi hija de ocho años cómo se apuesta en el *bridge* me produce una satisfacción interna. Más que eso, cuando enseño bien me siento lleno de energía, y el bienestar que ello me produce es genuino porque procede de lo que se me da mejor. Por el contrario, organizar a las personas no es una de mis fortalezas personales. Algunos mentores excelentes me han ayudado a mejorar al respecto, de modo que si me veo obligado, puedo presidir un comité con eficacia. Pero cuando termino me siento agotado, no revitalizado. La satisfacción que obtengo es menos genuina que la que consigo enseñando.

El bienestar que genera el empleo de las fortalezas propias radica en la autenticidad. Pero al igual que el bienestar necesita arraigarse en las fortalezas y virtudes, éstas a su vez deben arraigarse en algo superior. Del mismo modo que la buena vida es algo más que la vida placente-ra, la vida significativa es algo más que la buena vida.

¿Qué nos dice la Psicología Positiva sobre encontrar una meta en la vida, sobre llevar una *vida significativa* más allá de la buena vida? No soy lo suficientemente petulan-te e inmaduro como para presentar una teoría completa sobre el sentido de la vida, pero sí sé que consiste en el apego a algo más elevado, y cuanto más elevada sea la en-tidad a la que uno se apega, más significado tendrá la pro-pia existencia. Muchas de las personas que buscan un sen-tido y una meta en la vida han recurrido al pensamiento *new age* o a las religiones organizadas. Están sedientas de una intervención milagrosa o divina. Uno de los costes ocultos de la obsesión de la psicología contemporánea por la patología es que ha dejado a estos peregrinos en la esta-cada.

Al igual que muchas de estas personas abandonadas a su suerte, yo también anhelo encontrar un sentido a mi vida que trascienda los objetivos arbitrarios que he escogido para mí. Sin embargo, igual que muchos occidentales con inclinaciones científicas, la idea de un objetivo trascenden-te —o, más allá de éste, de un Dios que cimiente tal obje-tivo— siempre me ha parecido insostenible. La Psicología Positiva señala el camino hacia un enfoque secular del ob-jetivo noble y el significado trascendente y, lo que es más sorprendente, hacia un Dios que no es sobrenatural. Estas esperanzas se expresan en el último capítulo.

Ahora que inicia su travesía por este libro, le propon-go que responda a esta encuesta rápida sobre la felicidad. Fue creada por Michael W. Fordyce y la han contestado decenas de miles de personas. Puede responder a la encues-ta en la página siguiente o en el sitio web *www.authentich-appiness.org*. El sitio web (por el momento está en inglés) llevará el registro de los cambios de su puntuación a medida que va leyendo el libro, además de ofrecerle comparaciones completas y actualizadas de otras personas que han cumplimentado la encuesta, clasificadas por edad, sexo y nivel de estudios. Cuando piense en tales comparaciones, por supuesto, recuerde que la felicidad no es una competición. La felicidad verdadera proviene de elevar el listón para uno mismo, no de compararse con otros.

## CUESTIONARIO DE FORDYCE SOBRE LAS EMOCIONES[11]

En general, ¿cuán feliz o infeliz suele sentirse? Marque una única frase, la que mejor describa su felicidad media.

_____ 10. Sumamente feliz (me siento eufórico, jubiloso, fantástico).

_____ 9. Muy feliz (me siento realmente bien, eufórico).

_____ 8. Bastante feliz (de buen humor, me siento bien).

_____ 7. Medianamente feliz (me siento bastante bien y bastante alegre).

_____ 6. Ligeramente feliz (un poco por encima de lo normal).

_____ 5. Neutro (no especialmente feliz ni infeliz).

_____ 4. Ligeramente infeliz (un poco por debajo de lo neutral).

_____ 3. Medianamente infeliz (un poco desanimado).

_____ 2. Bastante infeliz (un poco triste, desanimado).

_____ 1. Muy infeliz (deprimido, muy abatido).

_____ 0. Sumamente infeliz (profundamente deprimido, completamente abatido).

Reflexione sobre sus emociones un poco más. Por término medio, ¿qué porcentaje del tiempo se siente feliz? ¿Qué porcentaje del tiempo se siente infeliz? ¿Qué porcentaje del tiempo se siente neutro (ni feliz ni infeliz)? Anote sus estimaciones más precisas, en la medida de lo posible, en los espacios asignados más abajo. Asegúrese de que las tres cifras suman un total de 100.

Por término medio:
Porcentaje de tiempo que me siento feliz _____ %
Porcentaje de tiempo que me siento infeliz _____ %
Porcentaje de tiempo que me siento neutro _____ %

Como dato ilustrativo en base a una muestra de 3.050 estadounidenses adultos, la puntuación media (sobre 10) es 6,92. La puntuación media sobre el tiempo que se es feliz es un 54,13 %; infeliz un 20,44 % y neutro un 25,43 %.

A lo largo de la lectura de este capítulo quizá le haya asaltado una duda: ¿qué es la felicidad, en resumidas cuentas? Se han escrito más palabras para definir la felicidad que para cualquier otra cuestión filosófica. Podría llenar el resto de estas páginas con sólo una fracción de los intentos por tomar esta palabra de la que se ha hecho un uso excesivo y darle sentido, pero no tengo intención de confundir más las cosas. Me he preocupado por utilizar los términos de forma coherente y bien definida, y el lector interesado encontrará las definiciones en el Apéndice. Sin embargo, mi principal preocupación es medir los elementos de la felicidad —las emociones y fortalezas positivas— para luego contarle qué ha descubierto la ciencia acerca de cómo incrementarlas.

# 2

# De cómo la psicología perdió el rumbo y yo encontré el mío

—Hola, Marty. Sé que has estado esperando sobre ascuas. Aquí están los resultados... —Chirrido. Zumbido. Chirrido. Luego el silencio.

Reconozco la voz de Dorothy Cantor, presidenta de la Asociación Americana de Psicología (APA), que cuenta con 160.000 afiliados, y acierta en lo de las ascuas. La votación para encontrarle sucesor acaba de concluir y yo era uno de los candidatos. Pero ¿ha intentado alguna vez utilizar un teléfono de automóvil en medio de una zona montañosa?

—¿Te llamaba por los resultados de las elecciones? —grita mi suegro, Dennis, con su acento británico de barítono.

Desde el asiento trasero del abarrotado coche familiar, apenas lo oigo por encima de mis tres hijos pequeños cantando a grito pelado «Un día más, un día más» de *Los miserables*. Me muerdo el labio debido a la frustración. ¿Quién me mandó meterme en este asunto político? Yo era un profesor en su prestigiosa torre de marfil, con un laboratorio que funcionaba, un montón de becas, alumnos devotos, un libro que había sido un éxito de ventas y unas reuniones de profesores tediosas pero soportables, aparte de ser una autoridad en dos ámbitos académicos: la indefensión aprendida y el optimismo aprendido. ¿Quién necesita más?

*Lo necesito. Mientras espero que vuelva a sonar el teléfono, me remonto cuarenta años en el tiempo hasta*

*mis raíces como psicólogo. De repente, allí están Jeannie Al-*
*bright, Barbara Willis y Sally Eckert, el objetivo román-*
*tico inalcanzable de un niño judío de trece años de clase*
*media y regordete lanzado de repente a un colegio lleno de*
*niños protestantes cuyas familias habían vivido en Albany*
*desde hacía más de trescientos años, niños judíos muy ricos*
*y atletas católicos. Antes del examen de selectividad ha-*
*bía sacado un sobresaliente en el examen de ingreso a la Al-*
*bany Academy for Boys en aquellos aletargados días de la*
*época de Eisenhower. Nadie que fuera a una escuela públi-*
*ca de Albany entraba en una buena universidad, por lo que*
*mis padres, ambos funcionarios, habían tenido que echar*
*mano de todos sus ahorros para conseguir los 600 dólares*
*que costaba la matrícula. Tenían razón en lo de que así*
*podría ir a una buena universidad, pero no tenían la me-*
*nor idea del martirio que iba a suponer para un niño como*
*yo que las alumnas de la Albany Academy for Girls y, lo*
*que es peor, sus madres, lo miraran por encima del hombro*
*durante cinco años.*

*¿Qué podía tener yo que interesara a Jeannie, con sus*
*rizos perfectos y nariz rectilínea; o a Barbara, la voluptuosa*
*fuente de los cotilleos de la primera pubertad; o a Sally, que*
*lucía un fabuloso bronceado en invierno? Quizá podía ha-*
*blarles de sus problemas. ¡Qué idea brillante! Seguro que*
*ningún otro tipo les había escuchado hablar sobre sus inse-*
*guridades, sus pesadillas y fantasías más sombrías, sus mo-*
*mentos de abatimiento. Traté de asumir ese papel y luego*
*me acurruqué cómodamente en mi refugio.*

—Sí, Dorothy. Por favor, ¿quién ha ganado?
—La votación no ha... —Chirrido. Silencio. El «no»
sonaba a malas noticias.

*De nuevo, me dejo llevar por mis pensamientos e ima-*
*gino cómo debía de ser vivir en Washington D. C. en 1946.*
*Los soldados han regresado a casa procedentes de Europa y*

del Pacífico, algunos heridos físicamente y muchos otros marcados emocionalmente. ¿Quién curará a los veteranos que han sacrificado tanto para proteger nuestra libertad? Los psiquiatras, por supuesto. Esa es su misión primordial: ser los médicos del alma. Empezando por Kraepelin, Janet, Bleuler y Freud, han escrito una larga historia, aunque no siempre elogiada, de reparación de psiques dañadas. Pero no existen en número suficiente: la formación es larga —más de ocho años de estudios superiores—, cara y muy selectiva. Y no sólo eso: cobran un dineral por sus servicios. Además, ¿cinco días a la semana en el diván? ¿Eso funciona de verdad? ¿No había una profesión menos enrarecida y con más practicantes que pudieran ser formados en masa y dedicarse a sanar las heridas mentales de nuestros veteranos? Es entonces cuando el Congreso se pregunta: ¿Y esos «psicólogos»?

¿Quiénes son los psicólogos? De todos modos, ¿cómo se ganan la vida en 1946? Justo después de la Segunda Guerra Mundial, la psicología es una profesión menor. La mayoría de los psicólogos son académicos cuyo objetivo es descubrir los procesos básicos del aprendizaje y la motivación (normalmente con ratas blancas) y de la percepción (normalmente con estudiantes blancos universitarios de segundo curso). Experimentan con la ciencia «pura» y prestan poca atención al hecho de si las leyes básicas de sus descubrimientos son aplicables a algo más. Los psicólogos que hacen trabajo «aplicado», en el mundo académico o el real, tienen tres misiones. La primera es curar enfermedades mentales. En su mayor parte realizan la poco elegante labor de hacer pruebas, en vez de terapia, que es el coto de los psiquiatras. La segunda misión, propia de los psicólogos que trabajan en la industria, en el ejército y en las escuelas, es hacer que la vida de la gente normal sea más feliz, productiva y plena. La tercera misión es identificar y cultivar a los jovencitos con un talento extraordinario haciendo un seguimiento de los niños con un CI superior al normal a lo largo de su desarrollo.

*La ley para los veteranos de 1946, entre otras cosas, creó un cuadro de psicólogos para tratar a nuestros atribulados veteranos. Se subvenciona a una legión de psicólogos para que reciban formación de posgrado y empiecen a engrosar las filas de los psiquiatras que ofrecen terapia. De hecho, muchos empiezan a tratar problemas de civiles, montan consultas privadas y consiguen que las empresas de seguros les reembolsen por sus servicios. En un plazo de veinticinco años, estos psicólogos «clínicos» —o psicoterapeutas, como se han dado en llamar— superan en número al resto de toda la profesión en su conjunto, y distintos estados aprueban leyes que privan a todos los que no son psicólogos clínicos del nombre «psicólogo». La presidencia de la Asociación Americana de Psicología, otrora el máximo honor científico, recae en su mayor parte en manos de psicoterapeutas cuyos nombres resultan prácticamente desconocidos para los psicólogos académicos. La psicología pasa a ser casi sinónimo de tratamiento de las enfermedades mentales. Su misión histórica de hacer que las personas «sin problemas» tengan una vida más productiva y plena queda reducida a un papel mucho más secundario con respecto a la curación de trastornos, y los intentos de identificar y cultivar a los genios quedan prácticamente abandonados.*

*Sólo durante un corto espacio de tiempo los psicólogos académicos con sus conejillos de Indias y estudiantes de segundo curso permanecen inmunes a los alicientes de estudiar a las personas atribuladas. En 1947 el Congreso crea el Instituto Nacional de Salud Mental (NIMH) y las subvenciones, en cantidades inimaginables hasta entonces, empiezan a estar disponibles. Al principio, la investigación básica sobre procesos psicológicos, tanto los normales como los anormales, tiene buena acogida en el NIMH. Pero el NIMH está en manos de los psiquiatras y, a pesar de su nombre y de su declaración de intenciones según el Congreso, poco a poco va pareciéndose más a un Instituto Nacional de Enfermedad Mental, una espléndida iniciativa de investigación, pero dedicada exclusivamente a los trastornos mentales, en vez de a la salud.*

*Hacia 1972 las solicitudes de beca sólo se aceptan si demuestran su «relevancia»; es decir, su relevancia respecto a la causa y curación de trastornos mentales. Los psicólogos académicos empiezan a guiar a sus conejillos de Indias y a sus estudiantes de segundo curso hacia la enfermedad mental. Todavía siento esta inexorable presión cuando solicito mi primera beca en 1968. Pero para mí, por lo menos, apenas supone una carga, puesto que mi ambición es aliviar el sufrimiento.*

—¿Por qué no vamos hacia Yellowstone? Ahí seguro que hay cabinas de teléfono —grita mi mujer, Mandy. Los niños están inmersos en una interpretación ensordecedora: «¿Oyes a la gente cantar canciones de hombres enfadados?» Cambio de rumbo y me sumerjo de nuevo en el ensueño mientras conduzco.

*Estoy en Ithaca, Nueva York, en el año 1968. Soy profesor adjunto de Psicología de segundo curso en Cornell, y no soy más que un par de años mayor que mis alumnos.*

*Mientras estudiaba la carrera en la Universidad de Pensilvania, junto con Steve Maier y Bruce Overmier, había trabajado en un sorprendente fenómeno llamado «indefensión aprendida». Descubrimos que los perros que experimentaban descargas eléctricas dolorosas que no podían modificar mediante ninguna acción, acababan por darse por vencidos. Gimoteando suavemente, aceptaban las descargas con pasividad incluso cuando éstas podían evitarse sin esfuerzo. Este descubrimiento llamó la atención de los investigadores de la teoría del aprendizaje, porque se supone que los animales no son capaces de aprender que nada de lo que hacen importa: que exista una relación aleatoria entre sus acciones y lo que les sucede. La premisa básica de este campo de estudio es que el aprendizaje sólo se produce cuando* una acción —como empujar una barra— produce un resultado —como conseguir una bolita de comida— o cuando el hecho de empujar una barra ya no produce la bolita de comida. Se supone que aprender que la bolita de comida aparece al azar independientemente de que se empuje la barra o no está más allá de la capacidad de los animales (y también de los humanos). Aprender la aleatoriedad (que no importa nada de lo que se haga) es cognitivo, y la teoría del aprendizaje está condicionada a una visión de estímulo mecánico-respuesta-refuerzo, en la que se excluye el pensar, el creer y el esperar. Según dicha teoría, los animales y los humanos no pueden apreciar contingencias complejas, no saben formar expectativas sobre el futuro y sin duda no saben aprender que son impotentes. La indefensión aprendida supone un desafío de los axiomas básicos de mi ámbito.

Precisamente por este motivo, lo que intrigaba a mis colegas no era el drama del fenómeno o su sorprendente aspecto patológico (los animales parecían totalmente deprimidos), sino las connotaciones de la teoría. Por el contrario, yo me sentía arrastrado por las implicaciones relacionadas con el sufrimiento humano. Empezando por mi rol social como «terapeuta» de Jeannie, Barbara y Sally, el estudio de los trastornos se había convertido en mi vocación, los entresijos de la teoría del aprendizaje no eran más que estaciones de paso para el entendimiento científico de las causas y la cura del sufrimiento.

Mientras escribo sentado en mi escritorio de acero gris en las entrañas de mi laboratorio, un edificio agrícola remodelado en el frío campo del norte del estado de Nueva York, no necesito extenderme sobre el problema de si debatir o no las implicaciones de la indefensión aprendida para la enfermedad mental. Mi primera solicitud de beca, y todas las que le han seguido durante los siguientes treinta años, sitúa de lleno mi investigación en el marco de una búsqueda para comprender y curar la enfermedad. En el plazo de unos años, no basta con investigar a ratas o perros que podrían estar deprimidos; los investigadores tienen que estudiar la depresión en los humanos. Luego, al cabo de una década, los estudiantes deprimidos de segundo curso también son descartados.

*La tercera edición del* Manual Diagnóstico y Estadístico de los Trastornos Mentales de la Asociación Americana de Psiquiatría (DSM-III) *codifica cuáles son los verdaderos trastornos y, a no ser que una persona se presente como paciente y tenga al menos cinco de los nueve síntomas que determinan la enfermedad, no se considera que padezca una verdadera depresión. Los estudiantes de segundo año, si continúan con sus estudios, están desempeñando sus funciones. No es posible que padezcan el verdadero «trastorno» depresivo, por lo que ya no pueden ser objeto de experimentos subvencionados. Dado que la mayoría de los psicólogos investigadores secunda la nueva exigencia de que la investigación se produzca con pacientes declarados como tales, la mayor parte de la psicología académica acaba por rendirse y se convierte en un accesorio de la empresa del trastorno psiquiátrico. Thomas Szasz, psiquiatra mordaz, escéptico y criticón, dice: «La psicología es el tinglado que imita el tinglado llamado psiquiatría.» A diferencia de muchos de mis colegas, recibo su afirmación con alegría. Estoy de acuerdo con alejar la investigación de su vertiente básica para dirigirla a la investigación aplicada que dilucide el sufrimiento. Si tengo que ajustarme a la moda psiquiátrica, formular mi labor de acuerdo con los últimos dictados de las categorías del DSM-III y asignar diagnósticos oficiales a los sujetos de mi investigación, éstos son meros inconvenientes, no hipocresía.*

*Para los pacientes, la compensación del enfoque del NIMH ha sido impresionante. En 1945 no había tratamiento para ninguna enfermedad mental; no existía ningún tratamiento para un trastorno concreto que funcionara mejor que la ausencia del mismo. Todo era humo y espejos: repasar los traumas de la infancia no ayudaba a la esquizofrenia —a pesar de lo que muestre la película* David y

Lisa—, y extirpar trozos de los lóbulos frontales no alivia la depresión psicótica —por mucho que el psiquiatra portugués Antonio Moniz ganara el premio Nobel en 1949—. Por el contrario, transcurridos cincuenta años, la medicación u otras formas específicas de psicoterapia pueden aliviar considerablemente por lo menos catorce de las enfermedades mentales. En mi opinión, dos de ellas tienen curación: el trastorno de pánico y la fobia a la sangre y las heridas. (Escribí un libro en 1994, No puedo ser más alto, pero puedo ser mejor: el tratamiento más adecuado para cada trastorno, que documenta este avance con todo detalle.)

Y no sólo eso, puesto que se había forjado una ciencia de la enfermedad mental. Podemos diagnosticar y medir con rigor conceptos confusos como la esquizofrenia, la depresión y el alcoholismo; podemos seguir su desarrollo a lo largo de la vida; podemos identificar factores causales mediante experimentos, y, lo mejor de todo, podemos descubrir los efectos beneficiosos de los fármacos y la terapia para aliviar el sufrimiento. Casi todos estos avances son directamente atribuibles a los programas de investigación subvencionados por el NIMH, una ganga por un precio total aproximado de unos diez mil millones de dólares.

Para mí la compensación ha sido bastante buena. Trabajando en el seno de un modelo de enfermedad, me he beneficiado de más de treinta años ininterrumpidos de becas para estudiar la indefensión en los animales y luego en las personas. Proponemos que la indefensión aprendida podría ser un modelo de «depresión unipolar», es decir, depresión sin episodios maníacos. Hacemos pruebas para encontrar paralelismos entre los síntomas, las causas y la curación. Descubrimos que tanto las personas deprimidas que acuden a nuestra clínica como quienes permanecen indefensos debido a problemas insolubles muestran pasividad, les cuesta más tiempo aprender y están más tristes y angustiadas que las personas no deprimidas o que son nuestros sujetos control. La indefensión aprendida y la depresión muestran déficits similares de las sustancias químicas subyacentes que actúan en el cerebro, y los mismos medicamentos que alivian la depresión unipolar en los humanos alivian también la indefensión en los animales.

Sin embargo, en el fondo me preocupa este exclusivo énfasis en descubrir déficits y reparar daños. Como terapeuta, veo pacientes para quienes el modelo de enfermedad es aplicable, pero también pacientes que mejoran de forma notoria bajo una serie de circunstancias que no encajan en el modelo de enfermedad. Presencio crecimiento y transformación en estas personas cuando se dan cuenta de lo fuertes que son en realidad. Cuando una paciente que ha sido víctima de una violación llega a comprender que el pasado no puede cambiarse, pero que el futuro está en sus manos. Cuando un paciente tiene un momento fugaz de comprensión de que quizá no sea muy buen contable, pero que sus clientes lo aprecian por su gran esfuerzo en ser considerado. Cuando una paciente pone en orden su pensamiento mediante la construcción coherente de su vida a partir del caos aparente que supone afrontar un problema tras otro. Veo una variedad de fortalezas humanas, etiquetadas y luego desarrolladas en la terapia, que actúan como barrera contra los distintos trastornos cuyos nombres inscribo diligentemente en los impresos que relleno para las compañías de seguros. La idea de desarrollar fortalezas que actúan como barreras como método curativo en la terapia sencillamente no encaja en un marco que considera que cada paciente presenta un trastorno concreto, con una patología subyacente específica que se verá aliviada por una técnica de curación también concreta que remedia las carencias.

Tras diez años de trabajo dedicado a la indefensión aprendida, cambio de opinión sobre lo que sucedía en nuestros experimentos. Todo surge a raíz de unos descubrimientos embarazosos que yo espero que desaparezcan. No todos los conejillos de Indias y los perros se vuelven indefensos tras una descarga ineludible, ni tampoco todas las personas des-

*pués de que se les presenten problemas insolubles o ruidos inevitables. Uno de cada tres nunca se da por vencido, independientemente de lo que hagamos. Además, uno de cada ocho se muestra indefenso ya al empezar; no hace falta ninguna experiencia con lo incontrolable para que se rindan. Al principio, intento barrer todo esto bajo la alfombra, pero tras una década de variabilidad sistemática, llega el momento de tomarlo en serio. ¿Qué tienen algunas personas que les confiere una fortaleza que actúa de barrera y las hace invulnerables a la indefensión? ¿Qué tienen otras personas que las hace derrumbarse ante el primer atisbo de dificultad?*

Estaciono el coche salpicado de barro y salgo corriendo hacia la caseta. Hay cabinas de teléfono, pero Dorothy está hablando. «Probablemente, con el ganador», me digo. Y me pregunto si Dick o Pat habrán sido elegidos. Me enfrento a dos políticos profesionales: Dick Suinn, ex alcalde de Fort Collins, Colorado, psicólogo de atletas olímpicos y presidente del departamento de psicología de la Colorado State University, y Pat Bricklin, la candidata del bloque de terapeutas mayoritario de la APA, psicoterapeuta ejemplar y conocida figura de las ondas radiofónicas. Ambos habían pasado gran parte de los últimos veinte años en los cónclaves de la APA en Washington y en el resto de los lugares que cuentan. Yo era un desconocido al que no invitaban a esos encuentros. De hecho, tampoco habría ido si me lo hubieran propuesto, dado que cuando asisto a reuniones del comité tengo una capacidad para mantener la atención inferior a la de mis hijos pequeños. Tanto Pat como Dick han ocupado casi todos los cargos importantes de la APA, excepto la presidencia. Yo no he ocupado ninguno. Pat y Dick han sido presidentes de una docena de grupos. La última presidencia que recuerdo haber asumido, mientras vuelvo a marcar, es la de delegado de mi clase de noveno curso.

El teléfono de Dorothy sigue comunicando. Frustrado e inmóvil, tengo la mirada perdida en el teléfono. Hago una pausa, respiro hondo y analizo mis propias reacciones. Estoy dando por supuesto que la noticia será mala. Ni siquiera soy capaz de recordar que, de hecho, ocupé otra presidencia, la de la sección de psicología clínica de la APA, formada por 6.000 miembros, y cumplí con mi cometido de forma encomiable. Había olvidado que no soy un completo desconocido para la APA, sólo un recién llegado. Me he despojado de toda esperanza, me he dejado vencer por el pánico y soy incapaz de utilizar mis recursos. Soy un horrendo ejemplo de mi propia teoría.

Los pesimistas tienen una forma particularmente perniciosa de interpretar los contratiempos y las frustraciones. Piensan de forma automática que la causa es permanente, dominante y personal: «Durará para siempre, lo va a socavar todo y es culpa mía.» Me encontré, una vez más, reaccionando de ese modo: si el teléfono seguía comunicando significaba que había perdido las elecciones. «Y había perdido porque no estaba lo suficientemente cualificado y no había dedicado suficientes años de mi vida a ganar.»

Los optimistas, por el contrario, cuentan con una fortaleza que les permite interpretar sus contratiempos como algo superable, propio de un problema en concreto y provocado por circunstancias temporales o por otras personas. A lo largo de las dos últimas décadas descubrí que los pesimistas tienen ocho veces más posibilidades de deprimirse cuando se producen contratiempos; rinden peor en los estudios, en los deportes y en la mayoría de los trabajos de lo que presagia su talento; gozan de peor salud física y de una vida más corta; mantienen relaciones interpersonales más inestables y pierden las elecciones a la presidencia de Estados Unidos en favor de oponentes más optimistas. Si yo fuera optimista, habría supuesto que la señal de línea ocupada significaba que Dorothy seguía intentando contactar conmigo para decirme que había ganado. Incluso si perdía, se debería a que la práctica clínica cuenta con un bloque de votantes mayor que la ciencia académica. Al fin y al cabo, yo era el asesor científico del artículo de *Consumer Reports* que informaba de lo sorprendentemente bien que funcionaba la psicoterapia. Así pues, estoy en buenas condiciones para unir la práctica y la teoría y es probable que gane si me presento a las elecciones el año que viene.

Pero no soy optimista por naturaleza. Soy un pesimista recalcitrante; estoy convencido de que sólo los pesimistas son capaces de escribir libros formales y sensatos sobre el optimismo, y empleo todos los días las técnicas sobre las que escribo en *Aprenda optimismo*. Tomo mi propia medicina y me hace efecto. Ahora mismo estoy empleando una de mis técnicas, refutar los pensamientos catastróficos, mientras observo el teléfono colgado.

La técnica funciona y, mientras me animo, se me ocurre otra vía: marco el número de Ray Fowler.

—Espere un momento, doctor Seligman —dice Betty, su secretaria.

*Mientras espero oír la voz de Ray, me remonto doce meses en el tiempo hasta la* suite *de un hotel en Washington. Ray y su esposa, Sandy, Mandy y yo estamos abriendo una botella de Chardonnay de California. Los tres niños están saltando encima del sofá mientras cantan «La música de la noche», de* El fantasma de la ópera.

*Ray, que tiene unos sesenta y cinco años, es apuesto, enjuto y nervudo y lleva perilla, por lo que me recuerda a una mezcla entre Robert E. Lee y Marco Aurelio. Hace una década fue elegido presidente y se trasladó a Washington D. C. desde la Universidad de Alabama, donde había sido catedrático del departamento de psicología durante muchos años. Sin embargo, aunque no fue por su culpa, al cabo de unos meses la Asociación Americana de Psicología se hun-*

dió. La revista Psychology Today, *a la cual había financiado imprudentemente, fue un fracaso. Mientras tanto, un grupo organizado de académicos descontentos —del que yo formaba parte— amenazaba con abandonar la organización por considerar que su mayoría practicante y políticamente astuta había hecho que la APA se convirtiera en un organismo que apoyaba a los psicoterapeutas privados y desatendía la ciencia. Al pasar de la presidencia a la sede del poder verdadero como director general, Ray consiguió en el plazo de una década una tregua en las guerras entre la práctica y el ámbito teórico-científico, saneó las cuentas de la APA de forma sorprendente e incrementó el número de afiliados hasta alcanzar los 160.000, con lo que la equiparó a la Sociedad Americana de Química como mayor organización de científicos del mundo.*

*Digo: «Ray, necesito un consejo sincero. Estoy pensando en presentarme a presidente de la asociación. ¿Tengo alguna posibilidad de ganar? Y en caso afirmativo, ¿puedo conseguir algo a lo que valga la pena dedicar tres años de mi vida?»*

*Ray reflexiona en silencio. Está acostumbrado a reflexionar en silencio; es una isla de contemplación en el tormentoso océano de la política psicológica.*

—¿Por qué quieres ser presidente, Marty?

—Podría decirte que quiero unir teoría y práctica. O que quiero que la psicología desafíe el pernicioso sistema sanitario de administración de servicios respaldando la investigación sobre la eficacia de la terapia. O que quiero que se dupliquen los recursos destinados a la salud mental. Pero, en el fondo, no se trata de eso. Es algo mucho más irracional. ¿Recuerdas la imagen del final de 2001: una odisea del espacio? ¿El feto enorme flotando sobre la tierra, sin saber qué iba a pasar? Creo que tengo una misión, Ray, y no sé cuál es. Creo que si soy presidente de la APA lo descubriré.

*Ray siguió cavilando unos cuantos segundos más.*

—*Media docena de aspirantes a la presidencia me han hecho la misma pregunta en las últimas semanas. Me pagan para que el tiempo que el presidente pase en el cargo sea el mejor de su vida. Es mi trabajo decir que puedes ganar y que serías un gran presidente. En este caso, lo digo sinceramente. ¿Si vale la pena dedicarle tres años de tu vida? Eso es más difícil. Tienes una familia maravillosa y que va en aumento. Tendrías que pasar mucho tiempo alejado de ellos...*

—*No será necesario* —*interrumpe Mandy*—. *Mi única condición para que Marty se presente a presidente es que compremos una autocaravana y vayamos con él allá donde vaya. Escolarizaremos a los niños en casa y estructuraremos su educación en torno a los lugares que visitemos.*

*Sandy, la esposa de Ray, esbozando con placer su sonrisa de Mona Lisa, asiente en señal de aprobación.*

—Ahora se pone Ray —dice Betty, interrumpiendo mi ensueño.

—Has ganado, Marty. No sólo eso, has conseguido el triple de votos que el segundo candidato. Ha votado el doble de personas de lo normal. ¡Has ganado por el margen más amplio de la historia!

Para mi sorpresa, había ganado. Pero ¿cuál era mi misión?

Tenía que encontrar rápidamente la idea central de mi presidencia y empezar a reunir a gente receptiva para que la desarrollara. Lo más parecido a una idea que encontré fue la «prevención». La mayoría de los psicólogos, que trabajan en el modelo de enfermedad, se han centrado en la terapia, ayudando a las personas que buscan un tratamiento cuando sus problemas les resultan insoportables. La ciencia respaldada por el NIMH hace hincapié en los estudios rigurosos sobre la «eficacia» de distintos fármacos y distintas formas de psicoterapia con la esperanza de casar los «tratamientos de elección» con cada trastorno concreto. En mi opinión la terapia suele aplicarse demasiado tarde, y si actuáramos cuando el individuo todavía se encuentra bien, las intervenciones preventivas evitarían un mar de lágrimas. La lección más importante del siglo pasado en cuanto a medidas de salud pública es la siguiente: la curación es incierta, pero la prevención resulta enormemente eficaz; basta con recordar que el hecho de que las comadronas se lavaran las manos terminó con la fiebre del parto y las vacunaciones terminaron con la polio.

¿Es posible realizar intervenciones psicológicas entre los jóvenes para evitar la depresión, la esquizofrenia y el abuso de sustancias en la edad adulta? Mi labor investigadora en la década anterior se había centrado en esa cuestión. Descubrí que enseñando a un niño de diez años la habilidad del pensamiento y la acción optimistas las probabilidades de depresión durante la pubertad se reducen a la mitad (en mi obra anterior, *Niños optimistas*, se detallan tales hallazgos). Así pues, pensé que las virtudes de la prevención y la importancia de promover la teoría científica y la práctica en torno a ella podría ser mi tema central.

Al cabo de seis meses reuní en Chicago a un grupo de trabajo sobre la prevención para dedicar un día a la planificación. Cada uno de los doce miembros, algunos de los investigadores más destacados en dicho campo, presentó ideas sobre la frontera de la prevención en el ámbito de la enfermedad mental. Desgraciadamente, yo me aburrí como una ostra. El problema no residía en la gravedad del asunto, o en el valor de las soluciones, sino en lo aburrida que sonaba la ciencia. Lo que se proponía no era más que el modelo de enfermedad refrito y arreglado de forma proactiva, tomando los tratamientos que funcionaban y aprobándolos para aplicarlos a jóvenes en situación de riesgo. Todo sonaba razonable, pero yo tenía dos reservas que hacían que me resultara difícil escuchar con más de medio oído.

En primer lugar, creo que lo que sabemos sobre el tratamiento de las mentes y los cerebros trastornados nos aporta poca información sobre cómo prevenir tales trastornos. Los progresos alcanzados en la prevención de la enfermedad mental se deben al hecho de reconocer y desarrollar una serie de fortalezas, capacidades y virtudes en la gente joven, tales como la visión de futuro, la esperanza, las habilidades interpersonales, el valor, la fluidez, la fe y la ética laboral. El ejercicio de tales fortalezas actúa como barrera contra las tribulaciones que hacen que las personas corran el riesgo de sufrir enfermedades mentales. En una persona joven que corra un riesgo genético de padecer depresión, ésta puede evitarse desarrollando sus capacidades de optimismo y esperanza. Un joven de las zonas urbanas deprimidas, que corre peligro de caer en la drogadicción debido al tráfico de drogas que se produce en su barrio, es mucho menos vulnerable si tiene visión de futuro, consigue desarrollarse gracias a los deportes y cuenta con una buena ética laboral. No obstante, potenciar tales fortalezas como barrera es ajeno al modelo de enfermedad, que sólo se plantea compensar carencias.

En segundo lugar, más allá de la probabilidad de que administrar haloperidol o Prozac a los muchachos con riesgo de padecer esquizofrenia o depresión no funcione, tal programa científico sólo atraería a pequeños granjeros.[1] Una ciencia con una visión renovada de la prevención necesitaba a los científicos jóvenes, brillantes y originales que, desde el punto de vista histórico, han realizado verdaderos progresos en todos los campos.

Mientras me dirigía a las puertas giratorias arrastrando los pies, el profesor más iconoclasta me alcanzó y me dijo: «Esto es un verdadero aburrimiento, Marty. Tienes que darle un poco de entidad intelectual.»

Al cabo de dos semanas entreví cuál podía ser esa entidad mientras desbrozaba el jardín junto con mi hija de cinco años, Nikki. Debo confesar que aunque he escrito un libro y muchos artículos sobre los niños, no se me dan demasiado bien. Soy una persona orientada hacia objetivos y un tanto obsesionado por el tiempo, y cuando desbrozo el jardín, desbrozo el jardín. Sin embargo, Nikki iba lanzando hierbajos al aire y cantaba y bailaba. Como me estaba distrayendo, le grité y ella se marchó. Volvió al cabo de unos minutos y dijo:

—Papá, quiero hablar contigo.

—¿Sí, Nikki?

—Papá, ¿te acuerdas de antes de que cumpliera cinco años? Desde los tres a los cinco años era una llorona. Lloraba todos los días. El día que cumplí cinco años, decidí que no lloraría más. Es lo más difícil que he hecho en mi vida. Y si yo puedo dejar de lloriquear, tú puedes dejar de ser un cascarrabias.

Aquello fue una revelación para mí. Nikki había dado en el clavo con respecto a mi propia vida. Era un cascarrabias. Había pasado cincuenta años soportando un clima más bien grisáceo en mi alma y los últimos diez como un nimbo en un hogar en el que brillaba la luz del sol. Probablemente toda la suerte que había tenido no se debía al hecho de ser cascarrabias, sino que la había tenido a pesar de ello. En aquel instante decidí cambiar.

Había algo todavía más importante: advertí que educar a Nikki no consistía en corregir sus defectos. Lo podía hacer ella sola. Mi objetivo, por el contrario, sería desarrollar aquella fortaleza precoz que había mostrado, que yo llamo examinar el alma, aunque la denominación formal sea «inteligencia social», y ayudarla a modelar su vida en torno a ella. Dicha fortaleza, bien desarrollada, actuaría de barrera contra sus flaquezas y contra los avatares de la vida a los que sin lugar a dudas tendría que enfrentarse. Entonces caí en la cuenta de que educar a los hijos era mucho más que evitar que vayan por el camino equivocado. Consistía en reconocer y desarrollar sus fortalezas y virtudes, y ayudarlos a encontrar el espacio en el que puedan expresar de forma plena tales rasgos positivos.

Pero si situar a las personas en los lugares en que mejor pueden emplear sus fortalezas proporciona ventajas sociales, ello tiene también implicaciones importantes para la psicología. ¿Puede haber una ciencia psicológica que se centre en lo mejor de la vida? ¿Puede existir una clasificación de las fortalezas y virtudes que haga que valga la pena vivir? ¿Pueden los padres y los profesores emplear dicha ciencia para educar hijos fuertes y con una buena capacidad de recuperación, dispuestos a ocupar su lugar en un mundo que les ofrece más oportunidades para realizarse? ¿Pueden los adultos enseñarse a sí mismos mejores formas para alcanzar la felicidad y realizarse?

La vasta cantidad de bibliografía especializada en psicología sobre el sufrimiento no resulta demasiado aplicable a Nikki.[2] Una psicología mejor para ella y los niños de todo el mundo considerará que las motivaciones positivas —la amabilidad afectuosa, la capacidad, la libertad de elección y el respeto por la vida— son tan auténticas como los motivos más oscuros. Se interesará por sentimientos positivos como la satisfacción, la felicidad y la esperanza. Se planteará cómo los niños adquieren las fortalezas y las virtudes cuya puesta en práctica conduce a tales sentimientos positivos. Se planteará cuáles son las instituciones positivas —familias unidas, democracia, un círculo moral amplio— que fomentan tales fortalezas y virtudes. Nos guiará por vías mejores que conducen a la buena vida.

Nikki había encontrado la que sería mi misión y este libro es mi intento de explicarla.

# 3
## ¿Por qué molestarse en ser feliz?

¿Por qué nos sentimos felices? ¿Por qué sentimos algo? ¿Por qué la evolución nos dotó de estados emocionales que son tan insistentes, tan absorbentes, y que están..., bueno, tan presentes que hacen que nuestras vidas giren a su alrededor?

## LA EVOLUCIÓN Y EL SENTIMIENTO POSITIVO

En el mundo en el que los psicólogos se sienten más a gusto, los sentimientos positivos acerca de una persona o un objeto hacen que nos acerquemos a ellos, mientras que los sentimientos negativos nos conducen a evitarlos. El delicioso aroma de los pastelitos de chocolate mientras se hornean nos acercan al horno y el olor repulsivo del vómito nos lleva a cambiar de acera. Pero se supone que las amebas y los gusanos también se acercan a lo que necesitan y evitan las dificultades, utilizando sus facultades sensoriales y motoras básicas sin sentimiento alguno. Sin embargo, en algún punto de la cadena evolutiva unos animales más complejos adquirieron el escurridizo revestimiento de una vida emocional. ¿Por qué?

La primera gran pista para desentrañar esta cuestión constituye un tema espinoso que procede de comparar la emoción negativa con la positiva. Las emociones negativas, como el temor, la tristeza y la ira, son nuestra primera línea de defensa contra las amenazas externas, que nos emplaza a los puestos de combate. El temor es la señal de que nos acecha un peligro, la tristeza nos anuncia que la pérdida es inminente y la ira indica que alguien está abusando de nosotros. En la evolución, el peligro, la pérdida y la ofensa son amenazas a la supervivencia. Más que eso, estas amenazas externas son juegos de victoria-derrota —o de resultado cero— en los cuales lo que una persona gana queda exactamente equilibrado por la pérdida que sufre la otra persona. El resultado neto es cero. El tenis es un juego de este tipo, ya que todos los puntos que gana un contrincante los pierde el otro; lo mismo ocurre con la riña de un par de niños de tres años por un mismo trozo de chocolate. Las emociones negativas desempeñan un papel dominante en los juegos de victoria-derrota, y cuanto mayor importancia implique el resultado, más intensas y desesperadas serán las emociones involucradas. Una lucha a muerte es la quintaesencia del juego de victoria-derrota en la evolución y, como tal, provoca la serie de emociones negativas en su forma más extrema. Es probable que la selección natural haya favorecido el desarrollo de las emociones negativas por este motivo. Es muy probable que aquellos de nuestros antepasados que sintieran fuertes emociones negativas cuando su vida corría peligro fueran los mejores en la lucha y la huida, y transmitieran los genes relevantes.

Todas las emociones tienen un componente sentimental, uno sensorial, uno de reflexión y uno de acción. El componente sentimental de todas las emociones negativas es la *aversión*: indignación, temor, repulsión, odio y similares. Estos sentimientos, como todo aquello que vemos, oímos y olemos, se inmiscuyen en la conciencia e invalidan todo lo que esté pasando. A modo de alarma sensorial que avisa de la inminencia de un juego de victoria-derrota, los sentimientos negativos movilizan a todos los individuos para descubrir cuál es el problema y eliminarlo. El tipo que tales emociones engendra de forma ineluctable es reconcentrado e intolerante, pues focalizamos nuestra atención en el arma y no en el peinado del agresor. Todo ello culmina en una acción rápida y contundente: luchar, luchar o protegerse.[1]

Esto es tan poco polémico —salvo quizá respecto al aspecto sensorial— que resulta aburrido y ha constituido el eje del pensamiento evolutivo sobre las emociones negativas desde Darwin.[2] Por consiguiente, es extraño que no exista una idea aceptada sobre el motivo por el que sentimos emoción positiva.

Los científicos distinguen entre los fenómenos y los epifenómenos. Pisar el acelerador del coche es un fenómeno, porque desencadena una serie de acontecimientos que hacen que el vehículo incremente su velocidad. Un epifenómeno no es más que una medida carente de eficacia causal; por ejemplo, el hecho de que el velocímetro vaya subiendo no hace que el coche acelere, sólo indica al conductor que el coche va más rápido. Los conductistas como B. F. Skinner sostuvieron durante medio siglo que toda la vida mental era simple epifenómeno, la espuma cremosa en el capuchino del comportamiento. Según este razonamiento, cuando una persona huye de un oso, el miedo sólo refleja el hecho de que la persona corre, y el estado subjetivo suele producirse *después* del comportamiento. En resumen, el miedo no es el motor de la huida, sino el velocímetro.

Yo fui anticonductista desde el comienzo, aunque trabajé en un laboratorio conductista. La indefensión aprendida me convenció de que el programa conductista estaba equivocado. Los animales, y sin duda las personas, podían computar relaciones complejas en el momento de los sucesos (como «No importa nada de lo que haga»), y podían extrapolar esas relaciones al futuro («Ayer me sentí indefenso e independientemente de las nuevas circunstancias, hoy volveré a sentirme indefenso»). Comprender contingencias complejas es el proceso que se denomina «criterio», y extrapolarlas al futuro es el proceso que determina la expectativa. Si nos tomamos en serio la indefensión aprendida, tales procesos no pueden explicarse de forma convincente con el argumento de que son epifenómenos, porque provocan el comportamiento de la rendición. El trabajo sobre la indefensión aprendida fue una de las explosiones que derribó la casa de papel del conductismo e hizo que en la década de los setenta se entronizara la psicología cognitiva en el feudo de la psicología académica.

Yo estaba absolutamente convencido de que las emociones negativas —las denominadas disforias— no eran epifenómenos. La versión evolutiva resultaba convincente: la tristeza y la depresión no sólo indicaban pérdida, sino que eran las que provocaban comportamientos de desconexión, rendición y —en casos extremos— suicidio. La ansiedad y el miedo señalaban la presencia de peligro, lo cual causaba preparativos de huida, defensa o protección. La ira indica que ha habido una ofensa y provoca la preparación para atacar al agresor y corregir la injusticia.

Sin embargo, por extraño que parezca, no apliqué esta lógica a las emociones positivas, ni a mi teoría ni a mi vida privada. Las sensaciones de felicidad, buen talante, vivacidad, autoestima y alegría siguieron siendo como la espuma para mí. En mi teoría, dudaba de que tales emociones causaran algo en algún caso o incluso que pudieran aumentarse si se diera la circunstancia de que uno no fuera lo suficientemente afortunado de haber nacido con dosis abundantes de las mismas. En *Niños optimistas* escribí que los sentimientos de autoestima en concreto, y la felicidad en general, se desarrollan como efectos secundarios del hecho de que a uno le vaya bien en la vida. Por maravillosos que puedan ser los sentimientos de autoestima elevados, intentar obtenerlos antes de estar a buenas con el mundo sería confundir profundamente el medio y el fin. O eso es lo que yo pensaba.

En mi vida privada siempre me había desalentado el hecho de que esas emociones agradables raras veces me visitaban y, en todo caso, no permanecían demasiado tiempo conmigo. Me había guardado esa sensación para mí, sintiéndome como un bicho raro, hasta que leí la bibliografía especializada sobre las impresiones positivas y negativas. La concienzuda investigación que se ha llevado a cabo en la Universidad de Minnesota pone de manifiesto que existe el rasgo de personalidad del buen humor —denominado afectividad positiva— y la euforia, que es hereditario en gran medida. Si un gemelo univitelino es muy risueño o gruñón, es muy probable que su hermano, que tiene exactamente los mismos genes, también lo sea; pero si los gemelos no son univitelinos, y sólo comparten la mitad de los genes, las posibilidades de que presenten la misma afectividad es cuestión de suerte.[3]

Mucha gente cuenta con una considerable *afectividad positiva* y es un rasgo que permanece bastante invariable a lo largo de la vida. Las personas con una dosis elevada de afectividad positiva se sienten de maravilla la mayor parte del tiempo; las cosas buenas les proporcionan placer y alegría en abundancia. Sin embargo, existe una cantidad similar de personas cuya dosis es más bien escasa. La mayor parte del tiempo no se sienten de maravilla, ni siquiera bien, y cuando tienen éxito, no saltan de alegría. La mayoría de nosotros nos encontramos en un terreno intermedio. Supongo que la psicología debería haber esperado estos resultados desde el principio. Hace tiempo que se han demostrado las diferencias congénitas existentes en la ira y en la depresión. ¿Por qué no respecto a la emoción positiva?

Resultado de todo ello es la teoría según la cual aparentemente tenemos un timonel genético que traza la trayectoria de nuestra vida emocional. Si dicha trayectoria no recorre mares soleados, esta teoría nos dice que no se puede hacer gran cosa para sentirse más feliz. Lo que se puede hacer —y es lo que yo hice— es aceptar el hecho de estar atascado en este clima emocional frío, pero dirigir firmemente el timón hacia la «afectividad positiva elevada», hacia todas esas sensaciones agradables.

Un amigo mío, Len, tiene una afectividad positiva mucho menor incluso que la mía. Es un hombre de éxito según todos los criterios, y ha triunfado tanto en el trabajo como en el juego. Ganó millones como director general de una empresa de operaciones financieras y, lo que resulta más espectacular, fue campeón nacional de *bridge* varias veces, ¡todo ello antes de cumplir los 30! Apuesto, con don de palabra, inteligente y soltero muy cotizado, se sorprendía de ser un absoluto fracasado en el amor. Como he dicho, Len es reservado y prácticamente carece de afectividad positiva. Lo noté en el preciso momento en que consiguió la victoria en un importante campeonato de *bridge*, ocasión en la que esbozó una tímida sonrisa y se marchó a ver un partido de fútbol americano él solo. De ningún modo quiero decir que Len sea insensible. Es perfectamente consciente de las emociones y necesidades de otras personas y se muestra receptivo para con ellas (todo el mundo lo considera «buena persona»). Pero él no *siente* demasiado en su interior.

A las mujeres con las que salió no les gustaba nada ese aspecto de su persona. No es cariñoso. No es jovial. Todas le dijeron: «Te pasa algo raro, Len.» Recriminado, Len pasó cinco años en el diván de una psicoanalista. «Te pasa algo raro, Len», le dijo ésta, y luego empleó toda su habilidad para descubrir el trauma infantil que reprimía el sentimiento positivo natural. Lo hizo en vano: no había ningún trauma.

De hecho, a Len no le ocurre nada raro. Sólo que desde el punto de vista congénito se encuentra en el extremo inferior del espectro de la afectividad positiva. La evolución se ha asegurado de que haya muchas personas en ese punto, porque la selección natural ha dispuesto numerosas utilidades para la falta de emoción, al igual que para su presencia. La fría vida emocional de Len constituye una gran ventaja en algunos ámbitos. Para ser campeón de *bridge*, para tener éxito en las finanzas y para ser director general se necesita mucha sangre fría cuando a uno le atacan por todos los frentes. Pero resulta que Len también salía con mujeres modernas, a las que un estado de ánimo efervescente les resulta muy atractivo. Hace unos diez años me pidió que le aconsejara qué hacer y yo le sugerí que se mudara a Europa, donde la euforia y la extroversión no son tan valorados como en Estados Unidos. En la actualidad está felizmente casado con una europea. La moraleja de la historia es la siguiente: una persona *puede* ser feliz aunque no esté demasiado dotada en el ámbito de las emociones positivas.

## AMPLIACIÓN Y DESARROLLO INTELECTUAL

Al igual que a Len, me sorprendió el poco sentimiento positivo que yo poseía. Aquella tarde en el jardín, con Nikki, me convencí de corazón de que mi teoría era errónea, pero fue necesario que Barbara Fredrickson, profesora adjunta de la Universidad de Michigan, me convenciera racionalmente de que la emoción positiva tiene un objetivo trascendente que va más allá de la sensación agradable que nos proporciona.

El Premio Templeton de Psicología Positiva se otorga al mejor trabajo en el ámbito de la Psicología Positiva llevado a cabo por un científico menor de 40 años. Es el galardón más lucrativo de la psicología (100.000 dólares para el primer premio) y tengo la suerte de presidir el comité de selección. En 2000, año en que se creó el certamen, Barbara Fredrickson fue galardonada por su teoría sobre la función de las emociones positivas. Cuando leí sus artículos por primera vez, subí las escaleras de dos en dos y le dije emocionado: «¡Esto supone un cambio en la vida!» Al menos para un cascarrabias como yo.

Fredrickson afirma que las emociones positivas tienen un objetivo fabuloso en la evolución. Amplían nuestros recursos intelectuales, físicos y sociales y los hacen más perdurables, acrecientan las reservas a las que podemos recurrir cuando se nos presenta una amenaza o una oportunidad. Cuando estamos de talante positivo, las personas como nosotros mejoran, y la amistad, las relaciones amorosas y las coaliciones tienen más probabilidades de prosperar.[4] A diferencia de las limitaciones que induce la emoción negativa, nuestra actitud mental es expansiva, tolerante y creativa. Estamos abiertos a nuevas ideas y experiencias.

Unos pocos experimentos sencillos pero convincentes ofrecen la prueba de la innovadora teoría de Fredrickson. Por ejemplo, supongamos que usted tiene delante una caja de chinchetas, una vela y una caja de cerillas. La tarea consiste en sujetar la vela a la pared de forma que la cera no gotee al suelo. Lograrlo requiere una solución creativa: vaciar la caja y clavarla con chinchetas a la pared para luego utilizarla como candelabro. Previamente, el experimentador hace que usted sienta una emoción positiva: le proporciona una pequeña bolsa de caramelos, le deja leer revistas divertidas o le hace leer en voz alta una lista de palabras positivas con la correspondiente expresividad. Sin lugar a dudas, cada una de estas técnicas genera una pequeña señal de sensación positiva, y la emoción consecuentemente inducida hace que tenga más posibilidades de desempeñar su tarea de forma creativa.

Otro experimento: usted tiene la misión de decidir lo más rápidamente posible si una palabra pertenece a una categoría determinada, por ejemplo, «vehículo». Oye «coche» y «avión» y responde «verdadero» con gran rapidez. La siguiente palabra es «ascensor». Un ascensor es ligeramente vehicular y a la mayoría de las personas les cuesta reconocerlo como tal. Pero si la persona que dirige el experimento induce una emoción positiva con anterioridad, la respuesta es más rápida. Se produce la misma amplitud e idéntico impulso de pensamiento en un estado emocional positivo en el cual la misión consiste en pensar rápidamente en una palabra que relacione «mower» (segadora), «foreign» (extranjera) y «atomic» (atómica). (Encontrará la respuesta en las notas finales del libro.)[5]

El mismo estímulo intelectual se produce con niños pequeños y médicos expertos. A dos grupos de niños de cuatro años se les pidió que pasaran treinta segundos recordando «algo que haya ocurrido que te hizo sentir tan feliz que querías dar saltos de alegría», o «tan feliz que querías quedarte sentado y sonreír». (El control de ambos estados conducía a obtener la diferencia entre la felicidad de elevada energía y la de baja energía.) Acto seguido, a todos los niños se les encomendó una tarea educativa en la cual tuvieron que trabajar con distintas formas, y todos lo hicieron mejor que aquellos que habían recibido instrucciones neutras.[6] En el otro extremo del espectro de la experiencia, 44 médicos residentes fueron distribuidos al azar en tres grupos: uno que recibió una bolsa pequeña de golosinas, otro que leyó en voz alta frases humanistas sobre medicina y un grupo de control. A continuación se presentó a los médicos un caso de trastorno hepático de difícil diagnóstico y se les pidió que pensaran en voz alta mientras formulaban sus juicios. El grupo que había recibido golosinas obtuvo los mejores resultados, sus componentes fueron quienes antes y de forma más eficaz identificaron la afección hepática. No llegaron a conclusiones prematuras ni cayeron en formas de procesamiento intelectual superficial.[7]

## ¿FELICES PERO TONTOS?

A pesar de pruebas como éstas, es común la tentación de considerar que las personas felices son cabezas huecas. Los chistes que desprestigian a las rubias son un alivio para las morenas más astutas pero menos atractivas, y como «rata de biblioteca» encontré cierto consuelo al ver que muchos de mis compañeros más risueños y alegres parecían no llegar nunca a ningún sitio en la vida. La idea del individuo feliz pero tonto tiene un origen muy respetable.[8] C. S. Peirce, fundador del pragmatismo, escribió en 1878 que la función del pensamiento es disipar la duda: no pensamos, apenas somos conscientes hasta que ocurre algo malo. Cuando no nos enfrentamos a ningún obstáculo, sencillamente nos deslizamos por la carretera de la vida, y sólo cuando tenemos una piedrecilla en el zapato se desencadena el análisis consciente.

Exactamente al cabo de cien años, Lauren Alloy y Lyn Abramson —que por aquel entonces eran alumnas mías de posgrado brillantes y heterodoxas— confirmaron la idea de Peirce de forma experimental. Concedieron a alumnos universitarios distintos niveles de control en el encendido de una luz verde. Algunos tenían un control absoluto sobre la luz, pues ésta se encendía cada vez que pulsaban un botón y nunca se encendía si no lo hacían. Sin embargo, para otros estudiantes la luz se encendía independientemente de que pulsaran o no el botón. Después se pidió a cada estudiante que juzgara cuánto control tenía. Los alumnos depresivos fueron muy precisos, para distinguir cuándo tenían el control y cuándo no. Las personas no depresivas nos sorprendieron, pues fueron precisas cuando tenían el control, e incluso cuando no disponían de él seguían considerando que sí lo tenían en un 35 % aproximadamente. En resumen, los sujetos depresivos eran más tristes pero más sabios que los no depresivos.[9]

Pronto contamos con más pruebas que apoyaban el

realismo depresivo. Las personas depresivas son jueces certeros de sus propias aptitudes, mientras que las felices creen que son mucho más habilidosas de lo que las juzgan otras personas. El 80 % de los hombres estadounidenses piensa que se encuentra en la mitad superior en cuanto a habilidades sociales; la mayor parte de los trabajadores considera que su rendimiento laboral está por encima de la media y la mayoría de los motoristas —incluso los que han sufrido accidentes— considera que conduce de forma más segura que la media.[10]

Las personas felices recuerdan más sucesos buenos de los que en realidad sucedieron y olvidan más los malos. Por el contrario, las personas depresivas son precisas en ambos sentidos.[11] Los individuos felices son desequilibrados en sus creencias sobre el éxito y el fracaso: si obtuvieron un éxito, consideran que el mérito es suyo, que será duradero y que son buenos en todo; si tuvieron un fracaso, atribuyen la culpa a los demás, y estiman que fue fugaz e intrascendente. Las personas depresivas, por el contrario, son ecuánimes en la valoración del éxito y el fracaso.

Sin duda esto hace que la gente feliz parezca tener la cabeza hueca. Pero la veracidad de los descubrimientos sobre el «realismo depresivo»[12] se debate en la actualidad acaloradamente, pues estimuló un buen número de réplicas experimentales. Además, Lisa Aspinwall —profesora de la Universidad de Utah que ganó el segundo premio del Templeton en el año 2000— reunió pruebas convincentes que demuestran que, a la hora de tomar decisiones importantes en la vida real, las personas felices podían ser más sabias que las depresivas. En sus experimentos proporcionó a los sujetos información temible y pertinente relacionada con los riesgos para la salud: artículos sobre la vinculación entre cafeína y cáncer de mama a bebedoras de café, o sobre la relación entre bronceado y melanoma a los amantes del sol. Los participantes del estudio de Aspinwall fueron distribuidos en dos grupos: felices e infelices —ya sea mediante tests de optimismo o provocando una experiencia positiva, como recordar un acto bondadoso del pasado, antes de entregarles el material de lectura—, y al cabo de una semana preguntó a los sujetos qué recordaban sobre los riesgos para la salud. El resultado llevó a la conclusión de que las personas felices recuerdan una cantidad mayor de información negativa y la juzgan de forma más convincente que las infelices.[13]

La resolución de la controversia sobre qué tipo de personas son más listas podría ser la siguiente: en circunstancias normales, las personas felices tienen en cuenta sus experiencias pasadas positivas reales y probadas, mientras que las menos felices se muestran más escépticas. Incluso aunque una luz haya parecido incontrolable durante los últimos diez minutos de un experimento, las personas felices suponen, a partir de sus experiencias pasadas, que las cosas acabarán bien y que en algún momento dispondrán de cierto control. Esto explica el sesgo mencionado anteriormente en el 35 % de las respuestas: sujetos que afirmaban poseer el control incluso cuando el encendido de la luz verde era incontrolable. Cuando los sucesos son amenazadores («tomar tres tazas de café al día aumentará el riesgo de sufrir cáncer de mama»), las personas felices cambian enseguida de táctica y adoptan un pensamiento escéptico y analítico.

Existe una emocionante posibilidad que integra todos estos hallazgos y cuyas implicaciones son muy amplias: *la actitud positiva nos hace adoptar una forma de pensamiento totalmente distinta a la actitud negativa*. He observado a lo largo de treinta años de reuniones con profesores del departamento de psicología realizadas en una sala sin ventanas, sombría y gris, llena de cascarrabias impenitentes, que el humor reinante es totalmente negativo, lo cual parece transformarnos en críticos de primer orden. Cuando nos reunimos para debatir cuál de varios fantásticos candidatos a profesor deberíamos contratar, solemos acabar descartándolos a todos y nos dedicamos a enfatizar los fallos de cada uno de ellos. A lo largo de treinta años hemos rechazado por votación a muchos jóvenes que posteriormente han destacado, han sido psicólogos innovadores y personalidades de la psicología mundial.

Así, el humor negativo y frío activa una forma de pensamiento tipo zafarrancho de combate: el orden del día consiste en centrarse en lo malo para luego eliminarlo. Por el contrario, el estado anímico positivo mueve a las personas a adoptar una forma de pensar creativa, tolerante, constructiva, generosa, relajada y lateral. Este estilo de pensamiento tiene por objeto resaltar lo que está bien, no lo que está mal. No cambia de curso para detectar errores, sino que se afina para hallar virtudes. Probablemente incluso suceda en zonas distintas del cerebro y presente una neuroquímica diferente del pensamiento de un estado de ánimo negativo.[14]

Escoja su ámbito de actuación y diseñe su estado anímico de acuerdo con la actividad que deba realizar. Aquí tiene ejemplos de tareas que suelen exigir un pensamiento crítico: presentarse a los exámenes de fin de carrera, hacer la declaración de la renta, decidir a quién despedir, enfrentarse a repetidos desengaños amorosos, prepararse para una inspección, corregir, tomar decisiones cruciales en deportes competitivos, o decidir en qué universidad estudiar. Desempeñe estas tareas en días lluviosos, en sillas de respaldo recto y en habitaciones silenciosas y pintadas con colores formales. El hecho de estar tenso, triste o desanimado no supondrá ningún obstáculo, incluso puede hacer que sus decisiones sean más perspicaces.

Por el contrario, otro tipo de tareas exigen una forma de pensar creativa, generosa y tolerante: planificar una campaña de ventas, encontrar formas de aumentar la cantidad de amor en la vida, plantearse un cambio de profesión, decidir si casarse o no, dedicarse a aficiones y deportes no profesionales, o la creación literaria. Desempéñelas en un entorno que alegre su estado de ánimo —por ejemplo, en una silla cómoda, con la música adecuada, con sol y aire fresco—. En la medida de lo posible, rodéese de personas en cuyo desinterés y buena fe confíe.[15]

## EL DESARROLLO DE LOS RECURSOS FÍSICOS

Las emociones positivas de elevada energía, como la alegría, hacen que las personas se muestren lúdicas, y el juego está profundamente relacionado con el desarrollo de los recursos físicos. Las ardillas jóvenes juegan a correr a la máxima velocidad, saltar hacia arriba en línea recta, cambiar de itinerario en el aire y aterrizar y salir disparadas en otra dirección. Cuando juegan, los monos jóvenes se lanzan de cabeza hacia árboles suficientemente flexibles que los catapulten en otra dirección.[16] Estas dos maniobras son utilizadas por los adultos de las respectivas especies para escapar de los depredadores. Es prácticamente inevitable ver el juego en general como modelador del sistema muscular y de la capacidad cardiovascular, aparte de práctica que permite desarrollar técnicas para evitar a los depredadores y perfeccionar estrategias de lucha, caza y cortejo.

La salud y la longevidad son buenos indicadores de las reservas físicas y existe una prueba clara de que la emoción positiva predice el estado de salud y la longevidad. En el estudio más amplio realizado hasta la fecha, 2.282 mexicano-americanos del suroeste de Estados Unidos, de 65 años de edad o más, fueron sometidos a una serie de pruebas demográficas y emocionales y luego sujetos a observación durante dos años. La emoción positiva predijo de forma considerable quién viviría y quién moriría, así como los estados de incapacidad. Tras controlar la edad, los ingresos, el nivel de estudios, el peso, el consumo de alcohol y de tabaco, y el estado de salud, los investigadores descubrieron que las personas felices tenían la mitad de posibilidades de morir o quedar incapacitadas. El estado emocional positivo también protege a las personas de los estragos del envejecimiento.[17] Recordarán que las novicias cuyas autobiografías escritas cuando rondaban los veinte años mostraban felicidad, vivían más y gozaban de un mejor estado de salud; también los optimistas del estudio de la Clínica Mayo eran mucho más longevos que los pesimistas.[18] Además, las personas felices tienen mejores hábitos de salud, una menor tensión arterial y un sistema inmunológico más fuerte que las personas menos felices.[19] Si se suma a todo ello los descubrimientos de Aspinwall acerca de que las felices buscan y asimilan más información sobre los riesgos para la salud, se pone de manifiesto sin ambigüedades que la felicidad prolonga la vida y mejora el estado de salud.

## Productividad

Tal vez el rasgo humano más importante en cuanto al desarrollo de habilidades sea la productividad en el trabajo, más conocida como «sacar las castañas del fuego». Aunque es casi imposible dilucidar si la mayor satisfacción laboral hace a alguien más feliz o la predisposición a ser feliz es la causa de la satisfacción con el trabajo, no debería sorprender que las personas más felices estén notablemente más satisfechas con su trabajo que las menos felices. Sin embargo, las investigaciones sugieren que cuanto mayor es la felicidad, se registra más productividad y mayores ingresos. En un estudio se midió el nivel de emoción positiva de 272 empleados, a los cuales posteriormente se sometió a un seguimiento de su rendimiento laboral durante dieciocho meses.[20] Las personas más felices obtuvieron mejores valoraciones de sus supervisores y un salario más elevado. En un estudio a gran escala de jóvenes australianos realizado durante quince años, se observó que el elevado nivel de felicidad se relacionaba con mayores posibilidades de obtener un trabajo remunerado y con mejores salarios.[21] Con el propósito de determinar si lo más importatne es la felicidad o la productividad, se indujo felicidad de forma experimental a un grupo de personas del que luego se evaluó su rendimiento, y se llegó a la conclusión de que los adultos y los niños en quienes se genera buen humor eligen objetivos más elevados, rinden mejor y son más perseverantes en distintas tareas de laboratorio, como resolver anagramas.[22]

### Cuando a las personas felices les ocurren cosas malas

La ventaja más clara que poseen las personas felices para desarrollar recursos físicos es su capacidad de enfrentarse a los acontecimientos adversos. ¿Cuánto tiempo es capaz un individuo de sumergir la mano en un cubo de agua helada? La duración media del lapso previo a que se produzca un dolor excesivo se sitúa entre los sesenta y los noventa segundos. Rick Snyder, profesor de Kansas y uno de los padres de la Psicología Positiva, utilizó esta prueba en el programa de televisión *Good Morning, America* para demostrar los efectos de la emoción positiva a la hora de afrontar la adversidad. Suministró un test de emoción positiva a los presentadores habituales, en el que Charles Gibson superó a los demás por un considerable margen. Luego, en directo ante las cámaras, cada uno de ellos introdujo una mano en agua helada. Todos la apartaron rápidamente antes de transcurridos noventa segundos, excepto Gibson, que se quedó allí sonriendo —no haciendo una mueca— y cuando hubo que realizar la pausa publicitaria todavía tenía la mano en el cubo.[23]

Cuando se halla amenazada, la gente feliz no sólo soporta mejor el dolor y toma más precauciones relacionadas con la salud y la seguridad, sino que sus emociones positivas anulan a las negativas. Barbara Fredrickson enseñó a unos estudiantes una escena de la película de *The Ledge* en la que un hombre avanza lentamente por la cornisa de un rascacielos, pegado a las paredes. En un momento dado el sujeto se suelta y queda colgando sobre el tráfico que discurre abajo. Ante este hecho, el ritmo cardiaco de los alumnos aumentó hasta límites insospechados. Justo después de este vídeo se mostraron a los estudiantes otros cuatro fragmentos de película: «olas», que genera satisfacción; «cachorro», que provoca diversión; «palos», que no produce ninguna emoción; y «llanto», que induce tristeza. Tanto los fragmentos «cachorro» como «olas» redujeron el ritmo cardiaco, mientras que «llanto» hizo que el mismo, ya de por sí elevado, se incrementara todavía más.[24]

## EL DESARROLLO DE LAS HABILIDADES SOCIALES[25]

A la edad de siete semanas mi hija pequeña, Carly Dylan, dio sus primeros pasos vacilantes en la danza del desarrollo. Mamando del pecho de mi esposa, Carly hacía frecuentes pausas en las que levantaba la mirada hacia su madre y sonreía. Mandy, a su vez, le sonreía encantada y reía, y Carly, entre arrullos, le dedicaba una sonrisa aun mayor. Cuando esta danza se realiza con gracia, se establecen fuertes vínculos de amor (o lo que los etólogos, evitando términos subjetivos, denominan «apego seguro»). Los niños con apegos seguros llegan a superar a sus iguales en casi todos los ámbitos en los que se ha estudiado incluyendo la perseverancia, la resolución de problemas, la independencia, la curiosidad y el entusiasmo. Experimentar emotividad positiva y saber expresarla no sólo constituye la clave del amor entre una madre y su hijo, sino de casi todas las formas de amor y amistad. Nunca deja de sorprenderme el hecho de que mis mejores amigos no son otros psicólogos —a pesar de la afinidad que compartimos, del tiempo que pasamos juntos y de haber recibido la misma formación— ni otros intelectuales, sino las personas con las que juego al póquer, al *bridge* y al voleibol.

En este caso la excepción confirma la regla. Existe un trágico tipo de parálisis facial llamado síndrome de Moebius, que produce incapacidad para sonreír. Las personas que nacen con esta dolencia no pueden expresar facialmente las emociones positivas, por lo que reaccionan ante la conversación más amistosa con una cara de póquer desconcertante. Tienen grandes dificultades para hacer y mantener incluso amistades esporádicas. Cuando se altera la secuencia de sentir una emoción positiva, expresarla, obtener de la otra persona una emoción positiva y responder a ella, la música que acompaña la danza del amor y la amistad se interrumpe.

Los estudios psicológicos rutinarios se centran en la patología, analizan a las personas más deprimidas, angustiadas o iracundas y les preguntan sobre su estilo de vida y personalidad. Yo he realizado estudios de ese tipo durante dos décadas. Recientemente, Ed Diener y yo decidimos hacer lo contrario y centrarnos en el estilo de vida y la personalidad de las personas más felices. Tomamos una muestra al azar de 222 estudiantes universitarios y medimos con rigor la felicidad mediante seis escalas distintas, para luego centrarnos en el 10 % más feliz. Estos sujetos «muy felices» se diferenciaban considerablemente y de un modo concreto de los de «de felicidad media» y de las personas infelices: tenían una vida social rica y plena. Las personas muy felices eran las que pasaban menos tiempo solas —y la mayor parte haciendo vida social— y recibían la puntuación más alta por parte de ellas mismas y de sus amigos respecto a las buenas relaciones. Los 22 miembros del grupo de los muy felices tenían pareja en aquel momento, y si bien disponían de un poco más de dinero, no habían pasado por un número distinto de sucesos negativos o positivos respecto a los sujetos de los otros grupos, ni se diferenciaban de éstos en cuanto al número de horas de sueño, ver televisión, hacer ejercicio, fumar, beber alcohol o a su actividad religiosa.[26] Muchos otros estudios ponen de manifiesto que las personas felices tienen más amigos, tanto buenos como superficiales; y más probabilidades de casarse; y que participan en mayor medida que las personas infelices en actividades de grupo.[27]

El corolario de la complicidad con los demás, característica de las personas felices, es su altruismo. Antes de ver los datos, pensaba que las personas infelices, al identificarse con el sufrimiento que tan bien conocen, serían más altruistas. Así pues, me sorprendí cuando los resultados sobre la relación entre el estado anímico y la solidaridad revelaron que era más probable que las personas felices demostraran tal rasgo. En el laboratorio, los niños y adultos en los que se induce felicidad muestran mayor empatía y donan más dinero a las personas necesitadas. Cuando somos felices nos centramos menos en nosotros mismos, nos caen mejor los demás y deseamos compartir nuestra buena fortuna incluso con desconocidos. Sin embargo, cuando estamos depresivos nos tornamos desconfiados e introvertidos y nos centramos en nuestras propias necesidades de modo defensivo. Intentar ser el número uno es más propio de la tristeza que del bienestar.[28]

## FELICIDAD Y VICTORIA-VICTORIA: REPLANTEAMIENTO DE LA EVOLUCIÓN

La teoría de Barbara Fredrickson y todos los estudios mencionados me convencieron plenamente de que valía la pena que me esforzara en poner más emoción positiva en mi vida. Al igual que muchos compañeros que ocupan la mitad fría en la distribución de la positividad, me consolé sin problemas con la excusa de que no era importante cómo me sentía, porque lo que yo en realidad valoraba era interactuar de forma satisfactoria con el mundo. Pero sentir emociones positivas es importante, no sólo porque resulta agradable por derecho propio, sino porque genera una mejor relación con el mundo. Si desarrollamos más emotividad positiva en nuestra vida, desarrollamos amistad, amor, una mejor salud física y mayores logros. La teoría de Fredrickson también responde a las preguntas que abren este capítulo: ¿por qué sientan bien las emociones positivas? ¿Por qué sentimos, a secas?

La ampliación y el desarrollo positivo son las características básicas de un encuentro de victoria-victoria. Lo ideal sería que el hecho de leer este capítulo fuera un ejemplo de una relación de este tipo: si he hecho bien mi trabajo, he crecido intelectualmente al escribirlo, y lo mismo le ocurrirá al lector cuando recorra esta páginas. Estar enamorado, entablar una amistad y educar a los hijos redundan casi siempre en un importante beneficio mutuo. Casi todos los avances tecnológicos (como por ejemplo la invención de la imprenta) constituyen una interacción de victoria-victoria. La imprenta no restó un valor económico equivalente a otra actividad, sino que generó un notable incremento de valor.

Aquí radica la causa que con mayor probabilidad pueda servir de explicación a la existencia de los sentimientos. Los sentimientos negativos configuran un sistema sensorial del tipo «aquí hay dragones»*, que dispara una alarma y nos dice inequívocamente que nos encontramos ante una situación de victoria-derrota. Los sentimientos positivos también constituyen un sistema sensorial. Sentimiento positivo es un neón que dice: «Aquí hay crecimiento», y nos advierte de la posibilidad de un encuentro victoria-victoria.[29] Activando un talante expansivo, tole-

---

* Traducción de la frase latina *hic sunt dracones* que se utilizaba en los mapas del Renacimiento para marcar las tierras en blanco o no exploradas. (*N. de los T.*)

rante y creativo, los sentimientos positivos maximizan los beneficios sociales, intelectuales y físicos que se van acumulando.

Ahora que usted y yo estamos convencidos de que vale la pena aportar más felicidad a la vida, la pregunta primordial es: ¿puede incrementarse la cantidad de emoción positiva en nuestra vida? Respondamos ahora a este interrogante.

# 4

# ¿Se puede ser más feliz de forma duradera?

## LA FÓRMULA DE LA FELICIDAD[1]

Aunque gran parte de la investigación sobre la que se asienta este libro se basa en estadísticas, una obra de psicología destinada al gran público culto puede contener a lo sumo una ecuación. Así pues, aquí está la única ecuación que les pediré que tengan en cuenta:

$$F = R + C + V$$

En la que F es su nivel de felicidad duradera, R su rango fijo, C las circunstancias de su vida y V representa los factores que dependen del control de su voluntad.

Este capítulo analiza la parte F = R + C de esta ecuación. V, la cuestión más importante de la Psicología Positiva, se aborda en los capítulos 5, 6 y 7.

## F (NIVEL DE FELICIDAD DURADERA)

Es importante distinguir la felicidad momentánea del nivel de felicidad duradera. La felicidad momentánea puede aumentarse fácilmente mediante distintos medios, como comer chocolate, ver una película cómica, recibir un masaje en la espalda o comprar una camisa nueva. Este capítulo, y en general este libro, no es una guía para incrementar la cantidad de estallidos pasajeros de felicidad a lo largo de la vida. No hay nadie más experto en este tema que uno mismo. El reto consiste en aumentar el nivel de felicidad *duradera* y el mero hecho de incrementar el número de estallidos de sentimientos positivos momentáneos no lo conseguirá, por los motivos que se exponen más adelante. La escala Fordyce, citada en el capítulo anterior, se centraba en la felicidad momentánea, y ahora ha llegado el momento de medir su nivel de felicidad general. La siguiente escala fue ideada por Sonja Lyubomirsky, profesora adjunta de Psicología de la Universidad de California, en Riverside.[2]

## ESCALA DE FELICIDAD GENERAL

Para cada una de las siguientes frases o preguntas, marque el punto de la escala que usted considera que mejor lo describe.

1. En general, me considero:

  1     2     3     4     5     6     7
*No muy*                                 *Muy feliz*
*feliz*

2. En comparación con la mayoría de mis iguales, me considero:

  1     2     3     4     5     6     7
*Menos feliz*                           *Más feliz*

3. Algunas personas son muy felices en general. Disfrutan de la vida independientemente de lo que suceda, sacan el máximo provecho de todo. ¿Hasta qué punto le describe esta caracterización?

| 1 | 2 | 3 | 4 | 5 | 6 | 7 |
|---|---|---|---|---|---|---|

Nada en                                            Mucho
absoluto

4. Por término general, algunas personas no son muy
   felices. Aunque no se encuentran deprimidas, nunca
   parecen estar tan felices como podrían. ¿Hasta qué
   punto le describe esta caracterización?

| 1 | 2 | 3 | 4 | 5 | 6 | 7 |
|---|---|---|---|---|---|---|

Mucho                                            Nada en
                                                 absoluto

Para puntuar el test, sume el total de las respuestas a las
preguntas y divida por 8. La media correspondiente a los
adultos estadounidenses es 4,8. Dos tercios de las personas
suman una puntuación que se sitúa entre el 3,8 y el 5,8.

El título de este capítulo quizá parezca una pregunta
un tanto peculiar. Tal vez piense que con el esfuerzo suficiente, todos los estados emocionales y los rasgos de personalidad pueden mejorar. Yo también lo creía cuando
empecé a estudiar psicología hace cuarenta años, y este
dogma de ductilidad humana total imperaba en este campo. Según él, con el esfuerzo personal suficiente y con la
adecuada modificación del entorno toda la psicología humana podría rehacerse para mejorarla. Sin embargo, esta
idea naufragó irremediablemente en la década de los
ochenta, cuando empezaron a producirse estudios sobre la
personalidad de gemelos y niños adoptados. La psicología
de los gemelos idénticos es mucho más similar que la de los
que no lo son, y la psicología de los niños adoptados es mucho más parecida a la de sus padres biológicos que a la de
sus padres adoptivos. Todos estos estudios, que en la actualidad se cuentan por cientos, convergen en una dirección

única: aproximadamente el 50 % de casi todos los rasgos de personalidad es atribuible a la herencia genética. Sin embargo, el elevado componente hereditario no determina lo inalterable que es un rasgo. Algunos rasgos fuertemente congénitos —como la orientación sexual y el peso corporal— no cambian demasiado, mientras que otros —como el pesimismo y el miedo— son muy variables.[3]

## R (RANGO FIJO): LAS BARRERAS QUE NOS IMPIDEN SER MÁS FELICES

Aproximadamente la mitad de su puntuación en los tests de felicidad está relacionada con el resultado que sus padres biológicos habrían obtenido en caso de que también los hubieran respondido. Esto significa que heredamos un «timonel» que nos conduce hacia un nivel específico de felicidad o tristeza. Así pues, por ejemplo, si usted posee una baja afectividad positiva, es posible que se sienta impulsado a evitar el contacto social y por consiguiente a estar solo. Como verá más adelante, las personas felices son muy sociables y existen motivos para pensar que su felicidad se debe a un alto nivel de socialización satisfactoria. Por lo tanto, si no se rebela ante los impulsos de su timonel genético, tendrá menos sentimientos felices.

### El termostato de la felicidad

Ruth, una madre soltera de un barrio popular de Chicago, necesitaba más esperanza en su vida, y la conseguía a muy buen precio gastándose cinco dólares a la semana en billetes de lotería. Necesitaba dosis periódicas de esperanza porque normalmente se sentía abatida; si se hubiera podido costear a un terapeuta, se le habría diagnosticado depresión leve. El continuo abatimiento no había empezado tres años antes, cuando su esposo la dejó por otra mujer, sino que parecía haber estado siempre ahí, por lo menos desde la escuela secundaria, hacía unos veinticinco años.

Entonces se produjo un milagro: a Ruth le tocaron 22 millones de dólares en la lotería. No cabía en sí de gozo. Dejó su trabajo de empaquetadora de regalos en una gran tienda y se compró una casa con 18 habitaciones en un barrio lujoso, ropa de Versace y un Jaguar de color azul verdoso. Incluso pudo enviar a sus hijos gemelos a un colegio privado. Sin embargo, a medida que transcurría el año su estado de ánimo fue decayendo. A final de año, a pesar de la falta de adversidades obvias, el costoso terapeuta que la trataba le diagnosticó trastorno distímico (depresión crónica).

Historias como la de Ruth han hecho que los psicólogos nos preguntemos si cada uno de nosotros cuenta con un rango fijo y personal de felicidad, un nivel específico y en gran parte heredado al que volvemos invariablemente.[4] La mala noticia es que, al igual que un termostato, este rango fijo arrastrará nuestra felicidad hacia su nivel habitual cuando tengamos demasiada suerte en la vida. Un estudio sistemático de 22 personas que ganaron cantidades sustanciosas en premios de lotería descubrió que, con el tiempo, volvían a su nivel de felicidad anterior, y no acabaron más felices que los 22 sujetos control.[5] Sin embargo, la buena noticia es que después de una desgracia, el termostato se esfuerza por sacarnos de nuestra desdicha. De hecho, la depresión es casi siempre episódica y la recuperación se produce al cabo de varios meses. Incluso las personas que quedan parapléjicas a consecuencia de una lesión de la médula espinal empiezan a adaptarse enseguida a la limitación de sus capacidades, y después de ocho semanas presentan más emoción positiva neta que emoción negativa. Al cabo de varios años, son sólo ligeramente menos felices por término medio que aquellos

que no sufren ninguna parálisis.[6] De las personas con te-
traplejia extrema, el 84 % considera que su vida es normal o por encima de la normalidad.[7] Estos resultados encajan con la idea de que todos tenemos nuestro rango fijo
de emoción positiva —y negativa—, el cual podría constituir el componente genético de la felicidad general.[8]

### La rueda de molino hedonista

Otra barrera que impide incrementar el nivel de felicidad es la «rueda de molino hedonista», que hace que las
personas se acostumbren con rapidez y de modo inevitable a lo bueno y lo den por supuesto. A medida que se acumulan bienes materiales y logros, las expectativas aumentan. Las proezas y todo aquello por lo que se ha luchado
tanto ya no proporcionan felicidad; es necesario algo incluso mejor para conducir los niveles de felicidad hasta
límites que superen el rango fijo. Pero en cuanto obtiene
el siguiente bien u objetivo, uno vuelve a adaptarse, y así
sucesivamente. Por desgracia, hay muchas pruebas que
justifican la existencia de esta rueda de molino.

Si no funcionara dicha rueda, las personas que logran
más cosas buenas en la vida serían en general mucho más
felices que las menos afortunadas. Pero en realidad éstas
suelen ser igual de felices que las de mayor fortuna. Según han demostrado varios estudios,[9] las cosas buenas y
los grandes logros ejercen una influencia sorprendentemente baja en el incremento de la felicidad, salvo de forma efímera:

- Los sucesos importantes —como ser despedido o
  ascendido— pierden su efecto sobre el nivel de felicidad en menos de tres meses.
- La riqueza, que sin duda ayuda a acumular más
  posesiones, guarda una relación sorprendentemente baja con el nivel de felicidad. En general, los ricos sólo son ligeramente más felices que los pobres.

- Los ingresos reales han aumentado de forma espectacular en las naciones prósperas durante la última mitad de siglo, pero el nivel de satisfacción con la vida ha permanecido totalmente fijo en muchas naciones ricas.
- Los cambios recientes en el salario de una persona predicen la satisfacción laboral, pero los niveles de salario generales no.
- El atractivo físico —que al igual que la riqueza proporciona una serie de ventajas— no incide demasiado en la felicidad.
- La salud física objetiva, que quizá sea el más valioso de todos los recursos, apenas guarda relación con la felicidad.

No obstante, la adaptación tiene límites. Existen ciertos sucesos negativos a los que nunca nos acostumbramos o a los que sólo nos adaptamos muy lentamente. La muerte de un hijo o del cónyuge en un accidente automovilístico es un ejemplo de ello.[10] Entre cuatro y siete años después de tales sucesos, las personas afligidas siguen mucho más deprimidas e infelices que los sujetos control. Los familiares que cuidan de enfermos de Alzheimer[11] muestran un bienestar subjetivo que va deteriorándose con el tiempo, y las personas de naciones muy pobres como la India y Nigeria dicen ser mucho menos felices que los habitantes de naciones más ricas, aunque la pobreza persista en esos lugares desde hace siglos.[12]

En conjunto, las variables R (el timonel genético, la rueda de molino hedonista y el rango fijo) tienden a evitar que el nivel de felicidad aumente. Pero existen dos fuerzas poderosas, C y V, que sí elevan el nivel de felicidad.

# C (CIRCUNSTANCIAS)[13]

La buena noticia sobre las circunstancias es que algunas generan mayor felicidad. La mala es que cambiar tales circunstancias suele ser poco práctico y costoso. En una encuesta realizada en Estados Unidos, se solicitó a los participantes que respondieran a las siguientes preguntas:

1. ¿Qué porcentaje de estadounidenses padece una depresión clínica a lo largo de la vida?
2. ¿Qué porcentaje de estadounidenses afirma estar satisfecho con la vida más allá de un estado neutral?
3. ¿Qué porcentaje de enfermos mentales dice tener un equilibrio emocional positivo (más sentimientos positivos que negativos)?
4. ¿Cuál de los siguientes grupos de estadounidenses dice tener un equilibrio emocional negativo (más sentimientos negativos que positivos)?
   Afroamericanos pobres
   Hombres en paro
   Personas ancianas
   Personas con múltiples discapacidades graves

La mayoría de los consultados infravaloró de forma notoria el nivel de felicidad de la gente (yo lo hice). Los adultos estadounidenses que respondieron a estas preguntas creen, por término medio, que la prevalencia de la depresión clínica a lo largo de la vida es del 49 % (en realidad se sitúa entre el 8 y el 18 %), que sólo el 56 % de los estadounidenses afirma hallarse satisfecho con aspectos positivos de la vida (en realidad es el 83 %) y que sólo el 33 % de los enfermos mentales asegura tener más sentimientos positivos que negativos (en realidad es el 57 %). De hecho, la mayoría de los sujetos de los cuatro grupos desfavorecidos afirman ser felices, pero el 83 % de los adultos juzga lo contrario con respecto a los afroamericanos pobres, y el 100 % opina lo mismo con respecto a los hombres en paro. Sólo el 38 y el 24 %, respectivamente, cree que los más ancianos y los que sufren múltiples discapacidades dicen tener un equilibrio hedonista positivo.[14] La conclusión es que en conjunto, e independientemente de circunstancias objetivas, la mayoría de los estadounidenses afirman ser felices y, al mismo tiempo, subestiman de forma clara la felicidad de los demás.

En los albores de la investigación seria sobre la felicidad, en 1967, Warner Wilson reseñó lo que se conocía por aquel entonces.[15] Informó al ámbito de la psicología que todas las personas felices eran:

- Las bien pagadas.
- Las casadas.
- Las jóvenes.
- Las sanas.
- Las que tienen un buen nivel de estudios.
- De cualquier sexo.
- De cualquier nivel intelectual.
- Las religiosas.

La mitad de esta afirmación resultó ser incorrecta, pero no así la otra mitad. Repasaré a continuación lo que se ha descubierto en los últimos treinta y cinco años acerca del grado de incidencia que las circunstancias externas tienen sobre la felicidad. Algunos de estos resultados son asombrosos.

## Dinero

He sido rica y he sido pobre. Es mejor ser rica.

SOPHIE TUCKER

El dinero no da la felicidad.

Proverbio

Estas dos citas aparentemente contradictorias resultan ser ciertas y existe una gran cantidad de datos sobre cómo la riqueza y la pobreza afectan a la felicidad.[16] En términos generales, los investigadores comparan el bienestar subjetivo medio de las personas que viven en las naciones ricas con respecto a las de las naciones pobres. Ésta es la pregunta sobre satisfacción con la vida que respondieron al menos mil personas de cada una de las 40 naciones estudiadas; ahora puede responderla usted mismo: en una escala del 1 (insatisfecho) al 10 (satisfecho), en general, ¿cuán satisfecho está con su vida actualmente?

En la siguiente tabla se compara el nivel medio de satisfacción obtenido de las respuestas a esta pregunta con el poder adquisitivo relativo, tomando al de Estados Unidos como valor de referencia (100).

| NACIÓN | SATISFACCIÓN CON LA VIDA | PODER ADQUISITIVO |
|---|---|---|
| BULGARIA | 5,03 | 22 |
| RUSIA | 5,37 | 27 |
| BIELORRUSIA | 5,52 | 30 |
| LETONIA | 5,70 | 20 |
| RUMANIA | 5,88 | 12 |
| ESTONIA | 6,00 | 27 |
| LITUANIA | 6,01 | 16 |

| | | |
|---|---|---|
| HUNGRÍA | 6,03 | 25 |
| TURQUÍA | 6,41 | 22 |
| JAPÓN | 6,53 | 87 |
| NIGERIA | 6,59 | 6 |
| COREA DEL SUR | 6,69 | 39 |
| INDIA | 6,70 | 5 |
| PORTUGAL | 7,07 | 44 |
| ESPAÑA | 7,15 | 57 |
| ALEMANIA | 7,22 | 89 |
| ARGENTINA | 7,25 | 25 |
| CHINA | 7,29 | 9 |
| ITALIA | 7,30 | 77 |
| BRASIL | 7,38 | 23 |
| CHILE | 7,55 | 35 |
| NORUEGA | 7,68 | 78 |
| FINLANDIA | 7,68 | 69 |
| ESTADOS UNIDOS | 7,73 | 100 |
| PAÍSES BAJOS | 7,77 | 76 |
| IRLANDA | 7,88 | 52 |
| CANADÁ | 7,89 | 85 |
| DINAMARCA | 8,16 | 81 |
| SUIZA | 8,36 | 96 |

Este estudio internacional, en el que participaron decenas de miles de adultos, ilustra varios puntos. En primer lugar, Sophie Tucker tenía parte de razón: el poder adquisitivo nacional general y la satisfacción media con la vida apuntan en la misma dirección.

Sin embargo, en cuanto el producto nacional bruto supera los ocho mil dólares por persona, la correlación desaparece y la riqueza añadida no aporta mayor satisfacción vital. Así pues, los ricos suizos son más felices que los pobres búlgaros, pero apenas importa que uno sea irlandés, italiano, noruego o estadounidense.

Asimismo, hay numerosas excepciones a la relación

riqueza-satisfacción: Brasil, China continental y Argentina presentan en dicho estudio una satisfacción con la vida mucho mayor de lo que cabría esperar de su riqueza. Los países del ex bloque soviético están menos satisfechos de lo que cabría suponer a tenor de su riqueza, al igual que los japoneses. Los valores culturales de Brasil y Argentina y los valores políticos de China podrían apoyar la emoción positiva, y la difícil transición del comunismo al capitalismo —con el consiguiente deterioro en el ámbito de la sanidad y la protección social— probablemente haya provocado una disminución de la felicidad en Europa del Este. La explicación de la insatisfacción japonesa resulta más misteriosa, y junto con las naciones más pobres, como China, la India y Nigeria, que presentan una satisfacción con un nivel de vida bastante elevado, estos datos indican que el dinero no necesariamente compra la felicidad. El cambio en el poder adquisitivo producido en la última mitad de siglo en las naciones ricas transmite el mismo mensaje: el poder adquisitivo real ha crecido más que el doble en Estados Unidos, Francia y Japón, pero la satisfacción con la vida no ha cambiado ni un ápice.[17]

Los resultados de las comparaciones entre naciones son difíciles de interpretar, ya que las naciones ricas también tienen mayores índices de alfabetización, mejores condiciones sanitarias y educativas, y más libertad, aparte de mayor cantidad de bienes materiales. Comparar a las personas más ricas y más pobres dentro de cada nación ayuda a identificar las causas de las diferencias, y esta información conduce a decidir cuál es la comparación relevante para la toma de ciertas decisiones. ¿Más dinero me haría más feliz? Es probablemente la pregunta que uno se plantea con mayor frecuencia al intentar decidir si pasar más tiempo con los niños o en el trabajo, o pasar unas vacaciones a lo grande.

En las naciones muy desfavorecidas, donde la pobreza amenaza la vida misma, ser rico no es signo de mayor bienestar. En las naciones más ricas, sin embargo, donde casi todo el mundo goza de una red de seguridad básica, el aumento de riqueza tiene un efecto insignificante sobre la felicidad personal.[18] En Estados Unidos, los muy pobres disfrutan de escasa felicidad, pero en cuanto una persona alcanza la satisfacción de las necesidades mínimas, el hecho de poseer más dinero le añade poca o nula felicidad. Incluso los sumamente ricos, como las cien personas más adineradas según la revista *Forbes*, con un patrimonio de más de 125 millones de dólares, son sólo ligeramente más felices que el norteamericano medio.[19]

¿Y qué sucede con los muy pobres? El científico *amateur* Robert Biswas-Diener, hijo de dos destacados investigadores en el ámbito de la felicidad, viajó por su cuenta a los confines de la Tierra —Calcuta, la Kenia rural, la ciudad de Fresno, en el centro de California, y la tundra de Groenlandia— para analizar el nivel de satisfacción en algunos de los lugares menos felices de la Tierra.[20] Entrevistó y suministró tests a 32 prostitutas y a 31 sin techo de Calcuta para conocer su grado de satisfacción con la vida.

Kalpana es una mujer de 35 años que es prostituta desde hace veinte. La muerte de su madre la obligó a ejercer este oficio para ayudar a mantener a sus hermanos, con quienes está en contacto y los visita una vez al mes en su pueblo, donde también tiene a su hija de ocho años. Kalpana vive sola y ejerce su trabajo en una pequeña habitación alquilada, amueblada con una cama, un espejo, unos platos y un santuario dedicado a los dioses hindúes. Se encuentra dentro de la categoría A de trabajadoras del sexo y gana más de dos dólares y medio por cliente.

El sentido común debería llevarnos a pensar que los pobres de Calcuta se hallan sumamente insatisfechos, pero por sorprendente que parezca no lo están. Su satisfacción con la vida en general es ligeramente negativa (1,93 en una escala del 1 al 3), un poco más baja que entre los estudiantes de la Universidad de Calcuta (2,43). En cambio, en muchos ámbitos de la vida su satisfacción es alta: moralidad (2,56), familia (2,50), amigos (2,40) y comida (2,55). La satisfacción más baja se registra concretamente en el nivel de ingresos (2,12).

Aunque Kalpana teme que sus viejos amigos del pueblo la miren por encima del hombro, su familia no lo hace. Sus visitas mensuales son motivo de alegría. Está agradecida por ganar lo suficiente para pagar una niñera a su hija, poder darle un techo y alimentarla bien.

Sin embargo, cuando Biswas-Diener compara a los sin techo de Calcuta con la gente de la calle de Fresno, California, encuentra diferencias sorprendentes a favor de la India. Entre las 67 personas de la calle, la satisfacción media con la vida es extremadamente baja (1,29), mucho menor que la de los sin techo de Calcuta (1,60). Existen pocos ámbitos en los que la satisfacción es moderada, como la inteligencia (2,27) y la comida (2,14), pero la mayoría de ellos resultan penosamente insatisfactorios: ingresos (1,15), moralidad (1,96), amigos (1,75), familia (1,84) y vivienda (1,37).

Aunque estos datos sólo se basan en una pequeña muestra de personas pobres, resultan sorprendentes y no es fácil descartarlos. En conjunto, los descubrimientos de Biswas-Diener indican que la pobreza extrema es un mal social y que las personas que sufren tal pobreza tienen una sensación peor de bienestar que las más afortunadas. Pero incluso frente a grandes adversidades, a estos pobres les parece que gran parte de su vida es satisfactoria (aunque sea más cierto respecto a los habitantes de los barrios bajos de Calcuta que de los estadounidenses muy pobres).

Si estos datos son correctos, existen muchas razones para trabajar a fin de reducir la pobreza, como la falta de oportunidades, los elevados índices de mortalidad infantil, las viviendas y la alimentación insalubres, el hacinamiento, el paro o el trabajo denigrante; pero el nivel de satisfacción con la vida no es una de dichas razones. Este verano, Robert ha viajado al extremo norte de Groenlandia para estudiar la felicidad en un grupo de inuits que todavía no ha descubierto las ventajas de las motos de nieve.

En la felicidad influye la importancia que una persona le otorga al dinero, más que el dinero en sí.[21] El materialismo parece ser contraproducente; en todos los niveles de ingresos reales, quienes valoran el dinero más que otros objetivos están menos satisfechas con sus ingresos y con su vida en general, aunque el motivo concreto sea un misterio.

### Matrimonio

A veces se compara el matrimonio con una prisión, y otras con la alegría eterna. Ninguna de estas dos descripciones es exacta, pero en general los datos existentes apoyan más la segunda opción que la primera. A diferencia del dinero, que, como mucho, ejerce un efecto pequeño, el matrimonio está intrínsecamente relacionado con la felicidad. El Centro Nacional de Análisis de Opinión realizó un estudio con 35.000 estadounidenses a lo largo de los últimos treinta años; el 40 % de las personas casadas dijeron ser «muy felices», mientras que sólo el 24 % de las solteras, divorciadas, separadas y viudas afirmaron serlo. Vivir con la persona amada —pero sin estar casados— se asocia con una mayor felicidad en culturas individualistas como la nuestra, pero con una menor felicidad en culturas colectivistas como Japón y China. La ventaja de los casados se mantiene independientemente de la edad y el nivel de ingresos, y es igual en hombres y mujeres. Sin embargo, tiene parte de razón el comentario irónico

—no anatómico— de Kierkegaard «mejor bien colgado que mal casado», puesto que los matrimonios infelices socavan el bienestar, y entre las personas cuyo matrimonio es «no muy feliz», el nivel de felicidad es menor que el de los solteros o divorciados.[22]

¿Qué puede deducirse de la relación matrimonio-felicidad?[23] ¿Hay que darse prisa e intentar casarse? Se trata de un buen consejo sólo si el matrimonio produce realmente felicidad, que es el argumento causal que sostiene la mayoría de investigadores en el tema del matrimonio. Sin embargo, existen dos posibilidades adicionales, propias de un viejo cascarrabias como yo: que las personas que ya son felices tienen más posibilidades de contraer matrimonio y permanecer casadas, o que una tercera variable —como la buena presencia o la sociabilidad— genera mayor felicidad y más posibilidades de casarse. Al fin y al cabo, las personas depresivas tienden a ser más retraídas, irritables y egoístas, lo cual las convierte en parejas menos atractivas.[24] Considero que todavía no se ha decidido la verdadera causa del hecho probado de que las personas casadas son más felices que aquellas que no lo están.

### Vida social

En el estudio que realizamos con personas muy felices, Ed Diener y yo descubrimos que todas las personas —salvo una— del 10 % más feliz tenían pareja. Recordarán que las personas muy felices se diferencian claramente tanto de la media como de las personas infelices en el hecho de que tienen una vida social rica y satisfactoria. Pasan menos tiempo solas y la mayor parte de éste haciendo vida social, y reciben las mejores puntuaciones en cuanto a buenas relaciones tanto en la autoevaluación como a juicio de sus amistades.

Estas conclusiones muestran el mismo patrón que las relativas al matrimonio y la felicidad, tanto con respecto a sus virtudes como a sus defectos. De hecho, es posible que la sociabilidad elevada de las personas felices sea la causa de las conclusiones sobre el matrimonio, puesto que la gente más sociable —que también es más feliz desde un primer momento— tiene más probabilidades de casarse. No obstante, en todo caso es difícil separar la causa del efecto. Así pues, es muy probable que una vida social rica —y el matrimonio— haga que las personas sean más felices. Pero también es posible que las personas que ya de por sí son felices resulten más agradables y, por tanto, tengan una vida social más rica y más probabilidades de casarse. O podría haber una tercera variable, como ser más extrovertido o ser un gran conversador, que propiciara una vida social rica y mayor felicidad.

## *Emociones negativas*

A fin de experimentar más emociones positivas en la vida, ¿debe una persona luchar para experimentar menos emociones negativas minimizando los acontecimientos malos de la vida? La respuesta a esta pregunta es sorprendente. En contra de la creencia popular, el hecho de sufrir más desgracias de las necesarias no implica que uno no pueda vivir también muchas alegrías. Existen evidencias sólidas que niegan una relación recíproca entre emociones positivas y negativas.

Norman Bradburn, distinguido profesor emérito de la Universidad de Chicago, inició su larga carrera encuestando a miles de estadounidenses sobre su satisfacción con la vida, y preguntó sobre la frecuencia de las emociones agradables y desagradables. Esperaba encontrar una relación inversa perfecta entre ambas: que las personas que experimentaban muchas emociones negativas serían las que experimentarían muy poca emotividad positiva, y viceversa. Éstos no fueron ni mucho menos los resultados del estudio, y estas conclusiones se han repetido en numerosas ocasiones.

Sólo existe una correlación negativa moderada entre

emociones positivas y negativas.[25] Esto significa que si tiene una gran cantidad de emotividad negativa en su vida,
quizá posea menor emotividad positiva que la media, pero
no está ni mucho menos condenado a una vida sin alegrías.
Del mismo modo, si en su vida hay considerables emociones positivas, eso sólo lo protege de forma moderada
de los pesares.

Acto seguido se publicaron estudios sobre las diferencias entre hombres y mujeres.[26] Ya había quedado bien
demostrado que las mujeres sufren el doble de depresión
que los hombres y, en general, presentan más emociones
negativas. Cuando los investigadores empezaron a estudiar las relaciones entre emociones positivas y género, se
sorprendieron al descubrir que las mujeres también experimentan mucha más emotividad positiva, con mayor frecuencia y de forma más intensa, que los hombres. Éstos
están hechos de «material más duro»; la vida emocional
de las mujeres es más extrema que la de los hombres. Si
esta diferencia se debe a la biología o a la mayor disponibilidad de la mujer para exteriorizar —o quizás experimentar— las emociones intensas es algo que aún se discute,
pero en todo caso, demuestra una relación opuesta.

La antigua palabra griega *soteria* hace referencia a
nuestras alegrías intensas e irracionales. Este vocablo es
el opuesto a *phobia*, que significa fuerte temor irracional.
Sin embargo, literalmente, *soteria* deriva de la fiesta que
celebraban los griegos ante la liberación de la muerte. Resulta ser que nuestras mayores alegrías son consecuencia
del alivio de nuestros peores temores. El auge de las montañas rusas, del *puenting*, de las películas de terror e incluso el sorprendente descenso de las enfermedades mentales en épocas de guerra son prueba fehaciente de ello.[27]

En general, la relación entre emoción negativa y positiva no es ni mucho menos la de una polarización. Se
desconoce por qué lo es y su causa, y dilucidarlo es uno de
los retos más emocionantes de la Psicología Positiva.

### Edad

En el estudio histórico que Wilson realizó hace 35 años se llegó a la conclusión de que la juventud era predictora de una mayor felicidad.[28] Pero la juventud ya no es como la pintaban, y en cuanto los investigadores analizaron los datos con más profundidad, la mayor felicidad atribuida a la gente joven de entonces también se desvaneció. La imagen de los viejos cascarrabias que se quejan de casi todo tampoco es coherente ya con la realidad. Un estudio serio realizado con 60.000 adultos de 40 países considera tres elementos constitutivos de la felicidad: satisfacción con la vida, afectividad agradable y afectividad desagradable. La satisfacción con la vida aumenta ligeramente con la edad, la afectividad agradable se reduce un poco y la afectividad negativa no cambia. Lo que sí varía a medida que envejecemos es la intensidad de nuestras emociones. Tanto «el sentirse en la cima del mundo» como «en la más profunda de las desesperaciones» es menos habitual a medida que se incrementan la edad y la experiencia.[29]

### Salud

Seguro que piensa que la salud es crucial para la felicidad, puesto que el hecho de gozar de buena salud suele considerarse como el ámbito más importante en la vida de una persona. No obstante, resulta que la buena salud objetiva apenas guarda relación con la felicidad; lo que importa es nuestra percepción subjetiva de nuestro estado de salud, y el hecho de encontrar la forma de valorar nuestra salud de forma positiva, incluso cuando estamos bastante enfermos, es un tributo a nuestra capacidad de adaptación a la adversidad.[30] Las visitas al médico y el hecho de estar hospitalizado no afectan a la satisfacción con la vida, sino a la valoración subjetiva de la salud, que a su vez está influida por la emoción negativa. Por sorprendente que resulte, incluso los enfermos de cáncer gravemente afectados difieren sólo de forma ligera con respecto a la satisfacción global con la vida de las personas objetivamente sanas.[31]

Cuando la enfermedad discapacitante es grave y duradera, la felicidad y la satisfacción con la vida disminuyen, aunque no tanto como cabría imaginar. Las personas que ingresan en un hospital con sólo un problema de salud crónico —como cardiopatía— muestran un incremento notable de la felicidad a lo largo del año siguiente, pero la felicidad de personas con cinco o más problemas de salud se deteriora con el tiempo. Así pues, el mal estado de salud moderado no provoca infelicidad, pero sí lo hace la enfermedad grave.[32]

### Nivel de estudios, clima, raza y género

Agrupo estas variables porque, por sorprendente que parezca, ninguna de ellas incide demasiado sobre la felicidad. Aunque el nivel de estudios sea un medio para obtener mayores ingresos, no es un instrumento para ser más feliz, con excepción, y sólo de manera leve, entre personas con ingresos bajos.[33] La inteligencia tampoco influye demasiado en la felicidad.[34] Además, aunque los climas soleados combaten el trastorno afectivo estacional —depresión de invierno—, los niveles de felicidad no varían con el clima. Las personas que sufren los rigores del invierno en Nebraska creen que los habitantes de California son más felices, pero se equivocan; nos adaptamos al buen tiempo por completo y de forma muy rápida.[35] Así pues, si se cumple su sueño de felicidad en una isla tropical, no será por motivos climáticos.

La raza, por lo menos en Estados Unidos, no está relacionada con la felicidad de forma sistemática. A pesar de su peor situación económica, los afroamericanos y los hispanos muestran unos índices de depresión claramente inferiores a los caucásicos, pero el nivel de felicidad del que dicen disfrutar no es mayor que el de los caucásicos (excepto quizás entre los hombres más ancianos).

El género, como he dicho con anterioridad, guarda una relación fascinante con el estado de ánimo. Con respecto al tono emocional general, las mujeres y los hombres no se diferencian, pero curiosamente se debe al hecho de que las mujeres son más felices y también más infelices que los hombres.

## Religión

Durante el medio siglo que siguió al desprestigio del que Freud la hizo objeto, la religión fue considerada con reservas por la ciencia social.[36] Los debates académicos acerca de la fe la acusaron de generar sentimiento de culpa, intolerancia, antiintelectualismo, autoritarismo, así como de reprimir la sexualidad. Sin embargo, hace unos veinte años los datos sobre los efectos psicológicos positivos de la fe empezaron a mostrar un componente compensatorio. En concreto, los estadounidenses creyentes tienen claramente menos probabilidades de abusar de las drogas, cometer crímenes, divorciarse y suicidarse. También gozan de mejor salud física y viven más años. Las madres creyentes de hijos con discapacidades combaten mejor la depresión, y las personas creyentes se sienten menos desconcertadas ante el divorcio, el paro, la enfermedad y la muerte. Más directamente relevante resulta el hecho de que los datos de los estudios muestran de forma sistemática que los creyentes son algo más felices y están más satisfechos con la vida que los no creyentes.

La relación causal entre religión y vida más sana y de carácter más social no es ningún misterio. Muchas religiones proscriben las drogas, los delitos y la infidelidad, al tiempo que fomentan la caridad, la moderación y el trabajo. La relación causal entre la religión y un grado mayor de felicidad, la ausencia de depresión y la mayor resistencia ante la tragedia no es tan clara. En el apogeo del conductismo, los beneficios emocionales de la religión se atribuyeron —¿de forma convincente?— al hecho de disponer de más apoyo social. Se argumentó que las personas religiosas se reúnen con otras que forman una comunidad de amigos receptivos, lo cual las hace sentirse mejor. No obstante, yo creo que hay una relación más básica: las religiones infunden esperanza en el futuro y otorgan sentido a la vida.

Sheena Sethi Iyengar es una de las estudiantes universitarias más extraordinarias que conozco. A pesar de ser totalmente ciega, cruzó Estados Unidos durante el último año de carrera en la Universidad de Pensilvania mientras escribía su tesis doctoral. Visitó una congregación tras otra, midiendo la relación entre el optimismo y la fe religiosa. Encuestó a cientos de adeptos, grabó y analizó decenas de sermones de fin de semana y estudió la liturgia y las historias que se cuentan a los niños en once religiones norteamericanas destacadas. Su primera conclusión es que cuanto más fundamentalista es la religión, más optimistas son sus fieles. Los judíos ortodoxos y los cristianos y musulmanes fundamentalistas son claramente más optimistas que los judíos reformistas y los miembros de la Iglesia unitaria, que, en general, son más depresivos. En un estudio más exhaustivo determinó la cantidad de esperanza que transmitían los sermones, la liturgia y las historias, separándola de otros factores como el apoyo social. Descubrió que el aumento de optimismo que provoca el incremento de religiosidad se explica en su totalidad por la mayor cantidad de esperanza. Como mística cristiana, Juliana de Norwich cantó desde lo más profundo de la peste negra, a mediados del siglo XIV, unos de los versos más hermosos jamás escritos:

> Mas todos estarán bien, y todo estará bien, y cualquier forma que adopten las cosas estará bien... Él no dijo: «No seréis víctima de una tempestad, no pasaréis penurias, no padeceréis enfermedades», sino que dijo: «No seréis vencidos.»[37]

La relación entre la esperanza ante el futuro y la fe religiosa es probablemente la piedra angular de por qué la fe es tan eficaz para combatir la desesperación y aumentar la felicidad. La relación entre sentido y felicidad, tanto secular como religiosa, es un tema que abordaré en el último capítulo.

Teniendo en cuenta que probablemente haya un rango fijo que mantiene el nivel de felicidad bastante inmóvil, este capítulo se plantea cómo modificar las circunstancias de la vida para vivir en el extremo superior del rango. Hasta épocas recientes la creencia popular consideraba que las personas felices estaban bien pagadas, estaban casadas, eran jóvenes, sanas, con un buen nivel de estudios y religiosas. Así pues, he repasado lo que sabemos sobre la serie de variables circunstanciales externas (C) que, según se dice, inciden sobre la felicidad. A modo de resumen, si desea elevar de forma duradera su grado de felicidad cambiando las circunstancias externas de su vida, debería hacer lo siguiente:

1. Vivir en una democracia sana, no en una dictadura empobrecida (gran efecto).
2. Casarse (efecto intenso, pero quizá de relación no causal).
3. Evitar acontecimientos negativos y emociones negativas (sólo efecto moderado).
4. Forjarse un entramado social rico (efecto intenso, pero quizá de relación no causal).
5. Acercarse a la religión (efecto moderado).

Sin embargo, con respecto a la felicidad y la satisfacción con la vida, no hace falta que se moleste en hacer lo siguiente:

6. Ganar más dinero. (El dinero tiene un efecto escaso o nulo si ha podido costearse la compra de este libro, y las personas más materialistas son menos felices.)
7. Gozar de buena salud. (La que importa es la salud subjetiva, no la objetiva.)
8. Elevar al máximo su nivel de estudios (ningún efecto).
9. Cambiar de raza o trasladarse a un clima más soleado (ningún efecto).

Sin duda se habrá dado cuenta de que los factores importantes son imposibles de cambiar o poco prácticos.[38] Aunque pudiera modificar todas las circunstancias externas que se mencionan más arriba, no notaría un gran cambio, dado que juntas probablemente no supongan más que entre el 8 y el 15 % de variación en el nivel de felicidad. Lo positivo es que existen unas cuantas circunstancias internas que sí determinarán la diferencia. Por consiguiente, me centraré a continuación en esta serie de variables, que son más fácilmente controlables de forma voluntaria. Si decide modificarlas —y tenga en cuenta que ninguno de estos cambios se produce sin un verdadero esfuerzo—, es probable que su grado de felicidad se incremente de forma duradera.

# 5

## Satisfacción con el pasado

¿Se puede vivir en las condiciones que determinan el extremo más elevado del rango fijo de felicidad? ¿Qué variables voluntarias (V) producirán cambios sustanciales y serán más eficaces que limitarse a buscar más situaciones de placer transitorio?

Las emociones positivas pueden centrarse en el pasado, el presente o el futuro.[1] Entre las emociones positivas respecto al futuro cabe citar el optimismo, la esperanza, la fe y la confianza. Las relacionadas con el presente son la alegría, el éxtasis, la tranquilidad, el entusiasmo, la euforia, el placer y —la más importante— la fluidez; emociones a las que la gente se refiere cuando de manera informal, aunque demasiado restringida, habla de «felicidad». Las emociones positivas sobre el pasado incluyen la satisfacción, la complacencia, la realización personal, el orgullo y la serenidad.

Es crucial comprender que estos tres aspectos emocionales son distintos y no se hallan necesariamente ligados. Si bien es deseable experimentar felicidad en los tres sentidos, esto no siempre ocurre. Es posible sentirse orgulloso y satisfecho con el pasado, por ejemplo, pero amargado con el presente y pesimista respecto al futuro. Del mismo modo, se puede disfrutar de muchos placeres en el presente, pero hallarse descontento con el pasado y desesperanzado con el futuro. Aprendiendo sobre cada uno de los distintos tipos de felicidad, pueden encauzarse las emociones en una dirección positiva, cambiando la forma de experimentar sentimientos sobre el pasado, de pensar sobre el futuro y de vivenciar el presente.

Empezaré por el pasado. Comience respondiendo a este pequeño test.

## ESCALA PARA DETERMINAR LA SATISFACCIÓN CON LA VIDA[2]

A continuación encontrará cinco frases con las que puede estar de acuerdo o en desacuerdo. Utilizando la escala del 1 al 7 que encontrará más abajo, indique su grado de acuerdo con cada frase anotando el número correspondiente en la línea prevista.

7 = Estoy muy de acuerdo.
6 = Estoy de acuerdo.
5 = Estoy ligeramente de acuerdo.
4 = Ni de acuerdo ni en desacuerdo.
3 = Estoy ligeramente en desacuerdo.
2 = Estoy en desacuerdo.
1 = Estoy muy en desacuerdo.

_____ En muchos sentidos, mi vida está próxima a mi ideal.
_____ Las condiciones de mi vida son excelentes.
_____ Estoy totalmente satisfecho con mi vida.
_____ Hasta el momento, he conseguido las cosas importantes que quiero en la vida.
_____ Si pudiera revivir mi vida, no cambiaría nada.
_____ Total

30-35 Sumamente satisfecho, muy por encima de la media.
25-29 Muy satisfecho, por encima de la media.

| 20-24 | Bastante satisfecho, normal para los adultos estadounidenses. |
| 15-19 | Ligeramente insatisfecho, un poco por debajo de la media. |
| 10-14 | Insatisfecho, claramente por debajo de la media. |
| 5-9 | Muy insatisfecho, muy por debajo de la media. |

Decenas de miles de individuos de distintas culturas han respondido a este test. A continuación se exponen algunas de las pautas más representativas obtenidas: entre los adultos estadounidenses de más edad, la puntuación media en los hombres es 28 y en las mujeres 26. La media de los estudiantes universitarios de América del Norte se halla entre 23 y 25; en cambio, los estudiantes de Europa del Este y los chinos registran un promedio que oscila entre 16 y 19. Los presos varones obtienen una puntuación media de 12, al igual que los pacientes hospitalizados. Los pacientes ambulatorios con trastornos psicológicos obtienen una media situada entre 14 y 18, y la puntuación media de las mujeres maltratadas y los cuidadores de mayor edad es, sorprendentemente, 21.[3]

Las emociones que genera el pasado van desde la resignación, la serenidad, el orgullo y la satisfacción hasta la amargura absoluta y la ira vengativa, emociones que están determinadas por completo por los pensamientos sobre el pasado. La relación entre pensamiento y emoción es uno de los temas más antiguos y controvertidos de la psicología. Según la visión freudiana clásica, que dominó la psicología durante los primeros setenta años del siglo XX, el contenido del pensamiento está determinado por la emoción:

Tu hermano pequeño te felicita inocentemente por el ascenso y sientes un asomo de cólera. Tus pensamientos son una balsa frágil que cabecea en este mar ondulado de las emociones que empiezan con sentimientos de celos por haberte visto desplazado por él del afecto de tus padres, navegando hacia recuerdos de abandono y menosprecio, y finalmente a una interpretación de que el mocoso, de poco mérito y demasiado sobreprotegido, te está tratando con condescendencia.

Existen abundantes pruebas que corroboran esta visión.[4] Cuando una persona está deprimida, le resulta mucho más fácil tener recuerdos tristes que felices. Del mismo modo, es muy difícil invocar una imagen de lluvia gélida en una tarde de verano calurosa, seca y sin nubes. Las inyecciones que aumentan el nivel de adrenalina —efecto secundario habitual de los fármacos que contienen cortisona— generan temor y ansiedad, pues orientan la interpretación de sucesos inocuos hacia el peligro y la pérdida.[5] Los vómitos y las náuseas generan aversiones de sabor hacia lo que se ha ingerido antes del trastorno, aunque uno sepa que no fue la salsa bearnesa sino una gastroenteritis la causante del malestar.[6]

Hace treinta años, la revolución cognitiva en la psicología desbancó tanto a Freud como a los conductistas, por lo menos en el mundo académico.[7] Los científicos cognitivistas demostraron que el pensamiento puede ser objeto de estudio de la ciencia, que es mensurable y, lo más importante, que no es sólo reflejo de la emoción o el comportamiento. Aaron T. Beck, el teórico más importante de la terapia cognitiva, afirmó que la emoción siempre es generada por la cognición, y no al revés. La idea de peligro provoca angustia, la idea de pérdida induce tristeza y la de ofensa causa enfado. Cuando uno siente alguno de estos estados de ánimo, lo que debe hacer es analizarlo detenidamente para encontrar la serie de pensamientos encadenados que lo han originado.

Existe gran cantidad de pruebas que confirman esta perspectiva. Los pensamientos de los sujetos deprimidos están dominados por interpretaciones negativas del pasado, del futuro y de las propias aptitudes, y aprender a luchar contra dichas interpretaciones negativas alivia la depresión casi tanto como los fármacos antidepresivos, e incluso evitar en mayor medida recaídas y reapariciones. Las personas que sufren trastorno de ansiedad malinterpretan de forma catastrofista sensaciones corporales como los latidos acelerados del corazón, o la falta de aliento como presagio de un ataque cardiaco o derrame cerebral. Prácticamente, el trastorno puede curarse enseñando a dichas personas que no son más que síntomas de ansiedad, no de una enfermedad real.[8]

Estas dos visiones opuestas nunca se han reconciliado. La perspectiva freudiana dominante afirma que la emoción siempre determina el pensamiento, mientras que según la visión cognitivista dominante el pensamiento siempre guía a la emoción. Sin embargo, lo cierto es que se orientan recíprocamente según el momento. Así pues, el reto de la psicología del siglo XXI es identificar en qué condiciones la emoción es la que determina el pensamiento y en qué condiciones ocurre lo contrario.

No intentaré encontrar aquí una solución global, sino sólo parcial.

Parte de nuestra vida emocional es instantánea y reactiva. El placer sensual y el éxtasis, por ejemplo, son emociones del aquí y ahora que necesitan, si acaso, muy poco pensamiento e interpretación para desencadenarse. Una ducha caliente cuando uno se halla cubierto de barro hace que nos sintamos bien; no hace falta pensar «me estoy quitando el barro» a fin de experimentar placer. Por el contrario, todas las emociones relacionadas con el pasado están completamente guiadas por el pensamiento y la interpretación:

- Lydia y Mark están divorciados. Siempre que Lydia oye el nombre de Mark, lo primero que recuerda es que la traicionó y todavía se enfurece... veinte años después del suceso.
- Cuando Abdul, refugiado palestino que vive en Jordania, piensa en Israel, recuerda el olivar del que era propietario y que ahora está ocupado por los judíos. Siente amargura y odio absolutos.
- Cuando Adele analiza su larga vida se siente serena, orgullosa y en paz consigo misma. Siente que superó las adversidades a las que tuvo que enfrentarse por nacer mujer, negra y pobre en Alabama, y que sacó el máximo provecho de la vida.

En cada una de estas estampas —y cada vez que el pasado genera una emoción—, interviene una interpretación, un recuerdo o un pensamiento que gobiernan la emoción subsiguiente.[9] Esta verdad aparentemente inofensiva y obvia resulta clave para entender cómo nos sentimos respecto al pasado. Lo más importante es que constituye la clave para evitar los dogmas que han hecho que tantas personas sean prisioneras de su pasado.

## VIVIR EN EL PASADO

¿Cree que su pasado determina su futuro?[10] No se trata de una pregunta filosófica superficial. Según en qué medida consideremos que el pasado determina el futuro, tenderemos o no a ser un navío pasivo, incapaz de cambiar de trayecto de forma activa. Tales creencias son las culpables de la extrema inercia de muchas personas. Quizá sea una ironía que la ideología que subyace a las mismas fuera expuesta por los tres grandes genios del siglo XIX: Darwin, Marx y Freud.

Según la versión de Charles Darwin, somos producto de una serie muy larga de victorias pasadas. Nuestros ancestros se convirtieron en tales porque ganaron dos tipos de lucha: la de la supervivencia y la del apareamiento. No somos más que un conjunto de características adaptables ajustadas con precisión para mantenernos con vida y aportarnos el éxito reproductivo. El hecho de «no ser más que» de la frase anterior, quizá no sea fiel a Darwin, pero es la expresión clave de la idea de que lo que acabaremos haciendo en el futuro está determinado por nuestro pasado ancestral. Darwin fue un cómplice involuntario de esta perspectiva cerrada, pero Marx y Freud eran deterministas militantes y conscientes. Para Karl Marx, la lucha de clases producía un «determinismo histórico» que, al final, provocaría la caída del capitalismo y el ascenso del comunismo. La determinación del futuro por parte de grandes fuerzas económicas es la base del pasado e incluso los «grandes» personajes no trascienden el desarrollo de tales fuerzas, sino que se limitan a reflejarlas.

Para Sigmund Freud y su legión de seguidores, todos los sucesos psicológicos de nuestra vida —incluso los aparentemente triviales, como nuestros chistes y sueños— están estrictamente determinados por fuerzas de nuestro pasado. La infancia no es sólo formativa, sino que determina la personalidad adulta. Nuestro «desarrollo psicológico» se detiene en los asuntos sin resolver de la etapa infantil, y pasamos el resto de la vida intentando, en vano, solventar los conflictos sexuales y la agresividad. Así, antes de la revolución farmacológica y de la llegada de la terapia conductista y cognitiva, la mayor parte del tiempo dedicado a la psicoterapia en las consultas de psiquiatras y psicólogos se consumía evocando con detalle los recuerdos de la infancia. Probablemente hoy día siga siendo el tema predominante en la psicoterapia. El movimiento de autoayuda más famoso de comienzos de la década de los noventa también derivaba directamente de las premisas deterministas. Según el movimiento del «niño interior» los traumas de la infancia, no nuestras decisiones erróneas o falta de carácter, provocan el embrollo con el que nos encontramos como adultos, y podemos recuperarnos de nuestras «represiones» comprendiendo esos primeros traumas.

Considero que los sucesos de la infancia están sobrevalorados;[11] de hecho, creo que en general la historia personal está sobrevalorada. Ha resultado difícil encontrar siquiera las consecuencias más ínfimas de los sucesos de la infancia en la personalidad adulta, y no existen pruebas de grandes efectos, ni mucho menos determinantes.

Arrebatados por el entusiasmo generado por la idea de que la infancia tiene un gran impacto en el desarrollo adulto, muchos investigadores, que empezaron sus trabajos hace cincuenta años, buscaron exhaustivamente respaldo a sus teorías. Esperaban encontrar innumerables pruebas de los efectos destructivos de los sucesos negativos de la infancia —como la muerte del padre o la madre o el divorcio, enfermedades físicas, palizas, abandono y abusos sexuales— en las víctimas en su edad adulta. Se realizaron encuestas a gran escala para relacionar la salud mental adulta con las pérdidas durante la infancia, que incluían estudios prospectivos (actualmente se desarrollan varios, que duran muchos años y cuestan una fortuna).

Se hallaron ciertos efectos, pero no demasiados. Por ejemplo, si la madre fallece antes de que el hijo cumpla once años, éste será un poco más depresivo en la edad adulta, pero no mucho más, y sólo si el sujeto es mujer y se encuentra en la mitad de los estudios. La muerte del padre, en cambio, carece de efecto mensurable. Si el individuo es primogénito, su CI es mayor que el de los hermanos, pero por término medio sólo en un punto. Si los padres se divorcian —excluyendo los estudios que ni siquiera se molestan en incluir grupos de control de familias similares, pero sin divorcio—, aparecen ligeros efectos perturbadores en las últimas etapas de la infancia y en la adolescencia. Pero los problemas se desvanecen a medida que la persona madura y no son fáciles de detectar en la edad adulta.

Es posible que los traumas más intensos de la infancia influyan en la personalidad adulta, pero de forma apenas perceptible.[12] En resumidas cuentas, los sucesos negativos de la infancia no gobiernan los problemas adultos. En los estudios mencionados no existen argumentos para atribuir a los acontecimientos de la infancia la culpa de la depresión, la angustia, el matrimonio desdichado, el abuso de drogas, los problemas sexuales, el paro, el maltrato de los hijos, el alcoholismo o la ira en la edad adulta.

La mayor parte de dichos estudios resultaron ser metodológicamente inadecuados. En su entusiasmo por la incidencia de los eventos de la niñez, los investigadores olvidaron estudiar los genes. Sencillamente, no pensaron antes de 1990 que los padres criminales podían transmitir genes que predisponen al crimen y que tanto los delitos graves de los hijos como su tendencia a maltratarlos podría provenir de la naturaleza más que de la educación parental. En la actualidad existen investigaciones centradas en el análisis de los genes; una de ellas estudia la personalidad adulta de dos gemelos univitelinos criados por separado; otro analiza la personalidad adulta de niños adoptados y la compara con la personalidad de sus padres biológicos y adoptivos.[13] Todos estos estudios encuentran influencias genéticas considerables en la personalidad adulta y sólo efectos insignificantes atribuibles a los sucesos de la infancia. En la edad adulta, los gemelos univitelinos (idénticos) criados por separado son mucho más parecidos respecto a autoritarismo, religiosidad, satisfacción laboral, conservadurismo, ira, depresión, inteligencia, alcoholismo, bienestar y neurosis —por mencionar unos pocos rasgos— que los gemelos bivitelinos (no idénticos) criados juntos. Paralelamente, en la edad adulta, los adoptados son mucho más semejantes a sus padres biológicos que a los adoptivos.[14]

Ningún evento de la infancia contribuye de forma significativa a determinar tales características.

Esto implica que carece de valor el dictamen de Freud y sus seguidores de que los sucesos de la infancia determinan el desarrollo de la vida adulta.[15] Hago hincapié en todo ello pues considero que muchos de mis lectores están demasiado amargados por su pasado y se muestran demasiado pasivos respecto al futuro porque creen que los sucesos adversos de su historia personal los han marcado para siempre. Esta actitud conforma también la infraestructura filosófica que subyace al victimismo que ha recorrido Estados Unidos desde los gloriosos comienzos del movimiento de los derechos civiles y que amenaza con superar al individualismo fuerte y al sentido de responsabilidad individual que solía ser el distintivo de la nación. El mero hecho de conocer estos hechos sorprendentes, es decir, que en realidad los primeros sucesos del pasado ejercen poca o ninguna influencia en la vida adulta, resulta liberador, y tal liberación es la razón de ser de esta sección. Por consiguiente, si usted se cuenta entre quienes consideran que su pasado lo conduce hacia un futuro infeliz, tiene motivos más que suficientes para desechar tal idea.

Otra teoría ampliamente arraigada —que ahora se ha convertido en dogma y que también aprisiona a las personas en un pasado amargo— es la de la hidráulica de la emoción, que fue desarrollada por Freud y se introdujo, sin un cuestionamiento serio y exhaustivo, tanto en la cultura popular como en el mundo académico. De hecho, la hidráulica emocional es sinónimo de «psicodinámica», término general utilizado para describir las teorías de Freud y de sus seguidores. Dentro de esta perspectiva, las emociones son consideradas fuerzas internas de un sistema cerrado por una membrana impermeable, como si se tratara de un globo. Si el individuo no se permite expresar una emoción, ésta acabará emergiendo en algún momento, generalmente como síntoma no deseado.

En el ámbito de la depresión, el desmentido más notable a esta visión apareció como un ejemplo horrible. La creación de la terapia cognitiva por parte de Aaron (Tim) Beck —en la actualidad la terapia por la palabra más extendida y eficaz contra la depresión— proviene del desencanto que experimentó Tim con la premisa de la hidráulica emocional. Fui testigo del surgimiento de dicha terapia: entre 1970 y 1972 participé en un programa como interno residente en psiquiatría con él, mientras éste experimentaba con la terapia cognitiva. La experiencia crucial para Tim, según él mismo explicaba, se produjo a finales de la década de los cincuenta. Había concluido su formación freudiana y se le asignó la realización de terapia de grupo con depresivos. Según la teoría psicodinámica, la depresión podía curarse mediante la apertura de los enfermos respecto al pasado y la ventilación catárquica de todas las heridas y pérdidas sufridas.

Tim descubrió que no suponía ningún problema que las personas deprimidas repararan agravios pasados y hablaran de ellos extensamente. El problema radicaba en que, al hacerlo, a menudo se desenmarañaban, y Tim no encontraba la manera de colocarlos de nuevo en su sitio, lo que en algunos casos provocaba intentos de suicidio y en otros tenía un desenlace mortal. La terapia cognitiva para la depresión se desarrolló como técnica para liberar a las personas de su desventurado pasado modificando su forma de pensar sobre el presente y el futuro. Las técnicas de terapia cognitiva alivian igual de bien la depresión que los fármacos antidepresivos, y resultan más útiles para evitar la reaparición del trastorno y las recaídas.[16] Así pues, considero a Tim Beck uno de los grandes libertadores.

La ira es otro de los ámbitos en el que el concepto de hidráulica emocional fue examinado críticamente. A diferencia de las venerables culturas orientales, la de Estados Unidos es una sociedad a la que le agrada expresar sus sentimientos. Nos parece honesto, justo e incluso saludable manifestar nuestro enojo. Por eso gritamos, protestamos y litigamos. «Adelante, alégrame la vida», dice Harry el Sucio. En parte, nos permitimos este lujo porque creemos en la teoría psicodinámica de la ira. Si no expresamos nuestra rabia, ésta saldrá por otro sitio de forma incluso más destructiva, por ejemplo como enfermedad cardiaca. Pero resulta que esta teoría es falsa y, de hecho, lo cierto es lo contrario. Centrarse demasiado en la ofensa y en la expresión de la cólera provoca más enfermedades cardiovasculares y más enfado.

La expresión abierta de la hostilidad resulta ser la verdadera culpable de la relación existente entre el infarto de miocardio y la personalidad de tipo A.[17] La falta de tiempo, la competitividad y la represión de la cólera no parecen ser determinantes en el aumento de los infartos de miocardio en los sujetos con personalidad de tipo A. En un estudio, se evaluó la hostilidad manifiesta de 255 estudiantes de medicina mediante un test de personalidad. Como médicos, al cabo de veinticinco años, los más iracundos sufrían aproximadamente cinco veces más cardiopatías que quienes lo eran menos. En otro estudio, los hombres con mayor riesgo de sufrir infartos de miocardio a lo largo del tiempo eran los que tenían las voces más explosivas, los que más se irritaban cuando debían esperar y los que mostraban su enfado de forma más visible. En los estudios experimentales se observa que cuando los estudiantes varones reprimen su cólera, la presión sanguínea disminuye, y que aumenta si expresan sus sentimientos. La manifestación de la ira también incrementa la tensión sanguínea en las mujeres, que la tienen más baja. Por el contrario, la amabilidad como respuesta a una ofensa la reduce.[18]

Sugiero otra forma de analizar la emoción más compatible con la evidencia. En mi opinión, las emociones sin duda están recubiertas por una membrana, pero ésta es sumamente permeable y recibe el nombre de «adaptación», tal como se ha visto en el capítulo anterior. Sorprendentemente, las pruebas ponen de manifiesto que cuando se producen acontecimientos positivos y negativos, existe un estallido emocional temporal en la dirección correspondiente. Pero normalmente después de poco tiempo, el estado de ánimo vuelve a situarse dentro de los parámetros del rango fijo. Esto indica que las emociones se desvanecen si son omitidas. Su energía se filtra a través de la membrana y la persona recupera con el tiempo su estado natural por medio de una «ósmosis emocional». No obstante, si las emociones son expresadas y se hace demasiado hincapié en ellas, acaban multiplicándose y atrapándonos en un círculo vicioso en el que nos ocupamos en vano de agravios pasados.

La valoración y el disfrute insuficientes de los buenos momentos del pasado, así como enfatizar demasiado los malos, son aspectos que socavan la serenidad, la felicidad y la satisfacción. Hay dos maneras de situar estos dos sentimientos sobre el pasado en la región de la felicidad y la satisfacción. La gratitud aumenta el disfrute y la valoración de los buenos momentos pasados y la reescritura de la historia mediante el perdón reduce el efecto deprimente de los sucesos negativos, y de hecho puede transformar los malos recuerdos en buenos.

## GRATITUD

Comenzaremos por el test sobre la gratitud mejor documentado, creado por Michael McCullough y Robert Emmons, que también son los investigadores norteamericanos líderes en el ámbito de la gratitud y el perdón. Tenga su puntuación a mano, puesto que nos referiremos a ella a medida que avancemos en el presente capítulo.

# LA ENCUESTA SOBRE LA GRATITUD[19]

Utilizando la escala que se halla más abajo, escriba al lado de cada frase el número que indique su grado de acuerdo o desacuerdo.

1 = Estoy muy en desacuerdo.
2 = Estoy en desacuerdo.
3 = Estoy ligeramente en desacuerdo.
4 = Ni de acuerdo ni en desacuerdo.
5 = Estoy ligeramente de acuerdo.
6 = Estoy de acuerdo.
7 = Estoy muy de acuerdo.

____ 1. Tengo mucho en la vida por lo que estar agradecido.

____ 2. Si tuviera que hacer una lista con todo lo que agradezco, la lista sería muy larga.

____ 3. Cuando observo cómo está el mundo, no veo mucho por lo que estar agradecido.

____ 4. Le estoy agradecido a una gran cantidad de personas.

____ 5. A medida que me hago mayor, me veo más capaz de apreciar a las personas, los acontecimientos y las situaciones que han formado parte de mi historia personal.

____ 6. Puede pasar mucho tiempo hasta que siento agradecimiento por alguien o algo.

*Instrucciones para realizar la puntuación:*
1. Sume la puntuación de los ítems 1, 2, 4 y 5.
2. Invierta la puntuación de los ítems 3 y 6. Es decir, si marcó un 7, ponga un 1, si marcó un 6, ponga un 2, etc.
3. Sume las puntuaciones invertidas de los ítems 3 y 6 al total del Paso 1. Ése es el total del CG-6. El resultado debe encontrarse entre 6 y 42.

Basándose en una muestra de 1.224 adultos que respondieron recientemente a esta encuesta, que se encontraba en el sitio web *Spirituality and Health*, a continuación se exponen los patrones de referencia que le permitirán interpretar su puntuación.

Si obtuvo 35 o menos, se encuentra en el cuarto inferior de la muestra. Si su puntuación se encuentra entre 36 y 38, se halla en la mitad inferior de las personas que respondieron a la encuesta. Si obtuvo entre 39 y 41, se encuentra en el cuarto superior, y si puntuó 42, se halla en el octavo superior. Las mujeres obtienen una puntuación ligeramente superior a los hombres, y las puntuaciones de las personas mayores son más altas que las de las jóvenes.

He dado clases de Psicología en la Universidad de Pensilvania durante más de treinta años: introducción a la psicología, aprendizaje, motivación, psicología clínica y de patología. Me encanta dar clases, pero nunca he disfrutado tanto como en los últimos cuatro años, enseñando Psicología Positiva. Uno de los motivos es que, a diferencia de otros cursos que imparto, propongo tareas que pertenecen al mundo real, que son significativas y que incluso pueden cambiar la vida de las personas.

Por ejemplo, un año estaba inseguro respecto al desarrollo de una tarea que permitiera «comparar el hacer algo divertido con realizar un acto altruista», así que convertí la creación de dicha tarea en un ejercicio en sí mismo. Marisa Lascher, una de las estudiantes menos convencionales, sugirió que celebráramos una «Noche de la Gratitud». Los alumnos invitarían a alguien que hubiera sido importante en su vida, pero a quien no habían dado las gracias debidamente. Para mostrar su agradecimiento, cada uno presentaba un testimonio sobre la persona correspondiente, y a cada testimonio seguía un debate. Los invitados desconocían el motivo exacto de la reunión hasta ese momento.

Así fue como al cabo de un mes, un viernes al caer la tarde, acompañados de vino y queso, los alumnos se reunieron con siete invitados —tres madres, dos amigos íntimos, un compañero de habitación y una hermana pequeña— procedentes de distintos puntos del país. (A fin de respetar las tres horas de clase, tuvimos que limitar la sesión de invitados a un tercio de aquélla.) Patty le dijo a su madre:

¿Cómo valoramos a una persona? ¿Podemos medir su valor como si fuera un trozo de oro, sabiendo que la pepita de 24 quilates es más pura y brilla más que el resto? Si el valor intrínseco de una persona fuera así de evidente para todo el mundo, no necesitaría pronunciar este discurso. Como no es así, me gustaría describir el alma más pura que conozco: mi madre. Ahora sé que en este preciso instante me está mirando, con una ceja arqueada más que la otra. No, mamá, no te han seleccionado por tener la mente más pura. Sin embargo, eres la persona más auténtica y de buen corazón que he conocido en mi vida...

Sin embargo, cuando perfectos desconocidos te hablan sobre la pérdida de su mascota querida me quedo desconcertada. Cada vez que conversas con una persona desconsolada empiezas a llorar, como si se acabara de morir tu mascota. Ofreces consuelo en momentos de gran pérdida para estas personas. De niña, esta actitud me confundía, pero ahora me doy cuenta de que es tu corazón genuino, que se acerca a los demás en momentos de necesidad....

Mi corazón no cabe en sí de gozo mientras hablo de la persona más maravillosa que conozco. Sólo me queda soñar con convertirme en el pedazo de oro puro que creo que tengo delante. Vas por la vida con la mayor humildad, sin pedir agradecimiento ni una sola vez, esperando simplemente que las personas hayan disfrutado del tiempo que han pasado en tu compañía...

Literalmente no quedó ni un solo ojo seco en la clase mientras Patty leía su discurso y su madre decía entre sofocos: «Siempre serás mi Patty Mentolada.» Un alumno explicó luego: «Todos lloraron, los donantes, los receptores y los observadores. Cuando empecé a llorar, no sabía por qué lloraba.» Llorar en una clase es algo fuera de lo común, y cuando llora todo el mundo, es que ha ocurrido algo que toca la gran fibra que subyace a toda la humanidad.

Guido escribió una divertida canción de gratitud por la amistad de Miguel y la cantó acompañado de una guitarra:

*Los dos somos hombres varoniles,*
*no cantaré ninguna cursilada*
*pero quiero que sepas que me importas.*
*Si necesitas un amigo, puedes contar conmigo;*
*grita «Guido» y ahí estaré.*

Sarah le dijo a Rachel lo siguiente:

En nuestra sociedad, se pasa por alto a las personas más jóvenes en el momento de pensar en las que poseen grandes virtudes. Al traer aquí a alguien más joven que yo esta noche, espero que os replanteéis todas las ideas preconcebidas que tengáis acerca de las personas dignas de admiración. En muchos sentidos, aspiro a ser como mi hermana pequeña, Rachel...

Rachel es extrovertida y habladora de una forma que siempre he envidiado. A pesar de su edad, a Rach nunca le asusta entablar conversación con quienquiera que conozca. Empezó a hacerlo cuando gateaba, para consternación de mi madre. Las visitas al parque planteaban nuevas amenazas, puesto que Rachel no le tenía miedo a los desconocidos y alguna vez se había marchado con alguien mientras charlaban. Cuando yo estaba a punto de acabar el instituto, Rachel se hizo amiga de un grupo de chicas bulliciosas de mi curso que yo apenas conocía. Me sentí escandalizada y celosa. Al fin y al cabo, se suponía que eran mis iguales. Cuando le pregunté cómo había ocurrido, se encogió de hombros y dijo que había empezado a hablar con una de ellas un día fuera del colegio. En aquella época ella estaba en quinto.

Al final del semestre, cuando evaluaron el curso, la frase «La noche del viernes, 27 de octubre, fue una de las mejores de mi vida» no fue un comentario atípico ni en observadores ni en presentadores. De hecho, la Noche de la Gratitud es el punto culminante del curso. Como profesor y como ser humano, es difícil pasar todo esto por alto. En nuestra cultura carecemos de un vehículo para comunicar a las personas significativas para nosotros nuestra gratitud por su existencia, e incluso cuando nos sentimos impulsados a hacerlo, nos encogemos avergonzados. Quizás en su cultura ocurra lo mismo, por lo que aquí ofrezco el primero de dos ejercicios para expresar gratitud. El primero está dirigido a todos los lectores, no sólo a quienes obtuvieron una puntuación baja respecto a la gratitud o la satisfacción con la vida:

Escoja a una persona importante de su pasado que haya marcado una gran diferencia positiva en su vida y a la que nunca ha expresado su agradecimiento por completo. (No confunda esta elección con un amor romántico reciente o con la posibilidad de beneficios futuros.) Escriba un testimonio lo suficientemente largo para llenar una página. Tómese su tiempo para redactarlo; mis alumnos y yo tardamos varias semanas en hacerlo, pensando al respecto en el autobús y por la noche antes de dormirnos. Invite a esa persona a su casa, o viaje hasta donde ella vive. Es importante que lo exprese cara a cara, no por escrito o por teléfono. No informe previamente a la persona del propósito de su visita; un sencillo «quiero verte» bastará. El vino y el queso no son importantes, pero lleve una versión plastificada de su discurso como regalo. Cuando llegue el momento adecuado, lea su testimonio lentamente, de forma expresiva y manteniendo el contacto visual con la otra persona. Luego deje que ésta responda sin prisas. Recuerden juntos los acontecimientos concretos por los cuales esa persona es importante para usted. (Si está muy conmovido, envíeme una copia del discurso a *seligman@psych.upenn.edu*.)

La Noche de la Gratitud tuvo un impacto tan grande que no me hizo falta ningún estudio empírico que me convenciera de su poder. Sin embargo, poco después, llegó a mi mesa de trabajo el primer experimento controlado de este tipo.[20] Robert Emmons y Mike McCullough asignaron al azar a varias personas la tarea de llevar un diario personal durante dos semanas, en el que expresaran los sucesos por los que estaban agradecidos, las complicaciones que aparecieran, o sencillamente las actividades cotidianas. La alegría, la felicidad y la satisfacción con la vida se dispararon dentro del grupo de sujetos agradecidos.

Por tanto, si se encuentra en la mitad inferior de la puntuación del test de gratitud o del de satisfacción con la vida, este segundo ejercicio es para usted. Dedique cinco minutos cada noche durante las dos semanas siguientes, preferentemente antes de cepillarse los dientes e irse a la cama. Prepare una libreta con una página para cada uno de los catorce días siguientes. La primera noche realice el test de satisfacción con la vida (página 104) y el de felicidad general (página 80) otra vez y anote el resultado. A continuación, piense en las veinticuatro horas anteriores y escriba, en líneas separadas, hasta cinco aspectos de su vida por los que se sienta agradecido. Algunas de las anotaciones más comunes son: «despertarme esta mañana», «la generosidad de los amigos», «a Dios por darme determinación», «unos padres maravillosos», «muy buena salud» y «los Rolling Stones» (o cualquier otra referencia artística). Repita los tests de satisfacción con la vida y de felicidad general la última noche, dos semanas después del comienzo, y compare los resultados con los de la primera noche. Si le ha ido bien, incorpórelo a su rutina nocturna.

## PERDONAR Y OLVIDAR

Lo que sentimos con relación al pasado —satisfacción y orgullo, o amargura y vergüenza—, depende por completo de los recuerdos. No existe otra fuente. El motivo por el que la gratitud contribuye a aumentar la satisfacción con la vida es que amplía los buenos recuerdos sobre el pasado: su intensidad, su frecuencia y las «etiquetas» asociadas a dichos recuerdos. Otra alumna, que durante la exposición de testimonios se centró en su madre, escribió después: «Mi madre dijo que siempre recordaría aquella noche. El ejercicio constituyó mi oportunidad de decirle por fin cuánto significa para mí. Pude sacar algo que llevaba en el pecho, ¡y esta vez fue un buen motivo! Durante los días siguientes ambas estábamos muy animadas. No dejaba de pensar en aquella noche.»

Estuvo «muy animada» durante varios días porque le pasaban por la cabeza con mayor frecuencia los pensamientos positivos sobre todo lo bueno que había recibido de su madre. Estos pensamientos eran positivos de forma más intensa, y las etiquetas inspiraban felicidad («Qué gran persona»). Con los recuerdos negativos ocurre precisamente lo contrario. Tanto la divorciada cuyo único pensamiento sobre su ex marido se encuentra focalizado en la traición y la mentira, como el palestino cuyo cavilar sobre su lugar de nacimiento se halla centrado en la ofensa y el odio, son ejemplos de amargura. Los pensamientos negativos intensos y frecuentes sobre el pasado son la materia prima que bloquea las emociones de felicidad y satisfacción, y tales pensamientos impiden la serenidad y la paz.

Esto es igual de cierto tanto para las naciones como para los individuos. Los líderes que de forma incesante recuerdan a sus seguidores la larga historia de atrocidades —reales e imaginarias— que ha sufrido su nación, generan una población violenta y vengativa. Slobodan Milosevic, al recordar a los serbios que habían sido víctimas de seis siglos de agravios, provocó una década de guerra y genocidio en los Balcanes. El arzobispo Makarios, de Chipre, siguió fomentando el odio contra los turcos cuando ascendió al poder, con lo cual la reconciliación entre griegos y turcos fue casi imposible y propició en gran medida la catastrófica invasión del ejército turco. Los demagogos estadounidenses contemporáneos que juegan la carta de la raza, que invocan recuerdos de la esclavitud —o el supuesto escándalo de la discriminación positiva— a cada momento, hacen que sus seguidores desarrollen la misma mentalidad vengativa. A estos personajes les resulta beneficioso desde el punto de vista político a corto plazo, pero a la larga es probable que el polvorín de violencia y odio que contribuyen a incrementar afecten gravemente al mismo grupo al que desean ayudar.

Nelson Mandela, por el contrario, se propuso debilitar las interminables represalias.[21] Como líder de Suráfrica, se negó a regodearse en el amargo pasado y condujo a su nación dividida hacia la reconciliación. Yakubu Gowon, de Nigeria, trabajó duro para no castigar a los ibos después de que la rebelión de Biafra fuera sofocada a finales de la década de 1960, lo cual probablemente evitó un genocidio. En la India, Pandit Jawaharlal Nehru, discípulo de Mohandas Gandhi, se aseguró de poner fin a las represalias contra los musulmanes después de la división del país, en

1947. En cuanto su gobierno controló la situación y detuvo las matanzas, los musulmanes recibieron protección.

La mente humana ha evolucionado para asegurar que nuestras emociones negativas de extinción venzan a las positivas, que amplían horizontes, favorecen el desarrollo y son duraderas, pero más frágiles. La única forma de salir de esta selva emocional es cambiar los pensamientos reescribiendo el pasado: perdonando, olvidando o eliminando los malos recuerdos. Sin embargo, no se conocen formas de mejorar la capacidad de olvidar y eliminar malos recuerdos.[22] De hecho, los intentos explícitos de eliminar los pensamientos fracasan y aumentan la probabilidad de imaginar el objeto que se desea anular (por ejemplo, intente no pensar en un oso blanco durante los siguientes cinco minutos). Esto hace que el perdón, que deja intacto el recuerdo, pero elimina e incluso transforma el dolor asociado a él, es la única estrategia viable para abordar la historia desde otra perspectiva. Sin embargo, antes de pasar a ocuparnos del perdón, debemos preguntarnos por qué tantas personas se aferran, de hecho abrazan apasionadamente, los pensamientos amargos respecto a su pasado. ¿Por qué la reescritura positiva del pasado no es la actitud más natural ante los agravios que sufrimos?

Por desgracia existen buenas razones para aferrarse a la tristeza, y debe realizarse un balance antes de intentar reescribir el pasado a través del perdón (o del olvido o de la eliminación). Éstas son algunas de las razones habituales que se esgrimen para no perdonar.[23]

- Perdonar es injusto. Socava la motivación para apresar y castigar al culpable y mina la ira justa que podría utilizarse para ayudar a otras víctimas.
- Perdonar puede evidenciar amor hacia el culpable y mostrar falta de amor por la víctima.
- Perdonar impide la venganza, y ésta es correcta y natural.

Sin embargo, en el otro lado de la balanza, el perdón transforma la amargura en neutralidad o incluso en recuerdos de tinte positivo, por lo que hace posible una mayor satisfacción con la vida: «No puedes hacer daño al culpable no perdonando, pero puedes liberarte perdonándolo.»[24] La salud física, sobre todo la cardiovascular, es probablemente mejor en quienes perdonan que en los que no lo hacen.[25] Y cuando va seguido de la reconciliación, el perdón puede mejorar sobremanera las relaciones con la persona perdonada.

No es mi intención argumentar aquí sobre qué peso asignar a las ventajas e inconvenientes cuando uno debe decidir si es mejor dejarse llevar por el rencor. Los pesos son un reflejo de los valores de cada persona. Mi único objetivo es exponer la relación inversa entre el acto de no perdonar y la satisfacción con la vida.

Lo dispuesto que uno está a olvidar una ofensa no solamente depende de cómo valore racionalmente las ventajas e inconvenientes, sino también de la personalidad. A continuación encontrará una escala ideada por Michael McCullough y sus colegas, que refleja la capacidad general de perdonar agravios importantes.[26] Para realizar el test, piense previamente en alguna persona en concreto que hace poco le haya producido algún perjuicio y luego cumpliméntelo.

## MOTIVACIÓN ANTE LA TRANSGRESIÓN

Respecto a las cuestiones que más abajo se exponen, indique cuáles son sus pensamientos y sentimientos actuales hacia la persona que lo hirió; es decir, queremos saber cómo se siente respecto a esa persona en este preciso instante. En cada ítem, rodee con un círculo el número que describe mejor sus pensamientos y sentimientos actuales.

| | MUY EN DESACUERDO (1) | EN DESACUERDO (2) | NEUTRO (3) | DE ACUERDO (4) | MUY DE ACUERDO (5) |
|---|---|---|---|---|---|
| 1. Se las haré pagar | 1 | 2 | 3 | 4 | 5 |
| 2. Intento mantener el máximo de distancia posible entre nosotros | 1 | 2 | 3 | 4 | 5 |
| 3. Ojalá le pasara algo malo | 1 | 2 | 3 | 4 | 5 |
| 4. Vivo como si él/ella no existiera, o no estuviera aquí | 1 | 2 | 3 | 4 | 5 |
| 5. No confío en él/ella | 1 | 2 | 3 | 4 | 5 |
| 6. Quiero que reciba su merecido | 1 | 2 | 3 | 4 | 5 |
| 7. Me cuesta comportarme con afecto hacia él/ella | 1 | 2 | 3 | 4 | 5 |
| 8. Lo/La evito | 1 | 2 | 3 | 4 | 5 |
| 9. Voy a vengarme | 1 | 2 | 3 | 4 | 5 |
| 10. Corto la relación con él/ella | 1 | 2 | 3 | 4 | 5 |
| 11. Quiero verlo/la dolido/a y desgraciado/a | 1 | 2 | 3 | 4 | 5 |
| 12. Me aparto de él/ella | 1 | 2 | 3 | 4 | 5 |

*Instrucciones para la puntuación*

MOTIVACIÓN PARA EL RECHAZO

Sume la puntuación de los siete ítems relacionados con el rechazo: 2, 4, 5, 7, 8, 10 y 12:_____

En los adultos estadounidenses, la media se sitúa alrededor del 12,6. Si obtuvo una puntuación de 17,6 o más, se encuentra en el tercio que muestra mayor rechazo, y si ésta es de 22,8 o más, se encuentra entre el 10 % más extremo. Si ha obtenido una puntuación elevada en esta escala, los ejercicios de perdón que se detallan más abajo podrían resultarle útiles.

MOTIVACIÓN PARA LA VENGANZA

Sume la puntuación de los cinco ítems relacionados con la venganza: 1, 3, 6, 9 y 11: _____

Si consiguió una puntuación próxima a 7,7, está dentro de la media. Si obtuvo una puntuación de 11 o más, se encuentra en el tercio más vengativo; si su puntuación supera el 13,2, forma parte de la décima parte más vengativa. Si ha obtenido unos valores elevados en este test, los siguientes ejercicios de perdón le resultarán muy útiles.

## CÓMO PERDONAR

«Mamá había sido asesinada. Había sangre en la alfombra, en las paredes. Estaba todo lleno de sangre...»[27] La mañana del día de Año Nuevo de 1996, Everett Worthington, que ha escrito el libro definitivo sobre el perdón, recibió esta espantosa llamada de su hermano Mike. Cuando el doctor Worthington llegó a Knoxville, encontró la casa destrozada y descubrió que su anciana madre había sido violada con una botella de vino y asesinada a golpes con una palanca y un bate de béisbol. La descripción de su exitosa lucha para perdonar puede resultar inspiradora, se mire por donde se mire. Teniendo en cuenta que procede de un investigador líder en el tema de la capacidad de perdonar, constituye un elevado ejemplo moral y por eso la recomiendo a todos mis lectores que deseen perdonar, pero se sientan incapaces de hacerlo. Worthington describe un proceso de cinco pasos —si bien es cierto que no es sencillo ni rápido— que denomina REACE:

La R corresponde al *Recuerdo* del daño, de la forma más objetiva posible. No piense en la otra persona como en alguien malvado. No se regodee en la autocompasión e inspire el aire profunda y lentamente mientras visualiza el suceso. Worthington evocó una posible escena:

> Imaginé cómo podían sentirse los dos jóvenes mientras se preparaban para robar en una casa a oscuras. [...] De pie en una calle sombría, estaban nerviosos.
>
> —Ésa es —dijo quizá uno de ellos—. No hay nadie. Está completamente a oscuras.
>
> —No hay ningún coche en el camino de entrada —dijo el otro.
>
> —Probablemente estén en una fiesta de Fin de Año.
>
> Era imposible que supieran que mamá no sabía conducir y, por tanto, que no tenía coche.
>
> «Oh, no —debió de pensar—. Me han visto. Esto no tenía que haber pasado... ¿De dónde ha salido esta anciana? Es terrible. Seguro que podría reconocerme. Iré a la cárcel. Esa vieja me va a destrozar la vida.»

E representa la *Empatía*. Intente comprender desde el punto de vista del autor por qué esa persona le hizo daño. No resulta fácil, pero invente una historia verosímil que el transgresor podría contar si se le pidiera una explicación. Para ayudarse en esta etapa, recuerde lo siguiente:

• Cuando los individuos sienten amenazada su supervivencia, lastiman a personas inocentes.

- Las personas que atacan a otras suelen encontrarse atemorizadas, preocupadas y heridas.
- La situación en la que se encuentra una persona, y no su personalidad subyacente, puede conducirla a causar daño.
- A menudo las personas no piensan cuando hacen daño a otras, se limitan a agredir.

A corresponde al ejercicio del don *Altruista* del perdón, otro paso difícil. En primer lugar, recuerde una ocasión en la que usted fue el transgresor, se sintió culpable y fue perdonado. Se trata de un regalo que le hizo otra persona porque lo necesitaba y se siente agradecido por haberlo recibido. El hecho de ofrecer dicho obsequio suele hacernos sentir mejor. Como reza el refrán:

Si quieres ser feliz...
... durante una hora, haz la siesta.
... durante un día, vete a pescar.
... durante un mes, cásate.
... durante un año, recibe una herencia.
... toda la vida, ayuda a alguien.

Pero no entregamos este regalo por interés personal, sino más bien en beneficio del transgresor. Dígase a sí mismo que es capaz de superar el daño y la venganza. Sin embargo, si ofrece este obsequio a regañadientes, no se sentirá liberado.

C representa el *Compromiso* de perdonar públicamente. En los grupos de Worthington, los participantes redactan un «certificado de perdón», escriben una carta de perdón al culpable, componen un poema o una canción, o cuentan a un amigo de confianza lo que han hecho. Todas estas actividades constituyen contratos de perdón que conducen al paso final.

E significa *Engancharse* al perdón. Se trata de otro paso

difícil porque sin duda emergerán los recuerdos del suceso. Perdonar no es olvidar, más bien es cambiar las etiquetas que llevan los recuerdos. Es importante darse cuenta de que recordar no significa no haber perdonado. No hay que pensar de forma vengativa a partir de los recuerdos ni regodearse en ellos. Tenga presente que ha perdonado y lea los documentos que ha redactado.

Todo esto quizá le suene sensiblero y a sermón. Sin embargo, se convierte en ciencia debido a que existen al menos ocho estudios controlados que miden los resultados de procedimientos como REACE. En el estudio más completo y mejor realizado hasta la fecha, un grupo de investigadores de Stanford, dirigidos por Carl Thoresen, asignaron al azar a 259 adultos a un taller de perdón de nueve horas —seis sesiones de noventa minutos— y a un grupo control. Previamente se entrenó a los sujetos del grupo experimental, que eran análogos a los de control, enfatizando que se sintieran menos ofendidos y revisaran la historia del agravio sufrido desde un punto de vista objetivo. Se consiguió reducir la ira y el estrés, mejorar la opinión respecto a la salud, e incrementar el optimismo y el perdón; y las consecuencias de todo ello fueron notables.[28]

## HACER UNA VALORACIÓN DE NUESTRA VIDA

La forma en que nos sentimos frente a nuestra propia vida en un momento determinado es un asunto resbaladizo, pero la valoración precisa de la trayectoria vital es importante para tomar decisiones sobre el futuro. Los sentimientos momentáneos de tristeza o felicidad pueden ensombrecer con fuerza la opinión sobre la calidad general de la vida. Un desengaño amoroso reciente reducirá considerablemente la satisfacción general, y un aumento de sueldo reciente la incrementará de forma artificial.

Yo hago lo siguiente. Poco después del día de Año Nuevo, me reservo media hora de tranquilidad para elaborar una «retrospectiva de enero». Escojo un momento en que no existen dificultades ni exaltaciones momentáneas y lo escribo en el ordenador, donde guardo las copias que he comparado año tras año durante la última década. En una escala del 1 al 10 —de pésimo a perfecto—, valoro mi satisfacción con la vida en cada uno de los ámbitos que evalúo, y escribo un par de frases que los resuman. Estos ámbitos, que pueden ser distintos para cada persona, son los siguientes:

- Amor
- Profesión
- Finanzas
- Juegos
- Amigos
- Salud
- Creatividad
- En conjunto

Utilizo otra categoría, Trayectoria, en la que analizo los cambios existentes de un año a otro y el comportamiento observado en éstos a lo largo de la década.

Recomiendo este procedimiento a los lectores, pues sirve para concretar, deja poco margen al autoengaño e indica cuándo actuar. Parafraseando a Robertson Davies: «Valora tu vida una vez al año. Si descubres que no das el peso exacto, cambia de vida. Seguramente descubrirás que la solución está en tus manos.»[29]

En este capítulo he planteado qué variables de control voluntario (V) pueden ayudar de forma duradera a vivir en el área superior del rango fijo de felicidad. En esta sección hemos analizado la V de las emociones positivas —satisfacción, alegría, realización personal, orgullo y serenidad— que se experimentan en relación con el pasado, sobre el cual existen tres modos de sentirse más feliz de forma duradera. El primero es intelectual: olvidar la teoría de que el pasado determina el futuro. El determinismo duro que respalda este dogma es empíricamente estéril y filosóficamente ajeno a la evidencia, y la pasividad que genera es asfixiante. La segunda y la tercera V son emocionales, y ambas implican modificar los recuerdos de forma voluntaria. Acrecentar la gratitud sobre los hechos buenos del pasado intensifica los recuerdos positivos, y aprender a perdonar ofensas de épocas ya superadas reduce la amargura que impide la satisfacción. En el capítulo siguiente me centraré en las emociones positivas sobre el futuro.

# 6

# Optimismo sobre el futuro

Las emociones positivas sobre el futuro incluyen la fe, la confianza, la seguridad, la esperanza y el optimismo. La esperanza y el optimismo se entienden bastante bien entre sí, han sido objeto de miles de estudios empíricos y lo mejor de todo es que son aspectos que pueden desarrollarse.[1] Ambas emociones mejoran la resistencia a la depresión causada por los contratiempos; favorecen el rendimiento laboral, sobre todo en trabajos que constituyen un reto, y la salud física. Para comprobar su grado de optimismo, puede responder el test que expongo a continuación.

## COMPRUEBE SU OPTIMISMO

Tómese el tiempo necesario para responder a cada una de las preguntas del test. Por término medio, se tarda unos quince minutos en cumplimentarlo. No hay respuestas correctas o erróneas.

Lea la descripción de cada una de las situaciones expuestas y esfuércese al máximo para imaginar que le suceden a usted. Probablemente no haya pasado por algunas de ellas, pero no importa. Quizá ninguna respuesta le parezca adecuada, no obstante lo cual marque A o B y escoja el ítem que con más probabilidad coincida con usted. Tal vez no le gusten cómo suenan algunas respuestas, pero no escoja la que cree que debería elegir o lo que suena bien para los demás; seleccione la opción que mejor se adecuaría a su actitud en situaciones similares.

Marque sólo una respuesta por pregunta. No haga caso de los códigos de tres letras (PmM, UbB, etc.) por el momento.

1. Usted y su pareja se reconcilian después de una pelea.

PmB

A. Lo/la perdono.     0
B. Suelo ser indulgente.     1

2. Olvida el cumpleaños de su pareja.

PmM

A. No suelo recordar los cumpleaños.     1
B. Estaba pensando en otras cosas.     0

3. Recibe flores de un admirador/a secreto/a.

UbB

A. Le resulto atractivo/a.     0
B. Soy una persona que cae bien.     1

4. Se presenta a un cargo de la comunidad y gana.

UbB

A. Dediqué mucho tiempo y esfuerzo a la campaña.     0
B. Me tomo muy en serio todo lo que hago.     1

5. Olvida una cita importante.

UbB

A. A veces me falla la memoria.     1
B. A veces olvido consultar la agenda.     0

6. Organiza una cena exitosa.

PmB

A. Esa noche estuve especialmente
encantador/a.                                                      0
B. Soy buen/a anfitrión/a.                                      1

7. Debe diez dólares a la biblioteca por un libro
   que hace días que tenía que devolver.

PmM

A. Cuando estoy absorto en lo que leo, suelo
olvidarme de cuándo tengo que devolverlo.    1
B. Estaba tan absorto escribiendo el informe
que olvidé devolver el libro.                            0

8. Sus acciones le devengan mucho dinero.

PmB

A. Mi corredor de bolsa se arriesgó con algo
nuevo.                                                           0
B. Mi corredor de bolsa es un inversor
fantástico.                                                       1

9. Resulta vencedor en un certamen deportivo.

PmB

A. Me sentía invencible.                                      0
B. Me entreno con dureza.                                  1

10. Fracasa en un examen importante.

UbM

A. No era tan listo como el resto de las
personas que se examinaban.                         1
B. No me preparé bien.                                      0

11. Ha preparado una comida especial para un
    amigo/a y él/ella apenas ha probado bocado.

UbM

A. No soy buen/a cocinero/a.                             1
B. Cociné deprisa y corriendo.                          0

12. Pierde en un certamen deportivo para el que se había entrenado durante mucho tiempo.

UbM

A. No soy muy atlético.     1
B. No destaco en ese deporte.     0

13. Pierde los estribos con un/a amigo/a.

PmM

A. Él/ella siempre me está dando la lata.     1
B. Él/ella tenía una actitud hostil     0

14. Lo penalizan por no entregar la declaración de la renta a tiempo.

PmM

A. Siempre dejo la declaración para más tarde.     1
B. Este año me dio pereza hacer la declaración.     0

15. Le propone salir a una persona y él/ella dice que no.

UbM

A. Aquel día iba hecho/a una ruina.     1
B. Se me enredó la lengua cuando le propuse salir.     0

16. Le proponen con frecuencia bailar en una fiesta.

PmB

A. Soy muy sociable en las fiestas.     1
B. Aquella noche estaba impecable.     0

17. Le va excepcionalmente bien en una entrevista de trabajo.

PmB

A. Me sentía muy seguro/a durante la entrevista.     0
B. Se me dan bien las entrevistas.     1

18. Su jefe le da muy poco tiempo para acabar un proyecto, pero usted lo termina de todos modos.

UbB
A. Soy muy bueno/a en mi trabajo.     0
B. Soy una persona eficaz.     1

19. Últimamente se siente agotado/a.

PmM
A. Nunca tengo posibilidades de relajarme.     1
B. Esta semana he tenido muchísimo trabajo.     1

20. Salva a una persona de morir atragantada.

UbB
A. Conozco una técnica para evitar que una persona se atragante.     0
B. Sé qué hacer en situaciones críticas.     1

21. Su compañero/a sentimental quiere dejar enfriar la relación durante un tiempo.

UbM
A. Soy demasiado egocéntrico/a.     1
B. No paso el tiempo suficiente con él/ella.     0

22. Un/a amigo/a dice algo que hiere sus sentimientos.

PmM
A. Él/ella siempre suelta lo que le parece sin pensar en los demás.     1
B. Mi amigo/a estaba de mal humor y la pagó conmigo.     0

23. Su jefe le pide consejo.

UbB

A. Soy experto/a en el tema sobre el que me
   preguntó.                                          0
B. Soy bueno/a dando consejos útiles.                 1

24. Un/a amigo/a le da las gracias por
    ayudarlo/a a superar un mal momento.
UbB
A. Me gusta ayudarlo/a en los malos momentos.  0
B. Me preocupo por los demás.                         1

25. Su médico le dice que está en buena forma
    física.
UbB
A. Me preocupo de hacer ejercicio con
   frecuencia.                                         0
B. Me preocupa la salud.                              1

26. Su cónyuge —o novio/a— le lleva a pasar
    un fin de semana romántico.
PmB
A. Él/ella necesitaba salir unos días.                0
B. A él/ella le gusta hacer cosas nuevas.             1

27. Le piden que dirija un proyecto importante.
PmB
A. Acabo de terminar con éxito un proyecto
   similar.                                            0
B. Soy buen/a supervisor/a.                           1

28. Se cae muchas veces esquiando.
PmM
A. Esquiar es difícil.                                1
B. Los senderos estaban helados.                      0

29. Obtiene un prestigioso galardón.
UbB

A. Resolví un problema importante.     0
B. Era el/la mejor empleado/a.     1

30. Sus acciones se cotizan más bajas que nunca.
UbM
A. En aquel momento no estaba muy al
corriente de la situación bursátil.     1
B. No elegí bien las acciones.     0

31. Gana peso durante las vacaciones y no es
capaz de adelgazar.
PmM.
A. Los regímenes no funcionan a la larga.     1
B. El régimen que probé no funciona.     0

32. Está en una tienda y no le aceptan la
tarjeta de crédito.
UbM
A. A veces sobreestimo el dinero que tengo.     1
B. A veces se me olvida pagar la cuenta de mi
tarjeta de crédito.     0

Sumando las puntuaciones del test encontrará la explicación sobre las dos dimensiones básicas del optimismo.

*Clave para la puntuación*
PmM_____ PmB_____
UbM_____ UbB_____
EsM_____ EsB_____
EsB – EsM = _____

Su estilo explicativo presenta dos dimensiones cruciales: la permanencia y la ubicuidad.[2]

### Permanencia

Las personas que se dan por vencidas con facilidad consideran que las causas de los sucesos negativos que les sobrevienen son permanentes, que las desgracias perdurarán y afectarán su vida para siempre. Las personas que se resisten a la indefensión consideran que las causas de los sucesos negativos son transitorios.

| PERMANENTE (PESIMISTA) | TRANSITORIO (OPTIMISTA) |
|---|---|
| «Me arrastra la corriente.» | «Estoy agotado/a.» |
| «Hacer régimen no sirve de nada.» | «El régimen no funciona si comes fuera.» |
| «Siempre refunfuñas.» | «Siempre refunfuñas cuando no limpio mi cuarto.» |
| «El jefe es un cabrón.» | «El jefe está de mal humor.» |
| «Nunca me diriges la palabra.» | «Últimamente no me hablas.» |

Si uno piensa en las cosas negativas en términos de «siempre» o «nunca» y con características duraderas, posee un estilo permanente y pesimista. En cambio, si piensa en las situaciones como si ocurrieran «a veces» o «últimamente», empleando calificativos y atribuyendo los sucesos negativos a circunstancias efímeras, posee un estilo optimista.

Ahora volvamos al test. Observe las ocho situaciones señaladas con el código PmM (que significa Permanente Malo) de los ítems número 2, 7, 13, 14, 19, 22, 28 y 31. Estas situaciones se han planteado para comprobar cuán permanentes tiende a considerar que son las causas de los sucesos negativos. A las respuestas optimistas corresponde una puntuación 0, y a las pesimistas corresponde un 1. Por ejemplo, si escogió: «No suelo recordar los cumpleaños» (pregunta 2) en vez de «Estaba pensando en otras cosas» para explicar por qué olvidó el cumpleaños de su cónyuge, ha seleccionado una causa permanente y, por consiguiente, más pesimista.

Sume los números del margen derecho y anote el resultado en la casilla correspondiente a *Total PmM*. Un total de 0 o 1, indica que es usted muy optimista respecto a esta dimensión; 2 o 3, señala que es moderadamente optimista; 4, normal; 5 o 6, bastante pesimista, y 7 u 8 muy pesimista.

Cuando fracasamos, todos nos sentimos transitoriamente indefensos. Es como un puñetazo en el estómago. Duele, pero el dolor va desapareciendo, de forma casi instantánea en algunas personas, que son las que obtienen puntuaciones totales de 0 o 1. Para otras el dolor permanece; se convierte en una molestia; son las que obtienen puntuaciones de 7 u 8. Permanecen indefensas durante días o meses, incluso tras sufrir pequeños contratiempos. Después de experimentar grandes fracasos, quizá nunca lleguen a recuperarse.

El estilo optimista ante los sucesos positivos es justamente el contrario del estilo optimista para los sucesos negativos. Las personas que consideran que las causas de los aspectos buenos son permanentes, son más optimistas que quienes creen que las causas son transitorias.

| TEMPORAL (PESIMISTA) | PERMANENTE (OPTIMISTA) |
| --- | --- |
| «Mi día de suerte.» | «Siempre tengo suerte.» |
| «Me he esforzado.» | «Tengo talento.» |
| «Mi contrincante estaba cansado.» | «Mi contrincante no es bueno.» |

Las personas optimistas explican los sucesos positivos aludiendo a causas permanentes relacionadas con rasgos y capacidades. Los pesimistas señalan la existencia de causas transitorias vinculadas a los estados de ánimo y al esfuerzo.

Probablemente haya observado que algunas de las preguntas del test, exactamente la mitad de ellas, se referían a sucesos positivos (por ejemplo: «Sus acciones le devengan mucho dinero»). Anote las señaladas con el código PmB (Permanente Bueno), que son la 1, 6, 8, 9, 16, 17, 26 y 27. Las respuestas que puntúan 1 son las permanentes optimistas. Sume el total de los números de la derecha y anote el resultado obtenido para PmB. Un total de 7 u 8 evidencia que usted es muy optimista sobre la probabilidad de que continúen las situaciones positivas; un 6 muestra que es moderadamente optimista; 4 o 5, normal; 3, moderadamente pesimista; y 0, 1 o 2, muy pesimista.

Las personas que consideran que las causas de los sucesos positivos son permanentes, y obtienen éxito, se esfuerzan todavía más en la siguiente ocasión. Quienes justifican los sucesos positivos mediante una causalidad temporal, quizá se den por vencidos incluso cuando tienen éxito, ya que consideran que todo se debe a la suerte. Las personas optimistas son las que más se aprovechan de los éxitos y los convierten en un hecho repetido y continuo.

## Ubicuidad: Lo específico versus lo universal

La permanencia está relacionada con el tiempo. La ubicuidad con el espacio.

Piense en este ejemplo: en una gran empresa de venta minorista despiden a la mitad del personal del departamento de contabilidad. Dos de los contables, Nora y Kevin, se deprimen. Ninguno de los dos pudo soportar buscar otro trabajo durante varios meses y ambos evitaron hacer la declaración de la renta o cualquier otra actividad que les recordara la contabilidad. Sin embargo, Nora siguió siendo una esposa cariñosa y activa. Su vida social prosiguió con normalidad, y ello conservó su buena salud y siguió practicando deporte tres veces a la semana. Kevin, por el contrario, se desmoronó. Se despreocupó de su mujer y de su bebé y pasaba todas las tardes huraño y ensimismado. Se negó a ir a fiestas arguyendo que no soportaba ver a la gente. Nunca se reía con un chiste. Pilló un resfriado que le duró todo el invierno y dejó de hacer *jogging*.

Algunas personas son capaces de guardar sus tribulaciones en una caja y seguir adelante con su existencia aunque una parte importante de la misma, su trabajo, por ejemplo, o su vida amorosa, se desmoronen. Otras permiten que un solo problema estropee todo lo demás. Son catastrofistas. Cuando un hilo de su vida se corta, se deshilacha todo el tejido.

La situación se reduce a lo siguiente: las personas que dan explicaciones universales para sus fracasos se rinden cuando fracasan en un ámbito determinado. Las personas que dan explicaciones específicas quizá sientan indefensión en ese ámbito de su vida, pero avanzarán valientemente en los demás. A continuación encontrará algunas explicaciones universales y específicas de sucesos negativos:

| UNIVERSAL (PESIMISMO) | ESPECÍFICO (OPTIMISTA) |
|---|---|
| «Todos los profesores son injustos.» | «El profesor Seligman es injusto.» |
| «Soy repugnante.» | «Le resulto repugnante.» |
| «Los libros son inútiles.» | «Este libro es inútil.» |

Nora y Kevin obtuvieron la misma puntuación en la dimensión permanente del test. Ambos eran pesimistas en ese sentido. Cuando fueron despedidos, los dos estuvieron deprimidos durante una buena temporada. Pero obtuvieron puntuaciones distintas en la dimensión ubicua. Cuando se produjeron los sucesos negativos, Kevin consideró que socavarían todo lo que intentara, y cuando lo despidieron, pensó que era un inútil. Nora consideró que los sucesos negativos tenían causas específicas, y cuando la despidieron pensó que no era buena contable.

La dimensión ubicua determina el tiempo durante el cual una persona se rinde, cuando las explicaciones permanentes de los sucesos negativos provocan una indefensión duradera y las explicaciones temporales favorecen la capacidad de recuperación. La dimensión ubicua determina si la indefensión afecta a muchas situaciones o se limita a un ámbito específico. Kevin fue víctima de la dimensión de la ubicuidad. Cuando fue despedido, creyó que el motivo era universal y capituló en todos los aspectos de su vida.

¿Es usted así de catastrofista? Las preguntas señaladas con el código UbM (Ubicuidad Mala) son las número 5, 10, 11, 12, 15, 21, 30 y 32. Sume el total de puntos de estas preguntas y anótelo en la línea correspondiente. Las puntuaciones de 0 y 1 indican personas muy optimistas; 2 y 3, moderadamente optimistas; 4, normales; 5 o 6, moderadamente pesimistas; y 7 u 8, muy pesimistas.

Ahora veamos el aspecto contrario. El estilo explicativo optimista respecto a los sucesos positivos es el opuesto al utilizado para los negativos. El optimista considera que los acontecimientos positivos contribuirán a mejorar cualquier actividad que realice, mientras que el pesimista cree que los hechos positivos obedecen a factores específicos. Cuando a Nora acabaron ofreciéndole un trabajo temporal en la misma empresa, pensó: «Al fin se han dado cuenta de que no pueden prescindir de mí.» Cuando Kevin recibió la misma oferta, pensó: «Les debe de faltar personal.» Veamos más ejemplos.

| ESPECÍFICO (PESIMISMO) | UNIVERSAL (OPTIMISMO) |
|---|---|
| «Se me dan bien las matemáticas.» | «Soy listo/a.» |
| «Mi corredor de bolsa conoce las acciones petrolíferas.» | «Mi corredor de bolsa conoce Wall Street.» |
| «He sido encantador con ella.» | «He sido encantador.» |

Valore su optimismo respecto a la ubicuidad de los sucesos positivos. Las frases número 3, 4, 18, 20, 23, 24, 25 y 29, señaladas con el código UbB, indican pesimismo (específico) si puntúan 0. Cuando en el ítem 24 se le pregunta acerca de su reacción ante un amigo que le da las gracias por ayudarlo, si respondió: «Me gusta ayudarle en los malos momentos», tiene un estilo específico y pesimista; si en cambio contestó: «Me preocupo por los demás», se guía por un estilo universal y optimista. Sume el total de estas preguntas y anótelo en la línea correspondiente a UbB. Una puntuación de 7 u 8 indica una persona muy optimista; 6, moderadamente optimista; 4 o 5, normal; 3, moderadamente pesimista; y 0, 1 o 2, muy pesimista.

## LA SUSTANCIA DE LA ESPERANZA

Durante mucho tiempo, la esperanza ha incumbido a predicadores, políticos y charlatanes. El concepto de optimismo aprendido infunde esperanza en el laboratorio, donde los científicos pueden diseccionarla a fin de comprender cómo funciona. El hecho de que tengamos esperanza o no depende de dos dimensiones conjuntas. El arte de la esperanza radica en encontrar causas permanentes y universales para los sucesos positivos junto con causas transitorias y específicas para los adversos, mientras que hallar causas permanentes y universales para la adversidad y transitorias y específicas para los acontecimientos positivos, es el camino más directo hacia la desesperación.

Los hechos negativos pueden describirse de forma esperanzadora o desesperanzada, como en estos ejemplos:

| DESESPERANZADO | ESPERANZADOR |
|---|---|
| «Soy tonto.» | «Tengo resaca.» |
| «Los hombres son unos tiranos.» | «Mi marido estaba de mal humor.» |
| «Hay un 50 % de posibilidades de que este bulto sea cancerígeno.» | «Hay un 50 % de posibilidades de que este bulto no sea nada.» |

Sucede lo mismo con los sucesos positivos:

| DESESPERANZADO | ESPERANZADOR |
|---|---|
| «Tengo suerte.» | «Tengo talento.» |
| «Mi esposa conquista a mis clientes.» | «Mi esposa conquista a todo el mundo.» |

«Nuestro país acabará con los terroristas.»

«Nuestro país acabará con todos sus enemigos.»

Tal vez las puntuaciones más importantes del test sean las relativas a la Esperanza (EsM y EsB). Para obtener la EsM, sume los valores de UbM y PmM. Para obtener la EsB, sume las puntuaciones de UbB y PmB. A continuación, reste a la EsB la puntuación de EsM. Si el total se encuentra entre 10 y 16, es usted sumamente esperanzado; entre 6 y 9, moderadamente esperanzado; entre 1 y 5, normal; entre menos 5 y 0, moderadamente desesperanzado; y por debajo de menos 5, seriamente desesperanzado.

Las personas que ofrecen explicaciones permanentes y universales a los sucesos positivos, así como explicaciones transitorias y específicas de los negativos, se recuperan de los problemas rápidamente y siguen en racha con facilidad cuando consiguen un éxito. Las personas que dan explicaciones transitorias y específicas para el éxito, y permanentes y universales a los contratiempos, tienden a desmoronarse bajo la presión, durante un tiempo considerable y de una forma que afecta su vida en general, y raras veces están en racha.

## AUMENTAR EL OPTIMISMO Y LA ESPERANZA[3]

Para incrementar el optimismo existe un método bien documentado que consiste en detectar y luego rebatir los pensamientos pesimistas. Todos disponemos de la habilidad de refutar, y la ponemos en práctica cuando otra persona, un rival en el trabajo o nuestra propia pareja, nos acusa erróneamente de algún fallo. «No mereces ser vicepresidente. Eres desconsiderado, egoísta, y las personas que trabajan para ti no te soportan», argumenta su compañera de trabajo. A modo de respuesta, usted recita de memoria todas las razones por las que considera que tales acusaciones son falsas: la buena puntuación que le otorgó el personal el año pasado y la habilidad que demostró para deshacerse de los empleados más problemáticos del departamento de marketing. Sin embargo, cuando nos formulamos idénticos reproches de modo personal, no solemos disponer de la capacidad de rebatirlos, aunque a menudo sean falsos. La clave para refutar nuestros propios pensamientos pesimistas es, en primer lugar detectarlos, y luego tratarlos como si pertenecieran a otra persona, un enemigo cuya misión en la vida fuera hacernos desgraciados.

A continuación encontrará un pequeño cursillo para conseguirlo. En cuanto se percate de que está desarrollando un pensamiento pesimista al parecer injustificado, enfréntese a él siguiendo el modelo ACCRE. En este modelo A significa adversidad, C las creencias o ideas previas que emergen automáticamente en presencia de los acontecimientos negativos, C las consecuencias habituales de dichas ideas previas, R el rebatimiento de la creencia rutinaria y R la revitalización que se produce cuando la refuta con éxito. Si consigue contradecir con éxito las ideas previas asociadas a la adversidad, cambiará su respuesta de abatimiento y rendición por otra cuyas características sean la energía y el buen humor.

**Adversidad**. Mi marido y yo salimos por primera vez a cenar desde el nacimiento de nuestro bebé y nos pasamos la velada andando a la greña por todo, desde si el acento del camarero era verdadero hasta si la forma de la cabeza de nuestro hijo se parecía más a la de mis parientes que a la de los suyos.

**Creencia o idea previa**. ¿Qué nos pasa? Se supone que tenemos que disfrutar de una cena romántica y desperdiciamos una noche especial peleándonos por tonterías. En un artículo leí que muchos matrimonios acababan tras el nacimiento del primer hijo. Parece que nos encaminamos en esa dirección. ¿Cómo voy a criar yo sola a Noah?

**Consecuencias**. Sentí una profunda tristeza y decepción. Además, me embargó una sensación de pánico. Apenas cené; no hacía más que marear la comida en el plato. Estaba claro que mi marido intentaba cambiar de estado de ánimo, pero yo apenas era capaz de mirarlo.

**Rebatimiento**. Quizás esté siendo poco realista. Es difícil sentirse romántica cuando una no ha dormido ni tres horas seguidas en las últimas siete semanas y te preocupas por si te gotean los pechos. ¡Sí, qué romántico! Y, vamos, una mala cena no significa el divorcio. Hemos pasado por situaciones mucho peores y acabamos sintiéndonos mejor sobre nuestra relación. Creo que tengo que dejar de leer esas revistas tan estúpidas. No me puedo creer que esté aquí pensando en el régimen de visitas sólo porque Paul piense que la cabeza de Noah se parece más a la de su tío abuelo Larry que a mi tía Flo. Creo que necesito relajarme un poco y considerar esto como un primer intento positivo de experimentar romanticismo. La próxima cena será mejor.

**Revitalización**. Empecé a sentirme mejor y a centrarme más en Paul. Incluso le hablé de mi preocupación por los pechos, y nos reímos un buen rato pensando en cómo habría reaccionado el camarero. Decidimos considerarlo una cena de prueba, salir otra vez la semana siguiente y volver a intentarlo. En cuanto hablamos del tema, a ambos nos pareció más divertido y nos sentimos más unidos.

Es muy importante darse cuenta de que las ideas previas no son más que *creencias* acerca de cómo deberían funcionar las cosas. Pueden o no ser hechos. Si una rival celosa le gritara enfurecida: «Eres muy mala madre. Eres egoísta, desconsiderada y estúpida», ¿cómo reaccionaría?

Probablemente no tendría en cuenta las acusaciones, pero, si le sacaran de quicio, las rebatiría (a la cara de la otra persona o interiormente). «Mis hijos me quieren —podría decirse a sí misma—. Paso muchísimo tiempo con ellos. Les enseño álgebra, a jugar al fútbol y a desenvolverse en un mundo durísimo. En realidad está celosa porque a sus hijos les va mal en la vida.»

De este modo podemos más o menos distanciarnos fácilmente de las acusaciones infundadas que nos hacen los demás. Pero nos cuesta muchísimo más alejarnos de los reproches que a diario nos hacemos nosotros mismos. Al fin y al cabo, si son producto de nuestro propio pensamiento, sin duda deben de ser ciertos.

¡Falso!

Lo que nos decimos a nosotros mismos cuando nos enfrentamos a un acontecimiento adverso puede estar tan infundado como los desvaríos de un rival celoso. En estos casos nuestras reflexiones suelen ser distorsiones, hábitos negativos del pensamiento que tienen origen en las experiencias desagradables del pasado: conflictos de la infancia, padres estrictos, un entrenador de la liga infantil demasiado crítico, o los celos de una hermana mayor. Pero debido a que ahora parecen provenir de nuestro interior, los tratamos como si fueran verdaderos.

Sin embargo, no son más que prejuicios. Y el hecho de que una persona tema ser incapaz de encontrar trabajo, ser amada, o ser inadecuada, no significa que sea cierto. Es sumamente importante distanciarse de las explicaciones pesimistas, por lo menos el tiempo suficiente para verificar su certeza. Comprobar la veracidad de nuestras ideas previas es la base del rebatimiento. El primer paso consiste en saber que las creencias pueden ser refutadas; el siguiente implica poner en práctica el rebatimiento.

Existen cuatro importantes formas de lograr que el acto de refutar resulte convincente. A continuación se trata cada una de ellas en una sección específica.

### Evidencia

La forma más convincente de rebatir una idea negativa consiste en demostrar que realmente es incorrecta. En la mayor parte de los casos, contará con hechos a su favor, puesto que las respuestas pesimistas ante la adversidad suelen exagerarse. Adopte la mentalidad de un detective y pregunte: «¿Cuál es la prueba que apoya esta creencia?»

Si obtuvo una nota baja y creyó que era «la peor de la clase», debería remitirse a los hechos. ¿La persona que se sienta a su lado obtuvo una nota inferior? Si cree que se «saltó» la dieta, cuente las calorías de los nachos, de las alas de pollo y de las cervezas *light*. Quizá descubra que suman sólo un poco más que la cena que no realizó para salir con sus amigos.

Es importante ver la diferencia entre este enfoque y el denominado poder del pensamiento positivo.[4] El pensamiento positivo consiste en creer en declaraciones optimistas del tipo: «Cada día mejoro en todos los aspectos» en ausencia de hechos que lo prueben, o incluso frente a evidencias que apunten lo contrario. Si es capaz de realizar la proeza de creer realmente este tipo de declaraciones, más poder tendrá. Numerosas personas cultas, educadas de acuerdo con el pensamiento escéptico, son incapaces de manejar esta especie de potenciación. El optimismo aprendido, por el contrario, se centra en la veracidad. Una de las técnicas más eficaces para rebatir es obtener pruebas que pongan de manifiesto las distorsiones de las explicaciones catastróficas. En la mayoría de los casos la realidad estará a su favor.

## Alternativas

Casi nada de lo que le sucede a una persona tiene una sola causa; la mayoría de los acontecimientos obedecen a varios motivos. Si obtuvo mala nota en un examen, puede haber contribuido a ello la dificultad del examen, el tiempo dedicado, lo mucho o poco que estudió, su nivel de inteligencia, su grado de cansancio, lo justo que es el profesor y qué resultados obtuvieron los otros alumnos. Los pesimistas tienden a centrarse en la peor de tales causas, la más permanente y ubicua. De nuevo, el rebatimiento cuenta con la realidad como aliada. Existen múltiples causas, así pues, ¿por qué aferrarse a la más insidiosa? Pregúntese: ¿hay una forma más destructiva de plantearse las situaciones?

Para rebatir sus propias creencias, analice todas las causas que pudieron contribuir al fracaso. Céntrese en las que son modificables (no haber estudiado lo suficiente), concretas (ese examen en especial era más difícil de lo normal) y no personales (el profesor puntuó de forma injusta). Quizá deba esforzarse por desarrollar ideas alternativas, aferrándose a posibilidades que no lo convenzan plenamente. Recuerde que gran parte del pensamiento pesimista consiste precisamente en lo contrario: aferrarse a la creencia más negativa sin basarse en la evidencia, sino en la intensidad y notoriedad de la idea. El objetivo que debe plantearse es aprender a desechar esa costumbre destructiva, habituándose a generar pensamientos alternativos.

## Implicaciones

Teniendo en cuenta cómo funcionan las cosas en este mundo, los hechos no siempre estarán a su favor. La realidad puede operar en su contra, y la idea negativa que tiene de sí mismo quizá sea cierta. En esa situación, la técnica a utilizar consiste en evitar el catastrofismo.

Aunque la creencia sea cierta, uno debe preguntarse

qué implicaciones tiene. Es verdad que la cena no fue romántica. Pero ¿qué conlleva este hecho? Una mala cena no tiene por qué ser sinónimo de divorcio.

Uno debe preguntarse cuántas posibilidades existen de que ocurra lo peor. ¿Tres simples aprobados en el expediente académico significa que nadie lo contratará jamás? ¿Un par de alas de pollo y unos nachos significan realmente que está condenado para siempre a la obesidad? Llegado a este punto, remóntese a la primera técnica y repita la búsqueda de pruebas. En uno de los ejemplos anteriores, la esposa recordaba que ella y Paul habían pasado por momentos mucho más difíciles que aquél.

### Utilidad

A veces, las consecuencias de aferrarse a una idea previa tienen más fuerza que la verdad. ¿La creencia es destructiva? Cuando se salta el régimen, la respuesta: «Soy un glotón sin remedio» es una fórmula para prescindir totalmente de la dieta. Algunas personas se desilusionan sobremanera cuando el mundo les demuestra que no es justo. Podemos comprender tal sensación, pero la convicción en sí puede provocar más dolor del que merece. ¿Qué beneficio me causará regodearme en la idea de que el mundo debería ser justo? Otra táctica es detallar todas las formas orientadas a cambiar la situación en el futuro. Aunque la creencia sea cierta ahora, ¿se puede modificar la situación? ¿Qué puede hacer para conseguirlo? La esposa citada anteriormente decidió dejar de leer artículos de revistas sensacionalistas sobre el divorcio.

## SU REGISTRO DE REBATIMIENTO

Ahora le propongo practicar el rebatimiento. Durante los cinco siguientes sucesos adversos a los que deba enfrentarse en su vida cotidiana, preste atención a sus ideas previas, observe las consecuencias de éstas y proceda a rebatir sus creencias al respecto con convicción. Acto seguido, compruebe la revitalización que experimenta cuando consigue oponerse a los sentimientos negativos. Anótelo todo más abajo. El correo ha llegado tarde, no le han devuelto una llamada, o el empleado de la gasolinera no le ha limpiado el parabrisas pueden ser sucesos de poca importancia, no obstante, en cada uno de ellos puede utilizar las cuatro técnicas de rebatimiento.

Antes de empezar, analice los dos ejemplos que se explican a continuación. El primero trata sobre un suceso negativo y el segundo sobre uno positivo.

**Adversidad**. Entre las valoraciones recibidas sobre un seminario que impartí acerca de la recuperación psicológica postraumática, había una que decía: «Me llevé una decepción enorme con este curso. Lo único que me impresionó fue lo constante y completamente aburrido que fue el profesor. Muchos cadáveres están más animados que él. ¡Sea cual sea tu especialidad, no te matricules en este curso!»

**Creencias**. Menudo descaro el de este gamberro. Hoy día los estudiantes esperan que las clases tengan sonido Dolby, y si no incluyes en ellas deslumbrantes presentaciones multimedia, dicen que eres aburrido. No soportan que les entregues material serio y que esperes que piensen y trabajen un poco. Estoy harto de la actitud reivindicativa de estos jóvenes. Prefiero no saber quién escribió tal valoración.

**Consecuencias**. Me enfurecí. Llamé a mi esposa, le leí la valoración y despotriqué durante diez minutos. Incluso pasadas varias horas seguía molesto. Seguía cavilando sobre lo arrogantes y consentidos que son los estudiantes.

**Rebatimiento**. Ha sido muy descortés. Entiendo que a ciertas personas no les guste el curso, pero no hay razón para ser tan desagradable. Por supuesto, debo recordar que no fue más que una valoración. A la mayoría de los estudiantes el curso les pareció correcto. Sin embargo, no obtuve valoraciones tan buenas como de costumbre. Y unos cuantos alumnos comentaron que les resultaría más fácil asimilar el material si utilizara diapositivas. No piden un espectáculo con láser, sino sólo un poco de tecnología para que el material resulte más interesante y accesible. Quizá me haya vuelto un poco perezoso. Solía esforzarme más por encontrar formas de interesar a los alumnos. Ya no me gusta tanto como antes impartir este curso y supongo que se nota. Quizá debiera considerar las valoraciones como una llamada de atención y dedicar un poco de tiempo a mejorar la presentación del material.

**Revitalización**. Me sentí mucho menos enfadado. Me seguía molestando la forma de expresarse de aquel estudiante, pero conseguí verlo de forma objetiva. No me resultó fácil reconocer que me había vuelto algo perezoso, pero fui capaz de utilizar la revitalización para actualizar el curso. Incluso siento una nueva vinculación con el material y tengo ganas de modernizar las clases.

Tal como he expresado antes, el estilo pesimista de interpretación de los sucesos positivos es precisamente el opuesto del mismo estilo para los negativos. Si algo es bueno, dicen los pesimistas, es temporal, concreto, y yo no tuve nada que ver con ello.

Las explicaciones pesimistas de los sucesos positivos impiden aprovecharlos plenamente y lograr que se repitan. Este ejemplo demuestra cómo refutar explicaciones que aluden a causas transitorias, concretas y externas del éxito y transformarlas en explicaciones que se refieren a causas permanentes, ubicuas y personales, necesarias para que vayan repitiéndose los éxitos.

**Adversidad**. Mi jefe me ha dicho que le gustaban algunas de las ideas nuevas que he presentado. Me pidió que asistiera a una reunión importante con él y expusiera dichas ideas a nuestro equipo ejecutivo.

**Creencia**. Oh, no, no puedo creer que quiera que acuda a esa reunión. Voy a quedar fatal. Sólo tuve suerte cuando me reuní con él. En realidad no eran mis ideas, sino algo sobre lo que muchos de nosotros habíamos hablado. Me expresé ampliamente, pero no poseo la capacidad de comprensión necesaria para responder a las preguntas de los peces gordos. Van a humillarme.

**Consecuencias**. Sentí un intenso pavor. No podía concentrarme. Debería haberme dedicado a preparar la presentación, pero no hacía más que perder el hilo de mis pensamientos y acabé realizando otras actividades.

**Rebatimiento**. Un momento. Se trata de algo bueno, no malo. Es cierto que desarrollé la idea con otras personas, pero tampoco es realista decir que no es mía. De hecho, en la última reunión, fui yo quien logró que salieran del punto muerto y propuso el nuevo enfoque. Casi todo el mundo se pondría nervioso ante una exposición dirigida al equipo directivo, pero no debo acobardarme. No me encuentro en un ámbito desconocido. Llevo mucho tiempo pensando sobre este tema. Incluso escribí mis ideas y las hice circular por el departamento. Hank me escogió porque sabe que haré un buen trabajo. No pondrá en peligro su reputación colocando a cualquiera delante de sus jefes. Tiene confianza en mí, y yo también debería tenerla.

**Revitalización**. Me centré y me tranquilicé mucho más. Decidí reclutar a un par de compañeros y practicar la exposición delante de ellos. De hecho, empecé a desear que llegara el momento, y cuanto más trabajaba más seguro me sentía. Incluso se me ocurrieron varias formas nuevas de presentar las ideas que hacían que la charla resultara mucho más coherente.

Practíquelo ahora en su vida cotidiana durante la semana próxima. No busque las adversidades, pero en cuanto éstas aparezcan, muéstrese receptivo con su diálogo interno. Cuando emergen los pensamientos negativos, rebátalos, aplástelos, y luego anote el ACCRR.

1.
   Adversidad:
   Creencia:
   Consecuencias:
   Rebatimiento:
   Revitalización:


2.
   Adversidad:
   Creencia:
   Consecuencias:
   Rebatimiento:
   Revitalización:

3.
   Adversidad:
   Creencia:
   Consecuencias:
   Rebatimiento:
   Revitalización:


4.
   Adversidad:
   Creencia:
   Consecuencias:
   Rebatimiento:
   Revitalización:


5.
   Adversidad:
   Creencia:

Consecuencias:
Rebatimiento:
Revitalización:

En el capítulo 5 he analizado lo que era la felicidad relacionada con el pasado y cómo obtener más satisfacción del mismo. En este capítulo he abordado lo que supone la felicidad sobre el futuro y he explicado con detalle técnicas para mejorarla. A continuación me centraré en la felicidad presente.

# 7

# Felicidad en el presente

La felicidad en el presente está constituida por estados muy distintos a los de la felicidad respecto al pasado y al futuro, y abarca dos aspectos muy diferentes: los placeres y las gratificaciones. Los *placeres* tienen un claro componente sensorial y emocional, lo que los filósofos denominan «sensaciones crudas»: éxtasis, emoción, orgasmo, deleite, regocijo, euforia y bienestar. Son efímeros e implican muy poco, o nulo, pensamiento. Cuando hablo de «gratificaciones» me refiero a aquellas actividades que nos gusta mucho realizar, pero que no van necesariamente acompañadas de una sensación cruda. Las gratificaciones nos involucran por completo; quedamos inmersos y absortos en ellas y perdemos la conciencia propia. Disfrutar de una gran conversación, escalar montañas, leer un buen libro, bailar y jugar al ajedrez son ejemplos de actividades en las que el tiempo se detiene para nosotros, nuestras habilidades están a la altura de las circunstancias y nos hallamos en contacto con nuestras fortalezas. Las gratificaciones duran más que los placeres, implican más pensamientos e interpretación, no se convierten fácilmente en un hábito y nuestras fortalezas y virtudes las refuerzan.

# LOS PLACERES[1]

*Que las mañanas estivales sean muchas,*
*y con qué placer, con qué alegría*
*alcanzarás puertos antes nunca vistos.*
*Encontrar emporios fenicios,*
*comprar artículos preciosos,*
*madreperlas y corales, ámbares y ébanos,*
*y aromas sensuales de toda suerte.*
*Perfumes sensuales cuantos más puedas...*

de Cavafis, *Ítaca*

## Los placeres corporales

Estos deleites son inmediatos, proceden de los sentidos y son momentáneos. Requieren escasa o ninguna interpretación. Los órganos sensoriales, por cuestiones evolutivas, están conectados de forma bastante directa a la
emoción positiva; tocar, saborear, oler, mover el cuerpo,
ver y escuchar puede provocar un placer directo. Los bebés recién nacidos sonríen cuando se les acarician los ge-
nitales. La leche materna y el sabor del helado de vainilla
provocan el mismo efecto durante los seis primeros meses de vida. Cuando uno está sucio, una ducha caliente nos
hace sentir de maravilla, y esta sensación positiva trasciende al conocimiento de que uno se está lavando. El orgasmo no precisa de una agencia publicitaria que proclame
sus virtudes. A algunas personas evacuar los intestinos les
provoca un alivio mezclado con dicha. La vista y el oído
también están relacionados con la emoción positiva, de
forma ligeramente menos directa pero igual de inmediata. Un día de primavera sin nubes; el final de «Hey Jude»,
de los Beatles; imágenes de bebés y corderitos y sentarse
ante el fuego de una chimenea una noche de nieve son
ejemplos de placeres corporales.

Con un poco más de sofisticación, las sensaciones

complejas son capaces de provocar placer sensual. En mi caso en concreto, incluiría una perfecta rosa del té híbrida; los compases iniciales del *Magnificat*, de Bach; un sorbo de Riesling Trockenbeerenauslese; la última escena del primer acto de *Sunday in the Park with George*; el aroma de Shalimar; escuchar una rima perfecta; y que mi hija de dos años me agarre el índice con su pequeño puño.

A pesar del deleite que proporcionan, no es fácil basar la vida en los placeres corporales, puesto que todos ellos son transitorios. Se desvanecen con gran rapidez en cuanto el estímulo externo desaparece y nos acostumbramos a ellos muy rápido («habituación»), por lo que a menudo necesitamos una dosis mayor para conseguir los mismos efectos que al principio. Sólo es la primera cucharada de helado de vainilla, el primer atisbo de Shalimar y los primeros segundos de calor del fuego de la chimenea lo que estremece. A no ser que espacie tales momentos con moderación, dichos placeres se verán reducidos en gran medida.

### Los placeres superiores

Los placeres elevados tienen mucho en común con los placeres corporales. Al igual que estos últimos, provocan «sensaciones crudas», son transitorios, se desvanecen con facilidad y uno se acostumbra a ellos con rapidez. No obstante, su complejidad es considerablemente mayor en cuanto a su origen externo. Requieren más recursos cognitivos y son mucho más numerosos y variados que los placeres corporales.

Existen muchas maneras de organizar los placeres superiores, y la mía no es más que una de las muchas formas posibles. Empecé con una palabra de emoción positiva, alegría, y busqué sinónimos en el diccionario. Luego hice lo mismo con cada palabra nueva. Lo hice repetidas veces, hasta acabar con los sinónimos. Para mi sorpresa, este procedimiento me procuró menos de cien palabras de emotividad positiva que incluyen tanto placeres corporales como superiores. A continuación, aparté los términos relativos a los placeres —orgasmo y calidez, por ejemplo— y me quedé con tres tipos de placeres superiores, que agrupé según su intensidad.

Los placeres de intensidad elevada incluyen el arrobamiento, la dicha, el éxtasis, el estremecimiento, la hilaridad, la euforia, el goce, el júbilo y la excitación. Los placeres de intensidad moderada comprenden la ebullición, la vivacidad, el brío, el regocijo, la alegría, el gozo, el buen humor, el entusiasmo, la atracción y la diversión. Los placeres de baja intensidad abarcan el bienestar, la armonía, la contemplación, la saciedad y el relajamiento. Para la finalidad que persigo —analizar cómo mejorar estos estados en la vida— no importa demasiado cómo se organizan los placeres. Todos ellos tienen en común vías que permiten optimizarlos.

### Mejorar los placeres

Para empezar, debo decir que no necesita que ningún experto le aconseje sobre los placeres de su vida. Usted sabe mejor que cualquier psicólogo qué le hace vibrar y cómo conseguirlo. Pero hay tres conceptos procedentes del estudio científico de las emociones positivas que pueden ayudarle a incrementar la cantidad de felicidad transitoria en su vida: la habituación, el disfrute y la atención. Desentrañar el poder de estos conceptos psicológicos puede brindar lecciones que incrementen el sentimiento positivo para siempre.

HABITUACIÓN Y PEOR

Los placeres, tanto los corporales como los superiores, poseen una serie de propiedades uniformes y características que limitan su utilidad como fuentes de felicidad duradera. Por definición son transitorios, y suelen terminar de forma repentina. Cuando pido a mis estudiantes que hagan algo ameno —como ver una película—, comprobamos que cuando la actividad concluye, se acaba el placer. En cuanto desaparece el estímulo externo, la emoción positiva es arrastrada por la ola de la experiencia en curso y no deja huella. Esto es tan habitual que las excepciones confirman la regla: la película especial que vuelve a visitar nuestra conciencia al día siguiente —*El Señor de los Anillos*—, o el regusto de un borgoña que dura dos minutos completos, o —algo que he experimentado media docena de veces en mi vida como degustador de vinos— un sabor que reaparece al día siguiente.

La satisfacción repetida con rapidez, relacionada con un mismo placer, no es funcional. El placer de la segunda cucharada de helado de vainilla es inferior a la mitad de la primera, y la cuarta cucharada no es más que calorías. En cuanto las necesidades calóricas están saciadas, el sabor es un poco mejor que el de un trozo de cartón. Este proceso, llamado *habituación* o *adaptación al estímulo*, es un hecho inexorable de la actividad neuronal. Las neuronas están preparadas para responder a estímulos nuevos y no para activarse frente a situaciones que no aportan información novedosa. A nivel unicelular, existe un período refractario durante el cual la neurona es incapaz de activarse nuevamente durante un tiempo, en general unos pocos segundos. A nivel cerebral global, advertimos la información nueva y omitimos la que no lo es. Cuanto más redundantes son los acontecimientos, es más probable que se fundan en un fondo en el que pasan desapercibidos.

Los placeres no sólo se desvanecen con facilidad, sino que las secuelas de muchos de ellos son negativas. ¿Recuerda los supuestos «centros del placer» descubiertos en el cerebro de las ratas hace cuarenta años? Los investigadores implantaron unos finos electrodos en zonas específicas del cerebro —bajo la corteza— de los roedores, aplicándoles una pequeña descarga eléctrica cada vez que el animal presionaba una palanca. Las ratas preferían el estímulo eléctrico a la comida, al sexo e incluso a la vida misma. Los investigadores descubrieron un hecho importante, pero más bien relacionado con la adicción que con el placer. Concretamente, el estímulo eléctrico produce un fuerte deseo. Éste es satisfecho mediante el siguiente estímulo eléctrico, que genera así otro deseo. Dicho deseo se disiparía en unos minutos si la rata pudiera soportar el síndrome de abstinencia y evitara presionar la palanca, pero el deseo es tan apremiante que la rata acciona la palanca una y otra vez, no por placer, sino porque queda apresada en el círculo vicioso del deseo. El principio del deseo sin satisfacción es negativo en sí mismo y la rata lo evitará.[2]

El hecho de que nos rasquen la espalda alivia el picor o picazón, pero sorprendentemente también provoca más picor cuando dejan de rascarnos. El picor se incrementa durante un tiempo, y puede remitir si nos vuelven a rascar. Pero eso provoca el siguiente picor, y de este modo el ciclo se repite. Si uno aprieta los dientes y espera, el picor se esfumará, pero el anhelo de la siguiente relajante rascadura suele superar a la fuerza de voluntad. Así es como funcionan los accesos de tos, los cacahuetes salados, los cigarrillos y el helado de vainilla. En un ámbito más serio, también es el mecanismo implícito en la adicción a las drogas. El alcohol tiene efectos negativos —resaca— que pueden eliminarse tomando otra copa —«tómate otra que así te sentirás bien»—, o esperando que el malestar desaparezca con el tiempo. Si uno se toma la copa que alivia la resaca, los efectos desagradables desaparecen, pero esa copa desencadena la siguiente resaca y así sucesivamente.

Esto tiene implicaciones directas en cuanto a la optimización del placer en la vida de una persona: es crucial espaciar las gratificaciones en el tiempo. La primera regla de tres es la de Cavafis —«Cuantos más perfumes sensuales puedas»—. Introduzca en su vida tantos acontecimientos placenteros como sea posible, pero hágalo de modo que transcurra más tiempo entre los mismos del que permite normalmente. Si descubre que su deseo de obtener una satisfacción determinada se reduce a cero o menos, se transforma en aversión; cuando lo espacia demasiado, probablemente se halle ante una adicción en lugar de un deseo de satisfacer un placer. Tome una cucharada de helado y espere treinta segundos, que le parecerán una eternidad. Si ya no desea con todas sus fuerzas la segunda cucharada, tire el helado a la basura... literalmente. Si lo sigue deseando, tome una segunda cucharada y vuelva a esperar. Esté siempre dispuesto a detenerse.

Intente encontrar el lapso óptimo que le permita mantener bajo control el acostumbrarse a los placeres. Si le encanta la música de Bruce Springsteen, pruebe escucharla con más atención y menos a menudo. Advertirá que, a intervalos, la música se mantiene más fresca. La sorpresa, así como el espaciamiento, evita que uno se habitúe a los placeres. Intente sorprenderse a sí mismo, o incluso mejor, disponga que las personas con las que vive o a las que ve con frecuencia se sorprendan unas a otras «regalándose» placeres. No hace falta que sea una docena de rosas de la floristería. Una inesperada taza de café basta, pero vale la pena dedicar cinco minutos al día a crear una sorpresita agradable para su pareja, sus hijos o un compañero de trabajo: su música favorita cuando llega a casa, masajearle la espalda mientras está trabajando con el ordenador, un jarrón lleno de flores en la mesa de un compañero, una sencilla nota cariñosa. Tales actos son mutuamente contagiosos.

## EL SABOREO*

La velocidad vertiginosa de la vida moderna y nuestra preocupación extrema por el futuro pueden acecharnos y empobrecer el presente.[3] Casi todos los avances tec-

---

* *Savoring*, en el original en inglés. (*N. de los T.*)

nológicos —desde el teléfono a Internet— se han centrado en permitir realizar más tareas y con mayor rapidez.
La ventaja de ahorrar tiempo va unida al elevado valor que
otorgamos al hecho de ser previsores para el futuro. Esta
«virtud» es tan agresiva que incluso en la conversación más
irrelevante somos capaces de no estar escuchando sino
planificando una réplica ingeniosa. Ahorrando tiempo
—¿para qué?— y planificando el futuro —que llegó ayer
pero que en realidad no llega nunca— perdemos las amplias posibilidades del presente.

Fred B. Bryant y Joseph Veroff, de la Loyola University, son los fundadores de un área definida, todavía en fase
de desarrollo, que han denominado *saboreo*.[4] Han generado un ámbito que, junto con la atención, se hace eco de
las venerables tradiciones del budismo y nos permite rei-
vindicar un nuevo derecho referido al valor perdido del
presente.

Saborear, o disfrutar, es para Bryant y Veroff la conciencia del placer y la atención consciente y deliberada
ante la experiencia de éste. Fred saborea un descanso
mientras sube a una montaña:

Respiro hondo el aire frío y diáfano y lo exhalo
lentamente. Advierto el aroma intenso y acre del po-
lemonio, y al buscar su origen, encuentro una planta
de lavanda que crece entre los cantos rodados que hay
bajo mis pies. Cierro los ojos y escucho el viento mientras asciende por la montaña desde el valle. Me siento entre las piedras más altas y saboreo el éxtasis de
estar inmóvil bajo el sol cálido. Extiendo la mano para
coger una piedra del tamaño de una caja de cerillas
para llevarme como recuerdo de este momento. Su
textura rugosa y llena de hoyos evoca el papel de lija.
Siento una necesidad apremiante de oler la piedra, y
al hacerlo, su penetrante aroma de moho desencadena un torrente de imágenes antiguas. Me hago una

idea de cuánto tiempo debe de haber descansado en este lugar, los eones que ha pasado aquí.

Del mismo modo, Joe Veroff saborea las cartas de sus hijos:

> Encuentro un momento de tranquilidad durante el que puedo entretenerme con ellas y leerlas en orden y dejar que las palabras se deslicen suavemente sobre mí como una cálida y agradable ducha. Leo cada una con lentitud. En ocasiones son muy sentimentales y soy incapaz de contener las lágrimas. Otras veces son profundamente reveladoras sobre lo que les ha pasado y el mundo que los rodea, y me sorprendo. Casi siento la presencia de mis hijos en la habitación en la que me encuentro.

Después de haber hecho pruebas a miles de estudiantes universitarios, dichos autores detallan cinco técnicas que favorecen el disfrute:

**Compartir con otras personas**. Busque a otras personas con las que compartir la experiencia y a las que contarles el valor que otorga a ese momento. Se trata del indicador más potente del nivel de placer.

**Guardarlo en la memoria**. Tome fotografías mentales o incluso llévese un recuerdo físico del evento y rememórelo más adelante con otras personas. Fred Bryant se llevó la piedra del tamaño de una caja de cerillas y la guarda junto al ordenador.

**Autoelogio**. No tema el orgullo. Dígase cuán impresionados están los demás y recuerde cuánto tiempo ha esperado para que esto ocurriese.

**Agudizar la percepción**. Es el hecho de centrarse en ciertos elementos y omitir otros. Al probar una sopa, Veroff dijo: «La sopa tenía un sabor fuerte y suave a la vez porque sin querer quemé un poco el fondo de la olla mientras cocía. Aunque intenté no mezclar la parte quemada con el resto de la sopa, persistía el sabor ahumado que la impregnaba.» Cuando escucha música de cámara, cierra los ojos.

**Ensimismamiento**. Permanezca completamente absorto e intente no pensar, sino sólo sentir. No piense en lo que debería hacer ni se pregunte qué ocurrirá a continuación, ni se plantee formas de mejorar el momento.

Todas estas técnicas respaldan los cuatro modos de disfrutar: solazarse (recibir elogios y felicitaciones); agradecer (expresar gratitud por las bendiciones); maravillarse (perder la individualidad en el asombro del momento); y deleitarse (complacer los sentidos). Intentémoslo ahora «demostrando el sentido» de lo que he explicado. Si ha leído por encima esta sección, quiero que se detenga aquí mismo; de hecho, insisto en ello. Saboree lentamente y con cuidado cada palabra del párrafo siguiente:

*Mas descenderé de este espacio etéreo, de esta paz blanca y
[ligera, esta exultación punzante;
y el tiempo se cerrará a mi alrededor; y mi alma se agitará
[siguiendo el ritmo de la ronda diaria.
No obstante, sabiéndolo, la vida no será tan apremiante, y
[siempre sentiré que el tiempo se deshilvana poco a poco;
puesto que en una ocasión me encontré
en la presencia blanca y ventosa de la eternidad.*[5]

## LA ATENCIÓN*

Después de tres años de estudio, el monje novicio llega a la morada de su maestro. Entra en la sala, rebosante de ideas sobre temas complejos de metafí-

* *Mindfulness*, en el original. Es una palabra que subraya el aspecto consciente de la atención. (*N. de los T.*)

sica budista y bien preparado para las preguntas profundas que le esperan en este examen.

—Sólo le haré una pregunta —declara su maestro.

—Estoy preparado, maestro —anuncia.

—En el umbral de la puerta, ¿las flores estaban a la derecha o a la izquierda de la sombrilla?

El novicio se retira, avergonzado, para seguir estudiando tres años más.

La atención empieza por la constatación de que la inconsciencia domina gran parte de la actividad humana. No advertimos gran parte de nuestra experiencia. Actuamos y nos interrelacionamos de forma automática, sin pensar demasiado. Ellen Langer, profesora de Harvard y académica líder en el campo de la atención, realizó un experimento en el que varias personas debían intentar colarse en una fila de oficinistas que esperaban utilizar una fotocopiadora. Cuando los que pretendían colarse preguntaban: «¿Le importa que me ponga delante de usted?», recibían una respuesta negativa. Cuando preguntaban: «¿Le importa que me ponga delante de usted porque tengo que hacer fotocopias?», les permitían colarse.

Langer ha desarrollado una serie de técnicas para que seamos más conscientes, lo que nos permite ver el momento presente bajo una óptica nueva. El principio que subyace a dichas técnicas es el cambio de punto de vista para romper una situación monótona. Por ejemplo, se asignó a alumnos de décimo curso trabajar sobre un capítulo histórico acerca de Stephen Douglas y la ley Kansas-Nebraska. Un grupo leyó el pasaje desde el punto de vista de Douglas, preguntándose qué pensarían y sentirían y también la perspectiva de su nieto. Este grupo aprendió mucho más que aquel cuyo objetivo sólo era aprender el material.[6]

La atención consciente de la experiencia presente se produce de forma mucho más fácil en un estado mental lento que cuando uno pasa a toda prisa por una actividad o un acontecimiento mientras piensa en el futuro. La forma oriental de la meditación se presenta de formas varias, pero casi todas ellas, si se practican con regularidad, logran desacelerar la mente de los occidentales. (Existe información documentada que muestra que casi todas ellas también reducen la ansiedad.) Esto refuerza a su vez una actitud de atención del presente y hace que sea más probable recordar que las flores estaban a la izquierda de la sombrilla. La meditación trascendental es la técnica que está más al alcance de los occidentales, y como alguien que la ha practicado sistemáticamente durante veinte años y se ha tornado mucho más sereno y menos ansioso, la recomiendo para alcanzar una atención eficaz. Sin embargo, la meditación trascendental y las demás técnicas no constituyen una solución rápida.[7] Para beneficiarse de ella se debe practicar dos veces al día —en sesiones de por lo menos veinte minutos cada una— durante un período de varias semanas.

No es fruto de la coincidencia que gran parte de lo que la ciencia ha documentado sobre el saboreo y la atención derive del budismo. Esta gran tradición se centra en la obtención de un estado mental sereno que deriva de la madurez. No es éste el lugar —ni tampoco poseo los conocimientos necesarios— para analizar el budismo de forma inteligente, pero concluyo esta sección recomendando encarecidamente *The Positive Psychology of Buddhism and Yoga* [La Psicología Positiva del budismo y el yoga][8] de Marvin Levine, eminente psicólogo cognitivo que también compuso los poemas que dan comienzo a este libro.

### Que pase un buen día

Esta sección enumeraba los placeres y las alegrías y distintas formas de intensificarlos. La habituación puede contrarrestarse aumentando el lapso de tiempo entre placeres y realizando un intercambio de éstos, de manera

sorpresiva con la pareja o los amigos. El saboreo y la atención se alcanzan compartiendo los placeres con otra persona, tomando fotografías mentales, autoelogiándose,
agudizando las percepciones —sobre todo al cambiar el
punto de vista— y mediante el ensimismamiento. Solazarse, agradecer, maravillarse y deleitarse son maneras de
intensificar los placeres. Sólo con una buena dosis de suerte y mediante el empleo de estas habilidades, hallará la
«vida placentera».

Ahora, para poner todo esto en práctica, le conmino
—al igual que a mis alumnos— a pasar un buen día. Re-
sérvese un día libre este mes para abandonarse a sus placeres preferidos. Mímese. Diseñe, por escrito, lo que hará
hora a hora. Utilice tantas técnicas de las anteriormente
mencionadas como le sea posible. No permita que el aje-
treo de la vida se lo impida, y ponga el plan en práctica.

## LAS GRATIFICACIONES

En el lenguaje común, no distinguimos entre las gratificaciones y los placeres. Es una verdadera lástima, porque mezcla dos tipos distintos de aspectos buenos de la
vida, y nos conduce a creer que ambos se obtienen del mismo modo. De forma despreocupada decimos que nos gusta
el caviar, un masaje en la espalda o el sonido de la lluvia
sobre un tejado de cinc (todos ellos placeres); de la misma
manera que afirmamos que nos gusta jugar al voleibol, leer
a Dylan Thomas y ayudar a los sin techo (en este caso gratificaciones). La confusión nace en el concepto «gusto». El
significado principal del término en todos estos casos es
que elegimos hacer tales actividades entre muchas otras
posibilidades. Como empleamos la misma palabra para
definir el motivo, tendemos a identificar como iguales las
fuentes del gusto, y cometemos el error de decir «el caviar
me produce placer» o «Dylan Thomas me produce pla-

cer», como si la misma emoción positiva subyaciera a nuestra elección.

Cuando invito a las personas a pensar en la existencia de esa emoción positiva subyacente, la encuentro implícita en los placeres que mencionan: la buena comida, el masaje en la espalda, un perfume o una ducha caliente producen las mismas sensaciones crudas de placer que mencioné al comienzo de este capítulo. Por el contrario, les resulta más difícil cuando las insto a reflexionar sobre la emoción positiva del placer que supuestamente sentimos cuando servimos café a los sin techo, o leemos un libro excepcional, o al jugar al *bridge* o practicar montañismo. Algunas personas aluden a una emoción diferenciada («arrellanarme en el sillón con el libro me hizo sentir a gusto»), pero la mayoría son incapaces de detectarlos. Los elementos que definen el gusto por tales actividades son el ensimismamiento total, la suspensión de la conciencia y la fluidez que producen las gratificaciones y no la presencia de placer. De hecho, el ensimismamiento absoluto bloquea la conciencia y produce una total ausencia de emociones.

Esta distinción marca la diferencia entre la buena vida y la vida placentera. ¿Recuerda a Len, mi amigo campeón de *bridge* y director ejecutivo cuya afectividad positiva es muy baja? Las gratificaciones, de las que Len disfruta en abundancia, son la clave para poder decir que lleva una buena vida. Ninguna fórmula mágica, ni consejos, ni técnicas conducirán a Len a experimentar una exultante alegría o sentimientos profundos de placer, pero su vida está llena de compromisos totales: los campeonatos de *bridge*, la actividad bursátil y el hecho de ser un gran aficionado a los deportes. La enorme ventaja que implica distinguir entre placer y gratificación es que ni siquiera aquella población —tres mil millones de personas en todo el mundo— cuya afectividad positiva es inferior, está condenada a la infelicidad. Al contrario, su felicidad radica en las numerosas gratificaciones que pueden brindarse y conservar.

Aunque en nuestra época hayamos perdido la capacidad de discriminar entre placeres y gratificaciones, a los atenienses de la antigua edad dorada les agradaba sobremanera esta diferenciación. Y éste no es más que uno de los muchos aspectos en los que ellos sabían más que nosotros en la actualidad. Para Aristóteles, la felicidad (*eudaimonia*) es similar a la gracia en la danza y diferente de los placeres corporales. El donaire no es una entidad que acompañe a la danza o que aparezca al final de la misma; forma parte integral de la danza bien ejecutada. Mencionar el «placer» de la contemplación significa decir que la contemplación se realiza por sí misma, no que existe una emoción que acompaña a la contemplación. *Eudaimonia*, que yo denomino gratificación, forma un todo con la acción adecuada. No puede derivarse del placer corporal, ni es un estado que pueda inducirse por sustancias químicas u obtenerse mediante técnicas rápidas. Sólo puede obtenerse a través de una actividad acorde con un propósito noble.[9] El hecho de citar a Aristóteles puede parecer petulancia académica, pero en este caso reviste verdadera importancia para su vida. Los placeres pueden ser descubiertos, favorecidos e intensificados de la forma que he explicado en la última sección de este libro, pero no así las gratificaciones. Los placeres guardan relación con los sentidos y las emociones. Las gratificaciones, por el contrario, están relacionadas con la puesta en práctica de fortalezas y virtudes personales.

La clarificación científica de las gratificaciones puede atribuirse a la curiosidad de una figura destacada de las ciencias sociales.

*«Hay un nombre famoso», le susurré a Mandy, leyendo del revés. Durante los muchos años que llevaba situándome al otro lado de una mesa de escritorio de profesores, en-*

fermeras y directores había aprendido la técnica de leer del revés sin mover los ojos. Nos hallábamos al principio de la fila del desayuno en nuestro centro de vacaciones preferido de Big Island, Kona Village, y yo estaba mirando la lista de huéspedes. Sin embargo, el nombre que había visto, Csikszentmihalyi, sólo era conocido entre los psicólogos, y ni siquiera sabía cómo pronunciarlo.

«Lo será para ti», se burló Mandy. Mihaly Csikszentmihalyi es un famoso profesor de Ciencias Sociales de la Escuela de Negocios Peter Drucker, de la Claremont University. Él fue quien dio nombre e investigó la «fluidez», el estado de gratificación en el que entramos cuando nos sentimos totalmente involucrados en lo que estamos haciendo. Coincidimos brevemente una sola vez, cuando ambos teníamos veinte años menos, pero no recordaba su aspecto con exactitud.

Al cabo de unos minutos, mientras intentaba extraer todas las semillas de mi papaya fresca, recorrí la sala con la mirada en busca del atleta pelirrojo, enjuto y nervudo que recordaba vagamente, pero no lo hallé. (Aunque uno de los temas que trataré en la siguiente sección es la unión afectiva con la familia, debo confesar que la posibilidad de hablar con otro psicólogo, sobre todo en un centro de vacaciones con poco más que hacer aparte de estar con la familia, me atrae de forma considerable.)

Tras el desayuno, Mandy, los niños y yo subimos por la lava escarpada hacia la playa de arena negra. Unas nubes oscuras surcaban el cielo con rapidez y las olas eran demasiado altas para nadar. «Papá, alguien está gritando», dijo Lara, la que tiene mejor oído de todos nosotros, al tiempo que señalaba el mar. Efectivamente, entre las olas había un hombre de cabello cano que estaba siendo arrastrado hacia las paredes de lava llenas de percebes afilados como cuchillas, y luego era lanzado de nuevo a la turbulencia. Parecía una versión en miniatura y menos acostumbrada a la natación que Moby Dick, aparte de la sangre del pe-

*cho y de la cara y de la única aleta de natación que le colga-*
*ba del pie izquierdo. Corrí por la orilla, y las zapatillas de*
*suela gruesa de caucho que llevaba me permitieron llegar*
*a él con facilidad, pero el tipo era considerablemente corpu-*
*lento —bastante más que mis noventa kilos—, y arrastrarlo*
*hacia fuera no fue fácil.*

*Cuando por fin regresamos a la playa, reconocí entre*
*sus jadeos su acento centroeuropeo culto.*

*«¿Mihaly?»*

*Cuando terminó de toser, su rostro de Papá Noel des-*
*plegó su sonrisa más amplia y me dio un fuerte abrazo.*
*Pasamos los dos siguientes días charlando sin parar.*

Mike Csikszentmihalyi —cuyo nombre procede de
San Miguel de Csik, un pueblo de Transilvania— alcanzó la mayoría de edad en Italia durante la Segunda Guerra Mundial. Su padre, un aristócrata húngaro —cuya clase
social se evidencia por la i del final del apellido—, era em-
bajador de Budapest en Roma. El mundo de lujos de la
infancia de Mike quedó truncado por la guerra. Después
de que Hungría cayera en poder de Stalin en 1948, su padre abandonó la embajada y, convertido en otro extranjero desplazado en Italia, luchó por abrir un restaurante en
Roma. El mobiliario familiar acabó en museos de Belgra-
do y Zagreb. Algunos de los adultos que Mike conocía se
hundieron en la indefensión y el desaliento.

«Sin trabajo y sin dinero, se convirtieron en con-
chas vacías», recordaba. Otros adultos, que se habían enfrentado a la misma situación, irradiaban integridad,
buen humor y determinación entre las ruinas. No eran
ni los más habilidosos ni los más respetados, y antes de
la guerra la mayoría de ellos parecían personas ordina-
rias.

A Mike se le despertó la curiosidad, y a fin de encontrar una explicación en la década de los cincuenta leyó
obras de filosofía, historia y religión en Italia. La psicolo-

gía no se consideraba un tema académico, por lo que emigró a Estados Unidos para estudiarla tras quedar embelesado por los escritos de Carl Jung. Esculpió, pintó, escribió para el *New Yorker* —nada menos que en su tercera lengua—, se doctoró e inició su trabajo orientado a descubrir la clave para obtener de forma científica lo mejor del ser humano, tal como había atisbado por primera vez en el caos de la Roma de la posguerra. Según me dijo con la mirada perdida en el océano Pacífico: «Quería comprender qué es y de qué podía tratarse.»

La contribución más importante de Mike a la psicología es el concepto de fluidez. ¿Cuándo se detiene el tiempo para usted? ¿En el momento en el que se halla haciendo exactamente lo que quiere y no desea que la situación se acabe? ¿Se trata de pintar, o hacer el amor, o jugar al voleibol, o hablar frente a un grupo, o escalar montañas, o escuchar con empatía los problemas de otra persona? Mike introdujo el tema hablándome de su hermano de 80 años.

Hace poco visité en Budapest a mi anciano hermanastro, Marty. Está jubilado, y su *hobby* son los minerales. Me contó que hacía unos días había cogido un cristal y que poco después del desayuno había empezado a observarlo bajo un potente microscopio. Al cabo de un rato advirtió que le costaba ver con claridad la estructura interna del mineral, y atribuyó este hecho a una nube que debía de haber ocultado el sol. Alzó la vista y vio que había atardecido.

Para aquel hombre se había detenido el tiempo. Mike denomina «disfrutes» a tales estados, nombre que yo evito porque concede excesiva importancia al componente emocional de las gratificaciones. Las contrapone a los placeres, que son la satisfacción de las necesidades biológicas.

Jugar un disputado partido de tenis que pone a prueba nuestras habilidades nos hace disfrutar, como también leer un libro que arroja luz sobre algún tema y al igual que mantener una conversación que nos lleva a expresar ideas que ignorábamos tener. Cerrar un trato comercial controvertido, o el trabajo bien hecho, nos hacen disfrutar. Quizá ninguna de estas experiencias resulte especialmente placentera en el momento, pero después pensamos en ellas y decimos «fue divertido» y deseamos que pudieran volver a producirse.[10]

Mike ha entrevistado a miles de personas de todas las edades y condiciones sociales de todo el mundo, y les ha pedido que describan sus máximas gratificaciones. Puede tratarse de gratificaciones mentales, como relataba su hermano minerólogo. O sociales, como describe un miembro adolescente de una banda de motociclistas de Kioto en una carrera de cientos de participantes:

Al comienzo de la carrera no nos hallamos en total armonía. Pero si la carrera empieza a ir bien, todos nosotros, todos, sentimos como si fuéramos el otro. ¿Cómo puedo explicarlo?... Cuando nuestras mentes se unifican... Cuando todos nos convertimos en uno, entiendo algo... De repente, me doy cuenta: «Oh, somos uno»... Cuando nos percatamos de que somos una sola carne, es sensacional. Cuando vamos a toda velocidad. En ese momento, es verdaderamente increíble.

El estado puede proceder de la actividad física. Una bailarina dice lo siguiente:

Cuando bailo es como si flotara, me divierte sentir que me muevo... Consigo una especie de éxtasis

físico. Sudo mucho, estoy en un estado febril o exta-
siada cuando todo va realmente bien... Me muevo e
intento expresarme con movimientos. Ésa es la clave. En cierto modo se trata de comunicarse mediante
el lenguaje corporal... Cuando todo va bien, me ex-
preso con autenticidad y fluidez respecto a la música
y a las personas que están mirándome.

A pesar de las enormes diferencias entre las diversas
actividades, desde coreanos que meditan a miembros de
una banda de motociclistas, pasando por jugadores de ajedrez, escultores, trabajadores de una cadena de montaje
y bailarinas, todos describen los componentes psicológicos de la gratificación de forma curiosamente similar.
Éstos son los referidos componentes:

- La tarea constituye un reto y exige habilidad.
- Nos concentramos.
- Existen objetivos claros.
- Obtenemos una respuesta inmediata.
- Nos implicamos profundamente y sin esfuerzo.
- Existe una sensación de control.
- Nuestro sentido del yo se desvanece.
- El tiempo se detiene.

Cabe observar una ausencia destacada, la de la emoción positiva, que no se incluye en la lista de componentes esenciales. Aunque las emociones positivas como el
placer, la euforia y el éxtasis se mencionen, sobre todo a
posteriori, en realidad no se experimentan. De hecho,
la falta de emoción y de cualquier tipo de conciencia es la
clave de la fluidez. La conciencia y la emoción tienen por
objeto corregir la trayectoria del pensamiento y la acción;
no son necesarios cuando lo que una persona está haciendo roza la perfección.

La economía nos ofrece una útil analogía. El capital

se define como aquellos recursos que se retiran del consumo y se invierten en objetivos futuros a cambio de la posibilidad de obtener elevados beneficios. La idea del incremento del capital ha sido aplicada a asuntos no financieros: el capital social consiste en los recursos que acumulamos mediante la interacción con las personas —nuestros amigos, parejas y relaciones— y el capital cultural lo constituye la información y los recursos —como museos y libros— que heredamos y utilizamos para enriquecer nuestra vida. ¿Existe un capital psicológico? En caso afirmativo, ¿cómo lo obtenemos?

Cuando nos dedicamos a los placeres quizá sólo consumamos. El aroma del perfume, el sabor de las frambuesas y la sensualidad de un masaje son grandes deleites momentáneos, pero no acumulan nada para el futuro. No son inversiones, no producen ningún incremento. Por el contrario, cuando nos entregamos a fondo en las gratificaciones —nos centramos en el fluir—, tal vez realicemos una inversión a fin de aumentar nuestro capital psicológico para el futuro. Quizá la fluidez sea el estado que determina el crecimiento psicológico. La concentración, la pérdida de atención consciente y la detención del tiempo pueden ser formas que la evolución ha determinado para incrementar nuestros recursos psicológicos de cara al futuro. En esta analogía, el placer señala la obtención de la saciedad biológica, mientras que la gratificación indica la consecución del crecimiento psicológico.

Csikszentmihalyi y sus colegas utilizan el método de muestreo de la experiencia para medir la frecuencia de la fluidez. Se entregan buscapersonas a los participantes y se los llama a horas aleatorias durante la mañana y la tarde para que anoten lo que se hallan haciendo en ese preciso instante: qué están pensando, qué emociones sienten y cuál es su grado de concentración. Su equipo de investigación ha recogido más de un millón de datos relativos a miles de personas de todas las condiciones.

La fluidez es una experiencia frecuente para algunas personas, pero este estado visita a muchas otras en escasas ocasiones, o incluso nunca. En uno de sus estudios, Mike realizó un seguimiento de 250 adolescentes con elevada fluidez y 250 con baja fluidez. Estos últimos son jóvenes de «centros comerciales»; vagan por dichos lugares y ven la televisión durante muchas horas. Los adolescentes con alta fluidez tienen aficiones, practican deportes y dedican mucho tiempo a hacer sus trabajos escolares. En todas las categorías de bienestar psicológico —incluyendo la autoestima y el compromiso— excepto en una, estos jóvenes obtuvieron mejores resultados. La excepción mencionada es importante, y se refiere a que estos chicos creen que sus iguales con fluidez baja se divierten más, y preferirían estar en un centro comercial haciendo esas cosas tan «divertidas» o viendo televisión. Sin embargo, aunque no consideran «divertido» su compromiso personal, éste los recompensará en el futuro. Los muchachos con elevada fluidez llegan a la universidad, tienen relaciones sociales más profundas y gozan de mayor éxito en la vida. Todo ello es coherente con la teoría de Mike acerca de que la fluidez es el estado que aumenta el capital psicológico al cual la persona podrá recurrir en el futuro.

Teniendo en cuenta las ventajas y la fluidez que generan las gratificaciones, resulta muy desconcertante que escojamos el placer —y aún peor, el desagrado— antes que la gratificación. Ante la disyuntiva nocturna de escoger un buen libro y ver una serie cómica en televisión, a menudo elegimos esta última, aunque las encuestas evidencian sistemáticamente que el estado de ánimo general mientras se ven este tipo de programas es de depresión leve. El hecho de acostumbrarse a escoger placeres fáciles en vez de gratificaciones puede tener consecuencias indeseadas.[11]

La depresión ha crecido de forma drástica durante los últimos cuarenta años en todos los países ricos del mundo.[12] En la actualidad es diez veces más frecuente que en 1960 y aparece a una edad mucho más temprana. La media de edad del primer episodio depresivo de una persona hace cuarenta años era los 29,5, mientras que hoy se sitúa en los 14,5. Se trata de una paradoja, puesto que todos los indicadores objetivos de bienestar —poder adquisitivo, nivel educativo, nivel alimentario y disponibilidad de acceso a la música, etcétera— han aumentado, mientras que los indicadores subjetivos de bienestar han ido a la baja. ¿Cómo se explica esto?

Los aspectos que no causan esta especie de epidemia son más conocidos que aquellos que son responsables.[13] La epidemia no es biológica, puesto que nuestros genes y hormonas no han cambiado lo suficiente en cuarenta años como para explicar que la incidencia de la depresión se multiplicara por diez. No es ecológico, puesto que los amish del Viejo Orden, que viven como en el siglo XVIII, a 70 kilómetros de mi casa, sólo presentan una décima parte de casos de depresión en comparación con Filadelfia; no obstante beben la misma agua, respiran el mismo aire y nos suministran buena parte de los alimentos. Y tampoco es que las condiciones de vida hayan empeorado, puesto que la epidemia, tal como la conocemos, sólo se produce en naciones ricas, y los exhaustivos estudios diagnósticos realizados ponen de manifiesto que en Estados Unidos los negros e hispanos sufren menos depresión que los blancos, aunque sus condiciones medias objetivas de vida sean peores.

He especulado acerca de si un sistema de valores que construye una autoestima injustificada, propugna el victimismo y fomenta un individualismo desenfrenado pudo haber contribuido a la epidemia, pero no me extenderé aquí en tal especulación.[14] Existe otro factor que se cierne como causa de la epidemia: la dependencia excesiva de fórmulas rápidas para conseguir la felicidad. Las naciones ricas crean más fórmulas rápidas de acceso al placer:

la televisión, las drogas, las compras, el sexo sin amor, los deportes espectáculo y el chocolate, por mencionar sólo unas pocas.

Estoy comiendo una rebanada de pan tostado con mantequilla y mermelada de fresa mientras escribo esta frase. No he horneado el pan, ni batido la mantequilla ni recogido las fresas. Mi desayuno —a diferencia de mis escritos— está compuesto de fórmulas rápidas, que no exigen habilidades y prácticamente ningún esfuerzo. ¿Qué ocurriría si toda mi vida estuviera compuesta por placeres fáciles, que nunca requirieran el empleo de mis fortalezas ni supusieran ningún desafío? Ese tipo de vida predispone a la depresión. Las fortalezas y virtudes pueden marchitarse durante una existencia en la que se opta por fórmulas rápidas en vez de escoger una vida plena a través de la búsqueda de gratificaciones.

Uno de los principales síntomas de la depresión es el ensimismamiento. La persona deprimida está demasiado centrada en cómo se siente. Su decaimiento no responde a la realidad, pero es muy importante para ella. Cuando siente tristeza, reflexiona sobre la misma, la proyecta hacia el futuro y a todas sus actividades, lo que a su vez aumenta la tristeza. «Ponte en contacto con tus sentimientos», gritan los buhoneros de la autoestima de nuestra sociedad. Nuestra juventud ha captado el mensaje, y el hecho de creérselo ha configurado una generación de narcisistas cuya máxima preocupación es cómo se sienten, lo cual no es extraño.[15]

Contrariamente al hecho de ponerse en contacto con los sentimientos, el criterio definitorio de la gratificación es la falta de sentimiento, la pérdida de la conciencia propia y el compromiso total. La gratificación disipa el ensimismamiento y cuantas más veces experimentemos la fluidez que genera la gratificación, menos deprimidos estaremos. Así pues, he aquí un potente antídoto para la epidemia de depresión juvenil: esforzarse por encontrar más gratificaciones, al tiempo que se modera la búsqueda de placeres. Los placeres se hallan fácilmente, y las gratificaciones, que son el resultado de la puesta en práctica de nuestras fortalezas personales, se obtienen con esfuerzo. Por consiguiente, la determinación de identificar y desarrollar tales fortalezas es el gran amortiguador de la depresión.

Iniciar el proceso de eludir los placeres fáciles e implicarse en mayor cantidad de gratificaciones es duro. Las gratificaciones producen fluidez, pero exigen habilidad y esfuerzo; el hecho de que, puesto que plantean desafíos, implican la posibilidad de fracaso, resulta incluso más disuasorio. Jugar tres sets de tenis o participar en una conversación inteligente, o leer a Lord Byron exige esfuerzo, al menos al principio. En cambio, no ocurre lo mismo con los placeres: ver una serie cómica, masturbarse e inhalar un perfume no supone ningún reto. Comer patatas fritas o ver un partido de fútbol televisado el lunes por la noche no exige ningún esfuerzo ni habilidad, y no cabe la posibilidad de fracaso. Tal como me contó Mike en Hawai:

> El placer es una fuente de motivación poderosa, pero no produce ningún cambio; es una fuerza conservadora que nos hace desear satisfacer las necesidades que se experimentan, conseguir bienestar y relajación. [...] Por el contrario, el disfrute (gratificación) no siempre es placentero y a veces puede resultar sumamente estresante. Un escalador puede estar a punto de congelarse, totalmente exhausto, correr el peligro de caer por una grieta sin fondo, pero no cambiaría ese sitio por ningún otro. Dar sorbos a un cóctel bajo una palmera al borde de un océano color turquesa está bien, pero no es comparable a la exultación que siente en ese risco helado.[16]

**El lagarto.** La idea de enriquecer las gratificaciones se reduce, nada más y nada menos, a aquella pregunta:

«¿Qué es la buena vida?» Uno de mis profesores, Julian Jaynes, tenía por mascota en su laboratorio a un lagarto exótico del Amazonas. Las primeras semanas después de adquirirlo, Julian era incapaz de hacer que comiera. Lo intentó todo, pero el reptil se estaba muriendo de hambre delante de sus narices. Le ofreció lechuga, y mango y luego carne de cerdo picada. Cazó moscas y otros insectos vivos y se los ofreció; y también comida china. Incluso le preparó zumos de frutas. Pero el lagarto no quería comer nada y estaba cayendo en el letargo.

Un día Julian le dio un bocadillo de jamón, pero el reptil siguió sin mostrar interés alguno. Al continuar con sus actividades cotidianas, Julian se dedicó a leer el *New York Times*. Después de hojear la primera sección, arrojó el periódico sobre el bocadillo de jamón. El lagarto centró su atención en esta configuración, se desplazó sigilosamente por el suelo, saltó sobre el periódico, lo destrozó y luego se zampó el bocadillo. El animal necesitaba acechar y triturar antes de comer.

La conducta de los lagartos ha evolucionado de forma que primero acechan a su presa, luego se lanzan sobre ella, la destrozan y finalmente la devoran. La capacidad de cazar es, pues, una virtud de los lagartos. La puesta en práctica de esta fortaleza era tan esencial para la vida del lagarto que era imposible despertar su apetito en ausencia de dicha conducta. Para el animal del ejemplo no existía ninguna fórmula rápida para alcanzar la felicidad. Los seres humanos son inmensamente más complejos que los lagartos del Amazonas, pero toda nuestra complejidad reside en un cerebro emocional que ha sido modelado durante cientos de millones de años por la selección natural. Nuestros placeres y los apetitos a los que aquéllos atienden están ligados evolutivamente a un repertorio de conductas, mucho más complejas y flexibles que acechar, saltar sobre la presa y hacerla trizas, pero el hecho de omitir dichas acciones tiene un precio nada desdeñable.

Es demencial la idea de que es posible confiar en fórmulas rápidas para obtener gratificación y evitar el ejercicio de las fortalezas y virtudes personales. Esta idea no sólo produce lagartos que mueren de hambre, sino legiones de personas deprimidas en un entorno de riqueza, que mueren de hambre en sentido espiritual.

Estas personas se preguntan: «¿Cómo puedo ser feliz?» Es una pregunta errónea, porque si no se realiza una diferenciación entre placer y gratificación, provoca con demasiada facilidad la dependencia respecto de fórmulas rápidas y conduce a una vida que consiste en experimentar el máximo de placeres fáciles posible. No estoy en contra de los placeres; de hecho he dedicado todo el capítulo a aconsejar cómo incrementarlos, junto con la espléndida variedad de emociones positivas. He detallado las estrategias que somos capaces de desarrollar y que pueden llevar el nivel de emotividad positiva a la franja superior de nuestro rango fijo de felicidad: agradecer, perdonar y escapar de la tiranía del determinismo para incrementar los sentimientos positivos respecto al pasado; aprender a tener esperanza y optimismo mediante el rebatimiento de los pensamientos negativos a fin de acrecentar las emociones positivas sobre el futuro; evitar la habituación; disfrutar y utilizar la atención para incrementar los placeres en el presente.

Sin embargo, cuando se dedica una vida entera a la búsqueda de emociones positivas, la autenticidad y el significado brillan por su ausencia. El tema correcto es el que planteó Aristóteles hace dos mil quinientos años: «¿Qué es la buena vida?» Mi principal objetivo al diferenciar las gratificaciones de los placeres es formular nuevamente este gran interrogante y ofrecer a continuación una respuesta nueva y con respaldo científico, respuesta ligada a la identificación y práctica de las fortalezas características.

Para explicar y justificar esta respuesta necesitaré varios capítulos, pero empezaré por el tema referido a la obtención de más gratificaciones en la vida. Esto resulta considerablemente más difícil que conseguir más emociones positivas. Csikszentmihalyi se ha guardado mucho de escribir libros de «mejora personal» como éste. Sus obras sobre la fluidez describen quién la posee y quién no, pero en ningún sitio dice claramente a sus lectores cómo incrementarla. Su reticencia se debe en parte a que proviene de la tradición descriptiva europea, en lugar de la intervencionista norteamericana. En consecuencia, espera que describiendo la fluidez con todo lujo de detalles y tomando distancia, el lector creativo inventará sus propios métodos para conseguir fluir más en la vida. Por el contrario, yo procedo de la tradición norteamericana —hecho por el cual no me disculparé— y considero que se conoce lo suficiente sobre cómo se producen las gratificaciones para aconsejar cómo aumentarlas. El resto de esta obra aborda estos consejos, que no obstante, no ofrecen soluciones fáciles ni rápidas.

# Segunda parte

# Fortalezas y virtudes

*No somos enemigos, sino amigos. No queremos ser enemigos, y aunque los lazos de afecto que nos unen estén muy tensos por las pasiones, no por ello deben romperse. Los acordes místicos de la memoria, que se extienden desde todos los campos de batalla y tumbas de patriotas hasta los corazones vivientes y las chimeneas, por todos los rincones de esta vasta tierra, aumentarán los coros de la Unión, cuando vuelvan a ser tocados, como sin duda lo serán, por los mejores ángeles de nuestra naturaleza.*

ABRAHAM LINCOLN,
discurso de toma de posesión,
4 de marzo de 1861

## Segunda parte

## Fortalezas y virtudes

# 8
## Renovar las fortalezas y virtudes

Mientras el Norte y el Sur clavaban su mirada en el abismo de la guerra más cruenta de la historia norteamericana, Abraham Lincoln invocaba a «los mejores ángeles de nuestra naturaleza» con la esperanza vana de que esa fuerza apartara a la población del borde del precipicio. Las últimas palabras del primer discurso inaugural del mejor orador presidencial de Estados Unidos sin duda no fueron fruto del azar. Dichas palabras muestran varios supuestos de fondo compartidos por la mayoría de las personas cultas del país de mediados del siglo XIX.

- Que existe una «naturaleza» humana.
- Que la acción deriva del carácter.
- Que el carácter se manifiesta de dos maneras, ambas igualmente fundamentales: el mal carácter y el carácter bueno o virtuoso («angelical»).

Dado que todos estos supuestos han desaparecido prácticamente de la psicología del siglo XX, la historia de su ascenso y caída es el telón de fondo de mi renovación de la idea del buen carácter como supuesto central de la Psicología Positiva.

La doctrina del buen carácter resultaba efectiva como motor ideológico de numerosas instituciones sociales decimonónicas. Gran parte de los casos de locura se consideraban una degeneración y defecto moral, y el tipo de terapia dominante era el tratamiento «moral» —el intento de sustituir el mal carácter por la virtud—. La liga antial-cohólica, el sufragio femenino, las leyes contra el trabajo infantil y el abolicionismo radical son consecuencias incluso más importantes. El propio Abraham Lincoln era hijo secular de este fermento y no resulta exagerado considerar la guerra de Secesión («He visto con mis propios ojos la gloria de la llegada del Señor») su consecuencia más notoria.[1]

¿Qué sucedió entonces con el carácter y con la idea de que nuestra naturaleza contenía mejores ángeles?

En el plazo de una década después del cataclismo de esa guerra, Estados Unidos se enfrentó a otro trauma, la agitación laboral. Las huelgas y la violencia callejera se extendieron por todo el país. Hacia 1886 los enfrentamientos violentos entre trabajadores —principalmente inmigrantes— y los patronos eran generalizados y culminaron en los disturbios de Haymarket Square, en Chicago. ¿Qué idea tenía la nación de los huelguistas y de quienes lanzaban bombas? ¿Cómo era posible que esa gente cometiera semejantes actos? Las explicaciones «obvias» para el hombre de la calle respecto al mal comportamiento se basaban en aspectos puramente caracterológicos: defecto moral, pecado, perversidad, mendicidad, estupidez, codicia, crueldad, impulsividad, inconsciencia; la colección de los peores ángeles de nuestra naturaleza. El mal carácter provocaba acciones malvadas y cada persona era responsable de sus actos. Pero se estaba gestando un cambio radical en la atribución de causalidad y, con él, un giro equivalente en la política y la ciencia de la condición humana.

No había pasado desapercibido que todos aquellos hombres descontrolados y violentos procedían de las clases inferiores. Sus condiciones de trabajo y de vida eran espantosas: dieciséis horas al día bajo un calor abrasador o un frío glacial seis días a la semana, con sueldos míseros, familias enteras comiendo y durmiendo en una única habitación. Carecían de estudios, no sabían inglés, tenían hambre y estaban exhaustos. Estos factores —clase social, condiciones laborales penosas, pobreza, desnutrición, viviendas insalubres, falta de estudios— no eran consecuencia del mal carácter o de defectos morales. Radicaban en el entorno, en condiciones que escapaban al control personal. Así pues, la causa de la violencia desatada quizá radicara en un defecto del entorno. Por «obvio» que parezca para nuestra sensibilidad contemporánea, el argumento de que el mal comportamiento es consecuencia de las malas condiciones de vida resultaba inconcebible para la mente decimonónica.

Los teólogos, filósofos y críticos sociales empezaron a expresar la opinión de que quizá las masas desfavorecidas no fueran responsables de su mal comportamiento. Sugirieron que la misión de predicadores, profesores y expertos debería pasar de señalar que cada persona es responsable de sus actos a descubrir cómo los de su rango podían responsabilizarse de los muchos que no lo eran.[2] Así, los albores del siglo XX fueron testigo del nacimiento de un nuevo programa científico en las grandes universidades estadounidenses: las ciencias sociales. Su objetivo era explicar el comportamiento —y el mal comportamiento— de las personas como consecuencia, no de su carácter, sino de grandes y nocivas fuerzas ambientales que estaban más allá de su control. Esta ciencia supondría el triunfo del «ambientalismo positivo». Si el delito es consecuencia de la miseria urbana, los científicos sociales podían señalar el camino para reducirlo limpiando las ciudades. Si la estupidez procede de la ignorancia, los científicos sociales podían apuntar la vía para enmendarla con el acceso universal a la educación.

El entusiasmo con el que tantos posvictorianos aceptaron a Marx, Freud e incluso Darwin puede considerarse parte de esta reacción contra las explicaciones caracterológicas.[3] Marx dice a historiadores y sociólogos que no culpen sólo a los trabajadores de las huelgas, el desorden y el salvajismo generalizado que caracteriza la agitación laboral, pues son consecuencia de la alienación de la mano de obra y de la lucha de clases. Freud dice a los psiquiatras y psicólogos que no culpen a las personas que sufren trastornos emocionales de sus actos destructivos y autodestructivos porque son consecuencia de las fuerzas incontrolables del conflicto inconsciente. Algunos utilizan a Darwin, interpretándolo de un modo que sirve de excusa para no culpar a los individuos de los pecados de la avaricia y de los males de la competencia salvaje, pues son simples sujetos pasivos a merced de la ineluctable fuerza de la selección natural.

Las ciencias sociales no son sólo una bofetada a la moral victoriana sino, desde un punto de vista más profundo, una afirmación del gran principio del igualitarismo.[4] El hecho de decir que un mal entorno puede ser a veces más fuerte que el buen carácter no se aleja demasiado de reconocer que a veces el entorno negativo es el que causa mal comportamiento. Incluso personas de buen carácter —tema recurrente en las obras de Victor Hugo y Charles Dickens— sucumbirán ante un entorno perjudicial. Enseguida se puede prescindir totalmente de la idea de carácter, puesto que en sí, el carácter, bueno o malo, no es más que el producto de las fuerzas ambientales. Así, las ciencias sociales nos permiten escapar de la noción de carácter, cargada de valor, conferidora de culpa, inspirada en la religión y opresora de clase, y emprender la tarea monumental de construir un entorno «educativo» más sano.

El carácter, bueno o malo, no desempeñó ningún papel en la incipiente psicología conductista en Estados Unidos, y toda noción subyacente de la naturaleza humana era un anatema, puesto que sólo existía la educación. Sólo un pequeño ámbito de la psicología científica, el estudio de la personalidad, mantuvo viva a lo largo del siglo XX la llama del concepto de carácter y la idea de la naturaleza humana. A pesar de las modas políticas, los individuos tienden a repetir los mismos patrones de buen y mal comportamiento a lo largo del tiempo y en las situaciones más variadas, por lo que se tenía la fastidiosa sensación —pero pocas pruebas— de que tales patrones eran heredados. Gordon Allport, padre de la teoría moderna de la personalidad, empezó su carrera como asistente social con el objetivo de «fomentar el carácter y la virtud».[5] Sin embargo, a Allport estos términos le resultaban irritantemente victorianos y moralistas, por lo que consideró necesario un término científico moderno desprovisto de valoraciones subjetivas. «Personalidad» tenía un tono científico neutral perfecto. Para Allport y sus seguidores, la ciencia debía limitarse a describir los hechos objetivos en vez de recomendar cómo deberían ser. *Personalidad* es un término descriptivo, mientras que *carácter* es preceptivo. Así, los conceptos cargados de moralidad, como carácter y virtud, se introdujeron, como de contrabando, en la psicología científica bajo el barniz suave del concepto de personalidad.

Sin embargo, el fenómeno del carácter no desapareció por la sencilla razón de que ideológicamente no sintonizaba con el igualitarismo norteamericano. Si bien la psicología del siglo XX intentó eliminar de sus teorías el concepto de carácter, la «personalidad» de Allport, los conflictos del inconsciente de Freud, el salto de Skinner más allá de la libertad y la dignidad, y los instintos postulados por los etólogos, ello no tuvo ningún efecto en el discurso común sobre la conducta humana. El buen y el mal carácter siguieron firmemente arraigados en nuestras leyes, nuestras políticas, nuestra forma de educar a los hijos y en nuestro modo de hablar y pensar sobre por qué la gente hace lo que hace. Toda ciencia que no utilice el carácter como idea básica —o por lo menos explique con acierto el carácter y la capacidad de elección— nunca será aceptada como ilustración útil de la actividad humana. Por consiguiente, considero que ha llegado el momento de resucitar el carácter como concepto central del estudio científico del comportamiento humano. Para ello necesito demostrar que las razones para dejar de lado la noción ya no se sostienen, y luego erigir sobre un terreno sólido una clasificación viable de la fortaleza y la virtud.

La idea de carácter fue abandonada básicamente por tres razones:

1. El carácter como fenómeno deriva por completo de la experiencia.
2. La ciencia no debería refrendar de forma preceptiva, sino limitarse a describir.
3. El concepto de carácter está cargado de subjetividad y ligado al protestantismo victoriano.

La primera objeción se disipa entre las ruinas del ambientalismo. La idea de que todo lo que somos procede de la experiencia ha sido el aspecto central y la afirmación básica del conductismo durante los últimos ochenta años. Empezó a debilitarse cuando Noam Chomsky convenció a los estudiantes de Lingüística de que nuestra capacidad de entender y pronunciar frases nunca antes pronunciadas —como «hay un ornitorrinco de lavanda sentado en las posaderas del bebé»— exige la preexistencia de un módulo cerebral para el lenguaje que va más allá de la mera experiencia. El debilitamiento continuó cuando los teóricos del aprendizaje descubrieron que debido a la selección natural los animales y las personas están preparados para aprender con facilidad ciertas relaciones —como la fobia y la aversión a determinados sabores—, y no lo están para aprender otras —como una relación de laboratorio entre imágenes de flores y descargas eléctricas—. Sin embargo, la condición heredable de la personalidad —léase «carácter»— es la última gota que desestima por completo la primera objeción. A partir de aquí podemos concluir que, venga de donde venga el carácter, no procede exclusivamente del entorno, y quizá ni siquiera provenga de éste.

La segunda objeción consiste en que «carácter» es un término valorativo, y la ciencia debe ser moralmente neutra. Estoy totalmente de acuerdo en que la ciencia debe ser descriptiva y no preceptiva. La misión de la Psicología Positiva no es decirle que debe ser optimista, o espiritual, o amable, o estar de buen humor, sino describir las consecuencias de tales rasgos (por ejemplo, que ser optimista reduce la depresión, mejora la salud física, propicia los logros, a cambio, quizá, de un menor realismo). Lo que cada uno haga con esa información depende de sus propios valores y objetivos.

La objeción final es que el carácter es una noción irremediablemente anticuada, pertenece al protestantismo del siglo XIX, es rígido y victoriano, aparte de resultar poco útil a la tolerancia y diversidad características del siglo XXI. Tal provincianismo es una clara desventaja para el estudio de las fortaleza y virtudes. Podíamos decidir estudiar sólo aquellas virtudes que los protestantes norteamericanos del siglo XIX valoraban, o las que valoran los académicos varones, blancos y de mediana edad contemporáneos. Sin embargo, es mucho mejor tomar como punto de partida las fortalezas y virtudes ubicuas, aquellas que son valoradas en prácticamente todas las culturas. Por ellas empezaremos.

## LA UBICUIDAD DE SEIS VIRTUDES

En esta época de posmodernismo y relativismo ético, se ha convertido en un lugar común suponer que las virtudes no son más que meras convenciones sociales, propias de una época y un lugar determinados. Así pues, en Occidente, la autoestima, el buen aspecto, la confianza en uno mismo, la autonomía, la singularidad, la riqueza y la competitividad son altamente deseables. Sin embargo, santo Tomás de Aquino, Confucio, Buda y Aristóteles no habrían considerado virtudes ninguno de estos rasgos y, de hecho, habrían condenado unos cuantos por considerarlos vicios. La castidad, el silencio, la soberbia, la venganza —virtudes serias en un momento o lugar determinados— no nos parecen tales, e incluso nos parecen indeseables.

Por consiguiente, para nosotros fue toda una sorpresa descubrir que hay nada más y nada menos que seis virtudes refrendadas en todas las grandes religiones y tradiciones culturales. ¿Quiénes somos «nosotros» y qué buscamos?

«Estoy harto de subvencionar proyectos académicos que acaban guardados en una estantería para acumular polvo», dijo Neal Mayerson, director de la Fundación Manuel D. y Rhoda Mayerson, de Cincinnati. Me había telefoneado en noviembre de 1999 después de leer uno de mis artículos sobre la Psicología Positiva, y me propuso que lanzáramos juntos un proyecto. Pero ¿qué proyecto? Al final decidimos que patrocinar y divulgar algunos de los mejores programas para jóvenes sería un buen punto de partida. Así pues, nos reservamos un fin de semana completo en el que hicimos desfilar varios de los programas mejor documentados y eficaces frente a ocho lumbreras del desarrollo juvenil, quienes se encargarían de decidir cuáles subvencionar.

Durante la cena los críticos fueron unánimes, lo cual resultó de lo más sorprendente. «Por elogiosos que sean todos estos programas —dijo Joe Conaty, director del programa de actividades extraescolares del departamento de Educación de Estados Unidos, cuyo presupuesto se cifra en quinientos millones de dólares—, empecemos por el comienzo. No podemos intervenir para mejorar el carácter de los jóvenes hasta que no sepamos con mayor exactitud qué queremos mejorar. En primer lugar necesitamos un esquema de clasificación y una forma de medir el carácter. Neal, invierte tu dinero en una taxonomía del buen carácter.»

Esta idea fue un precedente excelente. Treinta años antes el Instituto Nacional de Salud Mental (NIMH), que subvencionó la mayor parte de los programas para enfermedades mentales, se enfrentó a un problema similar. Existía un desacuerdo caótico entre los investigadores de Estados Unidos y los de Inglaterra sobre la materia con la que trabajaban. Los pacientes a los que se les diagnosticaba esquizofrenia y los pacientes a los que se les diagnosticaban trastornos obsesivo-compulsivos en Inglaterra, por ejemplo, presentaban unas características muy distintas a las de los enfermos de Estados Unidos.

En el año 1975 asistí en Londres a la conferencia de un estudio de caso médico junto a unos veinte psiquiatras y psicólogos expertos en la que se presentó a una mujer de mediana edad confundida y desaliñada. Su problema era pavoroso y guardaba relación con los inodoros, con el fondo de los inodoros para ser exactos. Siempre que iba al baño, se inclinaba sobre la taza y la escudriñaba detalladamente antes de accionar la descarga. Buscaba un feto, pues temía tirar un feto por el váter sin darse cuenta. A menudo analizaba sus defecaciones varias veces antes de accionar la descarga. Después de que la pobre mujer se marchara, se nos pidió que emitiéramos un diagnóstico. Como yo era el profesor norteamericano visitante, me concedieron el dudoso honor de ser el primero; centrándome en su confusión y sus dificultades de percepción, opté por la esquizofrenia. Después de que se apagaran las risitas, me quedé consternado al ver que todos los demás profesionales, atendiendo sólo al ritual de escudriñamiento de la mujer y a la provocadora idea de lanzar un bebé por el váter, calificaron su trastorno de obsesivo-compulsivo.

La falta de acuerdo entre un diagnosticador y otro se conoce como falta de fiabilidad. En este caso, estaba claro que no se podía realizar ningún progreso para comprender y tratar los trastornos mentales hasta que todos utilizásemos los mismos criterios diagnósticos. No podíamos empezar a investigar, por ejemplo, si la esquizofrenia presenta una bioquímica distinta a la del trastorno obsesivo-compulsivo hasta que todos calificáramos igual a los mismos pacientes. El NIMH decidió crear el *DSM-III*, la tercera revisión del *Manual Diagnóstico y Estadístico de los Trastornos Mentales*, para que fuera el eje alrededor del cual se emitirían diagnósticos fiables y las consecuentes intervenciones. El proyecto ha funcionado, y en la actualidad los diagnósticos son coherentes y fiables. Cuando se aplica una terapia o tratamiento preventivo, todos podemos medir lo que hemos modificado con una exactitud considerable.

Sin un sistema de clasificación acordado, la Psicología Positiva se enfrentaría exactamente a los mismos problemas. Los *boy scouts* podrían decir que su programa genera más «cordialidad», los terapeutas matrimoniales mayor «intimidad», los programas basados en la fe cristiana más «benevolencia», y los programas antiviolencia mayor «empatía». ¿Se refieren todos a lo mismo? ¿Y cómo saben si sus programas tienen éxito o no? Así pues, con el precedente del *DSM-III* en mente, Neal y yo decidimos patrocinar la creación de una clasificación del equilibrio mental como eje de la Psicología Positiva. Mi misión era contratar a un director científico de primera clase.

«Chris —supliqué—, no digas no hasta que me hayas escuchado.» Mi primer elegido era el mejor, pero albergaba pocas esperanzas de convencerle. El doctor Christopher Peterson es un científico destacado, autor de un libro de texto muy relevante sobre la personalidad, una de las autoridades mundiales sobre la esperanza y el optimismo, y director del programa de psicología clínica de la Universidad de Michigan, el programa de este tipo más amplio y posiblemente mejor del mundo.

«Quiero que pidas una excedencia de tres años de tu puesto de profesor en Michigan, que vengas a la Universidad de Pensilvania y desempeñes un papel principal en la creación del *DSM* de la psicología, una clasificación y un sistema de medición fidedignos de las fortalezas humanas», le expliqué con más detalle.

Aguardaba su educada negativa, de modo que me quedé anonadado cuando Chris dijo: «Qué curiosa coincidencia. Ayer cumplí 50 años y estaba ahí sentado, en mi primera crisis de la mediana edad, preguntándome qué iba a hacer el resto de mi vida... Así que acepto.» Así, sin más.

Una de las primeras tareas que Chris nos encomendó fue leer los textos básicos de las principales religiones y tradiciones filosóficas a fin de catalogar lo que cada una de ellas consideraba virtudes, y luego comprobar si alguna de ellas aparecía en prácticamente todas. Queríamos evitar el argumento de que nuestra clasificación de fortalezas de carácter era igual de provinciana que las de los protestantes victorianos, sólo que en este caso reflejaba los valores de académicos varones, norteamericanos y blancos. Por otro lado, deseábamos evitar la fatuidad del denominado veto antropológico («La tribu que estudio no es amable, lo cual demuestra que la amabilidad no se valora de forma universal»). Buscábamos lo ubicuo, por no decir lo universal. En caso de que no encontráramos virtudes comunes entre culturas, nuestro incómodo último recurso consistiría en clasificar las virtudes valoradas en la Norteamérica convencional contemporánea.

Dirigidos por Katherine Dahlsgaard, leímos a Aristóteles y a Platón, santo Tomás de Aquino y san Agustín, el Antiguo Testamento y el Talmud, Confucio, Buda, Laozi, Bushido (el código de los samuráis), el Corán, Benjamin Franklin y los Upanishads, unos doscientos catálogos de virtudes en total. Para nuestra sorpresa, en casi todas estas tradiciones que se remontaban a más de tres mil años y cubrían toda la faz de la Tierra se valoraban seis virtudes:[6]

- Sabiduría y conocimiento.
- Valor.
- Amor y humanidad.
- Justicia.
- Templanza.
- Espiritualidad y trascendencia.

Los detalles varían, por supuesto: lo que el valor significa para un samurái es distinto de la idea de Platón, y la humanidad en Confucio no es idéntica a la *caritas* de santo Tomás de Aquino. Además, hay virtudes características de cada una de estas tradiciones —como el ingenio en Aristóteles, la frugalidad en Benjamin Franklin, la pulcritud en los *boy scouts* y la venganza hacia la séptima generación en el código Klingon—, pero los puntos en común son verdaderos y, para quienes fuimos educados como relativistas éticos, considerablemente extraordinarios. La afirmación de que los seres humanos son animales morales empezó a cobrar significado.[7]

Así pues, vemos que estas seis virtudes son las características fundamentales que propugnan casi todas las tradiciones religiosas y filosóficas y, agrupadas, captan la noción de buen carácter. Pero la sabiduría, el valor, la humanidad, la justicia, la templanza y la trascendencia son nociones abstractas y poco prácticas para los psicólogos que desean desarrollarlas y medirlas. Además, podemos pensar en distintas formas de alcanzar cada una de las virtudes, y el objetivo de medirlas y desarrollarlas nos lleva a centrarnos en esas vías concretas. Por ejemplo, la virtud de humanidad puede obtenerse mediante la amabilidad, la filantropía, la capacidad de amar y ser amado, el sacrificio o la compasión. La virtud de la templanza puede manifestarse a través de la modestia y la humildad, el autocontrol disciplinado, o la prudencia y la precaución.

Por consiguiente, a continuación me centraré en las vías —las fortalezas de carácter— mediante las cuales llegamos a las virtudes.

# 9

# Sus fortalezas personales

Este capítulo le permitirá identificar sus fortalezas personales. Los capítulos siguientes tratan sobre cómo desarrollarlas y emplearlas en los principales ámbitos de la vida.

## CAPACIDAD Y FORTALEZA

Las fortalezas, como la integridad, el valor, la originalidad y la amabilidad, no son lo mismo que la capacidad, como el buen oído, la belleza facial o correr a la velocidad del rayo. Capacidades y fortalezas pertenecen al ámbito de la Psicología Positiva, y si bien comparten muchas similitudes, una de las diferencias clave es que las fortalezas son rasgos morales, mientras que las capacidades no lo son. Además, aunque la línea divisoria sea borrosa, los talentos no son tan fácilmente adquiribles como las fortalezas. Es cierto que se puede rebajar el tiempo en una carrera de cien metros elevando más el trasero en la posición de salida, mejorar el aspecto mediante un maquillaje favorecedor, o aprender a reconocer más a menudo un tono correcto por el hecho de escuchar mucha música clásica. Sin embargo, considero que no son más que pequeñas mejoras de una capacidad preexistente.

Por el contrario, el valor, la originalidad, la justicia y la amabilidad pueden forjarse incluso a partir de unos cimientos frágiles, y considero que con la suficiente práctica, perseverancia, buena educación y dedicación, pueden echar raíces y florecer. Las capacidades son más innatas. En términos generales, o se tiene un determinado talento o no se tiene; si uno no nace con un buen oído o con los pulmones de un corredor de largas distancias, existen, por desgracia, límites estrictos respecto a la posibilidad de adquirirlos y en qué medida. Los aspectos que se alcanzan no son más que una versión artificial de la capacidad. No ocurre lo mismo con el amor por el conocimiento, la prudencia, la humildad o el optimismo. Cuando se adquieren tales fortalezas, éstas parecen ser auténticas.

Las capacidades, a diferencia de las fortalezas, son relativamente automáticas —se sabe que es un *do* sostenido—, mientras que las fortalezas implican la voluntad (decirle al cajero que le ha cobrado 50 dólares menos exige un acto de voluntad). La capacidad conlleva ciertas elecciones, pero sólo relativas a dónde hacer uso de la misma y si perfeccionarla, pero es imposible elegir poseerla. Por ejemplo, la frase «Jill era una persona muy lista, pero desperdició su inteligencia» tiene sentido porque Jill mostró un fallo de voluntad. No había escogido poseer un CI elevado, pero lo desaprovechó errando en sus elecciones sobre si desarrollar o no su capacidad y con respecto a cuándo y dónde demostrar su inteligencia. Sin embargo, la expresión «Jill era una persona muy amable, pero desperdició su amabilidad», no tiene demasiado sentido. No se puede malgastar una fortaleza, pues ésta implica elegir en qué momento utilizarla y seguir desarrollándola o no, pero también —y en primer lugar— escoger adquirirla. Prácticamente cualquier persona normal puede obtener, con el tiempo, esfuerzo y determinación suficientes, las fortalezas que trataré a continuación.

No obstante, las capacidades no pueden adquirirse por medio de la voluntad. De hecho, con la voluntad ocurrió lo mismo que con el carácter. La psicología científica abandonó ambos conceptos más o menos en la misma época y por motivos similares. Sin embargo, los conceptos de voluntad y de responsabilidad personal son igual de fundamentales para la Psicología Positiva que el concepto de buen carácter.

¿Por qué nos sentimos tan bien con nosotros mismos cuando le decimos al cajero que nos ha devuelto 50 dólares de más? No es que de repente admiremos algún rasgo innato de honestidad, sino que nos sentimos orgullosos por haber obrado correctamente, por *escoger* un comportamiento más difícil que embolsarnos el dinero y no decir nada. Si no nos hubiera costado ningún esfuerzo, no nos habríamos sentido tan bien. De hecho, si hemos entablado una lucha interna («Total, es una gran cadena de supermercados... ummm, pero a lo mejor le descuentan los 50 dólares al empleado al final de la jornada»), nos sentimos incluso mejor con nosotros mismos. Hay diferencia entre la emoción que experimentamos cuando vemos a Michael Jordan anotando un mate sin esfuerzo ante un contrincante inferior y la que sentimos cuando lo vemos anotar 38 puntos a pesar de estar con gripe y 39 de fiebre.[1] El hecho de presenciar virtuosismo sin esfuerzo provoca emoción, adoración, admiración y sobrecogimiento. Pero dado que no existe la posibilidad de emulación, no causa inspiración ni elevación como sucede cuando se supera un enorme obstáculo.

En pocas palabras, nos sentimos elevados e inspirados cuando el ejercicio de la voluntad culmina en una acción virtuosa.[2] Vale la pena observar también que, con respecto a la virtud, por muchos trabajos universitarios que hayamos realizado en el marco de las ciencias sociales, no menospreciamos el mérito invocando el argumento ambientalista de los teólogos del siglo XIX. No nos decimos: «No me merezco el mérito por mi honestidad, porque me criaron en un buen hogar y mis padres eran buenos, 50 dólares no van a cambiar mi vida, y además tengo trabajo fijo.» En lo más profundo de nuestro ser, consideramos que procede del buen carácter sumado al ejercicio de la capacidad de elección. Incluso si nos sentimos inclinados a excusar al delincuente debido a las circunstancias de su educación, no nos sentimos ni mucho menos inclinados a restarle mérito a Jordan porque tuvo al mejor mentor, ha sido bendecido con talento, o es rico y famoso. Debido a la importancia suprema de la elección en la expresión de la virtud, consideramos que las alabanzas y el mérito son merecidos. La virtud, según la mentalidad moderna, depende esencialmente de la voluntad y la capacidad de elección, mientras que el lado sombrío de la vida procede de circunstancias externas.

Las intervenciones en Psicología Positiva difieren de las de la psicología convencional precisamente por este motivo. La psicología se centra en reparar daños y en pasar de «menos seis» a «menos dos». Las intervenciones que logran reducir los trastornos personales suelen ser opresivas, y el equilibrio entre el ejercicio de la voluntad y las fuerzas externas se decanta hacia estas últimas. El efecto de la medicación no depende en absoluto de la voluntad; «no se necesita disciplina» es uno de las principales argumentos utilizados para justificar el uso de fármacos. Las psicoterapias que actúan sobre los trastornos suelen describirse, con acierto, como «modelado» o «manipulación». Cuando el terapeuta es activo y el consultante paciente y pasivo, procedimientos como encerrar a un claustrofóbico en un armario durante tres horas, reforzar a un niño autista mediante la ausencia de descargas eléctricas como premio por dar abrazos y reunir pruebas contra los pensamientos catastrofistas en un depresivo son estrategias que dan relativamente buenos resultados. Por el contrario, las terapias como el psicoanálisis, donde el terapeuta es pasivo —habla en contadas ocasiones y nunca actúa— y el paciente es activo, no cuentan con un gran historial de haber aliviado trastornos mentales.

Sin embargo, cuando en nuestra vida deseamos pasar del «más tres» al «más ocho», el ejercicio de la voluntad es más importante que recolocar accesorios externos. Desarrollar las fortalezas y virtudes y emplearlas en la vida diaria es más bien una cuestión de tomar decisiones. Fomentarlas no tiene nada que ver con aprender, formarse o estar condicionado, sino que guarda relación con el descubrimiento, la creatividad y la posesión de determinadas características. Mi «intervención» positiva favorita sólo consiste en pedirle que responda al cuestionario que hay más abajo y que luego piense cuáles de las fortalezas enumeradas son las que usted posee y cómo podría emplearlas todos los días. Por sorprendente que parezca, su propio ingenio y el deseo de llevar una buena vida pasan a tomar el mando, incluso aunque yo me mantenga al margen.

## LAS VEINTICUATRO FORTALEZAS

En las distintas enumeraciones de las virtudes morales con las que di en mis lecturas, encontré un catálogo más o menos numeroso, puesto que distintos escritores incluían más o menos ideas bajo el mismo nombre.

BENJAMIN FRANKLIN, *The Autobiography*

Ser una persona virtuosa es mostrar, mediante actos voluntarios, todas o al menos la mayoría de las seis virtudes ubicuas: sabiduría, valor, humanidad, justicia, templanza y trascendencia.[3] Hay distintos caminos para llegar a cada una de ellas. Por ejemplo, es posible poner de manifiesto la virtud de la justicia mediante actos de buena ciudadanía, imparcialidad, lealtad y trabajo en equipo, o liderazgo. Considero que estas vías son las *fortalezas*, y que, a diferencia de las virtudes abstractas, cada una de las fortalezas es mensurable y adquirible. A continuación abordaré, brevemente, aquellas fortalezas que son comunes a distintas culturas. A partir de este análisis y mediante la encuesta que le sigue, podrá decidir cuáles de estas 24 fortalezas son más características de su persona.

Algunos de los criterios que permiten saber cuándo una característica es una fortaleza son los siguientes. En primer lugar, una fortaleza es un *rasgo*, una característica psicológica que se presenta en situaciones distintas y a lo largo del tiempo. Una única actitud amable no indica que la humanidad sea una virtud subyacente.

En segundo lugar, una fortaleza es valorada *por derecho propio*. A menudo, sus consecuencias son positivas. El liderazgo bien ejercido, por ejemplo, suele proporcionar prestigio, ascensos y aumentos de sueldo. Aunque las fortalezas y virtudes proporcionan tales resultados deseables, debemos valorar la fortaleza por sí misma, incluso cuando no existen beneficios obvios. Recuerde que aquellas gratificaciones se acometen porque sí, no porque además puedan ser fuente de emociones positivas. De hecho, Aristóteles argumentó que las acciones emprendidas por motivaciones externas no son virtuosas, precisamente porque son forzadas.

Las fortalezas también pueden vislumbrarse en las expectativas que los padres tienen respecto a su hijo recién nacido («Quiero que mi hijo sea cariñoso, valeroso y prudente»). La mayoría de los padres no dicen que desean que sus hijos eviten la psicopatología, al igual que no dirían que quieren que su hijo ocupe un cargo directivo intermedio. Un padre puede desear que su hijo se case con una persona millonaria, pero probablemente pasaría a explicar qué puertas abriría el hacerlo. En cambio, las fortalezas son condiciones que deseamos sin más justificaciones.

La demostración de una fortaleza por parte de alguien no menoscaba a las personas del entorno. De hecho, los espectadores suelen sentirse «elevados e inspirados» al presenciar acciones virtuosas. La envidia puede invadir al espectador, pero no los celos. Poner en práctica una fortaleza provoca emociones positivas auténticas en quien realiza la acción: orgullo, satisfacción, júbilo, realización personal o armonía. Por este motivo, las fortalezas y las virtudes suelen realizarse en situaciones de victoria-victoria. Todos podemos ser vencedores cuando actuamos de acuerdo con las fortalezas y virtudes.

La cultura respalda las fortalezas proporcionando instituciones, rituales, modelos de conducta, parábolas, máximas y cuentos infantiles. Las instituciones y los rituales constituyen pruebas que permiten a los niños y adolescentes practicar y desarrollar una característica valorada en un contexto seguro con pautas explícitas. Los comités de estudiantes de instituto tienen por objeto fomentar el civismo y el liderazgo; los equipos de las ligas deportivas infantiles se esfuerzan por desarrollar la labor de equipo, el deber y la lealtad; y las clases de catequesis intentan sentar las bases de la fe. Sin duda, las instituciones pueden errar el camino —piense en los entrenadores de *hockey* que pregonan el «ganar a cualquier precio», o los concursos de belleza para niñas de seis años—, pero tales fallos son claramente obvios y objetos de críticas.

Los *modelos de conducta* de una cultura ilustran de forma convincente las fortalezas o las virtudes. Los modelos pueden ser reales (Mohandas Gandhi y el liderazgo), apócrifos (George Washington y la honestidad) o claramente míticos (Luke Skywalker y la fluidez). Cal Ripken, y Lou Gehrig antes que él, son ejemplos de perseverancia; Helen Keller lo es de amor y aprendizaje; Thomas Edison de creatividad; Florence Nightingale de generosidad; la Madre Teresa de la capacidad de amar; Willie Stargell de liderazgo; Jackie Robinson de autocontrol; y Aung San de integridad.

Algunas fortalezas están representadas por «prodigios», jóvenes que las muestran a temprana edad y de forma notoria. Cuando impartí mi último seminario sobre Psicología Positiva en la Universidad de Pensilvania, pedí a los estudiantes que se presentaran, no con el tan trillado «soy un estudiante de tercer año con una doble especialidad en economía y psicología», sino relatando una historia sobre ellos mismos que pusiera de manifiesto una fortaleza. (Estas presentaciones suponen un contraste cálido y refrescante a mi seminario sobre psicología clínica, en la que los alumnos suelen presentarse agasajándonos con historias de sus traumas infantiles.) Sarah, una alegre estudiante de último curso, nos contó que cuando tenía unos diez años se había dado cuenta de que su padre trabajaba mucho y que entre sus progenitores se había interpuesto cierta frialdad. Le preocupaba que pudieran divorciarse. Sin contárselo a sus padres, fue a la biblioteca local y leyó libros sobre terapia de pareja, lo cual es sorprendente, pero lo que de verdad nos sorprendió fue el resto de la historia. El hecho es que a la hora de la cena convirtió las conversaciones familiares en intervenciones deliberadas, alentando a sus padres a salvar sus diferencias, a discutir equitativamente, a expresar sus gustos y desagrados recíprocos en términos conductistas, etcétera. A los diez años era un prodigio de la fortaleza de carácter llamada inteligencia social. (Sus padres siguen casados.)

A la inversa, existen «idiotas» (del griego, «no socializados») con respecto a determinadas fortalezas y los archivos de los Premios Darwin *(www.darwinawards.com)* son una galería de famosos de este tipo de individuos. A diferencia de Rachel Carson —cuya obra *Primavera silenciosa* la inmortaliza como un ejemplo de prudencia—, el sujeto del siguiente ejemplo es un idiota de la prudencia:

Un hombre de Houston recibió una lección concisa de seguridad sobre armas de fuego cuando jugó a la ruleta rusa con una pistola semiautomática del calibre 45. Rashaad, de 19 años, había ido a visitar a unos amigos cuando anunció su intención de participar en el peligroso juego. Al parecer no se dio cuenta de que una pistola semiautomática, a diferencia de un revólver, inserta de forma automática un cartucho en la recámara cuando la pistola está amartillada. Sus posibilidades de ganar una ronda de ruleta rusa eran nulas, tal como descubrió rápidamente.[4]

Puesto que los niños crecen rodeados de gran cantidad de modelos de conducta positivos, la pregunta fundamental es cuándo y por qué aprenden lecciones negativas en lugar de positivas. ¿Qué hace que algunos jóvenes se fijen en Eminem, Donald Trump o luchadores profesionales como modelos de conducta?

Nuestro criterio final para identificar las fortalezas que se presentan más adelante consiste en atender a la ubicuidad de las mismas, es decir, que se valoran en casi todas las culturas del mundo. Es cierto que las excepciones son muy pocas; al parecer los ik no valoran la amabilidad.[5] De ahí que digamos que estas fortalezas son ubicuas en vez de universales, y es importante que los ejemplos de veto antropológico («Bueno, los ik no la tienen») sean escasos y flagrantes. Esto significa que unas cuantas fortalezas que se valoran en el mundo occidental contemporáneo no se hallan en nuestra lista: la belleza física, la competitividad, la autoestima, la fama, la originalidad, etcétera. Sin duda estas fortalezas son dignas de estudio, pero no constituyen mi prioridad inmediata. La razón por la que sigo este criterio es que quiero que mi concepto de buena vida sirva del mismo modo a un japonés, un iraní y un norteamericano.[6]

### ¿Cuáles son sus mejores fortalezas personales?*

Antes de describir cada una de las veinticuatro fortalezas, aquellos que comprendan el inglés y dispongan de acceso a Internet pueden visitar mi sitio web *(www.authentichappiness.org)* y cumplimentar el test de Fortalezas Características de la Felicidad Verdadera, ejercicio de veinticinco minutos de duración que ordena sus fortalezas de mayor a menor y compara sus respuestas con las de miles de personas. Inmediatamente después de realizarlo, obtendrá información detallada sobre sus fortalezas, junto con comparaciones con otras personas de su sexo, raza, edad, nivel de estudios y profesión.

En caso de que esa alternativa no sea viable, podrá valorar sus fortalezas en las páginas de este mismo capítulo. Mis descripciones serán sencillas y breves, lo suficiente para que reconozca la fortaleza; si desea profundizar más, las notas finales le indicarán referencias bibliográficas más concretas. Al final de cada descripción de las veinticuatro fortalezas, encontrará una escala de autovaloración para cumplimentar. Está formada por dos de las preguntas más esclarecedoras del cuestionario de la web, que es más completo. Sus respuestas ordenarán las fortalezas de forma similar a la del sitio web.

### Sabiduría y conocimiento

El primer conjunto de virtudes corresponde a la sabiduría. He dispuesto las seis vías para poner en evidencia la sabiduría y su antecedente necesario, el conocimiento, desde la más básica desde el punto de vista evolutivo (curiosidad) a la más compleja (perspectiva).

* Adaptado de la Clasificación de Fortalezas y Virtudes de Valores en Acción (VIA), desarrollado bajo la dirección de Christopher Peterson y Martin Seligman. Subvencionada por la Manuel D. and Rhoda Mayerson Foundation. Los derechos de esta adaptación, así como la versión del sitio web pertenecen a la VIA.

# 1. CURIOSIDAD/INTERÉS POR EL MUNDO

La curiosidad por el mundo conlleva apertura a distintas experiencias y flexibilidad ante temas que no encajan con nuestras propias ideas previas. Las personas curiosas no se limitan a tolerar la ambigüedad, sino que ésta les gusta y los intriga. La curiosidad puede ser concreta —por ejemplo, sólo por las rosas— o global, cuando se posee una mentalidad abierta a todo. La curiosidad implica participar de las novedades de forma activa, por lo que recibir información de forma pasiva —como pasar el día viendo la tele y haciendo *zapping*— no es una muestra de esta fortaleza.[7] El extremo opuesto de la dimensión de la curiosidad es aburrirse con facilidad.

Podrá medir su nivel de curiosidad respondiendo a los dos ítems siguientes:

a) La afirmación «Siempre siento curiosidad por el mundo» es:

| | |
|---|---|
| Muy propia de mí | 5 |
| Propia de mí | 4 |
| Neutra | 3 |
| Poco propia de mí | 2 |
| Impropia de mí | 1 |

b) «Me aburro con facilidad» es:

| | |
|---|---|
| Muy propia de mí | 1 |
| Propia de mí | 2 |
| Neutra | 3 |
| Poco propia de mí | 4 |
| Impropia de mí | 5 |

Sume el total de estas dos preguntas y anótelo aquí. _____

Es su puntuación relativa a la curiosidad.

## 2. AMOR POR EL CONOCIMIENTO

Le encanta aprender cosas nuevas, ya sea asistiendo a clase o por sí mismo. Siempre le ha gustado estudiar, leer, visitar museos, y considera que en cualquier lugar existen oportunidades de aprender. ¿Hay ámbitos de conocimiento en los que usted es experto? ¿Las personas de su círculo social o el resto de personas en general valoran su experiencia? ¿Le encanta aumentar sus conocimientos en dichos ámbitos incluso ante la falta de incentivos externos? Por ejemplo, todos los trabajadores de correos son expertos en los códigos postales, pero este conocimiento sólo refleja una aptitud adquirida por un motivo muy concreto.[8]

a) La afirmación «Me emociono cuando aprendo algo nuevo» es:

Muy propia de mí      5
Propia de mí      4
Neutra      3
Poco propia de mí      2
Impropia de mí      1

b) «Nunca me desvío de mi camino para visitar museos u otros lugares educativos» es:

Muy propia de mí      1
Propia de mí      2
Neutra      3
Poco propia de mí      4
Impropia de mí      5

Sume el total de estas dos preguntas y anótelo aquí. _____

Es su puntuación relativa al amor por el conocimiento.

## 3. Juicio/Pensamiento crítico/ Mentalidad abierta

Pensar sobre las cosas con detenimiento y analizarlas desde todos los puntos de vista son aspectos importantes de su personalidad. No se precipita a extraer conclusiones y sólo se basa en pruebas fehacientes para tomar decisiones. Es capaz de cambiar de opinión.

Al hablar de juicio me refiero al ejercicio de analizar la información de forma objetiva y racional en pos del bien propio y del de los demás. En este sentido, el juicio es sinónimo de pensamiento crítico. Representa la orientación realista y es contrario a los errores de lógica que atormentan a tantos depresivos, como el exceso de personalización («Siempre es por mi culpa») y el pensamiento dicotómico (en términos de blanco o negro). Lo contrario de esta fortaleza es pensar de maneras que favorezcan y confirmen las ideas previas. Forma parte significativa del saludable rasgo de no confundir los deseos y necesidades de una persona con la realidad del mundo.[9]

a) La afirmación «Cuando la situación lo exige, soy un pensador altamente racional» es:

| | |
|---|---|
| Muy propia de mí | 5 |
| Propia de mí | 4 |
| Neutra | 3 |
| Poco propia de mí | 2 |
| Impropia de mí | 1 |

b) «Tiendo a emitir juicios precipitados» es:

| | |
|---|---|
| Muy propia de mí | 1 |
| Propia de mí | 2 |
| Neutra | 3 |
| Poco propia de mí | 4 |
| Impropia de mí | 5 |

Sume el total de estas dos preguntas y anótelo aquí. _____

Es su puntuación relativa al juicio.

## 4. INGENIO/ORIGINALIDAD/INTELIGENCIA PRÁCTICA/PERSPICACIA

Cuando se le presenta algo que desea, logra con facilidad encontrar el comportamiento nuevo, pero adecuado, para alcanzar su objetivo. No le satisface realizar tareas de modo convencional. Esta categoría comprende lo que en general se denomina creatividad, pero que no la limito a actividades tradicionales como las bellas artes.[10] Asimismo, esta fortaleza se denomina inteligencia práctica, sentido común o perspicacia.

a) «Me gusta pensar en nuevas formas de hacer las cosas» es:

Muy propio de mí        5
Propio de mí            4
Neutro                  3
Poco propio de mí       2
Impropio de mí          1

b) «La mayoría de mis amigos son más imaginativos que yo» es:

Muy propio de mí        1
Propio de mí            2
Neutro                  3
Poco propio de mí       4
Impropio de mí          5

Sume el total de estas dos preguntas y anótelo aquí. _____

Es su puntuación relativa al ingenio.

## 5. INTELIGENCIA SOCIAL/INTELIGENCIA PERSONAL/INTELIGENCIA EMOCIONAL

La inteligencia social y personal es el conocimiento de uno mismo y de los demás. Uno es consciente de las motivaciones y sentimientos de los demás y sabe responder a ellos. La inteligencia social es la capacidad de observar diferencias en los demás, sobre todo con respecto a su estado de ánimo, temperamento, motivaciones e intenciones, y actuar en consecuencia.[11] Esta fortaleza no debe confundirse con ser meramente introspectivo o reflexivo, o tener mentalidad de psicólogo, sino que se demuestra mediante actos de habilidad social.

La inteligencia personal permite acceder a los sentimientos propios y utilizar dicho conocimiento para comprender y orientar el comportamiento. En conjunto, Daniel Goleman ha denominado a estas fortalezas «inteligencia emocional».[12] Es muy probable que este conjunto de fortalezas sea intrínseco a otras, tales como la bondad y el liderazgo.

Otro aspecto de esta fortaleza es encontrar los «espacios» adecuados para uno mismo, como por ejemplo situarse en entornos que maximicen las habilidades e intereses personales. ¿Ha escogido un trabajo, sus relaciones íntimas y sus actividades de ocio de forma que le permitan utilizar sus mejores habilidades cada día, si es posible? ¿Le pagan por hacer lo que verdaderamente se le da mejor? La Organización Gallup[13] descubrió que los trabajadores más satisfechos eran los que respondían afirmativamente a la pregunta: «¿Su trabajo le permite hacer lo que sabe hacer mejor todos los días?» Basta pensar en Michael Jordan, jugador de béisbol mediocre, que «se encontró a sí mismo» jugando a baloncesto.

a) «Independientemente de la situación social, soy capaz de encajar» es:
   Muy propio de mí                              5

| | |
|---|---|
| Propio de mí | 4 |
| Neutro | 3 |
| Poco propio de mí | 2 |
| Impropio de mí | 1 |

b) «No se me da demasiado bien advertir lo que sienten otras personas» es:

| | |
|---|---|
| Muy propio de mí | 1 |
| Propio de mí | 2 |
| Neutro | 3 |
| Poco propio de mí | 4 |
| Impropio de mí | 5 |

Sume el total de estas dos preguntas y anótelo aquí. \_\_\_\_\_

Es su puntuación relativa a la inteligencia social.

## 6. PERSPECTIVA

Empleo este nombre para describir la fortaleza más desarrollada de esta categoría, la más cercana a la sabiduría. Otras personas recurren a usted para aprovechar su experiencia para que las ayude a solucionar problemas y obtener perspectiva para ellas mismas. Posee una visión del mundo que tiene sentido para otros y para usted mismo. Las personas sabias son las expertas en lo más importante, y complejo: la vida.[14]

a) «Siempre soy capaz de analizar las cosas y verlas en un contexto más amplio» es:

| | |
|---|---|
| Muy propio de mí | 5 |
| Propio de mí | 4 |
| Neutro | 3 |
| Poco propio de mí | 2 |
| Impropio de mí | 1 |

b) «Los demás pocas veces me piden consejo» es:

| | |
|---|---|
| Muy propio de mí | 1 |
| Propio de mí | 2 |
| Neutro | 3 |
| Poco propio de mí | 4 |
| Impropio de mí | 5 |

Sume el total de estas dos preguntas y anótelo aquí. _____

Es su puntuación relativa a la perspectiva.

### *Valor*

Las fortalezas que componen la categoría valor reflejan el ejercicio consciente de la voluntad hacia objetivos encomiables que no se sabe con certeza si serán alcanzados. Para ser considerados valientes, tales actos deben realizarse ante fuertes adversidades. Esta virtud es universalmente admirada, y todas las culturas cuentan con héroes que la ejemplifican. Incluyo la valentía, la perseverancia y la integridad como tres vías ubicuas para alcanzar esta virtud.[15]

## 7. VALOR Y VALENTÍA

No se amilana ante las amenazas, los retos, el dolor o las dificultades. El valor es más que coraje bajo el fuego, cuando la integridad física está amenazada. También hace referencia a situaciones intelectuales o emocionales vistas como desfavorables, difíciles o peligrosas. Con los años, los investigadores han distinguido entre el valor moral y el valor físico o valentía; otra forma de definir el valor es basarse en la presencia o ausencia de temor.

La persona valerosa es capaz de separar los elementos emocionales y conductuales del temor, resistirse a la respuesta conductista de huida y enfrentarse a la situación que produce temor, a pesar de la molestia producida por reacciones subjetivas y físicas. La intrepidez, la audacia, la impetuosidad no significan valentía; enfrentarse al peligro a pesar del temor, sí.[16]

La noción de valor se ha ampliado a lo largo de la historia, desde el valor demostrado en el campo de batalla, o la valentía física. El valor moral es adoptar posturas que uno sabe que no serán bien acogidas y que probablemente provoquen efectos adversos. El hecho de que la negra Rosa Parks se sentara en el asiento delantero en un autobús de Alabama en la década de los cincuenta es un ejemplo. Denunciar prácticas corruptas dentro de la propia empresa u organización es otro. El valor psicológico incluye la postura estoica e incluso alegre necesaria para enfrentarse a experiencias duras y a una enfermedad grave sin perder la dignidad.[17]

a) «A menudo defiendo mi postura ante una oposición fuerte» es:

| | |
|---|---|
| Muy propio de mí | 5 |
| Propio de mí | 4 |
| Neutro | 3 |
| Poco propio de mí | 2 |
| Impropio de mí | 1 |

b) «El dolor y el desengaño suelen vencerme» es:

| | |
|---|---|
| Muy propio de mí | 1 |
| Propio de mí | 2 |
| Neutro | 3 |
| Poco propio de mí | 4 |
| Impropio de mí | 5 |

Sume el total de estas dos preguntas y anótelo aquí. _____

Es su puntuación relativa al valor.

## 8. PERSEVERANCIA/LABORIOSIDAD/DILIGENCIA

Comienza lo que acaba. La persona laboriosa asume proyectos difíciles y los termina; cumple con su cometido con buen humor y con las mínimas quejas. Hace lo que dice que hará e incluso más, nunca menos. Al mismo tiempo, la perseverancia no implica la búsqueda obsesiva de objetivos inalcanzables. La persona realmente laboriosa es flexible, realista y no perfeccionista. La ambición tiene significados tanto positivos como negativos, pero sus aspectos deseables pertenecen a la categoría de fortaleza.

a) «Siempre acabo lo que empiezo» es:

| | |
|---|---|
| Muy propio de mí | 5 |
| Propio de mí | 4 |
| Neutro | 3 |
| Poco propio de mí | 2 |
| Impropio de mí | 1 |

b) «Me distraigo mientras trabajo» es:

| | |
|---|---|
| Muy propio de mí | 1 |
| Propio de mí | 2 |
| Neutro | 3 |
| Poco propio de mí | 4 |
| Impropio de mí | 5 |

Sume el total de estas dos preguntas y anótelo aquí. _____

Es su puntuación relativa a la perseverancia.

## 9. INTEGRIDAD/AUTENTICIDAD/HONESTIDAD

Es una persona honesta, no sólo porque dice la verdad, sino porque vive su vida de forma genuina y auténtica. Tiene los pies en el suelo y no es pretencioso, es una persona «auténtica». Al mencionar la integridad y la autenticidad hago referencia a algo más que decir la verdad.

Me refiero a presentarse —con respecto a intenciones y compromisos— ante los demás y ante uno mismo de forma sincera, ya sea mediante palabras u actos. «Sé fiel a ti mismo, y no podrás ser falso con ningún hombre.»[18]

a) «Siempre mantengo mis promesas» es:
Muy propio de mí      5
Propio de mí      4
Neutro      3
Poco propio de mí      2
Impropio de mí      1

b) «Mis amigos nunca me dicen que soy realista» es:
Muy propio de mí      1
Propio de mí      2
Neutro      3
Poco propio de mí      4
Impropio de mí      5

Sume el total de estas dos preguntas y anótelo aquí. _____

Es su puntuación relativa a la integridad.

### Humanidad y amor

Las fortalezas de este apartado se ponen de manifiesto en la interacción social positiva con otras personas: amigos, conocidos, parientes y también desconocidos.

## 10. BONDAD Y GENEROSIDAD

Es bondadoso y generoso con los demás y nunca está demasiado ocupado para hacer un favor. Disfruta realizando buenas obras en beneficio de los demás, incluso aunque no los conozca bien. ¿Con qué frecuencia se toma los intereses de otro ser humano tan seriamente como los suyos?

Todos los rasgos de esta categoría parten del principio

de conceder valor a otra persona. La categoría bondad engloba distintas formas de relacionarse, guiadas por el beneficio de otro a tal punto de que se anulan nuestros propios deseos y necesidades inmediatas.[19] ¿Se responsabiliza de otras personas, parientes, amigos, compañeros de trabajo o incluso desconocidos? La empatía y la compasión son elementos útiles de esta fortaleza. Shelly Taylor, que describe la respuesta ante la adversidad característica de los hombres como «lucha y huida», define la respuesta femenina más habitual como «cuidar y fraternizar».[20]

a) «El mes pasado ayudé voluntariamente a un vecino» es:

Muy propio de mí        5
Propio de mí            4
Neutro                  3
Poco propio de mí       2
Impropio de mí          1

b) «Raras veces me emociona tanto la buena suerte de los demás como la mía propia» es:

Muy propio de mí        1
Propio de mí            2
Neutro                  3
Poco propio de mí       4
Impropio de mí          5

Sume el total de estas dos preguntas y anótelo aquí. _____

Es su puntuación relativa a la bondad.

## 11. AMAR Y DEJARSE AMAR

Valora las relaciones íntimas y profundas con los demás. ¿Las personas por las que siente emociones intensas y continuas experimentan lo mismo por usted? Si es así, esta fortaleza es prueba de ello. La fortaleza es más que la noción occidental de romanticismo; de hecho, es fascinante comprobar que los matrimonios concertados de las culturas tradicionales funcionan mejor que los matrimonios románticos de Occidente. También reniego del enfoque «cuanto más mejor» respecto a las relaciones íntimas. No tener ninguna es negativo, pero después de una los beneficios que se obtienen con las relaciones siguientes se reducen cada vez más rápido.

Es más habitual, sobre todo en los hombres, ser capaz de amar que dejarse amar, por lo menos en nuestra cultura. George Vaillant, en el ya mencionado estudio de las vidas de los hombres de las promociones de Harvard entre 1939 y 1944, que ha durado seis décadas, encontró un doloroso ejemplo de ello en su última ronda de entrevistas. Un médico jubilado hizo pasar a George a su estudio para enseñarle una colección de cartas de agradecimiento que los pacientes le habían enviado hacía cinco años con motivo de su jubilación. «Sabes qué, George —le dijo mientras las lágrimas le surcaban las mejillas—, no las he leído.» Este hombre amó a los demás toda su vida, pero no mostró capacidad de recibir amor.

a) «Hay personas en mi vida que se preocupan tanto por mis sentimientos y bienestar como por los suyos propios» es:

| | |
|---|---|
| Muy propio de mí | 5 |
| Propio de mí | 4 |
| Neutro | 3 |
| Poco propio de mí | 2 |
| Impropio de mí | 1 |

b) «Me cuesta aceptar el amor de los demás» es:

| | |
|---|---|
| Muy propio de mí | 1 |
| Propio de mí | 2 |
| Neutro | 3 |

Poco propio de mí          4
Impropio de mí             5

Sume el total de estas dos preguntas y anótelo aquí. _____

Es su puntuación relativa a la capacidad de amar y dejarse amar.

## *Justicia*
Estas fortalezas se manifiestan en las actividades cívicas. Van más allá de las interacciones individuales y se refieren a la relación de una persona con grupos más amplios, como la familia, la comunidad, la nación y el mundo.

## 12. CIVISMO/DEBER/TRABAJO EN EQUIPO/ LEALTAD
Destaca como miembro de un grupo. Es un compañero de equipo leal y dedicado, siempre cumple con su parte y trabaja duro por el éxito del conjunto. Este cúmulo de fortalezas reflejan su capacidad de integración a situaciones grupales. ¿Colabora siempre? ¿Valora los objetivos y propósitos del grupo, incluso cuando difieren de los suyos? ¿Respeta a quienes ocupan cargos directivos de forma legítima, como profesores y entrenadores? ¿Fusiona su identidad con la del grupo? Esta fortaleza no implica obediencia ciega y automática, pero no quiero omitir el respeto a la autoridad, una fortaleza pasada de moda que a muchos padres les gustaría ver en sus hijos.

a) «Doy lo mejor de mí en el trabajo en grupo» es:
Muy propio de mí          5
Propio de mí              4
Neutro                    3
Poco propio de mí         2
Impropio de mí            1

b) «Me cuesta sacrificár mis propios intereses en beneficio de los grupos a los que pertenezco» es:

| | |
|---|---|
| Muy propio de mí | 1 |
| Propio de mí | 2 |
| Neutro | 3 |
| Poco propio de mí | 4 |
| Impropio de mí | 5 |

Sume el total de estas dos preguntas y anótelo aquí. _____

Es su puntuación relativa al civismo.

## 13. IMPARCIALIDAD Y EQUIDAD

No permite que sus sentimientos personales sesguen sus decisiones sobre otras personas. Le da una oportunidad a todo el mundo. ¿Se guía en sus actos cotidianos por principios morales más amplios? ¿Se toma el bienestar de otros, incluso de quienes no conoce personalmente, tan en serio como el suyo? ¿Considera que casós similares deben tratarse de modo análogo? ¿Le resulta fácil dejar de lado los prejuicios personales?[21]

a) «Trato a las personas con igualdad independientemente de quiénes sean» es:

| | |
|---|---|
| Muy propio de mí | 5 |
| Propio de mí | 4 |
| Neutro | 3 |
| Poco propio de mí | 2 |
| Impropio de mí | 1 |

b) «Si alguien no me cae bien me cuesta tratarlo con justicia» es:

| | |
|---|---|
| Muy propio de mí | 1 |
| Propio de mí | 2 |
| Neutro | 3 |

Poco propio de mí        4
Impropio de mí          5

Sume el total de estas dos preguntas y anótelo aquí. _____

Es su puntuación relativa a imparcialidad.

## 14. LIDERAZGO

Se le da bien organizar actividades y asegurarse de que se llevan a cabo. El líder debe ser antes que nada un dirigente efectivo, que se encarga de que el trabajo de grupo se realice al tiempo que se mantienen las buenas relaciones entre sus miembros.

Además, el líder efectivo es humano en el trato de relaciones intergrupales «sin malas intenciones hacia ninguno y caridad para con todos; con firmeza para lo correcto». Por ejemplo, un líder nacional perdona a sus enemigos y los incorpora al amplio círculo de sus seguidores. (Basta pensar en Nelson Mandela en comparación con Slobodan Milosevic.)

Esta persona se libera del peso de la historia, reconoce la responsabilidad de sus errores y es pacífica. Los aspectos que caracterizan a un líder son comunes a comandantes militares, directores ejecutivos, dirigentes sindicales, jefes de policía, rectores e incluso presidentes de consejo escolar.

a) «Siempre consigo que las personas cumplan su cometido sin insistir en exceso» es:
   Muy propio de mí        5
   Propio de mí           4
   Neutro                 3
   Poco propio de mí      2
   Impropio de mí         1

b) «No se me da demasiado bien organizar actividades de grupo» es:

Muy propio de mí            1
Propio de mí                2
Neutro                      3
Poco propio de mí           4
Impropio de mí              5

Sume el total de estas dos preguntas y anótelo
aquí. _____

Es su puntuación relativa al liderazgo.

### Templanza

Como virtud principal de esta categoría, la templanza hace referencia a la expresión apropiada y moderada
de los apetitos y necesidades. La persona mesurada no
reprime sus aspiraciones, pero espera la oportunidad de
satisfacerlas de forma que no perjudique a nadie.

## 15. AUTOCONTROL

Le cuesta poco contener sus deseos, necesidades e
impulsos cuando la situación lo requiere. No basta con
saber qué es lo correcto, también debe ser capaz de poner
en práctica ese conocimiento. Cuando ocurre algo negativo, ¿es capaz de regular sus emociones? ¿Puede neutra-
lizar sus sentimientos negativos por sí mismo? ¿Es capaz
de estar de buen humor incluso en situaciones delicadas?[22]

a) «Controlo mis emociones» es:

Muy propio de mí            5
Propio de mí                4
Neutro                      3
Poco propio de mí           2
Impropio de mí              1

b) «Me cuesta mucho hacer régimen» es:
   Muy propio de mí        1
   Propio de mí            2
   Neutro                  3
   Poco propio de mí       4
   Impropio de mí          5

Sume el total de estas dos preguntas y anótelo aquí. _____

Es su puntuación relativa al autocontrol.

## 16. PRUDENCIA/DISCRECIÓN/CAUTELA

Es una persona cuidadosa. No dice ni hace nada de lo que luego podría arrepentirse. La prudencia constituye la mejor estrategia mientras las cartas no están echadas y se emprende una acción. Las personas prudentes tienen visión de futuro y son dialogantes. No les cuesta resistirse a los impulsos sobre objetivos a corto plazo en pos del éxito a más largo plazo.[23] Sobre todo en un mundo peligroso, la cautela es una fortaleza que los padres desean en sus hijos. Es típica la recomendación «Ten cuidado» ante cualquier actividad que éstos decidan emprender.

a) «Evito actividades que resulten físicamente peligrosas» es:
   Muy propio de mí        5
   Propio de mí            4
   Neutro                  3
   Poco propio de mí       2
   Impropio de mí          1

b) «A veces me equivoco al elegir amistades y relaciones» es:
   Muy propio de mí        1

|                   |   |
|-------------------|---|
| Propio de mí      | 2 |
| Neutro            | 3 |
| Poco propio de mí | 4 |
| Impropio de mí    | 5 |

Sume el total de estas dos preguntas y anótelo aquí. _____

Es su puntuación relativa a prudencia.

## 17. HUMILDAD Y MODESTIA

No intenta ser el centro de atención; prefiere que sean sus logros los que hablen por usted. No se considera especial y los demás reconocen y valoran su modestia. Es una persona sencilla. Las personas humildes consideran que sus aspiraciones, éxitos y derrotas personales carecen de excesiva importancia. En un contexto situacional más amplio, lo que usted ha conseguido o sufrido no cuenta demasiado. La modestia que se deriva de tal convicción no es sólo una evidencia, sino una ventana abierta hacia su interior.

a) «Cambio de tema cuando la gente me halaga» es:

|                   |   |
|-------------------|---|
| Muy propio de mí  | 5 |
| Propio de mí      | 4 |
| Neutro            | 3 |
| Poco propio de mí | 2 |
| Impropio de mí    | 1 |

b) «Suelo hablar de mis logros» es:

|                   |   |
|-------------------|---|
| Muy propio de mí  | 1 |
| Propio de mí      | 2 |
| Neutro            | 3 |
| Poco propio de mí | 4 |
| Impropio de mí    | 5 |

Sume el total de estas dos preguntas y anótelo aquí. _____

Es su puntuación relativa a la humildad.

### Trascendencia

Para referirme al último conjunto de fortalezas utilizo el término «trascendencia». No ha gozado de popularidad a lo largo de la historia, y se suele hablar de «espiritualidad». Pero mi propósito era evitar confusiones entre una de las fortalezas específicas, la espiritualidad, y las fortalezas no religiosas de este grupo, como el entusiasmo y la gratitud. Al hablar de trascendencia me refiero a las fortalezas emocionales que van más allá de la persona y nos conectan con algo más elevado, amplio y permanente: con otras personas, con el futuro, la evolución, lo divino o el universo.

### 18. DISFRUTE DE LA BELLEZA Y LA EXCELENCIA

Se detiene a oler las rosas. Aprecia la belleza, la excelencia y la habilidad en todos los ámbitos: en la naturaleza y el arte, las matemáticas y la ciencia, y las cosas cotidianas. Cuando es intensa, se acompaña de sobrecogimiento y asombro. Ser testigo de virtuosismo en los deportes o en los actos de belleza o virtud moral humana provoca una emoción similar a la elevación.[24]

a) «El mes pasado, me he emocionado por la excelencia en música, arte, teatro, deporte, ciencia o matemáticas» es:

| | |
|---|---|
| Muy propio de mí | 5 |
| Propio de mí | 4 |
| Neutro | 3 |
| Poco propio de mí | 2 |
| Impropio de mí | 1 |

b) «No he creado nada bello el año pasado» es:

| | |
|---|---|
| Muy propio de mí | 1 |
| Propio de mí | 2 |
| Neutro | 3 |
| Poco propio de mí | 4 |
| Impropio de mí | 5 |

Sume el total de estas dos preguntas y anótelo aquí. _____

Es su puntuación relativa al disfrute de la belleza.

## 19. GRATITUD

Es consciente de las cosas buenas que le suceden y nunca las da por supuestas. Siempre se toma tiempo para expresar su agradecimiento.

La gratitud es apreciar la excelencia de otra persona con respecto al carácter moral. Como emoción, es una sensación de asombro, de agradecimiento, de apreciación de la vida misma. Estamos agradecidos cuando las personas nos hacen bien, pero también podemos mostrarnos agradecidos de forma más general por las buenas obras y las buenas personas («Qué maravillosa es la vida porque tú existes»).[25] La gratitud también puede dirigirse hacia elementos impersonales y no humanos —Dios, la naturaleza, los animales— pero no puede orientarse hacia uno mismo. En caso de duda, recuerde que la palabra procede del latín, *gratia*, que significa «gracia».[26]

a) «Siempre digo gracias, incluso por pequeñas cosas» es:

| | |
|---|---|
| Muy propio de mí | 5 |
| Propio de mí | 4 |
| Neutro | 3 |
| Poco propio de mí | 2 |
| Impropio de mí | 1 |

b) «Raras veces me detengo a dar las gracias» es:

| | |
|---|---|
| Muy propio de mí | 1 |
| Propio de mí | 2 |
| Neutro | 3 |
| Poco propio de mí | 4 |
| Impropio de mí | 5 |

Sume el total de estas dos preguntas y anótelo aquí. _____

Es su puntuación relativa a la gratitud.

## 20. ESPERANZA/OPTIMISMO/PREVISIÓN

Espera lo mejor del futuro y planifica y trabaja para conseguirlo. La esperanza, el optimismo y la previsión son una familia de fortalezas que implican una actitud positiva hacia el futuro. Esperar que se produzcan acontecimientos positivos, sentir que se producirán si uno se esfuerza y planificar el futuro fomentan el buen humor en el presente e impulsan una vida dirigida por objetivos.

a) «Siempre veo el lado bueno de las cosas» es:

| | |
|---|---|
| Muy propio de mí | 5 |
| Propio de mí | 4 |
| Neutro | 3 |
| Poco propio de mí | 2 |
| Impropio de mí | 1 |

b) «Raras veces tengo un plan bien desarrollado de lo que quiero hacer» es:

| | |
|---|---|
| Muy propio de mí | 1 |
| Propio de mí | 2 |
| Neutro | 3 |
| Poco propio de mí | 4 |
| Impropio de mí | 5 |

Sume el total de estas dos preguntas y anótelo aquí. _____

Es su puntuación relativa al optimismo.

## 21. ESPIRITUALIDAD/PROPÓSITO/FE/RELIGIOSIDAD

Posee creencias fuertes y coherentes sobre la razón y significado trascendente del universo. Sabe cuál es su lugar en el orden universal. Sus creencias definen sus actividades y son una fuente de consuelo para usted. ¿Posee una filosofía concreta de la vida, religiosa o no, que sitúa su ser como parte del universo en general? ¿La vida posee para usted un propósito, un significado en virtud de un vínculo con algo más elevado?

a) «Mi vida tiene un propósito fuerte» es:

Muy propio de mí      5
Propio de mí          4
Neutro                3
Poco propio de mí     2
Impropio de mí        1

b) «No siento una vocación en la vida» es:

Muy propio de mí      1
Propio de mí          2
Neutro                3
Poco propio de mí     4
Impropio de mí        5

Sume el total de estas dos preguntas y anótelo aquí. _____

Es su puntuación relativa a la espiritualidad.

## 22. PERDÓN Y CLEMENCIA

Perdona a quienes le han causado un mal. Siempre da una segunda oportunidad a los demás. El principio por el que se guía es la clemencia, no la venganza. El perdón de las ofensas produce una serie de cambios beneficiosos en el interior de una persona. Cuando las personas perdonan, sus motivaciones básicas o inclinaciones a actuar sobre el transgresor se tornan más positivas —benevolentes, amables o generosas— y menos negativas —vengativas o de evitación.

a) «Siempre pienso que lo pasado, pasado está» es:

Muy propio de mí          5
Propio de mí              4
Neutro                    3
Poco propio de mí         2
Impropio de mí            1

b) «Siempre intento desquitarme» es:

Muy propio de mí          1
Propio de mí              2
Neutro                    3
Poco propio de mí         4
Impropio de mí            5

Sume el total de estas dos preguntas y anótelo aquí. _____

Es su puntuación relativa a la capacidad de perdonar.

## 23. PICARDÍA Y SENTIDO DEL HUMOR

Le gusta reír y hacer reír a otras personas. Ve el lado cómico de la vida fácilmente.

Hasta el momento, nuestra lista de fortalezas ha sonado gravemente seria: amabilidad, espiritualidad, valor, ingenio, etcétera. Sin embargo, las dos últimas fortalezas son las más alegres. ¿Es usted bromista? ¿Es usted divertido?

a) «Combino el trabajo con la diversión en la mayor medida posible» es:

| | |
|---|---|
| Muy propio de mí | 5 |
| Propio de mí | 4 |
| Neutro | 3 |
| Poco propio de mí | 2 |
| Impropio de mí | 1 |

b) «Raras veces digo cosas divertidas» es:

| | |
|---|---|
| Muy propio de mí | 1 |
| Propio de mí | 2 |
| Neutro | 3 |
| Poco propio de mí | 4 |
| Impropio de mí | 5 |

Sume el total de estas dos preguntas y anótelo aquí. _____

Es su puntuación relativa al sentido del humor.

## 24. BRÍO/PASIÓN/ENTUSIASMO

Es una persona llena de vida. ¿Se dedica en cuerpo y alma a las actividades en las que participa? ¿Se despierta por la mañana ansioso por empezar el día? ¿La pasión que pone en las actividades resulta contagiosa?

a) «Me implico por completo en todo lo que hago» es:

| | |
|---|---|
| Muy propio de mí | 5 |
| Propio de mí | 4 |
| Neutro | 3 |
| Poco propio de mí | 2 |
| Impropio de mí | 1 |

b) «Muchas veces me siento decaído» es:

| | |
|---|---|
| Muy propio de mí | 1 |
| Propio de mí | 2 |
| Neutro | 3 |
| Poco propio de mí | 4 |
| Impropio de mí | 5 |

Sume el total de estas dos preguntas y anótelo aquí. _____

Es su puntuación relativa al entusiasmo.

## RESUMEN

Al llegar a este punto usted ya habrá sumado su puntuación con relación a cada una de las 24 fortalezas del libro por sí solo. Si no ha utilizado el sitio web, anote la puntuación correspondiente a cada una de las fortalezas que se especifican más abajo y luego clasifíquelas de mayor a menor.

SABIDURÍA Y CONOCIMIENTO
1. Curiosidad _____
2. Amor por el conocimiento _____
3. Juicio _____
4. Ingenio _____
5. Inteligencia social _____
6. Perspectiva _____

VALOR
7. Valentía _____
8. Perseverancia _____
9. Integridad _____

HUMANIDAD Y AMOR
10. Bondad _____
11. Amor _____

JUSTICIA
12. Civismo _____
13. Imparcialidad _____
14. Liderazgo _____

TEMPLANZA
15. Autocontrol _____
16. Prudencia _____
17. Humildad _____

TRASCENDENCIA
18. Disfrute de la belleza _____
19. Gratitud _____
20. Esperanza _____
21. Espiritualidad _____
22. Perdón _____
23. Sentido del humor _____
24. Entusiasmo _____

Lo normal es que haya obtenido cinco o menos valores de 9 o 10, los cuales indican sus fortalezas más representativas, al menos de acuerdo con lo que usted piensa. Rodéelas con un círculo. También registrará varias puntuaciones bajas, entre 4 —o menos— y 6, que señalarán sus debilidades.

En la última parte del libro, cuando aborde la vida laboral, el amor y la educación de los hijos, observará que utilizar dichas fortalezas todos los días en estos ámbitos es el elemento clave para llevar una «buena vida». La historia de Nikki pone de manifiesto que creo en la posibilidad de desarrollar la buena vida en torno al perfeccionamiento y práctica de las fortalezas, a fin de usarlas como barrera contra las debilidades y sus consecuencias.

# LAS FORTALEZAS CARACTERÍSTICAS

Observe sus cinco fortalezas más representativas. La mayoría de ellas le parecerán propias de usted, pero una o dos quizá no le resulten reales. Mis fortalezas, según este test, eran el amor por el conocimiento, la perseverancia, el liderazgo, la originalidad y la espiritualidad. Cuatro de ellas me parecen propias de mí, pero no el liderazgo. Puedo dirigir de forma aceptable si me veo obligado a ello, pero no es una de mis fortalezas características. Cuando la pongo en práctica experimento agotamiento, cuento las horas que faltan para acabar, y me siento encantado cuando termino mi tarea y regreso junto a mi familia.

Considero que cada persona posee varias fortalezas características. Son las fortalezas de carácter que un individuo tiene de forma consciente, celebra y —si puede organizar su vida de forma exitosa— pone en práctica cada día en el trabajo, el amor, la diversión y el cuidado de los hijos. Céntrese en sus principales fortalezas y pregúntese si estas afirmaciones encajan en cada una de ellas.

- Una sensación de propiedad y autenticidad («Es mi verdadero yo»).
- Un sentimiento de emoción al ponerla en práctica, sobre todo al principio.
- Un aprendizaje rápido cuando la fortaleza se pone en práctica por primera vez.
- Aprendizaje continuo de nuevas formas de aplicar la fortaleza.
- Una sensación de ansiedad por encontrar formas de utilizarla.
- Una sensación de inevitabilidad con respecto a la puesta en práctica de la fortaleza («Intenta detenerme»).
- Vigorización en vez de agotamiento mientras se utiliza la fortaleza.

- Creación y búsqueda de proyectos personales que giran en torno a la fortaleza.
- Alegría, emoción, entusiasmo, incluso éxtasis mientras se pone en práctica.

Si una o más de una de las afirmaciones expuestas encajan en sus principales fortalezas, éstas pueden considerarse características. Póngalas en práctica con la mayor frecuencia posible y en el máximo número de situaciones.

Si ninguno de estos criterios son coherentes con una o dos de sus fortalezas, quizás éstas no constituyan aquellas aptitudes que desea materializar en el trabajo, el amor, la diversión y la educación de los hijos. He aquí mi fórmula personal para garantizar la buena vida: utilice sus fortalezas características cada día en los principales ámbitos de su vida para conseguir gratificaciones abundantes y alcanzar la verdadera felicidad.

La última parte del libro se centra en la aplicación de estas fortalezas en el trabajo, el amor y el cuidado de los hijos a fin de llevar una vida significativa.

Tercera parte

En los ámbitos de la vida

# 10

## El trabajo y la satisfacción personal

La vida laboral está experimentando cambios radicales en las naciones más ricas. Por sorprendente que parezca, el dinero está perdiendo poder. Los claros descubrimientos sobre la satisfacción con la vida que se detallan en el capítulo 4 —que una vez conseguido un bienestar mínimo, tener aún más dinero añade poco o nada al bienestar subjetivo— están empezando a tomar relevancia.

Aunque los ingresos reales en Estados Unidos han aumentado en un 16 % en los últimos treinta años, el porcentaje de personas que se consideran «muy felices» ha pasado del 36 al 29 %. «Es cierto que el dinero no da la felicidad», declaró el *New York Times*.[1] ¿Pero qué se ha de hacer cuando los trabajadores leen el *Times* y se dan cuenta de que los aumentos de sueldo, los ascensos y los pagos por horas extraordinarias no incrementan ni un ápice la satisfacción con la vida?[2] ¿Por qué una persona cualificada escogerá un puesto de trabajo en vez de otro? ¿Qué hará que un trabajador sea incondicionalmente fiel a la empresa que lo emplea? ¿Por qué tipo de incentivo un empleado se dedicará en cuerpo y alma a la fabricación de un producto de calidad?

Estamos pasando rápidamente de una economía monetaria a una economía centrada en la satisfacción con la vida. Estas tendencias experimentan altibajos (cuando el trabajo escasea, la satisfacción personal tiene un peso ligeramente menor; cuando abunda, la satisfacción personal es más valorada), pero la tendencia durante las dos últimas décadas se inclina decididamente por la satisfacción personal. En la actualidad, la abogacía es la profesión mejor pagada de Estados Unidos tras superar a la medicina durante la década de los noventa. No obstante, los bufetes de abogados más importantes de Nueva York gastan más en retener a sus empleados que en contratar a otros, ya que los jóvenes abogados, e incluso los socios, están abandonando en masa la abogacía para dedicarse a trabajos que les proporcionen mayor felicidad. La atracción que supone una vida de grandes riquezas al final de varios años de trabajar ochenta extenuantes horas a la semana como humilde abogado ha perdido gran parte de su fuerza. La moneda recién acuñada en este ámbito es la satisfacción vital. Millones de estadounidenses contemplan sus empleos y se preguntan: «¿Mi trabajo tiene que ser tan poco satisfactorio? ¿Qué puedo hacer para remediarlo?» Mi respuesta es que su trabajo puede ser mucho más satisfactorio de lo que es en la actualidad y que, utilizando las fortalezas características con mayor frecuencia, debería poder reorientar su empleo para conseguirlo.

Este capítulo expone la idea de que para incrementar la satisfacción laboral hay que poner en práctica en el trabajo las fortalezas características expuestas en el capítulo anterior, preferiblemente todos los días. Es una realidad aplicable por igual a secretarias, abogados, enfermeras y directores ejecutivos. Reorientar el trabajo para poner en práctica cada día las fortalezas y virtudes no sólo lo hace más agradable, sino que transforma en *vocación* una actividad rutinaria o una carrera sin posibilidad de desarrollo. La vocación genera un empleo más gratificante porque el trabajo se realiza por sí mismo en lugar de hacerlo por los beneficios materiales que conlleva. Estoy seguro de que disfrutar del estado resultante de la fluidez en el empleo pronto superará a la retribución material como primer aspecto motivador del trabajo. Las corporaciones que fomentan dicho estado en sus empleados superarán a las que se centran sólo en la satisfacción económica. Lo que resulta más significativo es que, cuando la vida y la libertad están mínimamente cubiertas, todo indica que se marcha hacia políticas que van más allá de las seguridades elementales y que se toma muy en serio la búsqueda de la felicidad.

Estoy convencido de que el lector se mostrará escéptico. ¿Cómo que el dinero pierde poder en una economía capitalista? ¡Ni en sueños! Voy a recordar otro cambio drástico «imposible» que se extendió en la educación hace cuarenta años. Cuando yo iba al colegio —que por cierto era militar—, y durante muchas generaciones anteriores, la educación se basaba en la humillación. Las orejas de burro, la palmeta y los malas notas eran las armas más poderosas del arsenal de los maestros. Corrieron la misma suerte que el mamut lanudo y el dodo, y de forma sorprendentemente rápida. Desaparecieron porque los educadores encontraron un camino mejor hacia el aprendizaje: recompensar las fortalezas, aconsejar amablemente, profundizar en los temas en lugar de memorizar, favorecer el apego emocional del alumno por el profesor o la asignatura, y la atención individualizada. También existe una vía mejor que el dinero para conseguir aumentar la productividad, y de eso trata el presente capítulo.

—*¡Escalera de color!* —*le grité a Bob al oído mientras me inclinaba sobre él*—. *¡Siete cartas seguidas! ¡De arriba abajo!* —*No se movió. Levanté su musculosa pierna derecha por el tobillo y la dejé caer sobre la cama. No hubo reacción*—. *¡Ya lo puedes ir dejando!* —*le grité. Nada.*

*Había jugado al póquer con Bob Miller todos los martes por la noche durante los últimos veinticinco años. Bob era corredor; cuando se jubiló como profesor de Historia Norteamericana, se tomó un año sabático para correr alrededor del mundo. En una ocasión me contó que antes prefería perder la vista que las piernas. Me sorprendió una* fría y despejada mañana de octubre de hacía dos semanas, cuando se presentó en mi casa con una colección de raquetas de tenis y se las regaló a mis hijos. Aunque ya tenía 81 años, era un fanático del tenis, y el hecho de que se deshiciera de sus raquetas me resultó inquietante, incluso un mal presagio. Octubre era su mes preferido. Corría por los Adirondacks, nunca se perdía una carrera en Gore Mountain, y regresaba religiosamente a Filadelfia cada martes a las siete y media de la tarde en punto y luego se marchaba antes del amanecer hacia las montañas vestidas de hojas doradas y rojizas. En esta ocasión no lo consiguió. Un camión lo atropelló a primera hora de la mañana en Lancaster County, Pensilvania, y en aquel momento yacía inconsciente en el hospital de Coastville. Llevaba tres días en coma.

—¿Nos puede dar su consentimiento para desconectar la máquina que mantiene sus constantes vitales? —me preguntó la neuróloga—. Según su abogado, usted es su mejor amigo, y no hemos conseguido localizar a ningún familiar.

Mientras asumía lentamente la importancia de lo que me acababa de decir, observé con el rabillo del ojo a un hombre con sobrepeso vestido con la bata blanca del hospital. Había apartado la cuña y discretamente había empezado a recolocar los cuadros de las paredes. Observó con actitud crítica un paisaje nevado, lo enderezó, luego dio un paso atrás y volvió a mirarlo, insatisfecho. Lo había observado hacer más o menos lo mismo el día anterior, y me alegró apartar mis pensamientos del tema que me ocupaba y centrar mi atención en aquel enfermero desconocido.

—Entiendo que tenga que pensárselo —dijo la neuróloga antes de marcharse, tras advertir mi mirada vidriosa. Me dejé caer en la única silla que había y contemplé al enfermero, que descolgó el cuadro del paisaje nevado y puso en lugar de éste el calendario que había en la pared posterior. Lo miró con aspecto de desaprobación, lo descolgó y luego tomó una gran bolsa marrón de ultramarinos de la que extrajo una reproducción de los nenúfares de Monet que co-

*locó donde había estado el cuadro con el paisaje nevado y el calendario. Extrajo dos marinas de Winslow Homer, las colocó en la pared situada al pie de la cama de Bob, y por último se dirigió a la del lado derecho de éste. Quitó una fotografía en blanco y negro de San Francisco y la sustituyó por una foto en color rosa del Cuerpo de Paz.*

*—¿Me permite que le pregunte qué está haciendo? —pregunté discretamente.*

*—Mi trabajo. Soy enfermero de esta planta —respondió—. Pero traigo reproducciones y fotos nuevas todas las semanas. Soy responsable del estado de salud de todos estos pacientes. Como el señor Miller no ha despertado desde que lo ingresaron, quiero asegurarme de que cuando despierte vea cosas bonitas a su alrededor.*

Este enfermero del hospital de Coatesville —estaba tan preocupado que no le pregunté su nombre— no dijo que su trabajo fuera vaciar cuñas o limpiar bandejas, sino cuidar de la salud de los pacientes y procurarles objetos que llenaran de belleza aquellos momentos desagradables de la vida. Quizá tuviera un trabajo modesto, pero lo convirtió en una vocación de elevados propósitos.

¿Cómo enmarca una persona el trabajo en el conjunto de su vida? Los especialistas distinguen tres tipos de «orientación laboral»: un trabajo, una carrera y una vocación.[3] Un *trabajo* sirve para cobrar un sueldo a final de mes. No es más que un medio para lograr otros fines —como el ocio o mantener a la familia— y no se espera de él otro tipo de compensación. Cuando se deja de percibir una remuneración, el trabajo es abandonado. Una *carrera* implica una inversión personal más profunda. Determina logros a través de la retribución económica, pero también mediante ascensos, cada uno de los cuales aporta más prestigio y poder, aparte de un aumento de sueldo. Los abogados de los bufetes pasan a ser socios, los ayudantes de profesor se convierten en profesores adjuntos y los mandos intermedios ascienden a la vicepresidencia. Cuando ya no existe la posibilidad de más, cuando se llega a lo más alto, la persona se aliena y empieza a buscar gratificación y un sentido a su carrera en otro sitio.

La *vocación* es un compromiso apasionado con el trabajo por él mismo. Las personas con vocación consideran que su labor contribuye al bien general, a algo que trasciende al individuo, y por ello la connotación religiosa resulta por completo apropiada. El trabajo es satisfactorio por derecho propio, independientemente del dinero y los ascensos. Cuando no se recibe dinero ni ascensos, el trabajo continúa. Tradicionalmente, las vocaciones estaban reservadas a trabajos muy prestigiosos y poco comunes: sacerdotes, jueces del Tribunal Supremo, médicos y científicos. Pero se ha producido un descubrimiento importante en este campo: cualquier trabajo puede convertirse en una vocación y cualquier vocación en un trabajo. «Un médico que considere su empleo como un trabajo y que sólo le interese ganar un buen sueldo no tiene vocación, mientras que un basurero que considera que su trabajo consiste en hacer del mundo un lugar más limpio y saludable podría tener una vocación.»[4]

Los científicos que realizaron este importante descubrimiento son Amy Wrzesniewski, profesora de Empresariales de la Universidad de Nueva York y sus colegas, quienes estudiaron a 28 personas que se dedicaban a la limpieza de hospitales.

El personal de limpieza que considera su empleo una vocación desempeña su trabajo de forma que resulte significativo. Se consideran muy importantes para la curación de los pacientes, distribuyen su trabajo de forma que sea lo más eficaz posible, anticipan las necesidades de los médicos y enfermeras a fin de permitirles pasar más tiempo atendiendo a los enfermos, y añaden tareas a sus obligaciones, como alegrarles el día a los pacientes, tal como hacía el enfermero de Coatesville.

El personal de limpieza del grupo «trabajo» considera que su misión se limita a limpiar habitaciones.[5]

Veamos ahora cómo considera usted su trabajo.

## ENCUESTA SOBRE LA VIDA LABORAL[6]

Lea los tres párrafos siguientes e indique cuánto se parece a A, B o C.

La señora A trabaja principalmente para ganar el dinero suficiente como para no trabajar más. Si gozara de estabilidad económica, no seguiría desempeñando esa tarea y preferiría dedicarse a otra cosa. El trabajo de la señora A es básicamente una necesidad vital, equiparable a respirar o dormir. A menudo desea que el tiempo pase más rápido en su trabajo. Está ansiosa por que lleguen los fines de semana y las vacaciones. Si la señora A volviese a vivir su vida, probablemente no se dedicaría a la misma profesión. No alentaría a sus amigos e hijos a dedicarse a su trabajo. La señora A tiene muchas ganas de jubilarse.

A la señora B le gusta su trabajo en términos generales, pero no espera ocupar el mismo puesto dentro de cinco años. Se propone acceder a un puesto de mayor nivel. Tiene distintos objetivos futuros con respecto a los cargos que le gustaría ocupar. A veces el trabajo le parece una pérdida de tiempo, pero sabe que debe rendir lo suficientemente bien en su puesto actual para ascender. La señora B está ansiosa por recibir un ascenso, que para ella significa el reconocimiento de la labor bien hecha y es una señal de éxito en comparación con sus compañeros de trabajo.

El trabajo de la señora C es uno de los ámbitos más importantes de su vida. Está muy contenta de trabajar en el área que ha escogido. Como lo que hace para ganarse la vida es una parte fundamental de su identidad, es una de las primeras cosas que dice a los demás sobre sí misma. Tiende a llevarse trabajo a casa y también durante las vacaciones. La mayoría de sus amigos son compañeros de trabajo y pertenece a distintas organizaciones y clubes del mismo. La señora C se siente bien con lo que hace porque le encanta. Animaría a sus amigos e hijos a dedicarse a la misma tarea. La señora C se sentiría muy disgustada si se viera obligada a dejar de trabajar y no le entusiasma demasiado la perspectiva de la jubilación.

¿Hasta qué punto se parece a la señora A?
Mucho _____ Bastante _____ Poco _____ Nada _____
¿Hasta qué punto se parece a la señora B?
Mucho _____ Bastante _____ Poco _____ Nada _____
¿Hasta qué punto se parece a la señora C?
Mucho _____ Bastante _____ Poco _____ Nada _____

Ahora puntúe su satisfacción con el trabajo según una escala del 1 al 7, en la que 1 = totalmente insatisfecho, 4 = ni satisfecho ni insatisfecho, y 7 = totalmente satisfecho. _____

*Valoración:* el primer párrafo describe un trabajo, el segundo una carrera y el tercero una vocación. A fin de valorar la relevancia de cada párrafo utilice los siguientes parámetros: mucho = 3, bastante = 2, un poco = 1, y nada = 0.

Si considera su trabajo una vocación, al igual que la señora C del tercer párrafo —con una puntuación de ese caso igual o superior a 2— y si se siente satisfecho con él —con un índice de 5 o más—, mejor para usted. Si no es así, debería orientarse por aquellas personas que han reorientado su trabajo. La misma división que existe entre el personal de limpieza de un hospital se aplica a secretarias, ingenieros, enfermeras, cocineros y peluqueras. La clave no consiste en encontrar el trabajo adecuado, sino en hallar mediante una reorientación un trabajo que le satisfaga. Le daré algunos ejemplos.

## PELUQUERAS/BARBEROS

Cortarle el pelo a otra persona siempre ha sido algo más que una tarea mecánica. Durante las dos últimas décadas, muchas peluqueras de la grandes ciudades de Estados Unidos han reorientado su trabajo a fin de resaltar su naturaleza íntima, interpersonal. La peluquera amplía los «límites» relacionales empezando por hacer revelaciones sobre ella misma. Acto seguido formula preguntas personales a los clientes e ignora a quienes no desean revelar nada. Los clientes desagradables son «despedidos». El trabajo ha sido reorientado en una dirección más agradable, añadiendo el elemento intimidad.[7]

## ENFERMERAS

El sistema hospitalario orientado hacia los beneficios, desarrollado recientemente en Estados Unidos, presiona a las enfermeras para que su trabajo sea rutinario y mecánico. Se trata del anatema de la tradición de la enfermería. Algunas enfermeras han reaccionado creando un foco de cuidados en torno a los pacientes. Estas mujeres prestan mucha atención al mundo del enfermo y cuentan al resto del equipo esos detalles aparentemente nimios. Preguntan a los familiares de los enfermos sobre la vida de éstos, se implican en el proceso de recuperación y lo utilizan para subir la moral de los pacientes.[8]

## COCINEROS

Cada vez hay más cocineros que han pasado de ser manipuladores de alimentos a artistas culinarios. Los chefs intentan que sus platos presenten el mejor aspecto posible. A la hora de componer una comida, emplean métodos rápidos para cambiar el número de tareas, pero también se centran en el plato y en la comida en conjunto en lugar de en los aspectos prácticos de los elementos de cada plato. Han reorientado su trabajo, que ha pasado de ser mecánico en ocasiones a una labor más eficiente y estética.[9]

Estos ejemplos ponen de manifiesto algo más profundo que el hecho de que los miembros activistas de determinadas profesiones hayan convertido sus trabajos aburridos en algo menos mecánico y rutinario, más social y holístico, y más atractivo desde el punto de vista estético. En realidad creo que la clave de la reorientación de sus trabajos ha sido transformarlos en vocaciones. Sin embargo, ser «llamado» a un tipo de trabajo es más que escuchar una voz que proclama que al mundo le iría bien que uno entrara en un ámbito concreto. Ya puestos, el género humano se beneficiaría si hubiera más trabajadores de organizaciones humanitarias para los refugiados, más diseñadores de *software* educativo, más especialistas que luchen contra el terrorismo, más expertos en nanotecnología y más camareros verdaderamente amables. Pero quizá no le atraiga ninguno de estos campos, porque una vocación debe lograr que entren en juego sus fortalezas características. Por el contrario las pasiones, como coleccionar sellos o bailar el tango, pueden hacer uso de las fortalezas características, pero no son vocaciones, las cuales, por definición, exigen la prestación de un servicio en pos de un bien más elevado, aparte de un compromiso ferviente.

—Es un borracho y un tacaño —le susurró una asustada Sophia a Dominick, su hermano de ocho años, que me ha pedido que no utilice su verdadero nombre—. Mira lo que le está haciendo a mamá.[10]
Sophie y Dom estaban fregando los platos en la estrecha cocina del pequeño restaurante de sus padres. Corría el año 1947, el lugar era Wheeling, Virginia Occidental, y la vida era difícil. El padre de Dom ha-

bía regresado deshecho de la guerra y la familia trabajaba duro del amanecer a la medianoche para salir adelante.

En la caja registradora un cliente borracho, sin afeitar, malhablado y enorme —al menos para Dom— se inclinaba sobre su madre para quejarse de la comida.

—Sabía más a rata que a cerdo. Y la cerveza... —le gritó enfadado al tiempo que agarraba a la mujer por el hombro.

Sin pensarlo, Dom salió disparado de la cocina y se interpuso con gesto protector entre su madre y el cliente.

—¿Puedo ayudarle en algo, caballero?

—... estaba caliente y las patatas, frías...

—Tiene usted toda la razón, y mi madre y yo lo sentimos mucho. Nosotros cuatro nos encargamos de todo, y esta noche se nos ha acumulado el trabajo. Deseamos que vuelva y así tendrá la ocasión de comprobar que podemos atenderlo mejor. Permítanos cargar con la cuenta y ofrecerle una botella de vino cuando vuelva a confiar en nosotros.

—Bueno, es difícil discutir con este muchachito... gracias —respondió el hombre, y se marchó, satisfecho consigo mismo y no disgustado con el restaurante.

Al cabo de treinta años, Dominick me confió que tras aquel encuentro sus padres siempre hacían que atendiera a los clientes difíciles, y que a él le encantaba esa tarea. Desde 1947, los padres de Dom se dieron cuenta de que tenían un prodigio en la familia. Dom contaba con una fortaleza característica que se había manifestado de forma precoz y en un grado extraordinario: la inteligencia social. Era capaz de interpretar los deseos, necesidades y emociones de los demás con una precisión asombrosa. Encontraba las palabras adecuadas como si fuera magia. Cuando las circunstancias se ponían difíciles, Dom se volvía más frío y habilidoso, mientras que otros aspirantes a mediadores no hacían más que agravar la situación. Los padres de Dom fomentaron dicha fortaleza y éste empezó a organizar su vida alrededor de ella, forjándose una vocación que requería de su habilidad social todos los días.

Con este nivel de inteligencia social, Dom podría haberse convertido en un gran *maître* de hotel, o diplomático o jefe de personal de una gran corporación. Pero cuenta con otras dos fortalezas características: amor por el conocimiento y liderazgo. Escogió su vida laboral de forma que explotara tal combinación. Actualmente, a los 62 años, Dominick es el diplomático más hábil que conozco de la comunidad científica estadounidense. Cuando ya era uno de los profesores de Sociología más destacados de Estados Unidos, fue elegido decano de una de las universidades más prestigiosas del país, sin haber cumplido aún los cuarenta. Luego se convirtió en rector de universidad.

Su mano casi invisible puede detectarse en muchos de los movimientos más importantes de las ciencias sociales en Europa y América, y lo considero el Henry Kissinger del mundo académico. Cuando uno se encuentra en presencia de Dominick, se siente la persona más importante del mundo y, sorprendentemente, lo consigue sin halagos, que podrían generar desconfianza. Le he pedido consejo siempre que he tenido problemas complejos de relación en el trabajo. Lo que convierte la muy exitosa carrera de Dominick en una vocación es que combina prácticamente todos los días el uso de sus tres principales fortalezas.

Si uno encuentra la manera de emplear con frecuencia las fortalezas características en el trabajo, y también considera que éste contribuye al bien general, posee una vocación. El trabajo pasa de ser un pesado medio a una gratificación. El aspecto de la felicidad que mejor se comprende durante la jornada laboral es la fluidez: sentirse totalmente a gusto con uno mismo en el trabajo.

Durante las tres últimas décadas, Mike Csikszentmihalyi, a quien les presenté en el capítulo 7, ha hecho que este estado esquivo pase de la oscuridad más absoluta a la penumbra de la ciencia y luego a las cercanías de la luz, para que todos lo entiendan y lo pongan en práctica. La fluidez, como recordarán, es un sentimiento positivo respecto al presente que no va acompañado de pensamientos o sensaciones conscientes. Mike ha descubierto en quiénes abunda (los adolescentes de clase obrera y clase media-alta, por ejemplo) y quiénes no tienen demasiada (los adolescentes muy pobres y los muy ricos). Ha delineado las condiciones en las que este estado se produce y las ha relacionado con la satisfacción en el trabajo. No es posible mantener la fluidez a lo largo de una jornada laboral de ocho horas; en el mejor de los casos, la fluidez se produce durante varios minutos en distintas ocasiones, cuando los desafíos a los que se enfrenta una persona encajan a la perfección con sus capacidades para superarlos. Cuando alguien reconoce que estas habilidades no sólo incluyen su talento, sino también sus fortalezas y virtudes, qué trabajo escoger o cómo reorientarlo resulta claro.

Tener la posibilidad de elegir una profesión y ejercerla es algo totalmente nuevo. Durante milenios, los hijos se limitaban a ser pequeños aprendices del oficio de sus padres, en el cual se preparaban para ejercer de adultos. Desde épocas inmemoriales hasta la actualidad, a los dos años un niño inuit tiene un arco de juguete, de forma que a los cuatro años sabe disparar a una perdiz blanca, a los seis a un conejo, y cuando llega a la pubertad, a una foca o incluso a un caribú. Su hermana seguirá el camino establecido para las mujeres: se juntará con otras para cocinar, curtir pieles, coser y cuidar de los más pequeños.[11]

Este patrón empezó a cambiar a comienzos del siglo XVI en Europa. Los jóvenes comenzaron a marcharse en masa de las granjas rumbo a las ciudades, atraídos por la floreciente riqueza y otras tentaciones de la vida urbana. A lo largo de tres siglos, las niñas a partir de los doce años y los niños a partir de los catorce emigraron a las urbes para dedicarse a labores de servicio: lavanderas, maleteros o limpiadoras. El magnetismo que para los jóvenes ejercía la ciudad radicaba en la acción y en la posibilidad de elección, y una de las elecciones más importantes era el oficio. A medida que las ciudades crecían y se diversificaban, la oportunidad de dedicarse a innumerables trabajos distintos crecía al mismo ritmo. El ciclo de trabajo agrícola entre padres e hijos se rompió; la movilidad social, tanto en sentido positivo como negativo, aumentó, y las barreras entre clases fueron tensándose hasta romperse.

Avancemos rápidamente a los Estados Unidos del siglo XXI. La vida gira en torno a la posibilidad de elección. Hay cientos de marcas de cerveza, miles de modelos de coche distintos, y si tenemos en cuenta los cambios, ya no nos limitamos al modelo T negro, al frigorífico blanco y a los tejanos azul oscuro. ¿Se ha quedado paralizado como yo frente a la ingente variedad de cereales para el desayuno de un supermercado, incapaz de encontrar su marca preferida? Sólo quería avena Quaker, la del tipo clásico y normal, pero no la encontraba.[12]

La libertad de elección ha sido una buena política durante dos siglos y ahora es un gran negocio, no sólo con respecto a los bienes de consumo, sino incluso para estructurar los trabajos. En la economía con bajos índices de desempleo que Estados Unidos ha disfrutado durante veinte años, la mayoría de los jóvenes que terminan sus estudios universitarios tienen un buen número de posibilidades para elegir carrera. La adolescencia, un concepto que todavía no se había inventado y por lo tanto no estaba disponible en el siglo XVI, es ahora un baile prolongado alrededor de dos de las elecciones más importantes de la vida: pareja y trabajo. En la actualidad, pocos jóvenes adoptan la profesión de uno de sus progenitores. Más del 60 % continúa estudiando después del instituto, y la educación universitaria, que solía considerarse liberal, elitista y una especie de culminación, se centra claramente en decisiones vocacionales como el mundo de la empresa o la banca, o la medicina (y menos claramente en la elección de pareja).[13]

El trabajo puede ser un momento propicio para fluir, porque a diferencia del ocio, incorpora muchas de las condiciones de la fluidez en sí misma. Normalmente hay objetivos y reglas de rendimiento claras. De forma continua recibimos opiniones sobre lo bien o mal que lo estamos haciendo. El trabajo suele fomentar la concentración y reduce las distracciones, y en muchos casos permite que coincidan las dificultades con el talento, e incluso con las fortalezas del individuo. Como consecuencia, las personas suelen sentirse más comprometidas en el trabajo que en el hogar.

El famoso historiador John Hope Franklin declaró: «Podría decirse que he trabajado cada minuto de mi vida, o decirse con igual justicia que no he trabajado un solo día. Siempre he estado de acuerdo con la expresión "Gracias a Dios que es viernes" porque para mí el viernes significa que puedo trabajar sin interrupción durante los dos días siguientes.»[14] No sería correcto tildar al profesor Franklin de adicto al trabajo. En realidad, expresa un sentimiento habitual entre los académicos dinámicos y los hombres de negocios que vale la pena analizar con atención. De lunes a viernes Franklin era profesor, y existen múltiples razones para pensar que era bueno: la enseñanza, la administración, la erudición y la relación con los colegas se le daban muy bien. Para ello utilizaba algunas de sus fortalezas: la amabilidad y el liderazgo, pero no exigía lo suficiente de sus fortalezas características: la originalidad y el amor por el saber. Debido a que disponía de más oportunidades de utilizar sus mejores fortalezas durante los fines de semana, experimentaba mayor fluidez en su hogar, leyendo y escribiendo, que en el trabajo.

A los 83 años de edad Jacob Rabinow, inventor y titular de cientos de patentes, le contó a Mike Csikszentmihalyi: «Hay que tener ganas de tirar de las ideas porque te interesa... A las personas como yo nos gusta hacerlo. Es divertido que se te ocurra una idea, y si nadie la quiere, me importa un bledo. Es divertido que se te ocurra algo poco común y distinto.»[15] El descubrimiento más importante sobre la fluidez en el trabajo no es el hecho poco sorprendente de que las personas con grandes profesiones, como inventores, escultores, jueces del Tribunal Supremo e historiadores, lo viven como una experiencia positiva. La cuestión está en que el resto de nosotros lo vivamos también como una experiencia positiva y reorientemos nuestro trabajo, que es más mundano, de forma que podamos disfrutar de él con más frecuencia.

Para medir el nivel de fluidez, Mike fue el primero en aplicar el Método de Muestreo de la Experiencia (MME), que en la actualidad se utiliza en todo el mundo. Tal como se explica en el capítulo 7, para realizar el MME se proporciona al sujeto un buscapersonas o Palm Pilot que suena varias veces aleatoriamente durante la mañana y la tarde. Cuando se activa la señal, el sujeto anota lo que está haciendo, dónde se halla y con quién, y luego califica numéricamente los contenidos de su conciencia: felicidad, concentración, autoestima, etcétera. El objetivo de esta investigación es averiguar en qué condiciones se produce la fluidez.

Sorprendentemente, los estadounidenses experimentan fluidez con mayor frecuencia en el trabajo que en sus ratos de ocio. En un estudio realizado con 824 adolescentes estadounidenses, Mike separó los componentes activos del tiempo libre de los pasivos y los comparó. Los juegos y las aficiones son elementos activos que generan fluidez durante el 39 % del tiempo y provocan la emoción negativa de apatía el 17 % de las ocasiones. Por el contrario, ver la televisión y escuchar música son pasivos y producen fluidez sólo el 14 % del tiempo, mientras que provoca apatía en el 36 % de las ocasiones. Por término medio, el estado de ánimo en el que se encuentran los estadounidenses mientras ven televisión es de depresión ligera. Por consiguiente, hay razones para defender el empleo activo del tiempo libre en contraste con el empleo pasivo. Tal como nos recuerda Mike: «Gregor Mendel hizo sus famosos experimentos genéticos como *hobby*; Benjamin Franklin se guiaba por el interés, no por un puesto de trabajo, para pulir lentes y experimentar con pararrayos; [y] Emily Dickinson compuso su maravillosa poesía para poner orden en su vida.»

En una economía de excedentes y poco desempleo, la profesión que una persona cualificada elige dependerá cada vez más de la fluidez que experimente en el trabajo, y menos de pequeñas —o incluso considerables— diferencias de sueldo. Cómo escoger o reorientar el trabajo para incrementar la fluidez no es un misterio. Ésta se produce cuando los desafíos con los que se enfrenta, tanto los grandes como los cotidianos, encajan con las habilidades de la persona. Mi receta para acrecentar la fluidez es la siguiente:

- Identificar las fortalezas características.
- Escoger un trabajo que le permita ponerlas en práctica todos los días.
- Reorientar su trabajo actual para utilizar en mayor medida sus fortalezas características.
- Si es usted el dueño de la empresa, escoja trabajadores cuyas fortalezas características sean coherentes con el trabajo que desempeñarán. Si es directivo, permita que los trabajadores reorienten su trabajo dentro de los límites de sus objetivos.

La abogacía se presta a un buen estudio para saber cómo liberar el potencial de fluidez y estar satisfecho con el trabajo.

# ¿POR QUÉ LOS ABOGADOS SON TAN DESDICHADOS?[16]

Con respecto a la felicidad, me temo que no la llevo en la sangre. Quizá los días felices que Roosevelt promete me lleguen junto con otros, pero me temo que el problema radica en el temperamento con el que nací y, según tengo entendido, no existe nigromancia en una ley del Congreso capaz de hacer una revolución en ese sentido.

BENJAMIN N. CARDOZO, 15 de febrero, 1933

La abogacía es una profesión prestigiosa y bien remunerada, y las aulas de las facultades de Derecho están llenas de nuevos alumnos. Sin embargo, en una encuesta reciente realizada en Estados Unidos[17], el 52 % de los abogados en activo afirmaron hallarse insatisfechos. Sin duda el problema no es económico. Según cifras relativas a 1999, los abogados jóvenes que competían por convertirse en socios de los bufetes más importantes podían llegar a ganar inicialmente 200.000 dólares al año, y hace ya mucho tiempo que los abogados superaron a los médicos como profesionales mejor pagados.[18] Aparte de estar desencantados, los abogados presentan un estado de salud mental bastante malo.[19] Corren muchos más riesgos de padecer depresión que la población general. Los investigadores de la Johns Hopkins University encontraron aumentos estadísticamente significativos de trastorno depresivo grave en sólo tres de las 104 profesiones estudiadas.[20] Tras realizar los ajustes sociodemográficos pertinentes, los abogados ocupaban los primeros puestos de la lista, pues padecían depresión en una cantidad 3,6 veces superior que los demás trabajadores. La incidencia de alcoholismo y de abuso de drogas ilegales también es mucho mayor entre los abogados que entre quienes no lo son. La tasa de divorcio entre los abogados, sobre todo en mujeres, también parece ser mayor que la tasa de divorcios en otras profesiones.[21] Así pues, se mida como se mida, los abogados personifican la paradoja de la pérdida de poder del dinero: ejercen la profesión mejor pagada y, aun así, son desproporcionadamente infelices y gozan de mala salud. Los abogados lo saben: muchos se jubilan anticipadamente o abandonan la profesión.[22]

La Psicología Positiva atribuye la desmoralización de los abogados a tres factores principales. El primero es el pesimismo, definido no sólo en sentido coloquial —ver la botella medio vacía— sino en el estilo explicativo pesimista mencionado en el capítulo 6. Estos pesimistas tienden a atribuir las causas de los acontecimientos negativos a factores estables, globales e internos («Durará siempre y lo socavará todo»). La persona pesimista considera que los acontecimientos negativos son ubicuos, permanentes e incontrolables, mientras que la optimista los considera locales, transitorios y cambiantes. El pesimismo denota inadaptación en la mayoría de las actividades: los agentes de seguros pesimistas venden menos y lo dejan antes que los optimistas. Los estudiantes universitarios pesimistas obtienen peores notas que los estudiantes optimistas. Los nadadores pesimistas consiguen unos tiempos inferiores y se recuperan peor que los nadadores optimistas después de obtener malos resultados. Los lanzadores y bateadores pesimistas rinden peor en los partidos más disputados que los optimistas. Los equipos pesimistas de la NBA pierden por un amplio margen más a menudo que los equipos optimistas.[23]

Así pues, los pesimistas son perdedores en muchos frentes. Pero existe una excepción notoria: los pesimistas obtienen mejores calificaciones en la carrera de Derecho. Hicimos una prueba a todo el primer curso de la facultad de Derecho de Virginia en 1990 con una variante del test sobre optimismo-pesimismo que presentamos en el capítulo 6. Efectuamos un seguimiento de los estudiantes a lo largo de los tres años de carrera. A diferencia de los resultados de estudios previos en otros ámbitos de la vida, por término medio a los estudiantes de Derecho pesimistas les iba mejor en la carrera que a los optimistas. En concreto, los pesimistas rendían mejor que sus iguales optimistas en los parámetros tradicionales de medida, tales como las calificaciones medias y el éxito en las revistas de Derecho.[24]

El pesimismo entre los abogados es considerado ventajoso porque considerar que los problemas son ubicuos y permanentes forma parte de lo que esta profesión considera prudencia.[25] Un punto de vista prudente permite que el buen abogado considere todas las trampas y catástrofes concebibles que podrían producirse en una transacción. La capacidad de anticipar toda suerte de problemas y traiciones que no prevén quienes no practican la profesión es sumamente provechosa para el abogado en activo, ya que ayuda a sus clientes a defenderse de tales eventualidades. Y si el aspirante a abogado no cuenta con esa prudencia, la aprenderá en la facultad de Derecho. Desgraciadamente sin embargo, un rasgo que supone una ventaja en una determinada profesión no siempre sirve para ser feliz.

Sandra es una prestigiosa psicoterapeuta de la costa Este. Para mí es como una bruja dedicada a la magia blanca, ya que posee una capacidad que nunca he visto en ningún otro psicólogo: predice la esquizofrenia en niños de edad preescolar. La esquizofrenia es un trastorno que no se manifiesta hasta después de la pubertad, pero como su origen posee un componente genético, las familias en las que ha habido casos de esquizofrenia están muy preocupadas sobre la posibilidad de que algún descendiente la padezca. Resultaría sumamente útil saber qué niños son especialmente vulnerables, porque podrían tomarse medidas cognitivas y sociales preventivas a fin de intentar inmunizar al sujeto de riesgo. Muchas familias de la zona este de Estados Unidos envían a sus hijos de cuatro años a Sandra, quien pasa una hora con ellos y realiza una valoración de las posibilidades que presenta el niño de sufrir esquizofrenia, valoración considerada increíblemente precisa.

Esta capacidad para ver los aspectos subyacentes del comportamiento infantil resulta extraordinaria para el trabajo de Sandra, pero no para el resto de su vida. Salir a cenar con ella es una experiencia terrible, ya que sólo se fija en que la gente que la rodea mastica ruidosamente.

Sea cual fuere la capacidad «adivinatoria» que permite a Sandra ver con precisión la faz oculta del comportamiento aparentemente normal de un niño de cuatro años, esta capacidad no se «desconecta» durante la cena y le impide disfrutar de la compañía de adultos normales en un ambiente normal. Del mismo modo, los abogados no dejan de utilizar la prudencia —o pesimismo— de su carácter cuando salen del despacho. Ellos, que prevén con claridad lo mal que podrían ir las cosas a sus clientes, también intuyen con nitidez lo mal les podría irles a ellos. Los abogados pesimistas tienen más posibilidades que las personas optimistas de creer que no conseguirán ser socios de un bufete, que su profesión es un negocio turbio, que su cónyuge le es infiel, o que la economía se encamina al desastre. De este modo, el pesimismo beneficioso para la profesión conlleva un riesgo muy elevado de depresión en la vida privada. El desafío, que pocas veces se supera, es seguir siendo prudente, pero reprimir esta tendencia en momentos en que no se ejerce la profesión.

Un segundo factor psicológico que desmoraliza a los abogados, sobre todo a los principiantes, es el poco margen de decisión en situaciones de máximo estrés. El margen de decisión se refiere a las posibilidades de elección de que dispone una persona, en realidad las que cree que tiene en el aspecto laboral. Un importante estudio ha abordado la relación existente entre las condiciones laborales, la depresión y la enfermedad coronaria, midiendo tanto las exigencias del puesto de trabajo como el margen de decisión. Existe una combinación especialmente desfavorable para la salud y la moral que consiste en exigencias elevadas y un margen de decisión escaso.[26] Las personas que se hallan en este tipo de situaciones sufren muchas más enfermedades coronarias y depresión que las demás.

Las enfermeras y las secretarias son un ejemplo de este tipo poco saludable de situación laboral, aunque en los últimos años se han sumado los abogados jóvenes de importantes bufetes. Estos profesionales se hallan también en un ámbito donde la gran presión se acompaña de un escaso poder de decisión. Aparte de la carga abrumadora que supone el ejercicio de la abogacía («Este bufete se ha fundado gracias a los matrimonios rotos»), los jóvenes letrados tienen pocas posibilidades de opinar sobre su trabajo, un contacto limitado con sus superiores y prácticamente ninguna relación con los clientes. En realidad, al menos durante los primeros años de ejercicio de la profesión, muchos permanecen aislados en una biblioteca, investigando y redactando notas sobre los temas elegidos por los socios.

El factor psicológico más profundo que hace que los abogados estadounidense sean infelices es que el Derecho de este país se ha convertido cada vez más en un juego de victoria-derrota. Barry Schwartz distingue entre actividades que tienen sus propias «bondades» internas por objetivo, y empresas de libre mercado centradas en los beneficios.[27] El atletismo *amateur*, por ejemplo, es un deporte cuyo fin consiste en alcanzar el virtuosismo. Enseñar es una actividad que tiene por bondad el aprendizaje. La medicina es una profesión que persigue la curación de las personas. La amistad desarrolla como bondad la intimidad. Cuando estas actividades chocan con el libre mercado, sus bondades internas quedan subordinadas al balance final de beneficios. Se venden más entradas para el béisbol nocturno, aunque la pelota no se ve por la noche. Enseñar cede terreno al *star system* académico, la medicina a los servicios sanitarios administrados, y la amistad a evaluar «lo que has hecho por mí últimamente». Del mismo modo, el Derecho en Estados Unidos ha pasado de ser una actividad en la que el buen asesoramiento sobre la justicia y la imparcialidad eran la principal bondad a ser un gran negocio en el que las horas facturables, las victorias «sin prisioneros» y el resultado económico final son los objetivos más importantes.

Las actividades y sus bondades implícitas constituyen casi siempre juegos de victoria-victoria. Profesores y estudiantes evolucionan juntos, y la curación de un enfermo beneficia a todos. Las empresas interesadas sólo en el beneficio económico se hallan, aunque no siempre, próximas a los juegos de victoria-derrota: los servicios sanitarios reducen la atención a la salud mental para ahorrar dinero, el mundo de las estrellas académicas recibe aumentos de sueldo enormes, lo que hace que los profesores jóvenes perciban incrementos inferiores al coste de vida; y los juicios de millones de dólares por implantes de silicona hacen que Dow-Corning tenga que cerrar. El hecho de pertenecer a un ámbito sujeto a la dinámica de victoria-derrota tiene un coste emocional.

En el capítulo 3 argumenté que las emociones positivas son el acicate de los juegos de victoria-victoria —suma positiva—, mientras que las emociones negativas como la ira, la ansiedad y la tristeza han evolucionado de forma que entran en funcionamiento en los juegos de victoria-derrota. Teniendo en cuenta que actualmente el trabajo de abogado consiste en más actividades de este tipo, la vida cotidiana de estos profesionales contiene una mayor emotividad negativa.

No obstante, los juegos de victoria-derrota no pueden ser eludidos en el ámbito jurídico a fin de que los abogados puedan disfrutar de una vida emocional más agradable. El procedimiento contradictorio es la base del sistema jurídico estadounidense porque se lo considera el camino real hacia la verdad, pero encarna una dinámica de victoria- derrota clásica: el beneficio que obtiene una parte es equivalente a lo que pierde la otra. Competición en estado puro. A los abogados se los forma para que sean agresivos, sentenciosos, intelectuales, analíticos y poco afectivos, lo cual tiene consecuencias emocionales predecibles: depresión, ansiedad y enfado.

## Cómo contrarrestar la infelicidad de los abogados

La Psicología Positiva ha hallado tres factores determinantes de la desmoralización de los abogados: pesimismo, escaso poder de decisión y formar parte de una gigantesca red de actividades de victoria-derrota. Los dos primeros aspectos tienen solución. Abordé parte de ésta respecto al pesimismo en el capítulo 6. En mi libro *Aprenda optimismo* presento ejercicios que pueden ayudar a los abogados que imaginan lo peor en todas las circunstancias a tener más criterio en otros ámbitos de su vida. La actitud clave es el rebatimiento creíble: tratar los pensamientos catastrofistas («Nunca llegaré a ser socio», «Probablemente mi marido me sea infiel») como si procedieran de una tercera persona cuyo objetivo es amargarle la vida, y elaborar argumentos contrarios a tales ideas. Estas técnicas pueden enseñar a los abogados a utilizar el optimismo en su vida privada, al tiempo que mantienen el adaptativo pesimismo en su vida profesional. Existe una amplia evidencia documentada que muestra que el optimismo flexible puede enseñarse en un entorno de grupo, como un bufete de abogados o una clase. Si los bufetes y las escuelas están dispuestos a experimentar en este sentido, el efecto positivo sobre el rendimiento y la moral de los abogados jóvenes será significativo.

El problema de la intensa presión y el poco poder de decisión también tiene remedio. Reconozco que la presión abrumadora es un aspecto ineludible del ejercicio de la abogacía. Sin embargo, trabajar con un margen de decisión más amplio contribuirá a incrementar la satisfacción y la productividad de los jóvenes abogados. Una forma de hacerlo es adaptar la jornada laboral de los letrados de forma que éstos posean un mayor control personal sobre el trabajo. En la década de los sesenta Volvo solucionó un problema similar en sus cadenas de montaje al dar a los empleados la opción de montar un coche en grupo, en lugar de armar repetitivamente la misma pieza. Del mismo modo, se puede brindar a un joven abogado la oportunidad de ampliar su perspectiva respecto a la profesión si es presentado a los clientes, orientado por los socios y se le permite participar en reuniones transaccionales. Muchos bufetes de abogados han iniciado este proceso, dado que se enfrentan con dimisiones inauditas por parte de abogados jóvenes.[28]

La naturaleza de suma cero del Derecho no tiene fácil solución. Para bien o para mal, el procedimiento contradictorio, la confrontación, el objetivo de maximizar las horas facturables y la «ética» de conseguir el máximo beneficio posible para el cliente están demasiado arraigados. Más actividad *pro bono*, más mediación, más acuerdos sin llegar a los tribunales y la «jurisprudencia terapéutica» forman parte del espíritu que sirve para contrarrestar la mentalidad de suma cero, pero supongo que estas recomendaciones no son una cura, sino tiritas.[29] No obstante, considero que la idea de las fortalezas características puede permitir que el Derecho siga queriendo, y teniendo, el oro y el moro, es decir, conservar las virtudes del sistema contradictorio y conseguir que los abogados sean más felices.

Cuando un abogado joven —hombre o mujer— entra en un bufete, va equipado no sólo con la prudencia, la capacidad oratoria y el talento, sino con un conjunto adicional de fortalezas características no aprovechadas —como liderazgo, originalidad, imparcialidad, entusiasmo, perseverancia, inteligencia social, etcétera.—. Tal y como se halla planteado actualmente el trabajo de un abogado, dichas fortalezas no se utilizan demasiado. Incluso en situaciones en las que serían necesarias, dado que las fortalezas son inmensurables, la persona elegida para enfrentarse a ellas no es precisamente la mejor preparada para ello.

Todos los bufetes de abogados deberían descubrir cuáles son las fortalezas características de sus empleados más jóvenes. (El test de fortalezas del capítulo anterior serviría para ello.) El hecho de explotar tales fortalezas marcará la diferencia entre un colega desmoralizado y otro vigoroso y productivo. Reserve cinco horas de trabajo de la semana laboral para las fortalezas características, una tarea no rutinaria que utilice las fortalezas personales en beneficio de la empresa.

- Consideremos el entusiasmo de Samantha, fortaleza que suele ser de poca utilidad en Derecho. Aparte de seguir insistiendo en la biblioteca de Derecho sobre un expediente de negligencia por daños personales, a Samantha podrían contratarla para emplear su entusiasmo —combinado con una elevada capacidad oratoria— en el departamento de relaciones públicas del bufete y escribir material promocional.
- Centrémonos en la valentía de Mark, una fortaleza habitual en un letrado de los tribunales, pero cuya capacidad es malgastada en la redacción de expedientes jurídicos.[30] La fortaleza característica de Mark podría emplearse en planificar, junto con el litigante estrella del bufete, el ataque del adversario en el siguiente juicio.
- Pensemos en la originalidad de Sarah —otra for-

taleza sin demasiado valor para revisar antigua jurisprudencia—y combinémosla con su perseverancia. Originalidad y perseverancia pueden dar un vuelco en cualquier ámbito. Charles Reich, abogado antes de convertirse en profesor de Derecho en Yale, adaptó viejos precedentes jurídicos para argumentar que el bienestar no era un derecho sino una propiedad. Al hacerlo, apartó el Derecho de su postura tradicional sobre la «propiedad» y la dirigió hacia lo que él denominó la «nueva propiedad». Esto significaba que las garantías procesales se aplicaban a los pagos de asistencia social, en vez de depender de la generosidad harto caprichosa de los funcionarios. Sarah podría dedicarse a buscar una teoría nueva para un caso en concreto. Las nuevas teorías que se esconden bajo los precedentes jurídicos son como perforar en busca de petróleo, hay muchos pozos agotados, pero cuando se encuentra el adecuado, se convierte en un filón.

- Tengamos en cuenta la inteligencia social de Joshua, otro rasgo que apenas utilizan los jóvenes abogados a los que se encargan en la biblioteca tareas rutinarias sobre las leyes concernientes a los derechos de autor. Su fortaleza característica podría emplearse en almorzar con clientes especialmente sensibles, charlar de forma relajada sobre su vida así como sobre sus conflictos contractuales. La lealtad de los clientes no se compra con horas facturables, sino con los discretos halagos de una buena relación humana.

- Pensemos en el liderazgo de Stacy y convirtámosla en presidenta de un comité sobre la calidad de vida de los jóvenes abogados. Podría recoger y confrontar quejas y presentarlas, quizá de forma anónima, a los socios correspondientes a fin de que éstos las tuvieran en cuenta.

El mundo de la abogacía no presenta ningún rasgo específico que impida reorientar los trabajos. En realidad, hay dos aspectos básicos que hay que tener en cuenta al analizar estos ejemplos e intentar aplicarlos a un entorno laboral determinado. El primero es que la puesta en práctica de las fortalezas características es casi siempre un juego de victoria-victoria. Cuando Stacy recoge las quejas y sentimientos de sus iguales, éstos experimentan mayor respeto por ella. Cuando presenta esta información a los socios, aunque éstos no hagan nada al respecto, aprenden más sobre la moral de sus empleados y, por supuesto, Stacy puede obtener emociones positivas auténticas gracias al ejercicio de sus fortalezas. Esto lleva al segundo aspecto básico: existe una relación clara entre las emociones positivas en el ámbito laboral, la alta productividad, la escasa renovación de plantilla y la lealtad elevada. El ejercicio de una fortaleza genera sentimientos positivos. Lo más importante es que probablemente Stacy y sus colegas permanezcan más tiempo en el bufete si se les reconocen sus fortalezas y tienen la oportunidad de desarrollarlas. Cinco horas a la semana de actividades no facturables producirán a largo plazo más horas facturables.

El mundo de la abogacía ha servido como ejemplo de cómo una institución (un bufete de abogados) puede alentar a sus empleados a reorientar el trabajo que desempeñan para que resulte más gratificante. Saber que una empresa persigue como objetivo final una dinámica de victoria-derrota —cumplir objetivos económicos o un veredicto favorable del jurado— no significa que la actividad no pueda constituir un juego de victoria-victoria en cuanto a su forma de alcanzar dicho objetivo. Tanto los deportes competitivos como la guerra son evidentes juegos de victoria-derrota, no obstante lo cual los contendientes tienen muchas opciones de victoria-victoria. La lucha empresarial, las competiciones deportivas, e incluso la guerra, pueden ganarse gracias a la participación de personas heroicas o con el trabajo de equipo. El hecho de elegir la victoria-victoria mediante la utilización de las fortalezas características presenta claras ventajas. Este enfoque hace que el empleo resulte más agradable, transforma el trabajo o la carrera en una vocación, aumenta la fluidez y la lealtad, y sin duda es más rentable. Además, conseguir gratificaciones en el ámbito laboral es un gran paso en el camino hacia la buena vida.

# 11

## La vida amorosa

Pertenecemos a una especie fanática que se compromete con facilidad y de forma profunda con una serie de dudosas empresas. Leaf Van Boven, joven profesor de Empresariales de la Universidad de la Columbia Británica ha demostrado lo muy habitual que es el proceso de compromiso irracional. Van Boven proporciona a los estudiantes una jarra de cerveza estampada con el sello del centro académico, artículo que se vende por cinco dólares en la tienda de la universidad. Los alumnos pueden quedarse con el regalo o venderlo en una subasta, en la que ellos mismos participan y pujan por artículos de valor similar, como estilográficas y estandartes de la universidad que otros estudiantes han recibido como regalo. Se produce un extraño fenómeno. Los estudiantes no se desprenden de su regalo hasta que no les ofrecen una media de siete dólares; sin embargo, consideran que el mismo artículo perteneciente a otra persona sólo vale una media de cuatro dólares. La mera posesión de un objeto aumenta de forma significativa el valor que su propietario le concede e incrementa el compromiso con el mismo.[1] Este descubrimiento nos dice que el *Homo sapiens* no es un *Homo economicus*, una criatura que obedece las «leyes» de la economía y cuya única motivación es el intercambio racional.

La idea implícita en el capítulo anterior era que el trabajo significa mucho más que un esfuerzo a cambio de un determinado sueldo. La idea que subyace en este capítulo es que el amor consiste en algo que es mucho más que afecto a cambio de lo que esperamos obtener. (Esto no sorprenderá a los románticos, pero sí a los teóricos de las ciencias sociales.) El trabajo puede ser una fuente de cierto grado de gratificación independiente del sueldo, y si se transforma en vocación pone de manifiesto la extraña y maravillosa capacidad de nuestra especie para comprometerse a fondo. El amor va todavía más lejos.

Según la aburrida ley del *Homo economicus*, los seres humanos son esencialmente egoístas. Se considera que la vida social está gobernada por los mismos principios que rigen el mercado. Así pues, al igual que cuando compramos algo o decidimos en qué acciones invertir, se supone que sobre otro ser humano nos preguntamos: «¿Cuál será su posible utilidad para mí?» Cuanto más beneficio esperamos obtener, más invertimos en el otro. Sin embargo, el amor es la forma de desafiar esta espectacular ley de la evolución.

Pensemos en la «paradoja del banquero».[2] Usted es banquero y Wally le pide un préstamo. Wally tiene un historial de crédito impecable, un aval excelente y unas perspectivas aparentemente brillantes, por lo que le concede el préstamo. Horace también le solicita un crédito. Debe algunos recibos del anterior y prácticamente carece de aval, es mayor, está enfermo y sus perspectivas son sombrías. Por tanto, usted le niega el préstamo. La paradoja es que Wally, que no necesita el dinero desesperadamente, lo consigue con facilidad mientras que Horace, que sí lo necesita de forma apremiante, no lo consigue. En un mundo regido por el *Homo economicus*, quienes verdaderamente necesitan ayuda para no caer en picado acabarán estrellándose. Con razón, ninguna persona en su sano juicio les brindará una oportunidad. Por el contrario, quienes se hallen en una buena racha prosperarán todavía más, hasta que también acaben precipitándose al vacío.

En algún momento de nuestra vida —esperemos que más tarde que temprano— todos caemos. Envejecemos, enfermamos, o perdemos nuestro buen aspecto, el dinero o el poder. En resumen, nos convertimos en una mala inversión para obtener futuros beneficios. ¿Por qué no nos exponemos en el proverbial témpano de hielo hasta perecer? ¿Cómo es que se nos permite ir renqueando, disfrutando de la vida durante muchos años después de tales situaciones? Porque otras personas nos apoyan gracias al poder de negar el egoísmo que nace del amor y la amistad. El amor es la respuesta de la selección natural a la paradoja del banquero. Es la emoción que hace que otra persona nos resulte irremplazable. El amor muestra la capacidad que poseen los seres humanos para comprometerse y superar el «¿Qué has hecho por mí últimamente?», lo cual desmiente la teoría del egoísmo universal. Una muestra clara de ello son las palabras más edificantes que una persona tiene la posibilidad de pronunciar: «En la prosperidad y en la adversidad, en la riqueza y en la pobreza, en la salud y en la enfermedad, nos amaremos y cuidaremos hasta que la muerte nos separe.»

El matrimonio, las relaciones de pareja estables, el amor romántico —para simplificar, a lo largo de este capítulo denominaré «matrimonio» a estos tipos de relación— funciona extraordinariamente bien desde el punto de vista de la Psicología Positiva. En el estudio de Diener y Seligman sobre personas sumamente felices, todos los sujetos del 10 % con mayor puntuación mantenían en aquel momento una relación de pareja.[3] Quizás el hecho más sólido en cuanto al matrimonio, según numerosos sondeos, es que las personas casadas son más felices que las demás. El 40 % de los adultos casados dicen ser «muy felices», mientras que sólo el 23 % de los adultos que nunca se han casado reconocen serlo.[4] Este porcentaje se mantiene en todos los grupos étnicos estudiados y es aplicable a los 17 países objeto de investigación. El matrimonio es un factor de felicidad más poderoso que la satisfacción laboral, económica o comunitaria. Tal como dice David Myers en su acertada y bien documentada obra *American Paradox (Paradoja americana)*: «De hecho, hay pocos indicadores más fuertes de la felicidad que el compañerismo directo, estimulante, íntimo, de por vida con el/la mejor amigo/a.»

Por otra parte, las personas casadas sufren menos depresiones y a éstas les siguen las que nunca se han casado, seguidas de las personas que se han divorciado una vez, de las que cohabitan y de las que se han divorciado en dos ocasiones. De modo coincidente, una de las principales causas de aflicción es la ruptura de una relación importante. Cuando se pidió a los sujetos del estudio que describieran el último acontecimiento malo que les hubiera ocurrido, más de la mitad de una muestra significativa de la población estadounidense mencionó una ruptura sentimental o una pérdida en ese sentido.[5] La incidencia de la depresión se ha disparado como consecuencia de una disminución de los matrimonios y un incremento de los divorcios. Glen Elder, el sociólogo familiar más destacado, ha estudiado tres generaciones de residentes del área de San Francisco, California, y ha descubierto que el matrimonio suaviza de forma significativa los problemas de la gente. Los casados son quienes han soportado mejor las privaciones de la pobreza rural, la Gran Depresión y las guerras.[6] Cuando en el capítulo 4 expliqué cómo vivir en el extremo superior del rango fijo de felicidad personal indiqué que uno de los pocos factores externos que podían contribuir a lograr ese objetivo era contraer matrimonio.

¿Por qué es tan bueno el matrimonio? ¿Por qué se ha creado esta institución y cómo se ha mantenido en tantas culturas distintas desde tiempos inmemoriales? Tal vez parezca una pregunta banal con una respuesta obvia, pero no es así. Los psicólogos sociales cuyo objeto de estudio es el amor han ofrecido una profunda respuesta.[7] Cindy Hazan, psicóloga de Cornell, nos cuenta que existen tres tipos de amor. El primero de ellos es el que se siente por aquellas personas que nos proporcionan consuelo, aceptación y ayuda, que reafirman nuestra seguridad y nos guían. El prototipo es el amor de los hijos por los padres. El segundo tipo de amor es el que profesamos a las personas que dependen de nosotros para obtener las bondades mencionadas. El prototipo en este caso sería el amor de los padres por los hijos. El tercer tipo es el amor romántico, la idealización del otro, de sus fortalezas y virtudes, al tiempo que restamos importancia a sus defectos. La vida matrimonial es excepcional porque en ella se dan los tres tipos de amor a la vez, característica que se halla en el origen del éxito del matrimonio.

Muchos científicos sociales, dominados por la indiferencia del ambientalismo, quieren convencernos de que el matrimonio es una institución inventada por la sociedad y sus convenciones, una construcción social como *Hoosiers* o la clase de 1991 del instituto de Lower Merino.[8] Las damas de honor, los símbolos religiosos y civiles y la luna de miel sí son construcciones sociales, pero la estructura subyacente es mucho más profunda. La evolución necesita garantizar el éxito reproductivo, y, por consiguiente, favorece la existencia de la institución del matrimonio.

El éxito reproductivo de nuestra especie no se basa en la fertilización rápida y la independencia de los padres; en realidad, los humanos nacen con un cerebro grande e inmaduro, condición que exige que los padres enseñen a sus hijos estrategias que les permitan desarrollarse, lo cual sólo es viable si existe vinculación emocional en la pareja. Los inmaduros y dependientes nuevos seres que gozan de la protección y guía de sus padres se desarrollan mucho mejor que sus primos que no disponían de cuidados. Por consiguiente, aquellos de nuestros antepasados predispuestos a comprometerse seriamente en una relación de pareja tenían más probabilidades de procrear una descendencia viable y transmitir sus genes. Así pues, el matrimonio es producto de la selección natural, no de la cultura.

No se trata de especulaciones de café o de cuentos evolucionistas gratuitos.[9] Las mujeres que mantienen relaciones sexuales estables ovulan con mayor regularidad y siguen ovulando hasta la mediana edad, de forma que la menopausia aparece más tarde que en aquellas mujeres que tienen relaciones inestables.[10]

A los hijos de las parejas casadas y que permanecen en este estado les va mejor en todos los aspectos que a los demás. Por ejemplo, la proporción de niños que viven con ambos padres biológicos y repiten curso es de una tercera parte, mientras que son la mitad en el caso de niños con otro tipo de entorno familiar. Con respecto a los niños que reciben tratamiento por trastorno emocional, la proporción es de una cuarta parte en el primer caso y de una tercera parte en el segundo.[11]

Uno de los resultados más sorprendentes —aparte del bajo nivel de repetición de curso y de la poca incidencia de depresión— es que los hijos de parejas estables maduran más lentamente en el aspecto sexual, tienen una actitud más positiva hacia posibles parejas y se interesan más por las relaciones a largo plazo que los hijos de parejas divorciadas.[12]

## LA CAPACIDAD DE AMAR Y SER AMADO

Existe una diferencia entre la capacidad de amar y la capacidad de ser amado. Me he percatado de ella paulatinamente —y con tozudez— mientras un grupo tras otro se esforzaba por redactar la lista de fortalezas y virtudes que culminó en las 24 fortalezas expuestas en el capítulo 9. Desde el comienzo, en el invierno de 1999, todos los grupos de trabajo que formé valoraban de forma muy positiva las «relaciones íntimas» o el «amor» en su lista de fortalezas, pero fue necesario que George Vaillant diera una reprimenda al equipo dedicado a la clasificación de las fortalezas por omitir lo que él llamó la «Reina de las fortalezas» y nos hiciera ver la diferencia.

*Pensé en Bobby Nail mientras George argumentaba la importancia de la capacidad de ser amado. Hacía diez años en Wichita, Kansas, tuve la suerte de jugar al* bridge *durante una semana en el mismo equipo que el legendario Bobby Nail, uno de los jugadores más célebres de las primeras décadas del juego. Conocía su habilidad a través de la leyenda, por supuesto, y también había oído hablar de sus proezas como contador de cuentos. Lo que ignoraba era que Bobby tenía una grave deformidad. Probablemente midiera poco más de metro y medio, pero parecía mucho más bajo debido a un deterioro óseo progresivo, e iba casi completamente doblado a la altura de la cintura. Entre historia e historia para desternillarse de risa sobre el juego y las trampas con las cartas, me encontré sacándole virtualmente del coche y aposentándolo en una silla. Era ligero como una pluma.*

*Lo más memorable no eran sus historias ni su habilidad para jugar al* bridge *(aunque ganó el certamen), sino que en realidad me sentí de maravilla ayudándolo. Tras cincuenta años de poner en práctica el espíritu de los* boy scouts —*ayudando a los ciegos a cruzar la calle, dando dinero a los necesitados, abriendo la puerta a mujeres en silla de ruedas*— *me había acostumbrado a sus gracias mecánicas o, aún peor, al resentimiento que a veces brota de los discapacitados hacia sus bienintencionados «ayudantes». Bobby, a través de una especie de magia, transmitía justo lo contrario, una profunda gratitud que no necesitaba verbalizar y una aceptación clara del auxilio que yo le proporcionaba. Hizo que me sintiera más grande mientras le ayudaba, y era evidente que él no se sentía inferior por depender de mí.*

*Mientras George hablaba, recordé que al final había hecho acopio de valentía unos meses antes para telefonear a Bobby a Houston. Cuando me preparaba para escribir este libro —y este capítulo en concreto—, quería pedir a Bobby que explicara sus técnicas destinadas a que otras personas se sintieran bien al ayudarle, de forma que las pudieran utilizar mis lectores. Entonces me anunciaron que Bobby había muerto. Su magia se ha perdido, pero Bobby era una fuente de capacidad de ser amado, y dicha cualidad hizo que su vida, y especialmente su proceso de envejecimiento, fueran un éxito.*

## Diferentes formas de amar y ser amado en la infancia

Sin embargo, antes de continuar con la historia y correr el riesgo de influir en los resultados de su test, quiero que responda al cuestionario más fiable sobre estilos de amar y ser amado. Quienes dispongan de conexión a Internet pueden acceder a *www.authentichappiness.com* y responder en diez minutos al Cuestionario sobre Relaciones Íntimas, elaborado por Chris Fraley y Phil Shaver. Asimismo, sería útil que pidiera a su compañero sentimental, si lo tiene, que también lo responda. El sitio web le proporcionará una respuesta detallada e inmediata sobre sus estilos de amar. Si esta opción no estuviera a su alcance, sus respuestas a los tres párrafos descriptivos que encontrará a continuación le brindarán una aproximación de lo que el cuestionario revelaría.

¿Cuál de estas descripciones se corresponde mejor con la relación romántica más importante que ha tenido en su vida?

1. Me resulta relativamente fácil acercarme a los demás y me siento cómodo dependiendo de ellos y que éstos dependan de mí. No suelo preocuparme por que me abandonen, o por que alguien intime demasiado conmigo.

2. Me siento un tanto incómodo intimando con otras personas. Me cuesta confiar en ellas totalmente, permitirme depender de ellas. Me pongo nervioso cuando alguien intima demasiado, y a menudo mis compañeros sentimentales quieren que intime más de lo que a mí me resulta cómodo.

3. Veo que otras personas son reacias a intimar conmigo como me gustaría. A menudo me preocupo de que mi pareja no me quiera de verdad o no desee permanecer conmigo. Quiero fundirme por completo con la otra persona y a veces este deseo asusta a la gente.

Aquí se plasman tres modos de amar y ser amado en personas adultas y existen pruebas fehacientes de que se originan en los primeros años de la infancia. Las relaciones sentimentales que encajan con la primera descripción se denominan «seguras», las segundas «elusivas» y las terceras «ansiosas».[13]

El descubrimiento de estos estilos románticos es un relato fascinante en la historia de la psicología. Tras la Segunda Guerra Mundial, la preocupación en Europa sobre el bienestar de los huérfanos aumentó de forma considerable, ya que innumerables niños cuyos padres habían muerto se encontraron bajo la tutela del Estado. John Bowlby, psicoanalista británico de tendencia etológica, demostró ser uno de los observadores más perspicaces de aquellos desventurados niños. En esa época, la idea imperante entre los asistentes sociales reflejaba la realidad política del momento. Creían que si un niño recibe el alimento y el cuidado de no una sino varias personas, este hecho carecería de especial relevancia en su futuro desarrollo. Con este dogma por telón de fondo, los asistentes sociales tenían autorización para separar a muchos niños de sus madres, sobre todo cuando éstas eran muy pobres o no tenían marido. Bowlby empezó a estudiar detalladamente el desarrollo de estos niños y descubrió que el mismo era bastante desfavorable, siendo el robo uno de los delitos más habituales. Una cantidad sorprendente de los jóvenes ladrones habían sufrido en sus primeros años de vida la separación prolongada de sus madres, y Bowlby determinó que estos jóvenes «carecían de afecto, de sentimientos, sólo mantenían relaciones superficiales, eran iracundos y antisociales».[14]

La afirmación de Bowlby de que el fuerte vínculo entre madre e hijo era irreemplazable fue recibida con un clamor de hostilidad por parte de los académicos y las instituciones de bienestar social. Los académicos, influidos por Freud, sólo aprobaban que los problemas infantiles surgieran de conflictos internos no resueltos, no de experiencias negativas en el mundo real, y la gente dedicada al bienestar infantil consideró suficiente —y mucho más práctico— atender únicamente las necesidades físicas de los niños a su cargo. A partir de esta controversia se realizaron las primeras observaciones verdaderamente científicas de niños separados de sus madres.

Durante aquella época, a los padres se les permitía visitar a sus hijos enfermos hospitalizados una vez al mes durante sólo una hora. Bowlby filmó estas separaciones y registró lo que ocurría a continuación, descubriendo tres etapas. La primera era la de protesta, que consistía en llorar, gritar, aporrear la puerta y zarandear la cama, y que duraba varias horas o incluso días. Le seguía una etapa de desesperación, caracterizada por gimoteos y apatía pasiva. La última etapa era de indiferencia, consistente en el alejamiento respecto a los padres, pero con una sociabilidad renovada hacia otros adultos y niños, y la aceptación de un nuevo cuidador. Lo más sorprendente es que al alcanzar la etapa de indiferencia, si la madre del niño regresaba, éste no mostraba alegría ante el reencuentro. Las actitudes actuales ante el bienestar infantil y el trato más humano que se ofrece en los hospitales son consecuencia indirecta de las observaciones de Bowlby.

Tomemos como ejemplo a Mary Ainsworth, una afable investigadora infantil de la John Hopkins University. Ainsworth llevó las observaciones de Bowlby al laboratorio, colocando a muchas madres con sus hijos en lo que denominó «situación extraña». El experimento consistía en colocar a madre e hijo en una sala en la que éste explora juguetes mientras la madre se queda tranquilamente sentada en un rincón de la habitación. En un momento dado la madre sale de la sala y entra una persona desconocida que intenta convencer al niño de que juegue y experimente. A continuación se repiten varios episodios iguales, «pequeñas separaciones» que dieron a Ainsworth la oportunidad de analizar minuciosamente la reacción del niño, confirmando la existencia de las etapas mencionadas anteriormente. El niño seguro utiliza a su madre como base firme para explorar la sala. Cuando la madre abandona ésta el niño deja de jugar, pero se muestra amable con el desconocido y se lo puede convencer de que continúe jugando. Cuando la madre regresa, en un principio se aferra a ella, pero enseguida se siente reconfortado y vuelve a jugar.

El niño elusivo juega cuando su madre está presente, pero a diferencia del niño seguro, no sonríe demasiado ni le enseña los juguetes. Cuando ésta se marcha, el niño no se muestra demasiado afligido y trata al desconocido de forma muy similar a su madre, y a veces es incluso más receptivo. Cuando la madre regresa, el niño no le presta atención e incluso aparta la mirada. Cuando su madre lo coge en brazos, el niño no se aferra a ella.

Los niños ansiosos, que Ainsworth denominó «resistentes», no parecen utilizar a sus madres como base segura de la exploración y el juego. Se aferran a ellos incluso antes de la separación y su marcha los afecta mucho. No se tranquilizan por la presencia del desconocido, y cuando la madre regresa se abalanzan sobre ella para aferrarse y luego se apartan enfadados.[15]

Bowlby y Ainsworth, como pioneros de la investigación infantil, querían situar su campo de estudio bajo el manto de su conductismo —literalmente— desapasionado, y por tanto llamaron «apego» a este fenómeno. Pero Cindy Hazan y Phillip Shaver, espíritus libres de la psicología de la década de los ochenta, se dieron cuenta de que en realidad Bowlby y Ainsworth no sólo estudiaban el comportamiento del apego, sino la emoción del amor, y no sólo a temprana edad, sino «desde el nacimiento hasta la muerte». Consideran que lo que el niño siente ante la madre se repite en las relaciones íntimas a lo largo de la vida. El «modelo de funcionamiento» con la madre se utiliza al final de la infancia con los hermanos y los amigos más cercanos, en la adolescencia condiciona a la primera pareja sentimental y de forma más acusada, el matrimonio.[16] El modelo de funcionamiento de cada persona no es rígido; puede ser influido por experiencias negativas y positivas en las distintas etapas de la vida. Sin embargo, determina tres diferentes caminos del amor en distintos ámbitos.

**Recuerdos**. Los adultos seguros recuerdan a sus padres como personas disponibles, cálidas y cariñosas. Los adultos elusivos recuerdan a sus progenitores como personas frías, con actitud de rechazo y no disponibles, y los adultos ansiosos los recuerdan como personas injustas.

**Actitudes**. Los adultos seguros tienen una autoestima elevada y pocas dudas sobre ellos mismos. Caen bien al resto de las personas y consideran que los demás son dignos de confianza, fiables, de buen corazón y amables hasta que una experiencia negativa les demuestre lo contrario. Los adultos elusivos miran a los demás con suspicacia, los consideran deshonestos y poco dignos de confianza (culpables hasta que se demuestre su inocencia); les falta seguridad, sobre todo en situaciones sociales. Los adultos ansiosos sienten que poseen escaso control sobre sus vidas, les cuesta entender y predecir a otras personas, y por tanto, los demás los desconciertan.

**Objetivos**. Las personas seguras se esfuerzan por mantener relaciones íntimas con quienes aman e intentan encontrar el equilibrio adecuado entre la dependencia y la independencia. Las personas elusivas intentan mantenerse a cierta distancia de las personas a las que aman, y dan mucho más valor a los logros que a la intimidad. Las personas ansiosas se aferran a las demás; temen el rechazo continuamente y no fomentan la autonomía y la independencia de los seres queridos.

**Afrontamiento de las dificultades**. Las personas seguras reconocen estar disgustadas e intentan utilizar los momentos difíciles para fines constructivos. Las personas elusivas no revelan nada; no dicen cuándo están disgustadas, no muestran ni aceptan la ira. Las personas ansiosas exhiben sus dificultades y su ira, y cuando se sienten amenazadas se tornan demasiado dóciles y solícitas.

A continuación expongo un ejemplo de mujer adulta estable refiriéndose a su relación de pareja:

> Realmente somos muy buenos amigos, y en cierto modo ya hacía mucho tiempo que nos conocíamos cuando empezamos a salir juntos. Además, nos gustan el mismo tipo de cosas. Otro aspecto que me agrada mucho es que se lleva bien con mis mejores amigos. Siempre encontramos soluciones. Si nos peleamos por algo, solemos resolver nuestras diferencias hablando; es un hombre muy razonable. Yo sólo puedo ser yo misma, así que está bien porque no es una relación posesiva. Creo que ambos confiamos mucho en el otro.

El siguiente párrafo pertenece a una mujer elusiva:

Mi pareja es mi mejor amigo y así es como lo considero. Es tan especial para mí como cualquiera de mis amigos. Sus expectativas en la vida no incluyen el matrimonio ni ningún compromiso a largo plazo con una mujer, lo cual ya me va bien porque yo tengo las mismas expectativas. Él no quiere intimar demasiado y no espera demasiado compromiso, lo cual está bien. A veces es una preocupación que una persona se halle tan unida a ti y posea tanto control sobre tu vida.

Y, por último, aquí tenemos a una mujer adulta ansiosa:

Entré allí... y él estaba sentado en el banco. Le lancé una mirada y literalmente me derretí. Era el hombre más guapo que había visto en mi vida, y eso fue lo primero en lo que me fijé. Salimos y almorzamos en el parque... nos sentamos por ahí, y en silencio, pero no resultaba incómodo. Como pasa cuando estás con gente que no conoces y no sabes qué decir. Pero entonces no fue así. Nos sentamos allí y fue increíble, como si hiciera mucho tiempo que nos conocíamos, y nos acabábamos de conocer hacía diez segundos. Así fue... enseguida empezaron a aparecer mis primeros sentimientos hacia él.[17]

## Consecuencias del apego seguro en una relación sentimental

En cuanto los investigadores hubieron identificado a las personas adultas de acuerdo con los estilos seguro, elusivo y ansioso, comenzaron a plantearse cómo funcionaban las distintas vidas amorosas. Sus estudios de laboratorio y de campo ponen de manifiesto que el apego seguro es tan positivo para el éxito amoroso como anunciara Bowlby por primera vez.

En el estudio de diarios escritos por parejas que presentan todas las combinaciones de estilos, destacan dos descubrimientos. El primero de ellos se relaciona con el hecho de que las personas seguras se sienten más cómodas si se hallan unidas, la relación reduce su angustia y, lo más importante, están más satisfechas con el matrimonio. Por consiguiente, la configuración óptima para una relación estable es que las dos personas hayan desarrollado un apego seguro. Pero existen infinidad de matrimonios en los que sólo uno de los miembros es seguro. En ese caso, el miembro elusivo o ansioso de la pareja estará satisfecho con el matrimonio como si se hubiera emparejado con un persona menos segura.

El estilo seguro beneficia especialmente a tres aspectos del matrimonio: dispensar cuidados, tener relaciones sexuales y enfrentarse a situaciones negativas. Los cónyuges seguros cuidan mejor de sus parejas, y no sólo se sienten más unidos, sino que saben cuándo la otra persona necesita de sus cuidados. Contrastan con los cónyuges ansiosos, que son cuidadores «compulsivos» que dispensan cuidados independientemente de que su pareja los desee o no; y con las personas elusivas, que son distantes e insensibles a las necesidades de cuidado.[18]

La vida sexual deriva igualmente de los tres estilos de amor. Las personas estables evitan las aventuras de una noche y el sexo sin amor no les parece demasiado placentero. Las personas elusivas son partidarias en mayor medida del sexo esporádico —aunque por extraño que parezca no tengan una vida sexual más activa— y disfrutan más del sexo sin amor. Las mujeres ansiosas practican el exhibicionismo, el voyeurismo y el *bondage*, mientras que los hombres ansiosos tienen menos relaciones sexuales.[19]

En dos estudios realizados con parejas durante la guerra del golfo Pérsico, se descubrió que las personas seguras, ansiosas y elusivas reaccionan de forma distinta cuando un matrimonio se enfrenta a problemas. Uno de los estudios se efectuó en Israel cuando empezaron a caer los misiles iraquíes. En esa ocasión las personas seguras buscaron el apoyo de otros, mientras que las elusivas, por el contrario, no buscaron ayuda («Intento olvidarlo») y las ansiosas se centraron en su propia situación, por lo que las personas ansiosas y elusivas mostraron niveles mayores de síntomas psicosomáticos y más agresividad.[20] El otro estudio se centró en los soldados norteamericanos que se separaron de sus parejas para acudir a la guerra, experimento de campo que ofreció a los investigadores la oportunidad de ver cómo reaccionaban a la separación y al posterior reencuentro las personas con distintos tipos de amor. Al igual que los niños de Mary Ainsworth, los hombres y mujeres con apego seguro experimentaban una mayor satisfacción marital y menos conflictos cuando los soldados regresaron.[21]

En síntesis, las personas que sienten un apego seguro y mantienen relaciones sentimentales estables tienen mejor pronóstico en prácticamente todos los aspectos de su vida. Así pues, la Psicología Positiva se centra actualmente en el modo de lograr que las relaciones íntimas contengan un apego más seguro.

## MEJORAR EL AMOR

Aunque soy psicólogo y formador de psicólogos, no soy terapeuta matrimonial.[22] Así pues, a la hora de escribir este capítulo, no he podido recurrir a suficiente experiencia clínica de primera mano, motivo por el cual hice algo que no recomiendo a nadie: leí los más importantes manuales sobre el tema. Se trata de una tarea deprimente para un psicólogo positivo, pues tales obras se dedican casi exclusivamente a explicar cómo conseguir que un mal matrimonio resulte más tolerable. Los manuales están repletos de hombres violentos, mujeres rencorosas y suegras maliciosas, todos ellos atrapados en un equilibrio de reproches y una espiral de culpa creciente. No obstante, existen algunos libros útiles e incluso reveladores sobre las dificultades matrimoniales y, si tiene problemas en su matrimonio, considero que los cuatro mejores son: *Reconcilable Differences* [Diferencias reconciliables], de Andrew Christensen y Neil Jacobson, *The Relationship Cure* [Cura para las relaciones], de John Gottman, en colaboración con Joan DeClaire, *Siete reglas de oro para vivir en pareja*, de John Gottman, en colaboración con Nan Silver, y *Salve su matrimonio*, de Howard Markman, Scout Stanley y Susan Blumberg.

Pero cuando los leí mi objetivo no era solucionar problemas. La Psicología Positiva de las relaciones y este capítulo no tratan sobre reparar los daños de un matrimonio que esté al borde de la ruptura, sino sobre cómo mejorar un matrimonio sólido. Así pues, buscaba datos sobre cómo reforzar las relaciones amorosas satisfactorias. Aunque no sean una mina de oro, estas obras contienen algunos consejos buenos que tienen probabilidades de mejorar su vida amorosa, y quiero compartir con ustedes lo mejor de este filón.

### Fortalezas y virtudes

El matrimonio funciona mejor cuando es un vehículo cotidiano para la utilización de nuestras fortalezas características. De hecho, el matrimonio es el vehículo cotidiano de las gratificaciones. A menudo, con un poco de suerte, nuestra pareja se enamora de nosotros debido a esas fortalezas y virtudes. Sin embargo, el primer ardor del amor casi siempre se entibia y la satisfacción matrimonial muestra un descenso continuo durante la primera década, y baja en picado incluso en los matrimonios fuertes. Las fortalezas que inicialmente nos hicieron sentir atraídos por nuestra pareja pasan de ser rasgos admirados a hábitos tediosos, y, si las cosas van mal, en objeto de desprecio. La tenacidad y lealtad que tanto gustaban al comienzo se transforman en pesadez, y pueden tambalearse ante el precipicio de la rutina más aburrida. La sociabilidad y el ingenio de ella se tornan locuacidad superficial, y durante los momentos de inactividad corren el peligro de ser vistos como superficialidad compulsiva. La integridad puede acabar considerada terquedad, la perseverancia rigidez y la amabilidad bobería.

John Gottman, profesor de la Universidad de Washington en Seattle, y codirector del Instituto Gottman (*www.gottman.com*) es mi investigador matrimonial preferido. Predice con antelación qué parejas se divorciarán y cuáles permanecerán juntas, y utiliza estos conocimientos para diseñar programas que mejoren el matrimonio. Observando cómo interactúan cientos de parejas durante doce horas al día a lo largo de un fin de semana completo en su «laboratorio del amor» —un cómodo apartamento con todos los servicios domésticos, más espejos de dirección única—, Gottman predice el divorcio con una precisión del 90 %. Los aspectos predictores son los siguientes:[23]

- Un comienzo áspero en una situación de desacuerdo.
- Crítica de la pareja, en vez de reclamo.
- Muestras de desprecio.
- Actitud defensiva ante situaciones que no la justifican.
- Falta de validación (sobre todo utilizar evasivas).
- Lenguaje corporal negativo.

Desde una perspectiva positiva, Gottman también predice qué matrimonios mejorarán con el paso de los años. Ha descubierto que estas parejas dedican cinco horas más a la semana a su matrimonio mediante las siguientes actividades:

- *Despedidas*. Antes de despedirse por la mañana, los miembros de la pareja se interesan por algo que el otro hará durante la jornada. (2 minutos × 5 días = 10 minutos.)
- *Reuniones*. Al final de cada día de trabajo, las parejas mantienen una conversación relajada. (20 minutos × 5 días = 1 hora, 40 minutos.)
- *Afecto*. Tocarse, agarrarse, abrazarse y besarse, todo ello acompañado de cariño e indulgencia. (5 minutos × 7 días = 35 minutos.)
- *Una cita semanal*. Sólo los dos miembros de la pareja en un entorno relajado, poniendo al día su amor. (2 horas una vez a la semana.)
- *Admiración y aprecio*. Todos los días, se manifiestan afecto y aprecio verdaderos por lo menos una vez. (5 minutos × 7 días = 35 minutos.)

*Siete reglas de oro para vivir en pareja*, de John Gottman y Nan Silver, es mi manual preferido para el matrimonio.[24] En él, los autores presentan una serie de ejercicios para avivar las ascuas del cariño y la admiración por las fortalezas para que éstas brillen de forma regular. A continuación les ofrezco mi versión del ejercicio más relevante del libro referido. Marque las tres fortalezas más características de su pareja.

## LAS FORTALEZAS DE SU PAREJA

SABIDURÍA Y CONOCIMIENTO
1. Curiosidad _____
2. Amor por el conocimiento _____
3. Juicio _____
4. Ingenio _____
5. Inteligencia social _____
6. Perspectiva _____

VALOR

7. Valentía _____
8. Perseverancia _____
9. Integridad _____

HUMANIDAD Y AMOR

10. Bondad _____
11. Amor _____

JUSTICIA

12. Civismo _____
13. Imparcialidad _____
14. Liderazgo _____

TEMPLANZA

15. Autocontrol _____
16. Prudencia _____
17. Humildad _____

TRASCENDENCIA

18. Disfrute de la belleza _____
19. Gratitud _____
20. Esperanza _____
21. Espiritualidad _____
22. Perdón _____
23. Sentido del humor _____
24. Entusiasmo _____

Respecto a cada una de las tres fortalezas que usted haya escogido en relación con su pareja, escriba un hecho admirable reciente en el que él o ella hayan evidenciado tal fortaleza. Deje que su pareja lea lo que ha escrito y pídale que realice este ejercicio de muestra de cariño.

Fortaleza _____
Acontecimiento

Fortaleza _____
Acontecimiento

Fortaleza _____
Acontecimiento

Lo que subyace a este ejercicio es la importancia del «yo» ideal que habita tanto en su propia mente como en la de su pareja. El «yo» ideal es la imagen que albergamos de lo mejor que somos capaces de hacer, nuestras mejores fortalezas activas y manifiestas. Cuando sentimos que vivimos de acuerdo con nuestros ideales más preciados, nos sentimos satisfechos y el ejercicio de tales fortalezas produce mayor gratificación. Cuando nuestra pareja también lo ve, nos sentimos validados y nos esforzamos más para no decepcionar a la persona que ha depositado su fe en nosotros.[25] Este concepto es el telón de fondo del descubrimiento más importante en toda la bibliografía de investigación sobre el romance, un principio que denomino «Aférrate a tus ilusiones».

Sandra Murray, profesora de la State University de Nueva York en Buffalo, es la científica más imaginativa e innovadora en este campo, y estudia exhaustivamente las ilusiones románticas. Murray desarrolló criterios para medir la fuerza de las ilusiones en las relaciones sentimentales pidiendo a muchas parejas —novios y matrimonios—

que se valoraran a sí mismos, a su pareja y a un/a compañero/a ideal de acuerdo con varias fortalezas y defectos. También pidió a los amigos de la pareja que comentaran dichas valoraciones. La medida relevante es la discrepancia existente entre lo que un miembro de la pareja cree sobre las fortalezas del otro y lo que creen sus amigos. Cuanto mayor es la discrepancia en una dirección positiva, mayor es la «ilusión» romántica que uno tiene respecto al otro.

Sorprendentemente, cuanto mayor es la ilusión, más feliz y estable es la relación. Las parejas satisfechas ven virtudes en sus cónyuges que los amigos más cercanos no vislumbran. En contraste con esta distorsión benevolente, las parejas insatisfechas tienen una «imagen enturbiada» del otro; ven menos virtudes en su cónyuge que sus amigos. Las parejas más felices miran el lado bueno de la relación, se centran más en las fortalezas que en las debilidades, y consideran que los acontecimientos negativos que podrían amenazar a otras parejas no les afectan. Estas parejas prosperan incluso cuando en realidad están amenazadas por tales acontecimientos y lo hacen en función de las ilusiones recíprocas. Según Murray, las ilusiones positivas conllevan su propio cumplimiento porque en realidad los cónyuges idealizados intentan estar a la altura. Son una barrera cotidiana contra las dificultades, puesto que los cónyuges se perdonan entre sí con más facilidad por las transgresiones cotidianas y utilizan la alquimia de las ilusiones para restarle importancia a los defectos y elevar las carencias a la categoría de fortalezas.[26]

Estas parejas felices utilizan hábilmente la técnica «sí, pero...». Una mujer, restándole importancia al «frustrante» defecto de su pareja de discutir de forma compulsiva ante el menor desacuerdo, dijo: «Creo que ha ayudado, porque nunca un problema pequeño ha provocado un desacuerdo importante.» Otra mujer expresó a propósito de la falta de confianza en sí mismo de su pareja: «Hace que me sienta afectuosa con él.» Otra arguyó sobre la obstinación y tozudez de su pareja: «Lo respeto por sus fuertes convicciones, y me ayuda a confiar en nuestra relación.» Sobre los celos, otra explicó que era indicativo de «la importancia que poseo en su vida». Respecto a la «precipitación al juzgar» a la gente, dijo: «Al comienzo pensé que estaba loco, pero ahora creo que lo echaría de menos si no lo hiciera, y también pienso que la relación se resentiría si desapareciera este atributo.» En relación a la timidez, un hombre comentó: «Ella no me obliga a revelar cosas sobre mí mismo que no deseo... y esto hace que me sienta más atraído por ella.»

Esta tendencia emocional está relacionada con las explicaciones optimistas del matrimonio. En el capítulo 6 traté la importancia de las explicaciones optimistas respecto a la felicidad, el éxito laboral, la salud física y la capacidad para combatir la depresión. El amor es otro terreno en el que ayudan tales atribuciones de causalidad. Recordarán que las personas optimistas atribuyen causas transitorias y concretas a los sucesos negativos, y permanentes y dominantes a los sucesos positivos. Frank Fincham y Thomas Bradbury —profesores de la State University de Nueva York, en Buffalo, y de UCLA respectivamente— han hecho un seguimiento de más de una década de los efectos de tales atribuciones respecto al matrimonio. El primer descubrimiento es que todas las combinaciones de optimismo y pesimismo permiten que un matrimonio sea viable, salvo una: una pareja de pesimistas.

Cuando dos pesimistas se casan y se produce un suceso adverso, ambos caen en una espiral descendente. Por ejemplo, supongamos que ella llega tarde del trabajo. La interpretación que él hace, de acuerdo con su estilo pesimista, es «se preocupa más por el trabajo que por mí» y se enfurruña. Ella, también pesimista, interpreta su enojo como «es un desagradecido, porque no aprecia el buen sueldo que traigo a casa gracias al tiempo y esfuerzo que dedico al trabajo», y así se lo dice. Él responde: «Nunca me escuchas cuando intento decirte que estoy insatisfecho.» Ella replica: «No eres más que un llorica.» El desacuerdo acaba convirtiéndose en una guerra sin cuartel. En un momento anterior, introducir un argumento optimista habría roto la creciente espiral de culpa y actitud defensiva. Así, en vez de insistir en su ingratitud, ella podría haber dicho: «Tenía muchas ganas de llegar a casa para disfrutar de la deliciosa cena que has preparado, pero uno de mis clientes más importantes se ha presentado a las cinco sin avisar.» O él podría haber expresado, tras un comentario sobre su ingratitud: «Significa mucho para mí que intentes llegar temprano a casa.»[27]

El resultado de esta investigación es que el matrimonio entre pesimistas corre peligro a largo plazo. Si tanto usted como su pareja obtuvieron una puntuación inferior a 0 —moderada o gravemente desesperanzado— en el test del capítulo 6, me gustaría que se tomara en serio el consejo de que adopte medidas activas para vencer el pesimismo. Uno de ustedes, o mejor ambos, debería realizar diligentemente los ejercicios del capítulo 12 de *Aprenda optimismo* y medir el cambio hacia el optimismo al cabo de una semana mediante el test del capítulo 6 de este libro. Siga realizando estos ejercicios hasta que obtenga una puntuación superior a la media.

En un exhaustivo estudio sobre el optimismo y el pesimismo dentro del matrimonio, se realizó durante cuatro años un seguimiento de 54 parejas de recién casados. La satisfacción matrimonial y las atribuciones pesimistas iban de la mano, lo cual sugiere que al igual que las explicaciones positivas generan más satisfacción matrimonial, lo cual a su vez desarrolla más argumentos positivos. De las 54 parejas, 16 se divorciaron o separaron a lo largo de los cuatro años siguientes, y cuanto más positivas eran sus explicaciones, tenían mayores posibilidades de permanecer juntas.

La conclusión final es fácil de obtener: el optimismo

ayuda al matrimonio. Cuando su pareja haga algo que le desagrade, intente con todas sus fuerzas encontrar una atribución transitoria y local a su actitud: «Estaba cansado», «Estaba de mal humor», o «Tenía resaca», en lugar de «Nunca me presta atención», «Es un gruñón» o «Es un alcohólico». Cuando su pareja haga algo admirable, amplifíquelo con atribuciones causales permanentes —siempre— y omnipresentes —rasgos del carácter—: «Es genial» o «Siempre está por encima de los demás», en lugar de: «La oposición cedió» o «Tuvo un día de suerte».

## Escuchar de forma receptiva y atenta

Abraham Lincoln era un maestro en escuchar atentamente. Según cuenta la historia, aparte de tener una sensibilidad extraordinaria, contaba con una maleta llena de expresiones receptivas que iba agregando en las historias interminables de congoja y quejas que llenaban su vida política: «No puedo culparle por eso», «No me extraña» y comentarios similares. Precisamente, mi historia preferida sobre Lincoln trata de esta habilidad:[28]

> Dicen que un monarca oriental encargó en una ocasión a sus sabios que inventaran una oración que estuviera siempre a la vista y que debía ser cierta y apropiada en todo momento y situación. Le presentaron las siguientes palabras: «Y esto también desaparecerá.» ¡Cuánto expresa! ¡Cuán aleccionador en el momento del orgullo! ¡Qué consuelo presenta cuando se está en el abismo de la aflicción!

Ninguno de nosotros es Lincoln, y nuestra conversación consiste demasiadas veces en hablar y esperar. Sin embargo, hablar y esperar es una fórmula poco adecuada para desarrollar una comunicación armoniosa en el matrimonio —o en cualquier otro entorno—, de modo que ha nacido un ámbito que analiza y mejora la escucha receptiva. Algunas de las enseñanzas proporcionadas por esta área pueden mejorar un buen matrimonio.[29]

El principio general del buen oyente es la validación. En primer lugar el hablante quiere saber que se le ha entendido («Umm», «Comprendo», «Entiendo lo que quieres decir», «Y que lo digas»). Si es posible, también debe constatar que el oyente está de acuerdo, o por lo menos que es comprensivo (asentir o decir «Claro que sí», «Cierto», «Y tanto», o incluso el menos evasivo: «No se te puede culpar por eso.») Hay que hacer un esfuerzo especial por validar lo que su cónyuge dice; cuanto más serio sea el tema, más clara debe ser la validación. Guárdese el desacuerdo para cuando le llegue el turno de hablar.

La falta de atención es sencillamente el problema básico de la escucha no receptiva. Los factores externos —los gritos de los niños, la sordera, el televisor encendido, las interferencias en el teléfono— deberían eliminarse. Evite mantener conversaciones en tales circunstancias. También existen factores internos habituales que hacen que una persona no preste atención, como la fatiga, pensar en otra cosa, el aburrimiento y —lo más común— preparar la refutación. Dado que su pareja se sentirá invalidada si usted adopta uno de estos estados, debería esforzarse por evitarlos. Si se trata de cansancio o aburrimiento, o de pensar en otra cosa, sea sincero: «Me gustaría hablar contigo de este tema ahora, pero estoy agotado», o «Estoy pendiente del problema del impuesto sobre la renta», o «Todavía no acabo de entender por qué Maisie me ha insultado de esa manera. ¿Podemos hablar de esto más tarde?». Preparar la refutación mientras se escucha es una costumbre insidiosa y no resulta fácil de superar. Es útil empezar la respuesta con una paráfrasis de lo que el hablante acaba de decir, puesto que hacer una buena paráfrasis exige una dosis considerable de atención. (A veces impongo esta técnica en los debates de clase cuando me doy cuenta de que los alumnos no están escuchando atentamente.)

Otra barrera para la escucha receptiva es el estado anímico. Damos a los hablantes el beneficio de la duda cuando nos hallamos de buen humor. Sin embargo, cuando estamos de mal humor, la palabra que arraiga en nuestro corazón es un implacable «no», la compasión se desvanece y oímos el aspecto negativo del punto de vista del hablante con mayor facilidad que el positivo. Para esta barrera ser franco también resulta un buen antídoto («He tenido un día frustrante» o «Siento haberte hablado con brusquedad» o «¿Podemos hablar de esto después de cenar?»).

Éstas, si bien son técnicas útiles en las conversaciones de cada día, no bastan para abordar temas cargados emocionalmente. En las parejas con problemas, casi todas las discusiones poseen una carga emotiva y acaban fácilmente en pelea, pero incluso en matrimonios felices hay temas espinosos. Markman, Stanley y Blumberg comparan el manejo exitoso de tales aspectos con el de un reactor nuclear: el tema genera calor, que puede utilizarse de forma constructiva o puede estallar y provocar un caos muy difícil de arreglar. Pero también disponemos de barras de control, una estructura para trasvasar el calor. La barra de control más importante es el ritual que denominan «ritual hablante-oyente», que yo recomiendo.

Cuando se encuentre abordando un tema tortuoso, ya sea relacionado con el dinero, el sexo o los suegros, diga: «Es uno de mis temas espinosos, así que empleemos el ritual hablante-oyente.» Cuando invoque este ritual, coja el trozo de alfombra ceremonial —o trozo de linóleo, o mazo— que simboliza a quien dispone de la palabra. Ambos deben tener presente que quien no posee la alfombra en su mano es el oyente. En algún momento el hablante le cederá la palabra. No intente resolver problemas, éste es el momento de escuchar y responder, actividad que debe preceder a la búsqueda de soluciones en temas conflictivos.

Cuando le toque hablar, exprese sus pensamientos y

sentimientos, no su interpretación y percepción de lo que su pareja piensa y siente. Utilice «yo» lo más posible, en vez de «tú». «Yo creo que eres horrible» no es una frase que implique el «yo», pero sí lo es «Me molestó mucho que te pasaras tanto tiempo hablando con ella». No divague, puesto que tendrá tiempo suficiente de expresar sus ideas. Deténgase a menudo y deje que el oyente lo parafrasee.

Cuando usted sea el oyente, parafrasee lo que ha oído cuando se lo pidan. No rebata ni ofrezca soluciones. Tampoco realice gestos o expresiones faciales negativas. Su misión se limita a mostrar que ha entendido lo que ha oído. Ya tendrá ocasión de rebatir cuando se le ceda la palabra.

He aquí un ejemplo literal: Tessie y Peter tienen un problema espinoso relacionado con el jardín de infancia de Jeremy.[30] Peter ha estado evitando la discusión y, colocándose frente al televisor, Tessie fuerza la conversación. Le pasa la alfombra.

*Peter (hablante):* A mí también me preocupa a qué jardín de infancia enviar a Jeremy, y ni siquiera estoy seguro de que éste sea el año más adecuado para que empiece.

*Tessie (oyente):* A ti también te preocupa y tampoco estás seguro de que esté preparado.

*Peter (hablante):* Sí, eso es. Es bastante inmaduro para su edad y no estoy seguro de cómo le iría, a no ser que la situación fuera la adecuada.

Observe que Peter reconoce que el resumen de Tessie es adecuado antes de pasar a otro asunto.

*Tessie (oyente):* Te preocupa que no sepa espabilarse con niños más maduros, ¿no?

Tessie no está segura de haber entendido el comentario de Peter por lo que su paráfrasis es tentativa.

*Peter (hablante):* Bueno, en parte sí, pero tampoco estoy seguro de que esté preparado para estar lejos de ti mucho tiempo. Por supuesto, tampoco quiero que sea demasiado dependiente, pero...

Se ceden la palabra, y Tess coge la alfombra.

*Tessie (hablante ahora):* Bueno, valoro lo que dices. De hecho, no me había dado cuenta de que habías pensado tanto sobre el tema. Me preocupaba que no te importara.

Ahora Tessie, como hablante, valida a Peter con respecto a los comentarios que ha realizado.

*Peter (oyente):* Me parece que te alegra saber que me preocupa.

*Tessie (hablante):* Sí, estoy de acuerdo en que no es una decisión fácil. Si lo lleváramos al jardín de infancia este año, tendría que ser el sitio adecuado.

*Peter (oyente):* Te refieres a que tendría que ser el jardín de infancia adecuado para que valiera la pena llevarlo este año.

*Tessie (hablante):* Exacto. Quizá mereciera la pena intentarlo si encontráramos un buen entorno para él.

A Tessie le hace bien que Peter la escuche detenidamente, y así se lo hace saber.

*Peter (oyente):* Así que lo intentarías si encontráramos el entorno adecuado.

*Tessie (hablante):* Quizá lo intentaría. No estoy segura de estar dispuesta a decir «lo intentaría».

*Peter (oyente):* No estás lista para decir que lo quieres sin dudar, aunque fuera un jardín de infancia perfecto.

*Tessie (hablante):* Exacto. Sí, toma, te cedo la palabra.

En este capítulo se abordan dos principios para mejorar las relaciones amorosas que ya son buenas: la atención y el carácter insustituible. No debe escatimar la atención que presta a la persona amada.

Las habilidades de escucha y habla que he tratado lo ayudarán a mejorar la calidad de la atención recíproca. Hacer que la atención sea más afectuosa, descentrándose de sí mismo para admirar las fortalezas de su pareja, también mejorará la calidad de la atención. Pero la cantidad es crucial. No creo en la cómoda noción de «tiempo de calidad» con respecto al amor. A las personas a quienes amamos y que nos aman no sólo les pedimos que nos escuchen con atención, sino que lo hagan a menudo. Cuando permiten que las presiones laborales, escolares, o la serie interminable de dificultades externas se inmiscuyan y desplacen la atención que nos ofrecen, el amor no hará sino atenuarse. El carácter insustituible ha tocado fondo.

*El otro día hablé con Nikki de la clonación. Ahora tiene diez años y está aprendiendo sobre este tema en las clases de biología de Mandy. Le dije: «Aquí tenemos una receta de ciencia ficción para la inmortalidad, Nikki. Imagina que te quitaras unas cuantas células y clonaras a otra Nikki. Que luego guardaras a ese clon de Nikki viva en un armario hasta que fuera mayor. Imagina también que la ciencia cerebral alcanzara un punto en que se pudiera grabar todo el contenido de tu cerebro, el estado de todas tus células cerebrales. Cuando tuvieras casi cien años, podrías descargar el contenido de tu cerebro en el clon de Nikki, y Nikki viviría otros cien años más. Si hicieras esto durante un siglo, vivirías eternamente.»*

*Para mi sorpresa, Nikki se quedó abatida. Con la mirada baja y al borde de las lágrimas, dijo con un nudo en la garganta: «No sería yo. Yo soy única.»*

Las personas que amamos sólo pueden estar comprometidas con nosotros de forma profunda e irracional si somos únicos ante sus ojos. Si pudiéramos ser sustituidos, por un cachorro o un clon, sabríamos que su amor es superficial. Parte de lo que nos hace insustituibles a los ojos de quienes nos aman es el perfil de nuestras fortalezas y la forma particular que tenemos de expresarlas. Algunas personas afortunadas tienen la capacidad de amar y ser amadas como fortaleza característica. El amor fluye de ellos como un río y lo absorben como esponjas, y ése es el camino más recto hacia el amor. Sin embargo, muchos de nosotros no poseemos esta fortaleza característica y tenemos que esforzarnos para tenerla. Para ser escritor de éxito, contar con un CI verbal elevado y una gran riqueza de vocabulario suponen una ventaja. Sin embargo, la perseverancia, los buenos mentores, la habilidad para vender y el haber leído mucho compensan un CI y un vocabulario normales. Lo mismo sucede con un buen matrimonio. Afortunadamente, existen muchas vías: amabilidad, gratitud, perdón, inteligencia social, objetividad, integridad, sentido del humor, entusiasmo, justicia, autocontrol, prudencia y humildad son las fortalezas a partir de las que puede forjarse el amor.

# 12

# La educación de los hijos[1]

*«Los arqueólogos no descansan», dice jadeando Darryl mientras saca otro pedazo de lava del tamaño de una pelota de baloncesto de un pozo en el que está metido hasta la cintura. Lleva más de cuatro horas bajo el sol mexicano extrayendo una roca tras otra de la arena. Parece excesivo para un niño de seis años, y Mandy insiste en decirle que se ponga a la sombra. La mañana empezó con una joven profesora de Arqueología que durante el desayuno nos habló acerca de una excavación en Williamsburg en la que había participado. Al cabo de unos minutos, después de que lo embadurnaran de protector solar y le enfundaran una camisa de manga larga, unos pantalones y un sombrero, Darryl salió al exterior armado sólo con una pala. A cavar.*

*Acabo de volver del almuerzo y me quedo consternado al ver la bien cuidada playa del hotel salpicada de grupos de rocas y marcada por tres profundos pozos. «Darryl, todas esas rocas no volverán a caber en los agujeros», lo regaño.*

*«Papá, qué pesimista eres —responde Darryl—. Pensaba que habías escrito* Niños optimistas. *No debe de ser un libro muy bueno.»*

Darryl es el tercero de nuestros cuatro hijos. En el momento de redactar este libro, Lara tiene doce años, Nikki diez, Darryl ocho y Carly uno. Gran parte del material de este capítulo procede de nuestra experiencia con ellos, puesto que carecemos de una base de investigación relevante sobre la emotividad positiva y los rasgos positivos en los niños pequeños. El estilo de Mandy y el mío como padres se basa de forma consciente en diversos principios de la Psicología Positiva. Este capítulo se divide en dos partes; la primera aborda las emociones positivas en los niños —puesto que son básicas—; la segunda se centra en las fortalezas y virtudes, que constituyen la mejor consecuencia de una abundante emotividad positiva en la infancia.

## LAS EMOCIONES POSITIVAS EN LOS NIÑOS PEQUEÑOS

Cuando uno debe enfrentarse a rabietas, mohínes y quejidos, es muy fácil pasar por alto el hecho que los niños pequeños experimentan muchas emociones positivas. Al igual que los cachorros, los niños pequeños —con algunas excepciones como acabo de apuntar— son graciosos, juguetones y risueños. Hasta el final de la infancia y los primeros años de la adolescencia no aparece la indiferencia, el letargo, la ansiedad y la despresión. Se considera que los cachorros y los niños pequeños resultan tan graciosos para los adultos porque, en la evolución, este comportamiento induce el tierno cuidado de los adultos, lo cual ayuda a asegurar la supervivencia del niño y la perpetuación de los genes que precisamente están al servicio de la gracia infantil. Pero ¿por qué los niños pequeños son tan felices y juguetones, aparte de graciosos?

De acuerdo con el trabajo de Barbara Fredrickson, las consecuencias de las emociones positivas, tal como expuse en el capítulo 3, son ampliables, acumulativas y permanentes. A diferencia de las negativas, que limitan nuestras posibilidades de enfrentarnos a una amenaza inmediata, las emociones positivas favorecen el crecimiento. La emotividad positiva que emana un niño es un letrero de neón que señala una posición ventajosa tanto para él como para los padres. El primero de los tres principios sobre emotividad positiva aplicados a la crianza es que este tipo de sentimientos amplían y desarrollan los recursos intelectuales, sociales y físicos que serán la cuenta bancaria de la que dependerán sus hijos cuando sean más mayores. Por consiguiente, la evolución se ha encargado de que las emociones positivas sean un elemento crucial para el desarrollo de los niños.

Cuando un organismo joven —niño o cachorro— experimenta emociones negativas corre a protegerse, o, si no dispone de un lugar seguro y conocido en el que esconderse, se queda paralizado en donde está. Cuando vuelve a sentirse seguro y a salvo, abandona su refugio y se enfrenta al mundo. La evolución ha desarrollado mecanismos mediante los cuales los organismos jóvenes se abren al exterior cuando se sienten seguros y amplían sus recursos a través de la exploración y el juego. La bebé de diez meses situada sobre una gran manta llena de juguetes atractivos, al comienzo se mostrará muy cautelosa, incluso inmóvil. Cada varios segundos mirará por encima del hombro para observar a su madre que se halla plácidamente sentada tras ella. Una vez convencida de su seguridad, se abalanzará sobre los juguetes y empezará a jugar.

Se trata de un lugar en el que el apego seguro, tal como he expresado en el capítulo anterior, ocupa un lugar preponderante. El niño o niña que goza de un apego seguro empieza a explorar y a dominar el terreno antes que un niño con apego inseguro. Pero cualquier peligro perjudica el desarrollo, y si la madre desaparece surgirán las emociones negativas y el hijo, aunque sintiera un apego seguro, recurrirá a un repertorio de conductas limitado que le ofrecerá seguridad. No asumirá riesgos. Volverá la espalda a lo desconocido y gimoteará o llorará. Cuando su madre regrese se sentirá feliz y seguro, dispuesto a asumir riesgos nuevamente.

Considero que la abundancia de emociones positivas

en los niños pequeños responde al hecho de que este período del desarrollo es fundamental para ampliar y optimizar los recursos cognitivos, sociales y físicos. La emotividad positiva consigue esto de varios modos. En primer lugar genera de manera directa el afán exploratorio, lo que a su vez favorece el dominio de la actividad. El dominio genera más sentimientos positivos, pues induce una espiral ascendente de buenas sensaciones, lo que a su vez incrementa el dominio y produce más buenas sensaciones. Su hija pequeña se convierte entonces en una verdadera máquina de ampliación y desarrollo, y su cuenta bancaria, exigua en un principio, crece de forma extraordinaria. Por el contrario, cuando experimenta emociones negativas erige una fortaleza dentro de la cual recurre a lo que sabe que es seguro e irrefutable, a expensas de la expansión emocional.

Hace treinta y cinco años los terapeutas cognitivos se encontraron con una «espiral descendente» de emociones negativas en los pacientes deprimidos a los que trataban.

Joyce se despertó a las cuatro de la mañana y empezó a pensar en el informe que terminaría hoy. Ya hacía un día que tenía que haber entregado su análisis de beneficios del tercer trimestre. Allí tumbada, al caer en la cuenta de lo poco que le gustaban los retrasos a su jefe, Joyce se puso de mal humor. Pensó: «Aunque el informe sea bueno, se enfadará porque se lo entrego un día tarde.» Al imaginar la mala cara de su jefe al recibir el informe, se puso de peor humor y pensó: «Podría perder el trabajo por esto.» Esta idea la entristeció, y cuando se imaginó diciéndole a los gemelos que se había quedado sin trabajo y que no podía pagarles el campamento de verano, rompió a llorar. Presa de una total desesperación, Joyce se preguntó si no debía poner fin a todo aquello. Las pastillas estaban en el baño...

La depresión produce una inmediata espiral descendente debido a que el talante depresivo hace que los recuerdos negativos acudan a la mente con más facilidad.[2] A su vez, los pensamientos negativos intensifican el estado de ánimo deprimido, que de este modo favorece pensamientos aún más negativos, y así sucesivamente. Romper el círculo vicioso es una importantísima habilidad que debe aprender el paciente depresivo.

¿Existe la espiral ascendente de las emociones positivas? Según la idea de ampliación y desarrollo, cuando las personas experimentan sentimientos positivos, se modifican sus formas de pensamiento y acción. El pensamiento se torna creativo y amplía sus perspectivas, y las acciones se convierten en audaces y exploratorias. Este repertorio ampliado produce un mayor dominio de las actividades que se han de afrontar y, como consecuencia de ello, mayor emotividad positiva, la cual debería ampliar y desarrollar todavía más el pensamiento y la acción, y así sucesivamente. Si tal proceso existe realmente y podemos aprovecharlo, sus implicaciones para alcanzar una vida más feliz son enormes.

Barbara Fredrickson y Thomas Joiner se dedicaron a buscar la espiral ascendente en el laboratorio, y fueron los primeros investigadores que la hallaron. Con cinco semanas de diferencia, 138 de sus estudiantes se sometieron a dos mediciones del estado de ánimo. En ambas ocasiones pusieron de manifiesto sus «estilos de supervivencia» cognitivos. Cada estudiante determinó el problema más importante al que se había enfrentado el año anterior y describió cómo lo había afrontado: resignándose, pidiendo consejo, mediante reorientación positiva, contándolo, eludiéndolo o a través del análisis cognitivo (una forma de hacerle frente con mentalidad abierta, que consiste en reflexionar acerca de las formas de abordar el problema alejándose de la situación para lograr mayor objetividad).

El hecho de efectuar las mediciones con una diferencia de cinco semanas sobre las mismas personas permite analizar mejor el pasaje hacia una forma de sobrevivir a las situaciones más abierta, así como hacia la felicidad. Al cabo de cinco semanas, las personas que eran felices desde el inicio adoptaron una mentalidad más abierta, y quienes ya poseían este tipo de mentalidad acabaron siendo aún más felices. Este hecho aísla el crucial problema de la espiral ascendente y, por tanto, nos lleva al segundo principio que los padres deben tener en cuenta, y que consiste en incrementar las emociones positivas de sus hijos para iniciar una espiral ascendente que conduzca a mayores sentimientos positivos.[3]

El tercer principio consiste en que los padres se tomen tan en serio las emociones positivas de sus hijos como las negativas, como también sus fortalezas y debilidades. Actualmente quizá se afirme que la motivación negativa es fundamental para la naturaleza humana y que la motivación positiva deriva de ella, pero no he observado ni una sola evidencia que apoye esta idea. Por el contrario, considero que la evolución ha seleccionado ambos tipos de aspectos, y un número determinado de personas respaldan la moralidad, la cooperación, el altruismo y la bondad, mientras un número similar apoyan el asesinato, el robo, el egoísmo y la maldad. Esta visión dual según la cual los rasgos positivos y negativos son igualmente genuinos y fundamentales es la premisa básica de la motivación en Psicología Positiva.

Ante berrinches, lloros y peleas no cabe esperar que los padres recuerden consejos concretos de libros como éste. Sin embargo, pueden recurrir a los tres principios de la práctica de la paternidad surgidos de la Psicología Positiva:

- Las emociones positivas amplían y desarrollan los recursos intelectuales, sociales y físicos de los que sus hijos dispondrán en su vida adulta.

- El hecho de aumentar las emociones positivas en sus hijos puede iniciar una espiral ascendente de sentimientos positivos.
- Los rasgos positivos que muestren sus hijos son igual de reales y auténticos que los negativos.

La tarea más placentera de los padres consiste en incrementar las emociones y rasgos positivos de los hijos, en lugar de meramente disipar o eliminar las emociones y rasgos negativos. Es fácil comprobar que un bebé de tres meses ríe, pero a esa edad no se aprecia si éste es abierto o prudente. Es muy probable que la emotividad positiva aparezca antes que las fortalezas y virtudes, y estas últimas se desarrollan a partir de dicha materia prima. Así pues, veamos ahora las técnicas que pueden emplearse para aumentar los sentimientos positivos en los niños.

## OCHO TÉCNICAS PARA INCREMENTAR LAS EMOCIONES POSITIVAS

### 1. Dormir con su bebé

Mandy y yo empezamos a dormir con nuestros bebés poco después de que naciera Lara, nuestra hija mayor. Mandy daba de mamar a Lara y era mucho más práctico dejarla en la cama con nosotros, aparte de que dormíamos mejor. La primera vez que Mandy me lo sugirió, me quedé horrorizado: «Acabo de ver una película —protesté— en la que una vaca se daba la vuelta dormida y aplastaba al ternero. ¿Y qué pasará con nuestra vida amorosa?» Pero, como ha ocurrido con la mayoría de nuestras iniciativas relacionadas con la crianza de los hijos —Mandy quería cuatro hijos y yo ninguno, por lo que llegamos a un compromiso sobre la postura más sabia: cuatro—, Mandy se salió con la suya. Esta decisión con respecto al dormir ha funcionado tan bien que la hemos empleado cada vez más con cada bebé, y Carly sigue durmiendo con nosotros ahora que se acerca su primer cumpleaños.

Hay varias buenas razones para esta decisión antiquísima:

- **Amai**. Creemos en la creación de fuertes vínculos de amor —«apego seguro»— entre el recién nacido y ambos progenitores. Cuando el bebé despierta siempre junto a sus padres, el temor al abandono disminuye y crece la sensación de seguridad. En el caso de padres que trabajan demasiado, aumenta el valioso tiempo de contacto con el bebé, e incluso si cree en la cómoda idea de tiempo «de calidad», nadie cuestiona que cuanto más tiempo pase con sus hijos, mejor para todos. Los padres interactúan con el bebé cuando éste va a dormir, en caso de que se desvele y por la mañana cuando despierta. Además, cuando el bebé descubre que no tiene que llorar demasiado para alimentarse por la noche, las rachas interminables de llanto no se refuerzan. Todo esto encaja con la idea japonesa de *amai*, la sensación de ser valorados y la expectativa de ser amados que tienen los niños criados de forma apropiada.[4] Queremos que nuestros hijos se sientan valorados y que se enfrenten a situaciones nuevas con la perspectiva de ser queridos. Incluso cuando no resulte así, en un sentido global es la expectativa más beneficiosa.
- **Seguridad**. Al igual que muchos padres, nos preocupamos en exceso por nuestros bebés. Nos preocupamos por el síndrome de la muerte súbita, por la parada respiratoria e incluso por peligros más extremos como la entrada de ladrones, un incendio, inundaciones, mascotas enloquecidas y enjambres de insectos que pican. Si se produjera alguno de estos acontecimientos rocambolescos, el hecho

de hallarse junto al bebé aumentará las posibilidades de salvarle la vida. No encontraremos en la bibliografía pediátrica ni un solo caso en el que un progenitor se diera la vuelta dormido y aplastara a su bebé.

- **Aventuras con papá**. En nuestra cultura es la madre la que más tiempo dedica al cuidado de los hijos. Por consiguiente, el bebé suele estar más unido emocionalmente a ésta, relación que el padre, cuando advierte que se halla excluido, no puede compartir con facilidad. El hecho de dormir con el bebé mejora esta situación.

*Son las tres de la mañana, hora de Berlín, pero sólo las nueve de la noche para los viajeros con* jet-lag. *Estamos acostados, intentando dormir sabiendo que tenemos todo un día por delante y que amanecerá en apenas cuatro horas. Carly, que tiene cinco meses, se despierta y empieza a revolverse. No se tranquiliza con el amamantamiento y ni Mandy ni yo sabemos qué hacer para calmar a la niña que llora.*

*—Te toca, querido —me susurra al oído, aunque finja dormir. Me incorporo medio dormido. Mandy cae rendida. Carly no deja de llorar. Mi turno, ¿qué puedo hacer? Me desespero después de intentar en vano con los arrullos, frotarle la espalda y hacerle cosquillas en los pies.*

*Cantar. Sí, le cantaré. Tengo una voz terrible, tan mala que me echaron del coro de octavo curso de la Albany Academy, pese a que les faltaba gente. Desde entonces no he cantado delante de nadie. Pero en realidad me encanta cantar, aunque no lo haga demasiado bien.*

*—Gutten abend, gutten Nacht, mit Rosen bedacht... —empiezo a cantarle suavemente a Carly la nana de Brahms. Se sobresalta visiblemente, me mira boquiabierta y deja de llorar por un momento. Animado, sigo cantando. Al oír* Morgen Frueh, so Gott Hill..., *Carly des-*

*pliega una amplia sonrisa. Canto más alto y me pongo a gesticular como Signor Bartolo. Para que luego hablen mal del refuerzo. Carly se ríe. Esto se prolonga unos cinco minutos. Me duele la garganta y paro para recobrar el aliento. Carly gimotea y empieza a berrear de nuevo.*

*«He visto con mis ojos la llegada del Señor, está pisando las uvas...» Al instante, Carly deja de llorar y me sonríe. Al cabo de tres cuartos de hora estoy afónico y he agotado el repertorio de canciones, pero Carly se ha quedado dormida sin volver a llorar. Ha sido una experiencia formativa para mí y para ella. Me doy cuenta de que yo, y no sólo Mandy, puedo complacer profundamente a nuestro bebé. Carly, que ya está encantada con su mamá, parece empezar a estarlo con su papá.*

*Ahora, transcurridos varios meses, cuando Carly llora o está inquieta, casi siempre consigo tranquilizarla cantando. Por lo menos una vez al día me reclaman para que lo haga y dejo encantado lo que estoy haciendo para cantar para ella.*

*«Había una vez un barquito chiquitito, había una vez un barquito chiquitito...»*

El motivo básico para dormir con un bebé es generar un apego seguro a través de la atención rápida y continuada. La importancia de las ventajas de la atención afectuosa, expuesta en el capítulo anterior, es tan válida para los hijos como para la pareja. Cuando el bebé despierta, en ocasiones encuentra a sus padres también despiertos y dispuestos a dedicarle tiempo y atenciones. Se trata de aquellos elementos a partir de los cuales el niño desarrolla la sensación de poder contar con sus padres y de ser valorado por ellos.

## INCONVENIENTES DE DORMIR CON EL BEBÉ

«¿Cuándo acabará? —nos preguntábamos—, ¿y acaso lo hará con lágrimas y berrinches interminables y violentos que anularán todas las ventajas?» ¿Nuestro bebé se acostumbrará a tantas atenciones que le resultará traumático dormir solo? Otra posibilidad era la construcción de una sólida base de apego seguro —*amai*, fuertes vínculos de amor y seguridad de no ser abandonado por los padres— gracias a esos primeros meses de gran dedicación. Así pues, en teoría se podrían haber obtenido estos dos resultados, aunque es difícil imaginar que la evolución permitiera consecuencias negativas después de los milenios que nuestra especie ha pasado durmiendo con sus bebés.

## 2. Juegos sincrónicos

Durante el primer año de vida de mis seis hijos participé con ellos en juegos interactivos (por si se lo están preguntando, Amanda y David tienen 32 y 27 años respectivamente). Esos juegos nacieron del trabajo sobre la indefensión aprendida, en cuyos experimentos, hace más de treinta años, descubrimos que los animales que sufrían una conmoción ineludible se sentían impotentes y se tornaban pasivos y deprimidos, e incluso morían de forma prematura.[5] Sin embargo, los animales y las personas que recibían la misma conmoción, pero podían anularla si lo deseaban, mostraban resultados opuestos: actividad, buena predisposición y mejor salud. La variable crucial es la «contingencia», conocer la importancia de los propios actos en el control de acontecimientos relevantes. Esto tiene una repercusión directa en la educación de los niños: dominar las situaciones y controlar sus consecuencias deberían tener efectos positivos; mientras que lo opuesto, la falta de contingencia entre los actos y sus consecuencias, producirá pasividad y depresión y empeorará la salud.

Los juegos interactivos son sencillos y las oportunidades para ponerlos en práctica con el bebé son numerosas. Jugamos a la hora de comer y en el coche. Durante el almuerzo, después de que Carly haya satisfecho el ansia de comer patatas fritas, esperamos a que golpee la mesa. Cuando lo hace, todos la imitamos. Levanta la vista. Golpea la mesa tres veces; hacemos lo mismo. Sonríe. La golpea una vez con las dos manos; la golpeamos una vez con las dos manos. Se ríe. Al cabo de un minuto nos estamos riendo a carcajadas. Además, Carly aprende que sus actos influyen en los actos de las personas que quiere y que son importantes para ella.

## JUGUETES

La elección de juguetes está determinada por el principio del juego interactivo y la fluidez. Primero escogemos juguetes que responden a las actividades del bebé. El sonajero es divertido no porque hace ruido, sino porque él lo mueve para producir un sonido. En la actualidad existe una gran oferta de juguetes interactivos para todas las edades, así que vaya y compre cualquier cosa que el bebé pueda apretar, golpear, tirar o que responda a una conducta.

En segundo lugar, cuando las capacidades del bebé se hallen a la altura del desafío que presenta el juguete, se obtendrá gratificación y fluidez. De modo que debemos tener en cuenta que las capacidades del bebé se amplían casi semanalmente. Hay tantos juguetes buenos en el mercado que ofrecen sincronía que sólo vale la pena mencionar algunos de los más baratos para que no los omita.

- **Bloques de construcción**. Usted los apila y el bebé los derriba. Cuando el niño crezca, él mismo los apilará.
- **Libros y revistas**. Idóneos para que el bebé los rasgue. Antes me parecía sacrílego destrozar un libro, pero dado que recibo innumerables catálogos publicitarios con maravillosas imágenes en color, no tengo remordimientos en dárselos a Carly para que acabe con ellos.

- **Cajas de embalaje de cartón**. No se deshaga de esas enormes cajas en las que vienen los ordenadores y los lavaplatos. Recorte en ellas puertas y ventanas e invite a su niño a entrar.

El juego es, por definición, la gratificación prototípica. En la mayoría de los casos implica dominio y genera fluidez en un niño de cualquier edad. De ahí que este libro no necesite un capítulo sobre el ocio ni el juego, ya que es una tarea sobre la cual los consejos «expertos» suelen resultar superfluos. Deje que su hijo crezca a su propio ritmo, sin forzarlo; si él desea hablarle, permítale hacerlo hasta que diga todo lo que tenga que decir. Cuando lo vea absorto en un juego, no lo interrumpa con brusquedad y diga: «¡Es la hora! Tenemos que dejarlo.» Si no dispone de suficiente tiempo, avise e intente llegar diez minutos antes a fin de poder decir: «Quedan diez minutos para dejarlo.»

## INCONVENIENTES DE LOS JUEGOS DE SINCRONÍA

Tal vez considere que por el hecho de enseñar demasiada sincronía al bebé a una edad muy temprana acabe «malcriándolo». En 1996, escribí el siguiente texto de condena al mal concebido movimiento de «autoestima»:

Los niños necesitan fracasar. Necesitan sentirse tristes, inquietos y enfadados. Cuando impulsivamente los protegemos del fracaso los privamos de aprender... aptitudes. Si cuando se encuentran con obstáculos acudimos para reforzar la autoestima... para suavizar los golpes y para distraerlos con brillantes elogios, les dificultamos el camino hacia el dominio. Y si los privamos del dominio, debilitamos su autoestima como si los hubiéramos denigrado, humillado y retrasado.

Así, conjeturo que el movimiento de autoestima en particular, y la ética de sentirse bien en general, tenía como perjudicial consecuencia generar una autoestima prácticamente nula. Al protegerlos de sentirse mal hemos dificultado el sentirse bien y experimentar fluidez. Al evitar a los niños los sentimientos de fracaso, hacemos que tengan mayores dificultades para lograr dominio. Al suavizar la tristeza y la angustia justificadas que experimentan se corre un riesgo elevado de originar una depresión injustificada. Al fomentar un triunfo barato se producen fracasos muy caros.[6]

El mundo real no se materializará dentro del cascarón de su bebé, y cuando emerja del capullo de la primera infancia es posible que se sienta traumatizado al comprobar el escaso dominio que posee. ¿No deberíamos enseñarle qué es el fracaso y cómo afrontarlo? Mi respuesta consta de dos partes. En primer lugar hay muchas formas de fracaso y de falta de contingencia de las que puede aprender en su pequeño mundo protegido, incluso practicando asiduamente juegos interactivos. El teléfono suena, se orina, mamá se va de compras y le duele la barriguita, son experiencias en las que nada puede hacer. En segundo lugar, el juego sincrónico es fundacional. Ante la disyuntiva de añadir indefensión o sincronía a este momento crucial de la vida, prefiero un exceso de control y de sentimientos positivos.

Aparte de esta objeción de viejo cascarrabias, no se me ocurre ningún otro inconveniente. Los juegos sincrónicos son fáciles para todos los jugadores, pueden ocurrir en cualquier lugar y momento, favorecen un estado de ánimo positivo.

### 3. No y sí

La cuarta palabra de Carly después de «aaabuuuu» —que significaba, «Dame de comer»—, «mamá» y «papá», fue «bueno». De momento, con doce meses, todavía no ha dicho «no». Esto nos sorprende ya que la familia de palabras negativas —«no», «malo», «¡puaj!»— aparece mucho antes que las palabras afirmativas —«sí», «bueno», «mmmm»—.[7] Una posible causa es nuestro racionamiento consciente de las primeras. «No» es un término muy importante en la vida de un niño, ya que indica límites y peligros. Pero creo que se emplea de forma excesiva en perjuicio del niño. Los padres suelen confundir lo que les resulta molesto con lo que es peligroso para el niño o una fijación de límites. Durante mis primeras experiencias como padre, Lara solía alargar la mano hacia mi té helado y yo le gritaba «¡No!». Se trataba de una simple molestia, no de una situación que entrañara peligro para la niña; lo único que debía hacer era apartar el té helado. Por ello, ahora busco deliberadamente una alternativa a la actitud restrictiva. Cuando Carly intenta tirarme de los pelos del pecho —algo muy doloroso, créanme— o golpea a nuestra tortuga, Abe, en lugar de «no», digo «despacio» o «con suavidad» a fin de que se serene.

¿Por qué limitamos los «no»? En el discurso de la ceremonia de entrega de diplomas de un colegio femenino canadiense, Robertson Davies preguntó: «Mientras os acercáis a recoger el diploma, ¿cuál es la palabra que lleváis en el corazón? ¿Es sí o es no?»[8] Los últimos veinte años de mi trabajo se resumen con esa pregunta. Creo que hay una palabra en nuestro corazón, y que no es una ficción sentimental. No sé de dónde procede esa palabra, pero una de mis conjeturas es que toma forma poco a poco a partir de las palabras que oímos pronunciar a nuestros padres. Si su hijo oye un «no» iracundo a cada momento, cuando se encuentre en una nueva situación esperará un «no», con toda la pasividad y falta de dominio asociados a dicha expresión. Si su hijo oye repetidamente un «sí», tal como e.e. cummings dice:

*«sí» es un mundo*
*y en este mundo de*
*«sí» viven*
*—hábilmente entrecruzados—*
*todos los mundos.*[9]

## INCONVENIENTES DE EXPRESAR POCOS «NO»

El inconveniente más obvio es que el niño carezca de límites, modales o sentido del peligro. «No» está presente en nuestro vocabulario; empleamos esta palabra cuando deseamos impedir situaciones de peligro —el agua caliente, los cuchillos, las ortigas y las calles transitadas— y para establecer límites —rayar los muebles, arrojar comida, mentir, hacer daño a los demás y pellizcar al perro—. Sin embargo, cuando se trata de una molestia mínima elaboramos una alternativa positiva.

Ir de compras es una situación en la que los niños suelen repetir el estribillo: «¡Quiero, quiero!» Es un buen ejemplo de cómo establecer límites sin recurrir al estribillo: «¡No, no!» Cuando vamos a una juguetería para comprar un simple líquido para hacer burbujas, los niños ven todo tipo de cosas y comienzan a pedirlas. Replicamos: «Darryl, tu cumpleaños es dentro de dos meses. Cuando volvamos a casa añadiremos este videojuego a la lista de regalos que quieres.» Esto parece funcionar, y también inicia la conversión de peticiones impulsivas en una conciencia de futuro, una fortaleza que analizaré en la segunda parte de este capítulo.

### 4. Elogio y castigo[10]

Elogiamos de forma selectiva. La «estima positiva incondicional» sólo me gusta a medias, en concreto sólo me agrada la «estima positiva». La estima positiva incondicional significa mostrarse cariñoso independientemente de cuán bueno o malo sea el comportamiento.[11] La estima positiva hará que su hijo experimente emociones positivas, las cuales a su vez alimentarán la exploración y el dominio. La estima positiva incondicional no está supeditada a nada de cuanto su hijo haga. El dominio, por el contrario, es condicional y se halla completamente supeditado a la actividad que su hijo desarrolle. Esta distinción no debe omitirse. La indefensión aprendida no sólo se desarrolla cuando los acontecimientos negativos resultan incontrolables, sino también, por desgracia, cuando son incontrolables los positivos.[12]

Cuando recompensa a su hijo con elogios independientemente de lo que haga, se presentan dos riesgos. El primero consiste en que se vuelva pasivo al saber que recibirá elogios al margen de su comportamiento. El segundo problema es que quizá le cueste darse cuenta de que ha hecho algo bien de veras cuando usted lo elogie sinceramente. Un régimen constante de elogios incondicionales y bienintencionados tal vez lo incapacite para aprender de sus errores y aciertos.

El amor, el cariño, la calidez y el entusiasmo deberían proporcionarse de manera incondicional. Cuanto más se ofrezcan, más positivo será el ambiente y su hijo se sentirá más seguro, y en consecuencia mayor será su actividad exploratoria y dominio alcanzado. Pero los elogios son un asunto bien distinto; debe utilizarlos cuando su hijo haga bien las cosas, y no para que se sienta mejor. Además, gradúe el elogio para que se ajuste al logro. Antes de aplaudir espere que su hijo logre encajar la pieza en el lugar correspondiente y no actúe de forma que el logro parezca asombroso. Guarde los mejores elogios para los logros mayores, como decir el nombre de su hermana o atrapar la pelota por primera vez.

El castigo es un obstáculo para el desarrollo de las emociones positivas porque es doloroso y provoca miedo, y también lo es para el dominio porque paraliza los actos del niño. Pero recurrir al castigo no es tan problemático como la estima positiva incondicional. B. F. Skinner se equivocaba al conjeturar que el castigo era ineficaz. El cas-

tigo, o lo que es igual, hacer que a una conducta no desea-
da le siga una respuesta indeseable, es bastante eficaz para
eliminar la primera, y posiblemente se trate de la herra-
mienta más idónea para modificar el comportamiento.
Cientos de experimentos así lo evidencian.[13] Pero en la
práctica el niño no suele saber cuál es la causa del castigo,
y el miedo y el dolor acaban incidiendo tanto en la persona que ejecuta el castigo como en la situación en su conjunto. Cuando esto sucede el niño suele sentirse temeroso y
coartado, y es posible que no sólo evite la conducta casti-
gada, sino también al progenitor que lo castiga.

El motivo por el que los niños tienen dificultades en
comprender por qué se les castiga puede explicarse recu-
rriendo a los experimentos de laboratorio con ratas sobre
las «señales de seguridad». En esos experimentos se anun-
ciaba un acontecimiento desagradable —como una descarga eléctrica— inmediatamente antes de producirse. El estímulo predictor era un sonido agudo que advertía del
peligro de forma fiable. En esas condiciones el roedor mostraba indicios de miedo a medida que aprendía a relacionar
el sonido con la descarga. Lo más importante es que nunca se producían descargas eléctricas en ausencia del sonido, condición que el animal relacionaba con un estado de
seguridad y provocaba su relajación. Las señales de peligro
o de ausencia de éste son importantes porque implican la
existencia de unos límites de seguridad. Cuando no hay
una señal fiable de peligro, tampoco existe una señal fiable
de seguridad, de modo que las ratas se apiñan temerosas
todo el tiempo. Cuando las mismas descargas se hallan pre-
cedidas por un tono de un minuto, los animales se amon-
tonan asustados mientras dura el sonido, pero se compor-
tan con normalidad el resto del tiempo.[14]

Los castigos no son eficaces porque los límites de seguridad no son suficientemente claros para el niño. Cuando castigue a su hijo debe asegurarse de que la señal de peligro, y por lo tanto la de seguridad, sea del todo nítida.

Compruebe que el niño sabe con exactitud por qué conducta se le castiga. No se centre en él ni en su personalidad; amoneste únicamente el comportamiento reprobable.

*A lo dos años y medio Nikki arroja bolas de nieve a bocajarro contra Lara, que hace gestos de dolor. Eso anima a Nikki. «Deja de tirarle bolas de nieve a Lara, Nikki —le grita Mandy—, le estás haciendo daño.» Otra bola golpea a Lara. «Si le tiras otra bola de nieve a Lara, te llevo dentro», dice Mandy. La siguiente bola golpea a Lara. Mandy lleva de inmediato a Nikki dentro de casa. Nikki no cesa de protestar. «Te he dicho que te llevaría dentro si no dejabas de tirarle bolas de nieve. Esto te pasa por no haber parado», le recuerda Mandy con delicadeza. «No volveré a hacerlo, no tiraré más. No bolas de nieve. No», solloza Nikki.*

Intentamos evitar el castigo, al menos cuando existe una opción eficaz. Una situación que suele incitar a los padres al castigo es que el niño lloriquee y se comporte en forma caprichosa con frecuencia, pero existe una buena alternativa a partir de los cuatro años. La denominamos «la carita sonriente».

*Darryl, de cuatro años, lleva varios días lloriqueando y haciendo mohines a la hora de acostarse porque quiere quedarse despierto diez minutos más. A la mañana siguiente, Mandy le pide que se siente para hablar con él.*

*—Darryl —le dice, al tiempo que dibuja una cara sin boca en un trozo de papel—, ¿qué cara has estado poniendo a la hora de acostarte? —Darryl dibuja un ceño bien fruncido.*

*—¿Por qué has estado frunciendo el ceño a la hora de acostarte?*

*—Porque quiero quedarme despierto y seguir jugando.*

*—Entonces, ¿has estado lloriqueando, frunciendo el ceño y quejándote, no?*

*—Sí.*

*—¿Has conseguido lo que querías? ¿Te deja mami quedarte despierto diez minutos más cuando lloriqueas y te quejas?*

*—No.*

*—¿Qué cara crees que tendrás que poner para que mami te deje quedarte despierto un ratito más? —pregunta Mandy mientras dibuja otro rostro sin boca.*

*—¿Una carita sonriente? —conjetura Darryl dibujando una boca que sonríe.*

*—Exacto. Inténtalo. Suele funcionar. —Y funciona.*

El ambiente de calidez y entusiasmo, las señales de seguridad claras; el amor incondicional, pero con elogios condicionados, las sonrisas y muchos otros sucesos positivos añaden positividad a la vida de su hijo.

## INCONVENIENTES DE LOS ELOGIOS SELECTIVOS Y DEL CASTIGO

El principal inconveniente es que el deseo natural de los padres consiste en que su hijo se sienta bien en todo momento. Éste, a su vez, puede sentirse desilusionado en ciertas ocasiones en que se lo elogia poco o nada. La manera correcta de actuar puede constituir un verdadero sacrificio para los padres, pero los beneficios de evitar la indefensión aprendida y lograr que un padre siga siendo una persona fiable para su hijo compensan con creces este sacrificio. El problema fundamental del castigo, aun el caracterizado por límites de seguridad claros, es similar. No nos gusta que nuestros hijos se sientan mal en ningún momento. Sin embargo, la importancia de eliminar comportamientos reprobables o peligrosos compensa sobradamente este inconveniente.

### 5. Rivalidad entre hermanos

Para explicar las relaciones problemáticas entre hermanos, incluso cuando éstos tienen ya ocho años, suele invocarse la extendida idea de que a los mayores no les gustan sus hermanos más pequeños y de que se ven amenazados por los mismos, tesis que constituye un perfecto ejemplo de la principal diferencia entre la Psicología Positiva y la psicología común.

La psicología «negativa» sostiene que sus observaciones sobre la maldad humana básica son universales, pero éstas tal vez procedan de sociedades en guerra, sumidas en el caos social o la pobreza extrema, o se basan en individuos con problemas o que buscan terapia.

No resulta sorprendente que la rivalidad entre hermanos surja en familias en las que el cariño y la atención son escasos y por lo tanto los hermanos se ven involucrados en luchas de victoria-derrota para obtener esos preciados bienes. Si el bebé recibe más amor, el hermano mayor recibirá menos. Los juegos de victoria-derrota que implican a los afectos y los rangos suscitan todo el abanico de emociones negativas, incluyendo el odio asesino, los celos irracionales, la tristeza por la pérdida y el temor al abandono. No es extraño que Freud y sus seguidores encontraran un filón de oro en la rivalidad fraternal.

Sin embargo, nadie parece haber advertido, ni siquiera los padres, que la rivalidad entre hermanos podría ser mucho menos problemática en aquellas familias en las que no escaseara el afecto y la atención. Y aunque en ocasiones sea inoportuno, no tendría que haber ninguna razón que impidiera conceder más importancia a estos sentimientos en el hogar. También existen técnicas eficaces que ayudan a incrementar el sentimiento de importancia de los hermanos mayores.

*A pesar de esta teoría, tras cada parto observaba temeroso la ceremonia de Mandy durante los primeros minutos de nuestra llegada a casa de vuelta del hospital. En una ocasión, Mandy colocaba a Lara, de dos años y medio, en la cama y la rodeaba de almohadas. «Extiende los bra-*

*zos, Lara», le decía Mandy de modo tranquilizador y, con plena confianza, depositaba en su regazo a Nikki, que sólo contaba con treinta y seis horas de vida. Mandy realizó el mismo ritual con cada niño mayor cuando nacieron Darryl y luego Carly. Funcionó en todas las ocasiones. El nuevo bebé se adormilaba en los brazos de los niños mayores y no se caía ni era apretujado, como yo temía.*

El razonamiento subyacente a esta ceremonia es que los niños desean sentirse importantes, fiables, especiales e insustituibles. Cuando cualquiera de estos deseos se ve amenazado, la rivalidad se establece de inmediato.

Poco después del nacimiento de Nikki, vimos cómo las semillas germinaban en Lara.

*La primera noche de póquer después del nacimiento de Nikki, los jugadores desfilaron uno a uno ante el bebé y, diligentemente, exclamaron «ooh» y «aah». Lara estaba sentada cerca y, a medida que cada uno de los jugadores la ignoraba, se mostraba más decaída.*

*A la mañana siguiente Lara entró en el dormitorio mientras Mandy a amamantaba a Nikki y le pidió un pañuelo a su madre. «Lara, vete a buscarlo tú misma, mamá está dando el pecho», le dije en tono lleno de reproche. Lara rompió a llorar y salió corriendo. Esa tarde, mientras Mandy le cambiaba los pañales a Nikki, Lara entró y anunció: «Odio a Nikki», y luego mordió con fuerza a Mandy en la pierna.*

*No eran necesarios dos psicólogos para dictaminar que se trataba de un caso de rivalidad entre hermanos ni para establecer el remedio que Mandy determinó. Esa noche ella le pidió a Lara que le ayudara a cambiar los pañales de Nikki. «Nikki necesita tu ayuda, y yo también.» Al poco, Mandy y Lara trabajaban en equipo para cambiar los pañales a Nikki. Lara iba a buscar una toallita mientras*

*Mandy quitaba el pañal usado. Luego Lara tiraba el pañal usado e iba a por uno limpio mientras Mandy limpiaba el trasero de Nikki. Mandy le ponía un pañal limpio y luego Lara y Mandy se lavaban las manos juntas. Al principio tardaban el doble de lo que Mandy habría tardado sola, pero, al fin y al cabo, ¿para qué sirve el tiempo?*

A un freudiano quizá le preocupase que Lara, con sólo dos años y medio, hubiera interpretado esta solución como otro insulto, otra tarea agotadora al servicio del nuevo rival. Sin embargo, creímos que Lara se sentiría importante con su nueva responsabilidad y contribuiría a fortalecer su seguridad y especial carácter.

*Varios años después Lara se rompió el brazo patinando, y entonces le tocó el turno a Nikki de ocuparse de ella. Nikki había ido un poco a la zaga del excelente trabajo escolar de Lara, al igual que de sus impresionantes golpes jugando al tenis. Sin embargo, entre las fortalezas características de Nikki figuran la bondad y el cuidado de los demás; le ha enseñado a Darryl los colores y las letras. Así que Mandy hizo buen uso de esas fortalezas para contrarrestar los celos. Nikki se convirtió en la enfermera de Lara; le ponía la pasta de dientes en el cepillo, le ataba los cordones y la peinaba. Cuando íbamos a nadar, Nikki se alegraba de avanzar a duras penas junto a Lara, sosteniéndole el yeso envuelto en plástico por encima del agua mientras nadaba.*

Aparte de la *espiral ascendente* de la emoción positiva existe un principio llamado «espiral hacia fuera». El estado de ánimo general de Nikki mejoró al asumir la importante labor de enfermera y ayudante, y además, exteriorizó su sensación de dominio. Asimismo, mejoró notablemente su rendimiento escolar y, de repente, desarrolló un buen revés jugando al tenis, algo insólito hasta el momento.

Hacia la mitad de la infancia las fortalezas específicas de cada niño se hacen evidentes y su configuración puede emplearse para combatir la rivalidad entre hermanos. Diseñamos las tareas del hogar de acuerdo con las distintas fortalezas de los niños. Las tareas pueden resultar aburridas, pero George Vaillant —en dos estudios exhaustivos que abarcaban la vida entera, uno sobre las promociones de Harvard entre 1939 y 1944, y otro sobre los hombres de los barrios pobres de Somerville— ha descubierto que constituyen un potente indicador del éxito en la vida adulta.

Las tareas desempeñadas durante la niñez son uno de los escasos indicadores de la salud mental positiva en la vida adulta.[15] O sea que, a cumplir con las tareas.

Pero ¿a quién le corresponde cada tarea?

*A Nikki, amable y cuidadora, le tocan los animales: alimenta y cepilla a* Barney y Rosie, *nuestros dos perros pastores, y también les da vitaminas; además, saca a* Abe, *la tortuga rusa, a dar un paseo y le limpia la jaula.*

*Lara, perfeccionista y diligente, hace las camas y se enorgullece de que le queden tan bien como las de los hospitales. Darryl lava los platos, tarea que su humor y alegría convierten en una divertida misión al rociar todas las superficies con agua y lanzar los restos al aire hasta el cubo de la basura.*

Cada niño se encarga de una tarea que le permite emplear sus fortalezas específicas, con lo cual seguimos el sabio consejo de George Vaillant y combatimos la rivalidad fraternal.

## INCONVENIENTES DE COMBATIR LA RIVALIDAD ENTRE HERMANOS

La rivalidad entre hermanos existe y resulta especialmente cruenta en situaciones en las que el cariño y la atención son exiguos. Mantener éstos a un alto nivel es la primera regla básica recomendada por los libros progresistas sobre educación de los hijos. Si mis compañeros de póquer hubieran leído al doctor Spock o a Penelope Leach, habrían incluido a Lara, y no sólo a la recién nacida Nikki, en sus manifestaciones de interés. Sin embargo, el cariño y la atención se hallan en realidad limitados por el tiempo y por el número de hermanos, y, aunque me gustaría hacerlo, me abstendré de aconsejarles que trabajen menos y que pasen más tiempo con sus hijos. Existen otras soluciones. Creo que el elemento que alimenta con más fuerza la rivalidad entre hermanos es el miedo del niño a perder importancia a ojos de sus padres. La llegada del nuevo bebé puede transformase en una ocasión para estimular la importancia de los hermanos mayores al concederles una mayor responsabilidad y confiar más en ellos.

El riesgo que implica este enfoque es la posibilidad teórica de que los niños de más edad interpreten esa mayor responsabilidad como otra forma de imposición, lo cual puede generar rencor. Personalmente, no hemos vivido esa experiencia, pero podría ocurrir, sobre todo si las tareas añadidas son arduas en lugar de simbólicas.

### 6. Antes de dormir[16]

Esos minutos previos a que el niño se duerma pueden ser los mejores del día. Se trata de un momento que los padres suelen desaprovechar con un beso de buenas noches mecánico, una sencilla plegaria o algún otro pequeño ritual. Nosotros utilizamos estos quince minutos para nuestras «pepitas de oro antes de dormir», que son actividades mucho más valiosas que secar los platos o ver la televisión. Realizamos dos juegos: «Mejores Momentos» y «País de los Sueños».

LOS MEJORES MOMENTOS

Un niño puede conseguir lo que quiera en una gran juguetería y no obstante seguir teniendo, con suma facilidad, una vida mental negativa. Lo que de veras importa es cuánta positividad hay en su cabecita. ¿Cuántos pensamientos buenos y malos tienen lugar cada día? Es imposible mantener un estado de ánimo negativo ante un gran número de recuerdos, expectativas y creencias positivas, como es imposible mantener un estado de ánimo positivo ante un gran número de pensamientos negativos. Pero ¿cuántos, exactamente?

Greg Garamoni y Robert Schwartz, dos psicólogos de la Universidad de Pittsburgh, decidieron contar el número de pensamientos positivos y negativos de distintas personas y observar la proporción de cada grupo. Como investigadores exhaustivos se centraron en «pensamientos» de diferente índole: recuerdos, ensueños, explicaciones, etcétera. Basándose en 27 estudios llegaron a la conclusión de que las personas deprimidas presentaban en proporción idéntica pensamientos positivos y negativos. Las personas no deprimidas, en cambio, duplicaban los positivos. Esta conclusión puede sonar un tanto simplista, pero es poderosa, y es respaldada también por los resultados de la terapia, ya que los pacientes deprimidos que mejoran pasan paulatinamente a tener el doble de pensamientos positivos. Los que no mejoran permanecen en la situación de igualdad entre positivos y negativos.

Empleamos «Mejores Momentos» para configurar un nivel de estado mental positivo que esperamos que nuestros hijos interioricen a medida que crezcan.[17]

Apagamos las luces y Mandy, Lara —cinco años— y Nikki —tres años— se acuestan abrazadas.

*Mandy:* ¿Qué te ha gustado más de lo que has hecho hoy, Lara, cariño?
*Lara:* Jugar e ir al parque con Leah y Andrea. Comer galletas en mi casita. Ir a nadar y zambullirme con papá. Comer y sostener mi plato.
*Nikki:* Pues a mí comerme el chocolate con fresas.

*Lara:* Y hacer el tonto con Darryl con su garaje. Quitarme el vestido y quedarme en bragas.

*Nikki:* A mí también.

*Lara:* Leer. Ver a la gente remando en el río y patinar por la acera. Ir al cine con papá y pagar.

*Mandy:* ¿Algo más?

*Lara:* Jugar a esconderme y a volver corriendo para hacer reír a Darryl durante la cena. Jugar a las sirenas con Nikki en la bañera. Jugar a la máquina increíble con papá. Ver a Barney.

*Nikki:* A mí también. Barney me gusta.

*Mandy:* ¿Ha pasado algo malo hoy?

*Lara:* Darryl me mordió en la espalda.

*Mandy:* Sí, eso duele.

*Lara:* ¡Mucho!

*Mandy:* Bueno, sólo es un bebé. Tenemos que enseñarle a no morder. Mañana empezaremos, ¿vale?

*Lara:* Vale. No me gustó que se muriese el conejito de Leah y no me gustó la historia de Nikki sobre cómo *Ready* [nuestro perro] mató al conejito y se lo comió.

*Mandy:* No, fue desagradable.

*Lara:* Horrible.

*Mandy:* No me gustó la historia de Nikki, pero ella es muy pequeñita para comprenderlo. Se la inventó. Es una pena que el conejito se muriera, pero era muy viejo y estaba enfermo. Quizás el papá de Leah les compre otro.

*Lara:* A lo mejor.

*Mandy:* Parece que habéis tenido un buen día.

*Lara:* ¿Cuántas cosas buenas, mami?

*Mandy (calculando):* Quince, creo.

*Lara:* ¿Cuántas cosas malas?

*Mandy:* ¿Dos?

*Lara:* ¡Quince cosas buenas en un día! ¿Qué haremos mañana?

A medida que los niños crecían hemos añadido un avance del día siguiente durante el repaso de la jornada («¿Qué tienes ganas de hacer mañana? ¿Irás a ver los conejos de Leah?»). Intentamos hacerlo cuando tenían dos y tres años, pero no dio resultado. Nos dimos cuenta de que se entusiasmaban tanto con lo que harían al día siguiente que no lograban dormirse. A partir de los cinco años empezó a funcionar bien, y también fomenta la fortaleza de previsión de futuro, que analizaré a continuación.

## EL PAÍS DE LOS SUEÑOS

Los últimos pensamientos de un niño antes de dormirse están cargados de emociones e imágenes visuales que se convierten en hebras con las cuales se tejen los sueños. Existe una amplia e interesante bibliografía científica sobre el mundo onírico y los estados de ánimo. El tono de algunos sueños se relaciona con la depresión; los sueños de los adultos y los niños deprimidos están repletos de pérdidas, derrotas y rechazos. (Resulta interesante que las drogas que combaten la depresión también bloqueen los sueños.) Utilizo el juego «País de los Sueños» pues puede contribuir a cimentar una vida mental positiva, por no hablar de los «dulces sueños que también proporciona».[18]

Lo primero que hago es pedirle a los niños que se imaginen algo que realmente los haga felices. Lo hacen con suma facilidad, sobre todo después del juego de los «Mejores Momentos». A continuación describen esa imagen sobre la cual les pido que se concentren y que luego la designen verbalmente.

*Darryl visualiza un juego con Carly, en el que él pasa corriendo y deja que ella lo embista con la cabeza en la barriguita. Entonces Darryl cae y Carly rompe a reír. Darryl llama «cabezas» a este juego.*

*«A medida que os sumergís en el sueño —les digo en tono hipnótico—, quiero que hagáis tres cosas. Primero, no*

*olvidéis la imagen; segundo, repetid el nombre una y otra vez mientras os dormís; y tercero, intentad soñar con esa imagen.»*

He descubierto que esto aumenta la probabilidad de que nuestros hijos disfruten de un sueño feliz y significativo.[19] Además, he utilizado esta técnica en numerosos talleres y he comprobado reiteradamente que, más o menos, duplica la posibilidad de un sueño relevante en el caso de los adultos.

## INCONVENIENTES DE LAS ACTIVIDADES ANTES DE DORMIR

El único inconveniente es dedicarle quince minutos después de la cena, tiempo que podría emplearse en otra cosa. Sin embargo, dudo que existan formas más valiosas de emplear el tiempo.

### 7. *Hacer un trato*

Con mis hijos, he descubierto que la única utilidad provechosa del refuerzo positivo explícito es cambiar los ceños fruncidos por sonrisas. Todos nuestros hijos pasaron por etapas de «quiero» y «dame», expresiones a las que pedimos que añadieran un «por favor». Aceptaron de mala gana, acompañando la nueva frase con un ceño fruncido o una queja. Dejamos claro que un «quiero» acompañado de un ceño fruncido siempre da como resultado un «no», pero, en cambio, cuando el gesto es una sonrisa, es posible que se obtenga un «sí».

Pero dada la escasa eficacia del refuerzo positivo en la práctica —requiere muchísimo tiempo y unas enormes aptitudes por parte de quien recompensa—, resultó un tanto sorprendente que cuando gratifiqué a Lara, de un año, con una profusión de besos por decir «papá», pareció complacida pero desconcertada.[20] Siguió como si tal cosa, pero no repitió «papá». A pesar de este tipo de experiencia, el mundo de la educación infantil estaba convencido de que Skinner tenía razón y de que reforzar de forma positiva el comportamiento deseado era el mejor método para educar a los niños.

Mandy sostiene todo lo contrario. «En la realidad, los niños no funcionan así. No repiten aquello por lo que se los gratificó en el pasado —insiste—. Incluso cuando todavía gatean se centran en el futuro, al menos los nuestros. Hacen lo que creen que les proporcionará aquello que desean para el futuro.»

Todo padre sabe que, en ocasiones, los hijos de cuatro o cinco años se ven abocados a una espiral de comportamiento intolerable, pero que al parecer no puede evitarse.

*En el caso de Nikki, en una ocasión llevaba escondiéndose casi una semana. Varias veces al día encontraba un escondrijo en alguna parte de nuestra casa, vieja, grande y repleta de chirridos, y no se movía de allí. Mandy, sin dejar de cuidar al bebé Darryl, le gritaba: «Tenemos que ir a recoger a papá.» Nikki seguía escondida, en silencio. Lara vigilaba a Darryl mientras Mandy rebuscaba por la casa y el jardín, gritando «¡Nikki!» desesperadamente. Al final, Mandy acababa encontrando a Nikki y la reprendía con la ira y frustración acumuladas durante varios días. Nada funcionaba; ni la atención ni la falta de la misma, ni los gritos ni castigarla en su cuarto, ni un golpe en el trasero inmediatamente después de descubrir su escondite ni tampoco explicarle lo muy problemático y peligroso que resultaba esconderse de ese modo. Todo el abanico de las técnicas de Skinner, positivas y negativas, fracasaban estrepitosamente. La costumbre de esconderse empeoraba con el paso de los días. Nikki sabía que estaba mal, pero seguía haciéndolo.*

—*Esto es desesperante —me contó Mandy, y durante el desayuno le preguntó a Nikki con calma—: ¿Quieres hacer un trato?* —Nikki había estado medio año pidiendo la muñeca Barbie Bo-Peep. Ese modelo de Barbie era muy caro y había ascendido al primer puesto de la lista de regalos de cumpleaños, aunque todavía faltaban cinco meses—. *Iremos a comprar la Barbie Bo-Peep hoy por la mañana* —propuso Mandy—. *Pero tienes que prometerme dos cosas, Nikki. Primero, dejar de esconderte y, segundo, venir corriendo cuando te llame.*

—*¡Claro, qué bien!* —aceptó Nikki.

—*Pero hay una condición muy importante* —prosiguió Mandy—. *Si alguna vez, aunque sólo sea una, no vienes cuando te llame, perderás la Barbie Bo-Peep durante una semana. Y si pasa dos veces, ya puedes despedirte de ella para siempre.*

Nikki no volvió a esconderse. Repetimos lo mismo con Darryl con un muñeco Goofy de tres dólares para acabar con sus lloriqueos incorregibles, y funcionó a las mil maravillas. Lo hemos hecho en un par de ocasiones más, pero sólo como último recurso, cuando habíamos agotado todo el repertorio de recompensas y castigos normales. La expresión «Hagamos un trato» acaba con la espiral negativa al introducir una sorpresa verdaderamente positiva y, asimismo, gracias a la amenaza de perder el premio, logra que el buen comportamiento no decaiga. La inyección de emociones positivas que realmente acaben con la espiral negativa es crucial. El prometer a la niña que se le dará la muñeca dentro de una semana si la niña no se esconde durante esa semana no funcionará, pero en cambio, la promesa de una muñeca en el aquí y ahora no fallará.

Hacer un trato con un niño de cuatro años implica algunos supuestos importantes: que los padres logren materializar un acuerdo con un niño tan pequeño, que la recompensa, más que seguir, preceda al comportamiento que debe ser reforzado y que el niño sepa que si se porta mal habrá incumplido su promesa y perderá el premio recién adquirido. Dicho de otro modo, presupone a un niño que ya se centre principalmente en el futuro.

## INCONVENIENTES DE HACER UN TRATO

Hacer un trato es una técnica delicada de la que no se debe abusar para que el niño no llegue a la conclusión de que es un método ideal para conseguir regalos que no obtendría de otro modo. Sólo debemos usarla cuando todo lo demás fracase, y nunca más de dos veces durante la niñez. No se deben realizar «tratos» con aspectos tales como dormir, comer y lavarse. Tampoco hay que mentir respecto a las consecuencias de incumplir el trato; si el niño falta a su promesa, hay que estar dispuestos a aplicar la sanción.

### 8. Los buenos propósitos para el Año Nuevo

Todos los años nos planteamos los buenos propósitos para el Año Nuevo con los niños, e incluso realizamos un repaso en verano para comprobar cómo nos ha ido. La conclusión es que logramos progresar en la mitad de estos propósitos. Cuando comencé a trabajar en Psicología Positiva, nos percatamos de que los propósitos resultaban un tanto forzados, ya que estaban concebidos para paliar nuestros defectos o versaban sobre lo que NO debíamos hacer ese año: no seré tan estricto con mis hermanos; escucharé con más atención a Mandy; me pondré sólo cuatro cucharadas de azúcar en la taza de café; dejaré de lloriquear; etcétera.

Los «no harás» son un rollo. Levantarse por la mañana y repasar todas las cosas que no debes hacer —nada de dulces, ni de ligues, ni de alcohol, ni de juego, ni de enviar mensajes de correo electrónico polémicos— no contribuye a afrontar el día de manera positiva. Del mismo modo, los buenos propósitos de Año Nuevo para remediar las flaquezas no ayudan a comenzar el año con buen pie.

Por lo tanto, decidimos que nuestros propósitos de este año se basarán en aquellos logros positivos que aumentan nuestras fortalezas:

*Darryl:* Este año aprenderé a tocar el piano.
*Mandy:* Aprenderé la teoría de cuerdas y se la enseñaré a los niños.
*Nikki:* Me esforzaré mucho y ganaré una beca para ballet.
*Lara:* Enviaré una historia a la revista de cuentos.
*Papá:* Escribiré un libro sobre Psicología Positiva y me lo pasaré como nunca haciéndolo.

La semana que viene realizaremos el informe de verano, y según parece cuatro de estos propósitos van por buen camino...

## FORTALEZAS Y VIRTUDES DE LOS NIÑOS PEQUEÑOS

La primera parte de este capítulo estudia las maneras de aumentar el nivel de sentimientos positivos de nuestros hijos pequeños. Mi base teórica es que las emociones positivas conducen a la exploración, que a su vez lleva al dominio, y éste conduce no sólo a más emociones positivas sino al descubrimiento de las fortalezas personales de nuestros hijos. Así pues, hasta los siete años, la principal misión de la educación positiva de los hijos consiste en incrementar las emociones positivas. A partir de esta edad, verá con claridad la aparición de algunas fortalezas en su hijo. Para ayudarlos a identificarlas, Katherine Dahlsgaard ideó una encuesta para niños análoga a lo que usted hizo en el capítulo 9.

Lo mejor es responder al test en la página web, ya que obtendrá un resultado inmediato con pautas detalladas en las que se compara a su hijo con otros niños de la misma edad y sexo. O sea, que acceda ahora mismo y encuentre la encuesta sobre las fortalezas de los niños. Pídale a su hijo que responda solo y que le avise cuando haya acabado.

Lea cada una de las siguientes preguntas en voz alta si su hijo tiene menos de diez años; si es mayor, deje que lo haga por sí solo. El test se basa en las dos preguntas más relevantes para cada fortaleza. La encuesta completa se encuentra en la página web *www.authentichappiness.org*.

Sus respuestas clasificarán las fortalezas de su hijo del mismo modo que el sitio web.

## ENCUESTA SOBRE LAS FORTALEZAS DE LOS NIÑOS

Doctora KATHERINE DAHLSGAARD

**1. Curiosidad**

a) La afirmación «Incluso cuando estoy solo nunca me aburro» es:

Muy propia de mí      5
Propia de mí          4
Neutra                3
Poco propia de mí     2
Impropia de mí        1

b) «Cuando quiero saber algo, a diferencia de otros niños de mi edad, lo busco en un libro o en el ordenador» es:

Muy propio de mí      5
Propio de mí          4
Neutro                3
Poco propio de mí     2
Impropio de mí        1

Sume el total de estas dos preguntas y anótelo
aquí. _____

Es su puntuación relativa a la curiosidad.

2. **Amor por el conocimiento**
a) La afirmación «Me encanta aprender algo nue-
   vo» es:
   Muy propia de mí          5
   Propia de mí              4
   Neutra                    3
   Poco propia de mí         2
   Impropia de mí            1

b) «Detesto visitar museos» es:
   Muy propio de mí          1
   Propio de mí              2
   Neutro                    3
   Poco propio de mí         4
   Impropio de mí            5

Sume el total de estas dos preguntas y anótelo
aquí. _____

Es su puntuación relativa al amor por el saber.

3. **Juicio**
a) La afirmación «Si surge un problema durante un
   juego o una actividad con mis amigos, suelo saber
   por qué ha sucedido» es:
   Muy propia de mí          5
   Propia de mí              4
   Neutra                    3
   Poco propia de mí         2
   Impropia de mí            1

b) «Mis padres siempre me dicen que mis opiniones son erróneas» es:

| | |
|---|---|
| Muy propio de mí | 1 |
| Propio de mí | 2 |
| Neutro | 3 |
| Poco propio de mí | 4 |
| Impropio de mí | 5 |

Sume el total de estas dos preguntas y anótelo aquí. _____

Es su puntuación relativa al juicio.

## 4. Ingenio

a) La afirmación «Siempre se me ocurren ideas nuevas para hacer cosas divertidas» es:

| | |
|---|---|
| Muy propia de mí | 5 |
| Propia de mí | 4 |
| Neutra | 3 |
| Poco propia de mí | 2 |
| Impropia de mí | 1 |

b) «Soy más imaginativo que otros niños de mi edad» es:

| | |
|---|---|
| Muy propio de mí | 5 |
| Propio de mí | 4 |
| Neutro | 3 |
| Poco propio de mí | 2 |
| Impropio de mí | 1 |

Sume el total de estas dos preguntas y anótelo aquí. _____

Es su puntuación relativa al ingenio.

## 5. Inteligencia social

a) La afirmación «Da igual con qué grupo de chicos esté porque siempre me integro» es:

| | |
|---|---|
| Muy propia de mí | 5 |
| Propia de mí | 4 |
| Neutra | 3 |
| Poco propia de mí | 2 |
| Impropia de mí | 1 |

b) «Si me siento feliz, triste o enfadado siempre sé por qué estoy así» es:

| | |
|---|---|
| Muy propio de mí | 5 |
| Propia de mí | 4 |
| Neutro | 3 |
| Poco propio de mí | 2 |
| Impropio de mí | 1 |

Sume el total de estas dos preguntas y anótelo aquí. _____

Es su puntuación relativa a la inteligencia social.

## 6. Perspectiva

a) La afirmación «Los adultos dicen que me comporto de forma muy madura para mi edad» es:

| | |
|---|---|
| Muy propia de mí | 5 |
| Propia de mí | 4 |
| Neutra | 3 |
| Poco propia de mí | 2 |
| Impropia de mí | 1 |

b) «Conozco las cosas que de verdad importan en la vida» es:

| | |
|---|---|
| Muy propio de mí | 5 |
| Propio de mí | 4 |
| Neutro | 3 |

Poco propio de mí          2
Impropio de mí             1

Sume el total de estas dos preguntas y anótelo aquí. _____

Es su puntuación relativa a la perspectiva.

## 7. Valor

a)  La afirmación «Me hago valer incluso cuando tengo miedo» es:
    Muy propia de mí       5
    Propia de mí           4
    Neutra                 3
    Poco propia de mí      2
    Impropia de mí         1

b)  «Aunque se burlen de mí hago lo que creo correcto» es:
    Muy propio de mí       5
    Propio de mí           4
    Neutro                 3
    Poco propio de mí      2
    Impropio de mí         1

Sume el total de estas dos preguntas y anótelo aquí. _____

Es su puntuación relativa al valor.

## 8. Perseverancia

a)  La afirmación «Mis padres siempre me elogian por cumplir con mi obligación» es:
    Muy propia de mí       5
    Propia de mí           4
    Neutra                 3

Poco propia de mí          2
Impropia de mí             1

b) «Cuando consigo lo que quiero es porque me he
   esforzado para que así sea» es:
   Muy propio de mí         5
   Propio de mí             4
   Neutro                   3
   Poco propio de mí        2
   Impropio de mí           1

Sume el total de estas dos preguntas y anótelo
aquí. _____

Es su puntuación relativa a la perseverancia.

## 9. Integridad

a) La afirmación «Nunca leo el correo ni el diario de
   los demás» es:
   Muy propia de mí         5
   Propia de mí             4
   Neutra                   3
   Poco propia de mí        2
   Impropia de mí           1

b) «Mentiré para evitarme problemas» es:
   Muy propio de mí         1
   Propio de mí             2
   Neutro                   3
   Poco propio de mí        4
   Impropio de mí           5

Sume el total de estas dos preguntas y anótelo
aquí. _____

Es su puntuación relativa a la integridad.

## 10. Amabilidad

a) La afirmación «Me esfuerzo por ser amable con el nuevo compañero de clase» es:

Muy propia de mí          5
Propia de mí              4
Neutra                    3
Poco propia de mí         2
Impropia de mí            1

b) «Ayudé a un vecino o a mis padres el mes pasado sin que me lo pidieran» es:

Muy propio de mí          5
Propio de mí              4
Neutro                    3
Poco propio de mí         2
Impropio de mí            1

Sume el total de estas dos preguntas y anótelo aquí. _____

Es su puntuación relativa a la amabilidad.

## 11. Amor

a) La afirmación «Sé que soy la persona más importante para alguien» es:

Muy propia de mí          5
Propia de mí              4
Neutra                    3
Poco propia de mí         2
Impropia de mí            1

b) «Aunque mi hermano o hermana o primos nos peleamos a menudo, les tengo mucho afecto» es:

Muy propio de mí          5
Propio de mí              4
Neutro                    3

Poco propio de mí                2
Impropio de mí                   1

Sume el total de estas dos preguntas y anótelo aquí. _____

Es su puntuación relativa al amor.

## 12. Civismo
a) La afirmación «Me encanta pertenecer a un club o a un grupo de actividades extraescolares» es:
 Muy propia de mí    5
 Propia de mí     4
 Neutra       3
 Poco propia de mí    2
 Impropia de mí     1

b) «En la escuela se me da bien trabajar en grupo» es:
 Muy propio de mí    5
 Propio de mí     4
 Neutro       3
 Poco propio de mí    2
 Impropio de mí     1

Sume el total de estas dos preguntas y anótelo aquí. _____

Es su puntuación relativa al civismo.

## 13. Imparcialidad
a) La afirmación «Aunque alguien no me caiga bien, lo trato con imparcialidad» es:
 Muy propia de mí    5
 Propia de mí     4
 Neutra       3
 Poco propia de mí    2
 Impropia de mí     1

b) «Cuando me equivoco siempre lo admito» es:

| | |
|---|---|
| Muy propio de mí | 5 |
| Propio de mí | 4 |
| Neutro | 3 |
| Poco propio de mí | 2 |
| Impropio de mí | 1 |

Sume el total de estas dos preguntas y anótelo aquí. _____

Es su puntuación relativa a la imparcialidad.

## 14. Liderazgo

a) La afirmación «Cuando juego o hago deporte con otros niños, éstos quieren que yo sea el líder» es:

| | |
|---|---|
| Muy propia de mí | 5 |
| Propia de mí | 4 |
| Neutra | 3 |
| Poco propia de mí | 2 |
| Impropia de mí | 1 |

b) «Como líder, me he ganado la confianza o admiración de amigos o compañeros de equipo» es:

| | |
|---|---|
| Muy propio de mí | 5 |
| Propio de mí | 4 |
| Neutro | 3 |
| Poco propio de mí | 2 |
| Impropio de mí | 1 |

Sume el total de estas dos preguntas y anótelo aquí. _____

Es su puntuación relativa al liderazgo.

## 15. Autocontrol

a) La afirmación «No me cuesta nada dejar de ver un vídeo o la televisión si tengo que hacerlo» es:

| | |
|---|---|
| Muy propia de mí | 5 |
| Propia de mí | 4 |
| Neutra | 3 |
| Poco propia de mí | 2 |
| Impropia de mí | 1 |

b) «Siempre llego y hago todo tarde» es:

| | |
|---|---|
| Muy propio de mí | 1 |
| Propio de mí | 2 |
| Neutro | 3 |
| Poco propio de mí | 4 |
| Impropio de mí | 5 |

Sume el total de estas dos preguntas y anótelo aquí. _____

Es su puntuación relativa al autocontrol.

## 16. Prudencia

a) La afirmación «Evito situaciones o niños que puedan causarme problemas» es:

| | |
|---|---|
| Muy propia de mí | 5 |
| Propia de mí | 4 |
| Neutra | 3 |
| Poco propia de mí | 2 |
| Impropia de mí | 1 |

b) «Los adultos siempre me dicen que escojo bien mis palabras y actos» es:

| | |
|---|---|
| Muy propio de mí | 5 |
| Propio de mí | 4 |
| Neutro | 3 |
| Poco propio de mí | 2 |
| Impropio de mí | 1 |

Sume el total de estas dos preguntas y anótelo aquí. _____

Es su puntuación relativa a la prudencia.

**17. Humildad**

a) La afirmación «En lugar de hablar sobre mí, prefiero que los otros niños hablen sobre ellos» es:

Muy propia de mí      5
Propia de mí      4
Neutra      3
Poco propia de mí      2
Impropia de mí      1

b) «La gente dice que soy una persona presumida» es:

Muy propio de mí      1
Propio de mí      2
Neutro      3
Poco propio de mí      4
Impropio de mí      5

Sume el total de estas dos preguntas y anótelo aquí. _____

Es su puntuación relativa a la humildad.

**18. Disfrute de la belleza**

a) La afirmación «Me gusta escuchar música o ir al cine o bailar más que a los otros niños de mi edad» es:

Muy propia de mí      5
Propia de mí      4
Neutra      3
Poco propia de mí      2
Impropia de mí      1

b) «Me encanta ver cómo cambian de color los árboles en otoño» es:

Muy propio de mí         5
Propio de mí             4
Neutro                  3
Poco propio de mí        2
Impropio de mí          1

Sume el total de estas dos preguntas y anótelo aquí. _____

Es su puntuación relativa al disfrute de la belleza.

## 19. Gratitud

a) La afirmación «Cuando pienso en mi vida, encuentro muchas cosas por las que estar agradecido» es:

Muy propia de mí        5
Propia de mí            4
Neutra                3
Poco propia de mí       2
Impropia de mí         1

b) «Olvido agradecer a los profesores cuando me ayudan» es:

Muy propio de mí        1
Propio de mí            2
Neutro               3
Poco propio de mí       4
Impropio de mí         5

Sume el total de estas dos preguntas y anótelo aquí. _____

Es su puntuación relativa a la gratitud.

## 20. Esperanza

a) La afirmación «Cuando saco una mala nota en el colegio, siempre pienso que la próxima vez mejoraré» es:

| | |
|---|---|
| Muy propia de mí | 5 |
| Propia de mí | 4 |
| Neutra | 3 |
| Poco propia de mí | 2 |
| Impropia de mí | 1 |

b) «Cuando sea mayor creo que seré un adulto muy feliz» es:

| | |
|---|---|
| Muy propio de mí | 5 |
| Propio de mí | 4 |
| Neutro | 3 |
| Poco propio de mí | 2 |
| Impropio de mí | 1 |

Sume el total de estas dos preguntas y anótelo aquí. _____

Es su puntuación relativa a la esperanza.

## 21. Espiritualidad

a) La afirmación «Creo que todas las personas son especiales y tienen un importante cometido en la vida» es:

| | |
|---|---|
| Muy propia de mí | 5 |
| Propia de mí | 4 |
| Neutra | 3 |
| Poco propia de mí | 2 |
| Impropia de mí | 1 |

b) «Cuando las cosas me van mal, mis creencias religiosas me ayudan a sentirme mejor» es:

| | |
|---|---|
| Muy propio de mí | 5 |

Propio de mí                4
Neutro                      3
Poco propio de mí           2
Impropio de mí              1

Sume el total de estas dos preguntas y anótelo aquí. _____

Es su puntuación relativa a la espiritualidad.

## 22. Perdón

a) La afirmación «Si alguien me ofende nunca intento vengarme de esa persona» es:
Muy propia de mí            5
Propia de mí                4
Neutra                      3
Poco propia de mí           2
Impropia de mí              1

b) «Perdono los errores de los demás» es:
Muy propio de mí            5
Propio de mí                4
Neutro                      3
Poco propio de mí           2
Impropio de mí              1

Sume el total de estas dos preguntas y anótelo aquí. _____

Es su puntuación relativa al perdón.

## 23. Sentido del humor

a) La afirmación «La mayoría de los niños diría que se divierte conmigo» es:
Muy propia de mí            5
Propia de mí                4
Neutra                      3

Poco propia de mí                    2
Impropia de mí                       1

b) «Cuando uno de mis amigos se siente mal, o me
   siento infeliz, hago o digo algo divertido para ale-
   grar la situación» es:
   Muy propio de mí                  5
   Propio de mí                      4
   Neutro                            3
   Poco propio de mí                 2
   Impropio de mí                    1

Sume el total de estas dos preguntas y anótelo
aquí. _____

Es su puntuación relativa al sentido del humor.

## 24. Entusiasmo
a) La afirmación «Me gusta mi vida» es:
   Muy propia de mí                  5
   Propia de mí                      4
   Neutra                            3
   Poco propia de mí                 2
   Impropia de mí                    1

b) «Cuando me levanto por las mañanas tengo ganas
   de vivir el día» es:
   Muy propio de mí                  5
   Propio de mí                      4
   Neutro                            3
   Poco propio de mí                 2
   Impropio de mí                    1

Sume el total de estas dos preguntas y anótelo
aquí. _____

Es su puntuación relativa al entusiasmo.

Llegados a este punto, habrá obtenido la puntuación de su hijo junto con la interpretación y las pautas de la página web, o habrá puntuado cada una de las 24 fortalezas de su hijo en el libro. Si no utiliza el sitio web, anote la puntuación de su hijo relativa a cada una de las 24 fortalezas indicadas a continuación y luego ordénelas de mayor a menor.

SABIDURÍA Y CONOCIMIENTO
1. Curiosidad _____
2. Amor por el conocimiento _____
3. Juicio _____
4. Ingenio _____
5. Inteligencia social _____
6. Perspectiva _____

VALENTÍA
7. Valor _____
8. Perseverancia _____
9. Integridad _____

HUMANIDAD
10. Amabilidad _____
11. Amor _____

JUSTICIA
12. Civismo _____
13. Imparcialidad _____
14. Liderazgo _____

TEMPLANZA
15. Autocontrol _____
16. Prudencia _____
17. Humildad _____

18. Disfrute de la belleza _____
19. Gratitud _____
20. Esperanza _____
21. Espiritualidad _____
22. Perdón _____
23. Sentido del humor _____
24. Entusiasmo _____

Lo normal es que su hijo tenga 5 o menos puntuaciones de 9 o 10, que señalan sus fortalezas, al menos según sus respuestas. Márquelas con un círculo. Su hijo también tendrá varias puntuaciones bajas, entre 4 —o menos— y 6, que indican sus debilidades.

## DESARROLLAR LAS FORTALEZAS DE LOS NIÑOS

El desarrollo de las fortalezas es como el desarrollo del lenguaje. Todo recién nacido cuenta con la capacidad para aprender cualquier idioma humano, y quien escuche con atención oirá los sonidos más primitivos de esas lenguas que nos recuerdan al sueco o a un dialecto africano en los primeros balbuceos del niño. Después aparece la «evolución del balbuceo», durante la cual las expresiones del bebé evolucionan hacia el lenguaje de las personas que lo rodean. Al final del primer año de vida las vocalizaciones se asemejan a los sonidos de la futura lengua materna.

Carezco de pruebas al respecto, pero prefiero pensar que los recién nacidos también cuentan con la capacidad de desarrollar cualquiera de las 24 fortalezas.

La «evolución de las fortalezas» discurre durante los primeros seis años de vida, a medida que el niño descubre aquello que provoca elogios, amor y atención. El cincel con el cual esculpe sus fortalezas es la interacción entre sus talentos, intereses y fortalezas, y conforme va averiguando qué funciona y qué fracasa en su pequeño mundo, dará forma con todo detalle al rostro de diversas fortalezas. Al mismo tiempo se deshará de otras y también del material sobrante de su trabajo.

A partir de este supuesto optimista, Mandy y yo comenzamos a identificar, nombrar y recompensar las muestras de las distintas fortalezas observadas. Constatamos que las regularidades se suceden a lo largo del tiempo y descubrimos que los niños exteriorizan de forma constante las mismas fortalezas personales específicas.

*A Lara, por ejemplo, siempre le ha preocupado la ecuanimidad, y nos alborotamos bastante la primera vez que compartió de forma espontánea sus blocs con Nikki. Tras leer la última y brillante obra de Anthony Lukas,* Big Trouble —*un libro absorbente sobre el brutal asesinato del ex gobernador de Idaho a finales del siglo pasado*—, *y contarle la historia a Mandy durante la cena, advertí que Lara estaba muy interesada en las premisas morales del socialismo. Así, se sucedieron largas conversaciones con nuestra hija de siete años sobre el comunismo y el capitalismo, los monopolios y la legislación antimonopolio («¿Y si te quitáramos todos los juguetes, menos uno, y se los diéramos a los niños que no tienen ninguno?»).*

*Nikki siempre ha mostrado mucha amabilidad y paciencia. Como ya he mencionado, le había enseñado al pequeño Darryl los colores y las letras, y a veces nos los encontrábamos trabajando en ello bien entrada la noche. Darryl, como saben desde el comienzo de este capítulo, es persistente y aplicado; cuando algo le interesa no hay nada que lo detenga.*

Mi primer consejo para fomentar las fortalezas de los niños es recompensar todas las muestras de cualquiera de ellas. Acabará comprobando que su hijo evoluciona siguiendo la dirección de algunas de dichas fortalezas. Son la simiente de sus fortalezas características, y el test que su hijo acaba de realizar le ayudará a identificarlas y perfeccionarlas.

Mi segundo y último consejo sobre el desarrollo de las fortalezas de los niños es que permita que su hijo muestre esas florecientes fortalezas características durante el transcurso de sus actividades familiares habituales. Cuando las exteriorice, asígneles un nombre.

*La semana pasada Lara se llevó un terrible disgusto. Había estado asistiendo a clases de flauta dulce durante cinco años y había llegado el momento de avanzar y cambiar de profesor. Ya en la primera clase el nuevo profesor le dijo a Lara que todo lo que había aprendido estaba mal: la colocación del instrumento, la forma de respirar y la posición de los dedos. Lara ocultó la desilusión y siguió estudiando e incrementó el tiempo destinado a las prácticas, hecho que hemos calificado como un ejemplo de su perseverancia.*

*Nikki prepara el aula musical con la pequeña Carly. Dispone la sala con muñecos e instrumentos en miniatura, pone canciones infantiles y baila al ritmo de las mismas, y ayuda a Carly a dar palmadas siguiendo el ritmo. Consideramos estas actividades un ejemplo de la paciencia, amabilidad y dedicación de Nikki, y la elogiamos por ello.*

Puesto que realizamos las actividades escolares de los niños en casa, podemos adaptar nuestro plan de estudios a las fortalezas características de cada uno de ellos. Debo añadir que no hacemos proselitismo con este hecho; colaboro con numerosos colegios públicos y privados y respeto enormemente el trabajo que realizan los profesores. Escolarizamos a nuestros hijos en nuestro hogar porque: a) viajamos mucho y podemos planificar la educación de los niños adaptándola a nuestros viajes; b) los dos somos dedicados profesores y, c) no deseábamos entregar a unos desconocidos la dicha de ver crecer a nuestros hijos. Expresados estos aspectos, quiero ofrecer un ejemplo ilustrativo de la planificación de las actividades familiares de modo que puedan emplearse las fortalezas características de cada uno de los niños con una asignatura del plan de estudios anual.

Mandy decidió que este año enseñaría geología. A todos los niños les gustan las rocas, y la geología es un excelente camino para llegar a la química, la paleontología y la economía. Cada niño tiene una inclinación especial, de modo que es posible asignar a cada uno de ellos una tarea específica orientada a desarrollar sus fortalezas. Nikki, con su inteligencia social y aprecio de la belleza, se ocupa de las gemas y piedras preciosas. Su tema especial se centra en cómo los minerales han aportado belleza a la vestimenta y la vida social. Lara, a partir de la fortaleza de la ecuanimidad, se propone estudiar los monopolios petrolíferos. Darryl ya ha comenzado su colección de minerales y ha convencido a nuestro fontanero —que también es mineralogista aficionado— de que le lleve en sus salidas de campo. Ha recogido un gran número de muestras, y su persistencia y diligencia predominan en sus paseos.

En cierta ocasión Steve, cansado después de pasar varias horas recogiendo piedras, le pidió a Darryl que subiese al coche. Darryl, sudado y sucio sobre un enorme montón de piedras de una obra, le gritó: «Los mineralogistas no descansan.»

# 13

## Repetición y resumen

Ha cumplimentado el test de felicidad momentánea en el capítulo 2. Ha leído casi todo el libro, seguido algunos de los consejos y realizado algunos de los ejercicios indicados. Comprobemos ahora cuál es su nivel de felicidad. Si lo desea puede responder este test en el sitio web a fin de comparar esta puntuación con la anterior.

## CUESTIONARIO SOBRE LAS EMOCIONES DE FORDYCE

¿Cuán feliz o infeliz suele sentirse en general? Señale una única frase, la que mejor describa su felicidad media.

____ 10. Sumamente feliz (me siento eufórico, jubiloso, fantástico).

____ 9. Muy feliz (me siento realmente bien, entusiasmado).

____ 8. Bastante feliz (de buen humor, me siento bien).

____ 7. Medianamente feliz (me siento bastante bien y bastante alegre).

____ 6. Ligeramente feliz (un poco por encima de lo normal).

____ 5. Neutro (no especialmente feliz ni infeliz).

____ 4. Ligeramente infeliz (un poco por debajo de neutro).

_____ 3. Medianamente infeliz (un poco desanimado).
_____ 2. Bastante infeliz (bastante desanimado).
_____ 1. Muy infeliz (deprimido, muy abatido).
_____ 0. Sumamente infeliz (profundamente deprimido, completamente abatido).

Reflexione sobre sus emociones un poco más. Por término medio, ¿qué porcentaje de tiempo se siente feliz? ¿Qué porcentaje de tiempo se siente infeliz? ¿Qué porcentaje de tiempo se siente neutral (ni feliz ni infeliz)? Anote sus estimaciones más precisas, en la medida de lo posible, en los espacios asignados más abajo. Asegúrese de que las tres cifras suman un total de 100.

Por término medio:
Porcentaje de tiempo que me siento feliz _____ %
Porcentaje de tiempo que me siento infeliz _____ %
Porcentaje de tiempo que me siento neutro _____ %

Como dato lustrativo en base a una muestra de 3.050 estadounidenses adultos, la puntuación media —sobre 10— es 6,92. El porcentaje medio respecto al tiempo durante el que las personas se sienten felices es 54 %, infelices 20 % y neutros 26 %.

Tengo la tesis de que existen diversos y muy diferentes caminos para alcanzar la auténtica felicidad. En la primera parte del libro he analizado la emotividad positiva y cómo incrementarla. Existen tres clases de sentimientos positivos que difieren radicalmente entre sí, los relativos al pasado, al presente y al futuro, y es perfectamente posible cultivar cualquiera de ellos por separado.* Las emo-

* Las emociones positivas respecto al pasado —la satisfacción, por ejemplo— pueden incrementarse a través de la gratitud, el perdón y liberándonos de ideologías deterministas.

ciones positivas respecto al futuro —el optimismo, por ejemplo— pueden aumentarse aprendiendo a identificar y rebatir los pensamientos pesimistas automáticos.

Las emociones positivas relacionadas con el presente se subdividen en placeres y gratificaciones, y constituyen el mejor ejemplo de cómo alcanzar la felicidad siguiendo caminos radicalmente distintos. Los placeres son transitorios y se definen en función de los sentimientos experimentados. Pueden incrementarse eliminando el efecto aletargador de la habituación, y fomentando el disfrute y la atención. La vida placentera tiene por objeto permitir experimentar emociones positivas respecto al presente, al pasado y al futuro.

Las gratificaciones son más duraderas. Se caracterizan por la concentración, el compromiso y la fluidez, y se definen por la ausencia de cualquier tipo de emoción positiva y de una excesiva conciencia de sí mismo. Las gratificaciones son generadas por medio del ejercicio de las fortalezas y virtudes, motivo por el cual en la segunda parte del libro he presentado las 24 fortalezas ubicuas y, asimismo, he facilitado los tests necesarios para identificar sus fortalezas características personales. En la tercera parte he analizado los modos de emplear sus fortalezas características en los tres ámbitos vitales más importantes: el trabajo, el amor y la educación de los hijos. Todo ello ha conducido a mi definición de buena vida, la cual, a mi parecer, consiste en utilizar las fortalezas características con la mayor frecuencia posible en esos ámbitos a fin de obtener una felicidad auténtica.

Con la esperanza de que haya aumentado su nivel de emotividad positiva y su acceso a abundantes gratificaciones, doy paso al tema final, el hallazgo del sentido y del objetivo de la vida.[1] Como he sugerido, la *vida placentera* se halla marcada por el éxito en la búsqueda de emociones positivas y complementada por el desarrollo de las aptitudes necesarias para multiplicar tales emociones. La *buena vida*, en cambio, no consiste en aumentar al máximo la emotividad positiva, sino en emplear de forma satisfactoria las fortalezas características a fin de obtener abundantes gratificaciones auténticas. La *vida significativa* posee un rasgo adicional, que consiste poner las fortalezas personales al servicio de algo que nos transcienda. Vivir estas tres vidas es vivir una *vida plena*.

# 14

## Sentido y propósito

«No me había sentido tan fuera de lugar —le susurro a mi suegro— desde la cena de novatos en el Ivy Club de Princeton.» El único Yacht Club en el que había estado con anterioridad era el de Disneylandia; pero allí estábamos todos, los niños, los parientes políticos, Mandy y yo, cenando en uno de verdad. El hombre sentado a la mesa contigua y a quien nuestra camarera llama «comodoro», resulta ser un comodoro de verdad, y los barcos que cabecean al otro lado de la ventana no son esquifes más grandes de lo normal sino mansiones transatlánticas de madera noble lustrada. Sir John Templeton me ha invitado al Lyford Cay Club, y como lo prometido es deuda, acudo con Mandy y los niños, quienes a su vez han invitado a los padres de Mandy. La promesa parece un tanto imprudente, ya que ha consumido buena parte de nuestros ahorros. El Lyford Cay Club es una propiedad privada que ocupa todo el extremo noroeste de New Providence, en las Bahamas. Cuenta con una playa de arena aterciopelada de color marfil de casi dos kilómetros de largo, pistas de croquet, criados de librea que hablan en voz muy baja con acento británico-caribeño y multimillonarios de todo el mundo que disfrutan del indulgente sistema de impuestos de las Bahamas. A este marco tan inapropiado he venido a exponer mis ideas sobre cómo encontrar el sentido de la vida.

El acto es un cónclave de diez científicos, filósofos y teólogos reunidos para hablar sobre si la evolución tiene un propósito y una dirección. Hace varios años este asunto me habría parecido carente de futuro, una nueva versión de las objeciones fundamentalistas a la presentación de Darwin de la raza humana desde la cima de la creación. Pero una copia promocional de un libro, *NonZero* [No cero], ha aterrizado en mi escritorio, y es tan sorprendentemente original y sólidamente científico que se ha convertido en el trampolín para mis ideas sobre la manera de encontrar sentidos y propósitos.

Uno de los motivos por el que he venido a Lyford Cay es por la oportunidad de conocer a su autor, Bob Wright. Su pensamiento subyacente coincide con mi preocupación por el hecho de que una ciencia centrada en la emoción positiva, la personalidad positiva y las instituciones positivas sólo flotará por encima de las olas de las modas de autoayuda, a no ser que esté anclada en premisas más profundas. La Psicología Positiva debe basarse en una biología positiva y estar supeditada a una filosofía positiva, quizás incluso a una teología positiva. Quería que Bob Wright desarrollase las ideas presentadas en el manuscrito de *NonZero* y deseaba exponer mis especulaciones destinadas a cimentar sentidos y propósitos en la vida de las personas, tanto comunes como extraordinarias. Otro de los motivos era visitar a John Templeton, el anfitrión, en su particular Jardín del Edén.

Nos reunimos a la mañana siguiente en una sala de juntas muy iluminada y con cortinas verdes. Al pie de la enorme mesa de ébano se sienta sir John. Hace ya muchos años vendió su parte del Fondo Templeton, un fondo de inversión inmobiliaria de enorme éxito, y decidió dedicar el resto de su vida a las obras benéficas. Su fundación entrega decenas de millones de dólares anuales para ayudar a aquellos estudios poco convencionales que se hallan en la denostada zona fronteriza entre la religión y la ciencia.

Sir John es un hombre dinámico de 87 años, que lleva un jersey verde esmeralda. No permanece rezagado cuando se trata de abordar asuntos relacionados con la mente: primero de su promoción en Yale, becario en la Universidad de Oxford, lector voraz y autor prolífico. De complexión delgada, moreno, ojos resplandecientes de entusiasmo y sonrisa radiante, inicia la reunión preguntándonos los temas clave: «¿Tiene la vida humana un propósito noble? ¿Tiene la vida un sentido que trasciende el sentido que elaboramos sólo para nosotros? ¿Nos ha colocado la selección natural en este camino? ¿Qué sabe la ciencia de la presencia o ausencia de un propósito divino?»

A pesar del pasado benévolo y tolerante del anfitrión, en la sala de juntas se percibe cierta inquietud, incluso temor, que ni siquiera su jovialidad logra disipar. Los académicos veteranos dependen por completo de la generosidad de los fondos privados. Cuando se encuentran en presencia de los donantes, temen cometer algún desliz y decir algo que contraríe a su anfitrión. Piensan que una sola palabra imprudente puede significar la pérdida de años de erudición meticulosa y de cultivar de forma asidua la relación con los ejecutivos de la fundación. Todos los presentes se han beneficiado de la generosidad de sir John en el pasado, y todos esperamos seguir beneficiándonos.

David Sloan Wilson, renombrado biólogo evolucionista, comienza su charla con una valiente admisión que espera que dote a la reunión de un tono tolerante y abierto: «Quiero expresar ante sir John que soy ateo. No creo que la evolución tenga un propósito y no, desde luego, un propósito divino.» Mike Csikszentmihalyi se inclina hacia mí y me susurra: «No deberías haber dicho eso, Número Cuatro. Esta noche dormirás con los peces.»

Mike y David se ríen tontamente y sospecho que no entienden bien a sir John. Tengo un trato más bien estrecho con él y su fundación desde hace tiempo. Hace dos años, como llovido del cielo, acudieron a mí y me pidieron que patrocinara un *festschrift*, dos días de presentaciones a cargo de investigadores que se ocupan del campo de la esperanza y el optimismo. A pesar de lo de a caballo regalado no le mires los dientes, Mandy y yo inspeccionamos el sitio web de la fundación para averiguar qué otros trabajos apoyaban, y nos preocupó el marcado enfoque religioso de la entidad.

Mandy me recordó que la Asociación Americana de Psicología representa a 160.000 psicólogos, y que a mucha gente le gustaría comprar la lealtad del presidente y utilizar su nombre y cargo para refrendar su programa. Así que invité a uno de los ejecutivos de la fundación a mi casa y le dije que su oferta me halagaba, pero que tendría que rechazarla. Le expliqué que la Psicología Positiva y yo no estábamos en alquiler, incapaz de evitar cierto tono de autosuficiencia desagradecida.

Su comportamiento durante la hora siguiente me tranquilizó, y todas sus decisiones desde entonces han sido fieles a su promesa. El ejecutivo, Arthur Schwartz, me señaló que el programa de Psicología Positiva y el de sir John eran similares, pero muy lejos de ser idénticos. Coincidían en un aspecto fundamental. El programa de la fundación poseía un contenido religioso y espiritual, así como un gran interés científico. El mío era profano y científico pero según Arthur, al respaldar mi programa, la fundación podría encauzar la ciencia social hacia la investigación de aquellos aspectos considerados valores y rasgos caracterológicos positivos. Me aseguró que la fundación sólo colaboraría conmigo en los temas en los que coincidiéramos, y que no intentaría convertirme en un miembro de la misma; asimismo, me comunicó que yo no podría formar parte de la fundación.

Así pues, mientras intento ahogar la risa ante el comentario mordaz de Mike, no puedo evitar pensar que sé lo que sir John quiere y que no tiene nada que ver con lo que David y Mike suponen que él quiere. Durante las dos últimas décadas sir John se ha lanzado de lleno a una búsqueda muy personal. No es, ni mucho menos, dogmático respecto a la tradición cristiana de la que proviene; de hecho, está descontento con la teología existente. Cree que ésta no ha logrado seguir el ritmo del desarrollo científico ni adaptarse a los cambios radicales producidos por la actividad empírica en el paisaje de la realidad.

Sir John comparte las mismas dudas metafísicas que David Sloan Wilson, Mike y yo. Acaba de cumplir 87 años y quiere saber lo que le espera. Y no quiere saberlo por urgentes motivos personales, sino para ponerlo al servicio de un futuro mejor. Desea saber si su vida tiene sentido. Al igual que los auténticos mecenas del pasado, puede permitirse el lujo de no tener que cavilar solo sobre las preguntas más importantes, ya que cuenta con un grupo de pensadores extraordinarios que lo ayudan en tal empeño. Tampoco le apetece escuchar las monótonas verdades del día repetidas y confirmadas, ya que para ello le basta encender la televisión el domingo por la mañana. Lo que de verdad quiere es obtener la visión más original, sincera y profunda que seamos capaces de formular sobre las eternas preguntas: «¿Por qué estamos aquí?» y «¿Adónde vamos?». Creo que, por primera vez en mi vida, tengo algo original que decir respecto a esas espinosas preguntas, y las ideas de Wright han influido mucho en lo que deseo decir. Si mi idea sobre el significado les pareciera sensata, supondría el mayor de los soportes de la Psicología Positiva.

Robert Wright se desplaza hacia el atril. Es un personaje poco corriente en el mundo académico. Es delgado, enjuto y cetrino, pero en cierto modo exuberante. Cuando habla frunce los labios como si chupase un limón, y cuando responde una pregunta que no le gusta, un limón muy ácido. Habla en voz baja, de forma casi monótona, con el deje propio de Tejas —arrastrando las palabras— y acelerando posteriormente hasta alcanzar la velocidad del acento típico de Nueva York. Son sus credenciales, y no su apariencia ni su voz, lo que resulta extraño. Es el único presente —aparte de sir John— que no es académico. Se gana la vida como periodista, profesión que los académicos más exaltados suelen desdeñar.

Ha sido columnista de TRB para el *New Republic*, cargo que ha pasado de un político erudito a otro desde hace casi un siglo.[1] A comienzo de la década de 1990 publicó *The Moral Animal* [El animal moral], obra en la que argüía que la ética humana se apoya en puntales profundamente evolucionistas; la moral humana no es ni arbitraria ni predominantemente producto de la socialización. Diez años antes, poco después de graduarse en Princeton, publicó un artículo en el *Atlantic* sobre los orígenes del idioma indoeuropeo, la hipotética lengua ancestral de la mayoría de las lenguas occidentales.

Se podría pensar que alguien que escribe sobre política, evolución, biología, lingüística y psicología no es más que un aficionado. Pero Wright no es, ni mucho menos, un aficionado. Antes de conocerle, Sam Preston —mi decano, y uno de los principales demógrafos del mundo— me dijo que pensaba que *The Moral Animal* era el libro más importante que jamás había leído sobre la ciencia. Steve Pinker, el más destacado psicólogo mundial del lenguaje, afirmó que el artículo de Wright sobre el indoeuropeo era «definitivo e innovador». Del mismo modo que Smithson y Darwin, Wright es uno de los escasos científicos *amateur* importantes vivos en la actualidad. Que Wright se halle rodeado de académicos me recuerda la carta que G. E. Moore envió en 1930 sobre Ludwig Wittgenstein al comité que ofrecía becas para doctorados en la Universidad de Cambridge. Wittgenstein acababa de llegar a Inglaterra huyendo de los nazis, y querían consagrarlo como profesor «sabio» de Filosofía. Sin embargo, Wittgenstein carecía de credenciales académicas, por lo que Moore entregó en nombre de Wittgenstein su ya entonces clásico *Tractatus-Logico-Philosophicus* para su tesis doctoral. En la carta adjunta Moore escribió que «el *Tractatus* del señor Wittgenstein es la obra de un genio. Sea como fuere, cumple de sobra con las normas de un doctorado en Cambridge».

Por pura coincidencia el libro de Wright, *NonZero*, acaba de publicarse, y el *New York Times Review* ha editado una crítica muy favorable como tema de portada el domingo anterior. Así, la envidia corroe a los académicos, quienes se muestran menos despectivos de lo que cabría esperar. De todos modos, la densidad y profundidad de lo que Wright explica durante las siguientes horas sorprende a todos.

Wright comienza sugiriendo que el secreto de la vida no es el ADN, sino otro descubrimiento realizado en la misma época que el de Watson y Crick: la tesis del juego de la suma que no equivale a cero propuesta por John von Neumann y Oskar Morgenstern. Un juego de victoria-derrota, nos recuerda, es una actividad en la que la suerte del ganador y del perdedor está inversamente relacionada, y un juego de victoria-victoria tiene un resultado neto positivo. El principio básico subyacente a la vida misma, explica Wright, es el éxito reproductivo que favorece a los juegos de victoria-victoria. Los sistemas biológicos se ven abocados —diseñados sin participación de un diseñador— por la selección darwiniana hacia una mayor complejidad y hacia más situaciones de victoria-victoria. Una célula que contiene mitocondrias supera de forma simbiótica a las células que carecen de ellas. Con el tiempo suficiente, la inteligencia compleja es el resultado prácticamente inevitable de la selección natural y del éxito reproductivo diferencial.

No sólo el cambio biológico ha tomado este rumbo, sostiene Wright, sino también la historia de la humanidad. Antropólogos como Lewis Henry Morgan ya lo comprendieron en el siglo XIX. El cuadro universal del cambio político a lo largo de los siglos parte del salvajismo, pasa por la barbarie y de ahí a la civilización. Se trata de una progresión con un incremento importante de las situaciones de victoria-victoria. Cuantos más juegos de resultado positivo haya en una cultura, más posibilidades tendrá ésta de sobrevivir y prosperar. Por supuesto, Wright sabe que la historia está plagada de horrores. El progreso en la historia no es como una locomotora imparable, sino más bien como un caballo reacio que a menudo se niega a avanzar y que en ocasiones incluso retrocede. Pero el movimiento global de la historia de la humanidad, sin ignorar retrocesos tales como el Holocausto, el terrorismo biológico y el genocidio cometido contra los aborígenes tasmanianos, se dirige desde una perspectiva secular, hacia más escenarios de victoria-victoria.

En este momento nos encontramos en el final de la tormenta que precede a la calma. Internet, la globalización y la ausencia de una guerra nuclear no son casualidades, sino el resultado casi inevitable de una especie destinada a desarrollar más situaciones de victoria-victoria. Nuestra especie se halla en un punto de inflexión tras el cual el futuro humano será mucho más feliz que el pasado, concluye Wright. En la sala de juntas el oxígeno parece acabarse.

Los presentes están aturdidos. Los académicos nos enorgullecemos de la inteligencia crítica y del cinismo, y no estamos acostumbrados a escuchar discursos optimistas. Nunca habíamos oído describir en términos tan simples un panorama halagüeño acerca del futuro de la humanidad por parte de un pesimista pertinaz con unas credenciales de *realpolitik* mucho mejores que las nuestras. Nuestro asombro es mayor aún, si cabe, porque acabamos de escuchar un razonamiento del todo optimista basado en principios y datos científicos que todos aceptamos. Tras un breve debate superficial y contrario a las conclusiones, salimos hacia el sol caribeño intelectualmente deslumbrados.

Al día siguiente tengo la oportunidad de mantener una larga charla con Bob Wright. Estamos sentados junto a la piscina. Sus hijas, Eleanor y Margaret, se están dando un chapuzón con Lara y Nikki. Los camareros de color, ataviados con uniformes blancos decorados con cordones de oro, transportan las bebidas a los acaudalados clientes habituales. Mi familia y yo nos perdimos anoche mientras conducíamos por las afueras de Nassau y nos topamos con la aterradora pobreza que tan bien se oculta a los turistas. Mi sensibilidad a la injusticia, mi ira e impotencia todavía no han desaparecido por completo por la mañana, y me asaltan dudas sobre la globalización de la riqueza y la inevitabilidad del concepto de victoria-victoria. Me pregunto cuán estrechamente asociada se halla la idea de que el mundo avanza en esa dirección utópica con el hecho de ser rico y privilegiado. Me pregunto si la Psicología Positiva sólo atraerá a las personas cercanas a la cúspide de la jerarquía concebida por Maslow con relación a la satisfacción de las necesidades básicas. ¿Optimismo, felicidad, un mundo caracterizado por la cooperación? ¿Qué nos habremos fumado en esa reunión?

—Bueno, Marty, ¿así que querías desarrollar algunos aspectos de la idea de victoria-victoria para encontrar el sentido de la vida? —La cortés pregunta de Bob interrumpe mis oscuros pensamientos, que se hallan muy lejos del cielo azul celeste y la nitidez de la mañana.

Lo afronto desde dos perspectivas bien distintas, primero la psicológica y luego la teológica. Le explico a Bob que me he esforzado por cambiar mi profesión, por lograr que los psicólogos trabajen en la teoría y práctica de desarrollar lo mejor de la vida. Le aseguro a Bob que no estoy en contra de la psicología negativa; la he practicado durante treinta y cinco años. Pero nos urge ajustar el equilibrio, complementar lo que sabemos acerca de la locura con el conocimiento sobre la cordura. La prisa proviene de la posibilidad de que Bob esté en lo cierto, y de que hoy día a la gente le preocupa más que nunca encontrar un sentido a su vida.

—De modo que, Bob, he estado pensado mucho en la virtud y en las emociones positivas: entusiasmo, satisfacción, dicha, felicidad y buen humor. ¿Por qué tenemos esas emociones positivas? ¿Por qué la vida no está estructurada a partir de las emociones negativas? Si sólo tuviéramos emociones negativas (miedo, ira y tristeza) el comportamiento humano básico seguiría siendo el mismo. La atracción se explicaría por la liberación de las emociones negativas, por eso abordamos a personas y cosas que nos liberan de nuestro miedo y tristeza; y el eludir el contacto se explicaría por el incremento de los sentimientos negativos. Nos alejamos de las personas y cosas que nos hacen experimentar tristeza o temor. ¿Por qué nos ha dado la evolución un sistema de sentimientos placenteros que prevalece sobre un sistema de sentimientos desagradables? Con un sistema habría bastado.

Prosigo entrecortadamente y le digo a Bob que *NonZero* tal vez explique todo esto. ¿Podría ser, me pregunto, que la emoción negativa haya evolucionado para ayudarnos en los juegos de victoria-derrota? Cuando nos encontramos involucrados en una competición de vida o muerte, cuando se trata de comer o ser devorado, el miedo y la angustia se convierten en nuestras motivaciones y guías. Cuando luchamos por evitar una pérdida o repeler una agresión, la tristeza y la ira pasan a ser nuestras motivaciones y guías. El experimentar una emoción negativa es una señal inequívoca de que participamos en un juego de victoria-derrota. Tales emociones crean un repertorio de conductas de lucha, huida o rendición. Esas emociones también activan un tipo de pensamiento analítico que limita nuestro campo de atención de modo tal que sólo el problema que nos atañe reviste gran importancia.

¿Podría ser, entonces, que las emociones positivas se hayan desarrollado a lo largo de la evolución para motivarnos y orientarnos en los juegos de victoria-victoria? Cuando nos encontramos en una situación en la que todos podríamos beneficiarnos —cortejar, cazar en grupo, educar a los hijos, cooperar, cultivar, enseñar y aprender— la dicha, el buen humor, la satisfacción y la felicidad motivan y guían nuestros actos. La emotividad positiva forma parte de un sistema sensorial que nos indica la existencia de una victoria-victoria potencial. También crean un repertorio de conductas y un tipo de pensamiento que amplía y fortalece las habilidades sociales y los recursos intelectuales. En síntesis, las emociones positivas construyen las catedrales de nuestra vida.

—Si eso es cierto, el futuro de la humanidad será mucho mejor de lo que predices, Bob. Si nos hallamos a las puertas de una era de juegos de victoria-victoria, nos encontramos en el umbral de una época caracterizada por los buenos sentimientos.

—¿Has mencionado el sentido de la vida y una perspectiva teológica, Marty? —La expresión desconfiada no abandona el rostro de Bob, pero la ausencia de esa mueca como de succionar limón me indica que la idea de que la emoción positiva y los juegos de victoria-victoria se hallan interrelacionados le parece razonable—. Pensaba que eras no creyente.

—Lo soy. Al menos lo era. Nunca he sido capaz de tragarme la idea de un Dios sobrenatural e intemporal, un Dios creador del universo. Aunque me he esforzado, nunca he logrado creer que la vida tenga otro sentido que el que nosotros decidimos elegir. Pero comienzo a pensar que estaba equivocado, al menos en parte. Lo que tengo que decir no es relevante para los creyentes, para aquellas personas que asumen que existe un Creador que otorga sentido personal a cada individuo. Ellas viven de una manera que consideran significativa, y tengo la impresión de que es así. Pero espero que sea relevante para la comunidad no religiosa, para los escépticos y para aquellos que posean una mentalidad empírica y que sólo crean en la naturaleza, y los ayude a vivir una vida con sentido.

Ahora prosigo con mucho más cuidado. No leo literatura teológica, y cuando doy con especulaciones teológicas escritas por científicos entrados en años, sospecho que se ha producido en su cerebro una importante pérdida de neuronas. Durante toda la vida he vacilado entre la cómoda certidumbre del ateísmo y las persistentes dudas del agnosticismo, pero la lectura del manuscrito de Bob ha cambiado esta situación. Por primera vez siento indicios de algo mucho más elevado que yo o que los seres humanos. Percibo indicios de un Dios en el que podemos creer quienes tenemos sobradas evidencia y escasas revelaciones (y a los que nos sobra esperanza y nos falta fe).

—Bob, ¿recuerdas un cuento de Isaac Asimov de los años cincuenta titulado *La última pregunta*?[2]

Mientras niega con la cabeza y murmura que todavía no había nacido, parafraseo el argumento.

El cuento comienza en el año 2061, con el enfriamiento del sistema solar. Los científicos preguntan a un complejo ordenador: «¿Es posible invertir el proceso de entropía?» Y el ordenador responde: «Datos insuficientes para respuesta significativa.» En la siguiente escena los habitantes de la Tierra huyen de la enana blanca que antes era nuestro sol hacia estrellas más jóvenes. Mientras la galaxia continúa enfriándose, preguntan al superordenador miniaturizado que contiene todo el conocimiento humano: «¿Es posible invertir el proceso de entropía?» Y el ordenador responde: «Datos insuficientes.» Sucede lo mismo en varias escenas más, en las cuales el ordenador se torna más poderoso y el cosmos más frío y la respuesta siempre es la misma. Finalmente, después de millones de años, cuando la vida y todo el calor del universo han desaparecido, y el conocimiento se halla compactado en un solo átomo de materia en el cero casi absoluto del hiperespacio, el átomo se pregunta: «¿Es posible invertir el proceso de entropía?»

«Hágase la luz», responde. Y se hace la luz.

—Bob, en este cuento hay una teología que es una extensión de la idea de victoria-victoria. Escribes que existe un diseño sin diseñador. Ese diseño que avanza hacia una mayor complejidad es nuestro destino. Aseguras que es un destino gobernado por la mano invisible de la selección natural y la selección cultural, que favorece la victoria-victoria. Considero que esa creciente complejidad va acompañada de mayor poder y conocimiento. También creo que esa creciente complejidad equivale a una mayor bondad, ya que la bondad es un grupo de virtudes omnipresente que han desarrollado todas las culturas que han prosperado. En cualquier enfrentamiento entre un menor conocimiento, un menor poder y una menor bondad versus un mayor conocimiento, un mayor poder y una mayor bondad, el vencedor generalmente es el segundo. Por supuesto existen muchos reveses y contratiempos; no obstante, el proceso produce un progreso natural, aunque discontinuo, del conocimiento, el poder y la bondad. Lo que quiero preguntarte es: ¿hacia adónde se dirige, a largo plazo, este proceso de poder, bondad y conocimiento crecientes?

Advierto el primer indicio de succionar limón en los labios de Bob, por lo que me apresuro a continuar.

—Según la tradición judeocristiana Dios posee cuatro propiedades: omnipotencia, omnisciencia, bondad y creatividad. Creo que debemos renunciar a esta última, la de Creador sobrenatural del principio de los tiempos. De todos modos, es la característica más problemática; no resuelve el problema del mal existente en el universo. Si Dios es el diseñador, y también es bueno, omnisciente y omnipotente, ¿cómo es posible que en el mundo mueran niños inocentes o haya terrorismo y crueldad? La condición de Creador también contradice el libre albedrío.

¿Cómo es posible que Dios haya creado una especie dotada de esta facultad si Él es también omnipotente y omnipresente? Y además, ¿quién ha creado al Creador?

»Existen respuestas ingeniosas y enrevesadas para cada uno de estos enigmas. Se supone que el tema del mal se resuelve mediante la afirmación de que los designios del Señor son inescrutables: "Lo que para nosotros es el mal, no lo es en lo que se refiere al designio inescrutable de Dios." El problema de conciliar el libre albedrío con las cuatro propiedades divinas es difícil de resolver. Calvino y Lutero renunciaron al libre albedrío para poner a salvo la omnipotencia de Dios. A diferencia de los fundadores del protestantismo, la teología del "proceso" es una creación moderna que sostiene que Dios puso en marcha el universo con un impulso eterno hacia una creciente complejidad. De momento todo bien, pero el incremento de la complejidad implica libre albedrío y conciencia propia, y esto supone una importante limitación del poder divino. El Dios de la teología del proceso renuncia a la omnipotencia y la omnisciencia para permitir que los seres humanos disfruten del libre albedrío. Para evitar el tema de "¿quién ha creado al Creador?", la teología del proceso renuncia a la idea de una creación al asegurar que el proceso de incremento de la complejidad es eterno; no hubo principio ni habrá final. Así, el Dios de la teología del proceso permite el libre albedrío a expensas de la omnipotencia, la omnisciencia y la creación. La teología del proceso fracasa porque despoja a Dios de todas sus tradicionales propiedades; en mi opinión, el suyo es un dios demasiado menor.[3] Pero es el mejor intento que conozco de reconciliar al Creador con la omnipotencia, la omnisciencia y la bondad.

»Existe otra alternativa para estos dilemas: la creatividad divina se contradice tanto con las otras tres que se descarta por completo. Esta propiedad, esencial para el teísmo, es la que hace que la idea de Dios sea tan difícil de tragar para las personas de mentalidad científica. El Creador es sobrenatural, un ser inteligente y un diseñador que existe antes del comienzo de los tiempos y que no se halla sujeto a las leyes naturales. Así pues, que el misterio de la creación quede relegado a la rama de la física llamada cosmología. Y yo digo: "Adiós y buen viaje."

»Esto nos deja con la idea de un Dios que no tuvo ninguna participación en la creación pero que es omnipotente, omnisciente y justo. La pregunta fundamental es: "¿Existe tal Dios?" Un Dios así no puede existir ahora porque nos encontraríamos con dos de los enigmas anteriores: ¿cómo es posible que exista el mal si hay un Dios omnipresente y justo; y cómo es posible que los seres humanos posean libre albedrío si existe un Dios omnipotente y omnisciente? Así, no existió tal Dios ni tampoco existe ahora. Pero una vez más, ¿hacia adónde se dirige, muy a largo plazo, el principio de la victoria-victoria? Hacia un Dios que no es sobrenatural, un Dios que en última instancia adquiere la omnipotencia, la omnisciencia y la bondad a través del progreso natural del proceso de victoria-victoria. Quizá, tan sólo quizá, Dios llegue al final.»

Advierto ahora indicios de aceptación mezclados con incertidumbre en el rostro de Bob... pero ningún movimiento labial.

Un proceso que selecciona de forma continua para llevar hacia una mayor complejidad no tiene otro propósito que la omnisciencia, la omnipotencia y la bondad. Por supuesto, esto no se consumará durante nuestra vida, ni siquiera durante la existencia de nuestra especie. Lo mejor que podemos hacer como individuos es contribuir a favorecer este progreso. Ésta es la puerta por la que el sentido que nos trasciende podría entrar en nuestra vida. Una vida significativa es la que pasa a formar parte de algo más elevado que nosotros, y cuanto más elevado sea ese algo, más sentido tendrá nuestra existencia. Ser partícipe de un proceso que conlleva la creación de un Dios dotado de omnisciencia, omnipotencia y bondad como fin primordial, hace que nuestra vida pase a formar parte de un algo de dimensiones inabarcables.

Usted cuenta con la posibilidad de escoger el rumbo de su vida. Puede elegir una existencia que, en mayor o menor medida, favorezca estos propósitos; o sin duda puede optar por una que no tenga ninguna relación con ellos. De hecho, puede escoger una existencia que los obstaculice reiteradamente. También puede elegir una vida que gire en torno al incremento del conocimiento: aprender, enseñar, educar a sus hijos, la ciencia, la literatura, el periodismo y otras muchas actividades. Puede optar por una existencia dedicada a desarrollar de un poder creciente a través de la tecnología, la ingeniería, la construcción, los servicios sanitarios o la fabricación. O puede escoger una vida construida en torno a una bondad creciente por medio de la ley, el mantenimiento del orden, la protección civil, la religión, la ética, la política o las organizaciones benéficas.

La buena vida consiste en obtener una felicidad auténtica empleando sus fortalezas características todos los días en los principales ámbitos. La vida significativa añade otro componente: utilizar dichas fortalezas para fomentar el desarrollo del conocimiento, el poder o la bondad. Una existencia semejante se halla cargada de sentido, y si Dios llega al final, se trata de una vida sagrada.

# Apéndice
## Terminología y teoría

En este apéndice es donde aclaramos los términos y, al hacerlo, resumo los aspectos teóricos subyacentes. Utilizo «felicidad» y «bienestar» de manera intercambiable como términos genéricos para describir los propósitos de toda la iniciativa de la Psicología Positiva, que abarca tanto los sentimientos positivos —como éxtasis y satisfacción— como las actividades positivas que carecen por completo de componentes emocionales —como la introspección y el compromiso—.[1] No debemos olvidar que «felicidad» y «bienestar» se refieren en ocasiones a los sentimientos, pero otras veces aluden a actividades en las que no se experimenta ningún sentimiento.

*La felicidad y el bienestar son los resultados que desea obtener la Psicología Positiva.*

Dado que los métodos para mejorar la emociones positivas difieren, he dividido éstas en tres tipos: las orientadas hacia el pasado, el futuro o el presente. La satisfacción y la serenidad son emociones orientadas hacia el pasado; el optimismo, la esperanza, la confianza y la fe se hallan dirigidas hacia el futuro.

*Emociones positivas (pasado): satisfacción, orgullo y serenidad.*

*Emociones positivas (futuro): optimismo, esperanza, confianza y fe.*[2]

Las emociones positivas del presente se dividen en dos categorías muy diferentes: placeres y gratificaciones. Los «placeres» son los corporales, y los superiores. Los placeres corporales son emociones positivas transitorias que se manifiestan a través de los sentidos: olores y sabores deliciosos, sentimientos sexuales, movimientos corporales, vistas y sonidos agradables. Los placeres superiores también son transitorios, aunque sus orígenes son más complejos y aprendidos que los sensoriales, y se definen por los sentimientos que producen: éxtasis, embeleso, gozo, dicha, alegría, regocijo, júbilo, diversión, entusiasmo, satisfacción, entretenimiento, distracción y similares. Los placeres del presente, al igual que las emociones positivas respecto al pasado y al futuro, son en esencia sentimientos subjetivos. El juez final es «quienquiera que viva en la piel de la persona» y las investigaciones han demostrado que los tests relativos a estos estados —muchos de los cuales aparecen en este libro— pueden medirse con rigor. Las mediciones que empleo para evaluar las emociones positivas pueden repetirse, son temporalmente estables y situacionalmente constantes, es decir, las herramientas de una ciencia respetable. Esas emociones, y cómo obtenerlas de forma abundante, constituyen el eje de la primera parte de este libro.

*Emociones positivas (presente): placeres corporales como los sabores deliciosos, el calor y el orgasmo.*

*Emociones positivas (presente): placeres más elevados como el éxtasis, el júbilo y la satisfacción.*

*Vida placentera: una existencia cuyo objetivo es experimentar emociones positivas respecto al pasado, el presente y el futuro.*

*Emociones positivas (presente): gratificaciones derivadas de actividades que nos agrade realizar.*

Las gratificaciones constituyen el otro tipo de emociones positivas relacionadas con el presente, pero a diferencia de los placeres, no son sentimientos sino actividades que nos gusta realizar: leer, escalar, bailar, mantener buenas conversaciones, jugar al voleibol o al *bridge*, por ejemplo. Las gratificaciones nos atrapan e involucran por completo; bloquean la conciencia propia y la emoción experimentada, salvo retrospectivamente —«¡Jo, eso sí que fue divertido!»—, y generan la fluidez, ese estado en el que el tiempo se detiene y uno se siente a gusto.

*Emociones positivas (presente): gratificaciones derivadas de actividades que nos agrade realizar.*

Las de esta clase no pueden obtenerse o aumentarse de manera permanente sin desarrollar las fortalezas y virtudes personales. La felicidad, meta de la Psicología Positiva, no se limita a conseguir estados subjetivos transitorios. La felicidad también consiste en pensar que la vida que vivimos es auténtica. No se trata de una opinión meramente subjetiva, y la «autenticidad» implica el acto de obtener gratificación y emociones positivas gracias al desarrollo de las fortalezas características personales, que son las vías naturales y duraderas hacia la satisfacción. Por ello, las fortalezas y las virtudes constituyen el eje central de la segunda parte de este libro. Las gratificaciones que produce el ejercicio de las fortalezas son el camino que conduce a lo que yo considero la buena vida.

*La buena vida es producto de utilizar las fortalezas características para obtener numerosas gratificaciones en los principales ámbitos de la existencia.*

Los interminables debates para definir qué es la felicidad conducen a la aleccionadora conclusión de que ésta se alcanza siguiendo caminos distintos. Desde esta perspectiva, nuestra misión vital consiste en utilizar nuestras fortalezas y virtudes características en los principales ámbitos de la vida: trabajo, amor, familia, y objetivos personales. Estos temas ocupan la tercera parte del libro. Así, este libro versa sobre cómo experimentar óptimamente el presente, el pasado y el futuro; sobre cómo descubrir las fortalezas características y emplearlas habitualmente en aquellas iniciativas que valoramos. Sin embargo, un individuo «feliz» no necesita experimentar todas las emociones positivas o gratificaciones, ni siquiera la mayor parte de ellas.

Una vida significativa añade otro componente a la buena vida: la unión de las fortalezas características a algo más trascendente. Este libro no sólo trata sobre la felicidad, sino que también es un prólogo de la vida significativa.

*La vida significativa es emplear las fortalezas y virtudes características al servicio de algo que trascienda nuestra persona.*

Finalmente, una vida plena consiste en experimentar emociones positivas respecto al pasado y al futuro, disfrutar de los sentimientos positivos procedentes de los placeres, obtener numerosas gratificaciones de nuestras fortalezas características y utilizar éstas al servicio de algo más elevado que nosotros mismos para encontrar así un sentido a la existencia.

# Agradecimientos

La Psicología Positiva pasó de ser un destello en los ojos de tres personas en Yucatán, durante la primera semana de enero en 1998, a un movimiento científico. Este libro, completado en el cuarto aniversario de aquel inicio en el mismo lugar, constituye su expresión pública. Así es como ocurrió todo: mientras las palabras de Nikki (véase el capítulo 2) todavía resonaban en mis oídos, ligeramente avergonzado pero prodigiosamente decidido, vi con claridad cuál era mi misión: crear una Psicología Positiva. No estaba muy seguro de lo que significaba, pero sabía a quién preguntar.

—Mike —dije cuando Mihaly Csikszentmihalyi descolgó el teléfono—, sé que Isabella y tú tenéis planes para Año Nuevo. ¿Los cancelaríais y vendríais a vernos a Yucatán? Hemos alquilado una casa en Akumal. Hay sitio para todos. Quiero hablar contigo sobre la creación de un campo llamado Psicología Positiva.

—Ray —dije cuando Ray Fowler descolgó el teléfono—, sé que Sandy y tú tenéis planes para Año Nuevo. ¿Los cancelaríais y vendríais a vernos a Yucatán? Hemos alquilado una casa en Akumal. Hay sitio para todos. Quiero hablar contigo sobre la creación de un campo llamado Psicología Positiva.

En Akumal, durante la primera semana de enero de 1998, nos levantábamos al amanecer, hablábamos y tomábamos café hasta el mediodía, encendíamos los portátiles y escribíamos hasta media tarde, y luego íbamos a bucear y salíamos de excursión con los niños. Al final de la semana ya habíamos concebido el contenido, método e infraestructura de la Psicología Positiva. Los contenidos de la empresa científica se sustentarían en tres pilares, el primero de los cuales sería el estudio de la «emoción positiva». Ed Diener aceptó ser el director de este ámbito. El segundo pilar lo constituiría el estudio de la «personalidad positiva», las fortalezas y virtudes cuyo ejercicio regular genera emotividad positiva. Mike Csikszentmihalyi aceptó ser su director. Considerábamos que la personalidad positiva necesitaba un sistema clasificatorio —del mismo modo que lo habían requerido las enfermedades mentales antes del *DSM-III*—, a fin de permitir a investigadores y médicos ponerse de acuerdo para definir e identificar una fortaleza. Tal clasificación sería un documento vivo, sujeto a revisiones a medida que la ciencia realizara nuevos descubrimientos. Una vez que nos pusiéramos de acuerdo respecto a la clasificación, tendrían que desarrollarse métodos de medición. Chris Peterson y George Vaillant se ocuparían de dirigir este aspecto. La psiquiatría nos había señalado los distintos tipos de demencia; la Psicología Positiva nos informaría, bajo su dirección, de las distintas formas de cordura.

El tercer pilar, cuya importancia trasciende tanto el marco de la psicología como el alcance de este libro, abarca el estudio de las «instituciones positivas». ¿Qué importantes estructuras que se hallan más allá del individuo sustentan la personalidad positiva, que a su vez genera emociones positivas? Las familias y las comunidades unidas, la democracia, la libertad de investigación, la educación y las redes de seguridad económica y social son ejemplos de instituciones positivas. La sociología, las ciencias políticas, la antropología y la economía son el feudo de dichas investigaciones, pero estas disciplinas —al igual que la psicología— también se hallan concentradas en el estudio de creencias y prácticas incapacitantes, tales como el racismo, el sexismo, las políticas manipuladoras, los monopolios, etcétera, y han revelado muchos aspectos turbios de aquellas prácticas que hacen que la vida resulte difícil e incluso insoportable. En el mejor de los casos, las mencionadas ciencias sociales nos indican cómo minimizar sus consecuencias incapacitantes. Mike, Ray y yo consideramos que las ciencias sociales positivas deberían estudiar qué creencias y prácticas nos ayudan a mejorar nuestra vida, proyecto del cual se hizo cargo Kathleen Hall Jamieson. El difunto Robert Nozick aceptó colaborar con nosotros en las cuestiones filosóficas que subyacen a dicho estudio. Tras supervisar todos los aspectos, decidimos crear una Red de Psicología Positiva compuesta por los académicos más antiguos. Acepté dirigirla, y Peter Schulman se avino a ser su coordinador.

Gracias, Ray, Mike, Ed, Chris, George, Kathleen, Bob y Peter.

Mike, Ray y yo aceptamos el método científico tradicional, por lo que la Psicología Positiva resulta menos presuntuosa. Esto tal vez decepcione a quienes aprecian la revolución científica, pero confieso que me inquieta el abuso de la idea de «cambio de paradigma» para caracterizar los nuevos enfoques de una disciplina. Consideramos la Psicología Positiva como un mero cambio de perspectiva en psicología, del paso del estudio de algunos de los peores aspectos de la vida al estudio de aquellos factores que hacen que valga la pena vivir. No creemos que la Psicología Positiva sustituya los estudios precedentes, sino que es un complemento y una ampliación de los mismos. Mike, Ray y yo, estudiantes del auge y la caída de movimientos científicos, reflexionamos exhaustivamente sobre la infraestructura. La Psicología Positiva presentaba un contenido atrayente y métodos de probada eficacia, pero éramos lo bastante perspicaces como para saber que el cambio de enfoque en una ciencia no se produce si no hay trabajos, becas, premios y colegas que lo respalden.

Decidimos que trabajaríamos para crear oportunidades de investigación y colaboración en todos los estamentos de la Psicología Positiva. Quienes más nos preocupaban eran los jóvenes, de modo que acordamos ofrecer oportunidades a los científicos que se hallaran en mitad de su carrera, a nuevos profesores adjuntos y estudiantes de posdoctorado, así como a estudiantes de posgrado.

Sabía que todo esto sería económicamente costoso, por lo que obtener dinero se convirtió en parte de mi labor. Así, pasé gran parte del año 1998 dando charlas y recaudando fondos. Soy un veterano de los discursos, ya que he pronunciado cientos sobre el optimismo aprendido y la indefensión aprendida frente a toda clase de públicos. Aun así, no estaba preparado para la reacción que siguió a mis exposiciones sobre Psicología Positiva. Fue la primera vez en mi vida que el público se puso de pie para aplaudirme, y la primera vez que vi llorar a alguien durante una conferencia.

—La Psicología Positiva era mi derecho de nacimiento, y lo vendí por un montón de enfermedades mentales —me dijo un psicólogo con la voz quebrada por la emoción.

—La historia de Nikki da justo en el clavo, Marty. Lo que mejor se me da en las terapias es mejorar las fortalezas que actúan como barrera, pero era algo a lo que nunca le había puesto un nombre —me dijo otro conocido psicoterapeuta.

También poseo una vasta experiencia en recaudar dinero para la investigación. He pasado buena parte de mi vida adulta pidiendo fondos casi de rodillas a un organismo u otro. Las palabras no son suficientes para describir cuán agotador e incluso degradante es recaudar dinero para la ciencia, y aunque mi promedio como suplicante no está nada mal, empiezo a tener las rodillas muy gastadas. Sin embargo, recaudar fondos para la Psicología Positiva ha sido como pasear por el parque. Harvey Dale, Jim

Spencer y Joel Fleishman, de Atlantic Philanthropies, se avinieron de inmediato a financiar la red sin escatimar gastos. Neal y Donna Mayerson, de la Fundación Manuel D. and Rhoda Mayerson, aceptaron financiar el desarrollo del sistema clasificatorio de las fortalezas y virtudes bajo el nombre de Valores-en-Acción (VIA). Sir John Templeton, con la ayuda de Chuck Harper y Arthur Schwartz, los ejecutivos de la Fundación John Templeton, aceptaron otorgar generosos premios para el mejor trabajo de investigación en Psicología Positiva y becas de investigación para los jóvenes psicólogos positivos. Las fundaciones Annenberg y Pew aceptaron financiar por todo lo alto el sector de Kathleen Hall Jamieson, y comenzaron con el estudio del compromiso cívico. Jim Hovey se avino a financiar las reuniones anuales de los científicos en Akumal. Don Clifton y Jim Clifton, padre e hijo, directores generales de Gallup, se ocuparon de la financiación de las reuniones cumbre anuales.

Gracias, Harvey, Joel, Neal, Donna, sir John, Chuck, Arthur, Annenberg, Pew, Jim —los tres— y Don.

Richard Pine, mi viejo amigo y agente, el sueño de cualquier autor, dio vida a la idea de un libro que fuese la expresión pública del movimiento. Lori Andiman, su mano derecha, se ocupó de todos los detalles en el extranjero. Philip Rappaport, mi editor a tiempo completo y consejero a tiempo parcial, aceptó darle forma al libro y guiarlo por Free Press y Simon and Schuster. Leyó todas las palabras al menos dos veces y cambió muchas de ellas obteniendo mejor resultado.

Gracias, Richard, Lori y Philip.

Todas las personas mencionadas anteriormente —Csikszentmihalyi, Diener y Peterson en especial— contribuyeron a la redacción del libro. Dos de las ramas de la Psicología Positiva influyeron enormemente en mis ideas y compartieron su trabajo conmigo: el área dedicada al trabajo —Amy Wrzesniewski, Monica Worline y Jane Dutton— y el área orientada al tema de la búsqueda de la felicidad —David Schkade, Ken Sheldon y Sonya Lyubomirsky—. Muchos otros contribuyeron a la redacción del libro de múltiples maneras: compartieron artículos antes de publicarlos, me permitieron utilizar los estudios que habían desarrollado, cuestionaron mis ideas por correo electrónico o en conversaciones que muchos habrán olvidado, leyeron partes del libro e incluso la totalidad del mismo y realizaron todo tipo de comentarios, alentándome cuando me mostraba demasiado deprimente, desalentándome cuando resultaba excesivamente optimista, introduciendo la palabra exacta en el momento adecuado.

Gracias, Katherine Dahlsgaard, Martha Stout, Terry Kang, Carrissa Griffing, Hector Aguilar, Katherine Peil, Bob Emmons, Mike McCullough, Jon Haidt, Barbara Frechickson, David Lubinski, Camilla Benbow, Rena Subotnik, James Pawelski, Laura King, Dacher Keltner, Chris Risley, Dan Chirot, Barry Schwartz, Steve Hyman, Karen Reivich, Jane Gillham, Andrew Shatte, Cass Sunstein, Kim Davis, Ron Levant, Phil Zimbardo, Hazel Markus, Bob Zajonc, Bob Wright, Dorothy Cantor, Dick Suinn, Marisa Lascher, Sara Lavipour, Dan Ben-Amos, Dennis McCarthy, los estudiantes de Psicología 262 y Psicología 709 de Penn, Rob DeRubeis, Steve Hollon, Lester Luborsky, Nicole Kurzer, Kurt Salzinger, Dave Barlow, Jack Rachman, Hans Eysenck, Margaret Baltes, Tim Beck, David Clark, Isabella Csikszentmihalyi, David Rosenhan, Elaine Walker, Jon Durbin, Drake McFeeley, Robert Seyfarth, Gary VandenBos, Peter Nathan, Danny Kahneman, Harry Reis, Shelly Gable, Bob Gable, Ernie Steck, Bob Olcott, Phil Stone, Bill Robertson, Terry Wilson, Sheila Kearney, Mary Penner-Lovici, Dave Myers, Bill Howell, Sharon Brehm, Murray Melton, Peer Friedland, Claude Steele, Gordon Bower, Sharon Bower, Sonja Lyubomirsky, David Schkade, Ken Sheldon, Alice Isen, Jeremy Hunter, Michael Eysenck, Jeanne Nakamura, Paul

Thomas, Lou Arnon, Marrin Elster, Billy Coren, Charlie Jesnig, Dave Gross, Rathe Miller, Jon Kellerman, Faye Kellerman, Darrin Lehman, Fred Bryant, Joseph Veroff, John Tooby, Leda Cosmides, Veronika Huta, Ilona Boniwell, Debra Lieberman, Jerry Clore, Lauren Alloy, Lyn Abramson, Lisa Aspinwall, Marvin Levine, Richie Davidson, Carol Dweck, Carol Ryff, John Dilulio, Corey Keyes, Roslyn Carter, Monica Worline, Jane Dutton, Amy Wrzesniewski, Jon Baron (hay dos), John Sabini, Rick McCauley, Mel Konner, Robert Biswas-Diener, Carol Diener, Thomas Joiner, Tom Bradbury, Frank Fincham, Hayden Ellis, Norman Bradburn, Cindy Hazan, Phil Shaver, Everett Worthington, David Larsen, Mary Ann Meyers, Jack Haught, Fred Vanfleteren, Randy Gallistel, Eve Clark, Jim Gleick, Marty Apple, Arthur Jaffe, Scott Thompson, Danny Hillis, Martha Farah, Alan Kors, Tom Childers, Dave Hunter, Rick Snyder, Shane Lopez, Leslie Sekerka, Tayyab Rashid, Steve Wolin, Steve Pinker, Robert Plomin, Ken Kendler, Joshua Lederberg, Sybil Wolin, Todd Kashdan, Paul Verkuil y Judy Rodin.

Y, sobre todo, por convertir el año que invertí en la redacción de este libro en el mejor de mi vida, gracias a mi esposa, Mandy, y a mis seis hijos: Amanda, David, Lara, Nikki, Darryl y la pequeña Carly.

# Notas finales

No he querido presentar a lo largo de los capítulos de este libro los textos de índole más académico a fin de no aburrir excesivamente a algunos de mis lectores neófitos. He resuelto este tema incluyendo entre estas notas unos breves trabajos sobre varios aspectos importantes de la psicología académica. El lector especializado encontrará, entre otros asuntos, mi opinión sobre el libre albedrío; un intento personal de definir con rigor la «neutralidad»; un discurso sobre lo que es sorprendente y lo que no lo es en los descubrimientos de la Psicología Positiva; el diálogo entre la Psicología Humanista y la Psicología Positiva; detalles sobre el funcionamiento interno de la Red de Psicología Positiva y las reuniones realizadas en Yucatán; la relación entre los puntos fijos y los rangos fijos existentes en las referencias bibliográficas acerca de las dietas de adelgazamiento con la bibliografía sobre la felicidad; mi opinión sobre Laplace y el determinismo duro; información reciente sobre la genética de la personalidad; las diferencias entre la línea de «pensamiento positivo» de Norman Vincent Peale y la Psicología Positiva; mi versión de Aristóteles y *eudaimonia* y mi interpretación del protestantismo temprano y su visión sobre el carácter, la bondad y la acción.

PREFACIO

1. Seligman, M. E. P.: *What you can change and what you can't*, Knopf, Nueva York, 1994. [Versión en castellano: *No puedo ser más alto pero puedo ser mejor: el tratamiento más adecuado para cada trastorno*, Grijalbo Mondadori, Barcelona, 1995.]

2. Freud, S.: *La civilización y sus descontentos. Obras completas*, Biblioteca Nueva, Madrid, 1972.

3. Goodwin, D. K.: *No ordinary time: Franklin and Eleanor Roosevelt: The home front in World War II*, Simon and Schuster, Nueva York, 1994.

4. La Red de Psicología Positiva, de la cual soy coordinador, está constituida por tres centros: el que se ocupa de la emoción positiva, dirigido por Ed Diener; el dedicado a la personalidad positiva, dirigido por Mihalyi Csikszentmihalyi; y el que se interesa por las instituciones positivas, dirigido por Kathleen Hall Jamieson, decana de la Annenberg School of Communication, de la Universidad de Pensilvania. El estudio de las instituciones positivas no se aborda en este libro debido a limitaciones de espacio. Normalmente, la sociología, al igual que la psicología, se ha centrado en las ideas y prácticas negativas —como el racismo y el sexismo— que son perjudiciales para la comunidad. La sociología positiva, como la del centro de Kathleen Jamieson, se encarga de aquellas ideas y prácticas que permiten que las comunidades prosperen y mejoren el desarrollo de las fortalezas y virtudes personales. Pero esto sería tema para otro libro.

5. Fredrickson, B.: «The role of positive emotions in Positive Psychology: The broaden-and-build theory of positive emotions, *American Psychologist*, 56, (2001), 218-226.

6. Masten, A.: «Ordinary magic: resilience processes in development», *American Psychologist*, 56, (2001), 227-238.

## 1. SENTIMIENTO POSITIVO Y PERSONALIDAD POSITIVA

1. Danner, D.; Snowdon, D. y Friesen W.: «Positive emotions in early life and longevity: Findings from the nun study», *Journal of Personality and Social Psychology*, 80, (2001), 804-813. *Véase* también el estudio referente a la mayor longevidad de los

galardonados con un Oscar, en comparación con actores de las mismas películas que no obtuvieron dicho galardón. Redelheimer, D. y Singh, S.: «Social status and life expectancy in an advantaged population: A study of Academy Award-winning actors», *Annals of Internal Medicine, 134*, (2001), S6.

2. Harker, L. y Keltner, D.: «Expressions of positive emotion in women's college yearbook pictures and their relationship to personality and life outcomes across adulthood», *Journal of Personality and Social Psychology, 80*, (2001), 112-114.

3. Se ha producido una polémica académica continuada sobre si lo positivo no es más que la ausencia de lo negativo —y viceversa—, o si existen dos dimensiones definibles independientes. ¿Una bolita de comida es verdaderamente positiva para un animal hambriento o no hace más que aliviar el estado negativo del hambre? Si lo positivo fuera la ausencia de lo negativo, no necesitaríamos la Psicología Positiva, sino sólo una psicología que ayude a superar los estados negativos.

La solución a este interrogante gira en torno a si puede definirse con rigor un estado neutro, un punto cero. Cuando se determine este punto, las situaciones —como las emociones, las circunstancias externas, las motivaciones internas— que están en el sector «más», o en preferido, serán las positivas, y las del sector «menos», o no preferido, serán las negativas.

Propongo una solución. Defino lo «neutro» como el conjunto de todas las circunstancias. Cero es cualquiera de estas circunstancias que cuando se añaden a un suceso no hacen que éste se prefiera más o menos y no aumenta ni disminuye la emoción que sentimos hacia él. Las circunstancias que se prefieren al cero así definido (y que provocan más emociones positivas que el cero) son *positivas*, y las circunstancias que no se prefieren al cero así definido (y que provocan más emoción negativa subjetiva que el cero) son *negativas*. Con respecto a los intentos de definir la situación neutra, *véase* R. Nozick: *Socratic puzzles*, Harvard University, Cambridge, MA, 93-95, 1997; Kahneman, D.: «Experienced utility and objective happiness: A moment-based approach», en D. Kahneman y A. Tversky (eds.): *Choices, values and frames*, Cambridge University Press; y Russell Sage Foundation, Nueva York, 2000; y F. W. Irwin: *Intentional behaviour and motivation: A cognitive theory*, Lippincott, Filadelfia, 1971.

4. Redelmeier, D. y Kahneman, D.: «Patient's memories

of painful medical treatments: Real-time and retrospective evaluations of two minimally invasive procedures», *Pain, 116*, (1996), 3-8; y Schkade, D. y Kahneman, D.: «Does living in California make people happy? A focusing illusion in judgments of life satisfaction», *Psychological Science 9*, (1998), 340-346.

5. Nozick, R.: *Anarchy, state, and utopia*, Basic Books, Nueva York, (1974), 42-45.

6. Haidt, J.: «The emotional dog and the rational tail: A social intuitionist approach to moral judgment», *Psychological Review, 108*, (2001), 814-834.

7. Maruta, T.; Colligan, R.; Malinchoc, M. y Offord, K.: «Optimists vs. pessimists: Survival rate among medical patients over a 30-year period», *Mayo Clinic Proceedings, 75*, (2000), 140-143.

8. Vaillant, G: «Adaptive mental mechanisms: their role in Positive Psychology», *American Psychologist, 55*, (2000), 89-98, y sobre todo su último libro: Vaillant, G.: *Aging well*, Little Brown, Nueva York, 2002.

9. Allport, G. W. y Odbert, H. S.: «Trait-names: A psycho-lexical study», *Psychological Monographs, 47* (Whole n.º 211), (1936), 1-171.

10. Phil Stone, professor de Harvard y gurú de Gallup, inventó el acertado término «fortaleza característica».* La Gallup Corporation fue pionera en el estudio de este tema. Un guía excelente de la investigación en este campo es Buckingham, M. y Clifton, D.: *Now, discover your strengths*, Free Press, Nueva York, 2000.

11. Fordyce, M.: «A review of research on the happiness measures: A sixty-second index of happiness and mental health», *Social Indicators Research, 20*, (1988), 355-381.

## 2. DE CÓMO LA PSICOLOGÍA PERDIÓ EL RUMBO Y YO ENCONTRÉ EL MÍO

1. Uno de los atractivos de trabajar con los aspectos más ocultos de la vida es que se supone que son más emocionantes,

---

* *Signature strength* en el orginal. Se ha traducido como fortaleza característica o fortaleza personal. *(N. de los T.)*

idea que procede del comentario de Tolstoi sobre que las familias infelices son interesantes, puesto que cada uno de sus miembros es infeliz de un modo distinto. Las familias felices, por el contrario, carecen de interés, ya que todos sus integrantes son felices del mismo modo. La afirmación de Tolstoi implica que la ciencia que aborda los aspectos buenos de la vida puede ser aburrida en virtud del tema que trata.

Tal vez el fenómeno que interesaba a Tolstoi se describa mejor en términos temporales. Los cambios repentinos nos parecen interesantes y los graduales poco interesantes. Puesto que los cambios en las familias infelices suelen ser repentinos y los de las familias felices graduales, Tolstoi relacionó la infelicidad —en vez de lo repentino— con lo interesante, y la felicidad —en vez de lo gradual— con lo que carece de interés.

Por supuesto hay muchos acontecimientos, como por ejemplo los actos heroicos, que son al mismo tiempo repentinos y felices. Estos sucesos pertenecen al ámbito verdadero de la Psicología Positiva y resultan bastante interesantes, al menos lo suficiente, para que Tolstoi los abordara en sus novelas.

Otro aspecto de lo que es aburrido resulta más fatídico para una ciencia que la afirmación de Tolstoi. ¿La Psicología Positiva ha descubierto algo que su abuela y los buenos maestros de catequesis no supieran? ¿La Psicología Positiva resulta sorprendente? Considero que buena parte del valor de cualquier ciencia es el descubrimiento de hechos sorprendentes y la investigación en Psicología Positiva está arrojando algunos resultados difíciles de intuir. Ya ha leído algo acerca de algunos de ellos, pero a continuación le ofrezco una breve lista de sorpresas procedentes de los laboratorios de los psicólogos positivos:

- Los investigadores interrogaron a mujeres viudas acerca de sus esposos fallecidos. Algunas contaron historias felices; otras, en cambio, relataron historias tristes y se quejaron. Al cabo de dos años y medio, los psicólogos descubrieron que las mujeres que habían contado historias felices tenían mayor probabilidad de comprometerse con la vida y salir con alguien. Keltner, D. y Bonnano, G. A.: «A study of laughter and dissociation: The distinct correlates of laughter and smiling during bereavement», *Journal of Personality and Social Psychology, 73,* (1997), 687-702.

- Los investigadores descubrieron que los médicos que experimentan emociones positivas tienden a emitir diagnósticos más acertados. Isen, A. M.; Rosenzweig, A. S. y Young, M. J.: «The influence of positive affect on clinical problem solving», *Medical Decision Making, 11,* (1991), 221-227.

- Las personas optimistas tienen más probabilidades que las pesimistas de aprovechar la información médica adversa. Aspinwall, L. y Brunhart, S.: «What I don't know won't hurt me.» En J. Gillham, (ed): *The science of optimism and hope: Research essays in honor of Martin E. P. Seligman,* Templeton Foundation Press, Filadelfia, (2000), 163-200.

- En las elecciones presidenciales del siglo pasado, el candidato más optimista resultó vencedor en el 85 % de los casos. Zullow, H.; Oettingen, G.; Peterson; C. y Seligman, M. E. P.: «Pessimistic explanatory style in the historical record: Carving LBJ, presidential candidates and East versus West Berlin», *American Psychologist, 43,* (1988), 673-682.

- La riqueza apenas guarda relación con la felicidad, tanto a nivel nacional como trasnacional. Diener, E. y Diener, C.: «Most people are happy», *Psychological Science, 3,* (1996), 181-185.

- Intentar potenciar al máximo la felicidad provoca infelicidad. Schwartz, B.; Ward, A.; Monterosso, J.; Lyubomirsky, S.; White, K. y Lehman, D. R.: «Maximizing versus satisficing: Happiness is a matter of choice» (manuscrito inédito).

- La resistencia es totalmente normal. Masten, A.: «Ordinary magic: resilience processes in development», *American Psychologist, 56,* (2001), 227-238.

- Las monjas que muestran emociones positivas en los relatos autobiográficos viven más años y con mejor salud durante los siguientes sesenta años. Danner, D.; Snowdon, D. y Friesen, W.: «Positive emotions in early life and longevity: Findings from the nun study», *Journal of Personality and Social Psychology, 80,* (2001), 804-813.

Más adelante podrá leer acerca de otros descubrimientos sorprendentes. Esta nota es una adaptación de un manuscrito inédito: Seligman, M. y Pawelski, J.: *Positive Psychology: FAQs*.

2. Existe una excepción destacada a esto en la historia de la psicología moderna. La Psicología Humanista, fundada a comienzos de la década de 1960 por Abraham Maslow y Carl Rogers, hacía hincapié en muchas de las mismas premisas que la Psicología Positiva: voluntad, responsabilidad, esperanza y emoción positiva. Desgraciadamente, esto nunca caló en la psicología dominante, pese a que Maslow fue presidente de la Asociación Americana de Psicología. Probablemente, los motivos por los que quedó limitada en su mayor parte a una iniciativa terapéutica ajena al mundo académico, guardan relación con su alienación respecto a la ciencia empírica convencional. A diferencia de Rogers y Maslow, los líderes posteriores de la Psicología Humanista eran bastante escépticos sobre los métodos empíricos convencionales. Combinaron sus importantes premisas con una epistemología radical, más bien sensiblera, que enfatiza la fenomenología y las historias de casos individuales, lo cual lo convirtió en algo doblemente difícil de digerir para la psicología dominante. Pero la psicología académica de la década de los sesenta estaba atascada y nunca abrieron la puerta a los psicólogos humanistas. En una carta reveladora (Bob Gable, correspondencia personal, 1 de septiembre de 2001), uno de los exponentes de la Psicología Humanista escribió sobre su relación con la Psicología Positiva:

«Creo que Abe Maslow estaría encantado de ver lo que estáis haciendo. Abe quería que los empíricos más obstinados [...] investigaran sobre temas como el desarrollo personal. Como profesor adjunto de Abe, no creo haber contado con ninguna característica especial aparte de mi dedicación intelectual al condicionamiento operante. Su mandato como presidente de la APA aumentó la legitimidad de la Psicología Humanista, pero Abe se habría puesto más contento por algo que nunca sucedió: que Fred Skinner le hubiera devuelto una llamada para almorzar y charlar sobre estrategias de investigación destinadas a la Psicología Humanista. Los despachos de ambos hombres no estaban más que a 16 kilómetros de distancia. Abe se sintió herido por la supuesta indiferencia ante su oferta. Desde mediados de la década de los sesenta, la trayectoria de la Psicología Humanista ha seguido el camino equivocado. Tú y la gente que se dedica a la Psicología Positiva estáis creando el mapa que deberíamos haber tenido.»

## 3. ¿POR QUÉ MOLESTARSE EN SER FELIZ?

1. Fredrickson, B.: «What good are positive emotions?», *Review of General Psychology*, 2, (1998), 300-319.

2. Katherine Peil y Jerry Clore son los dos teóricos que hacen hincapié en que las emociones son sensoriales. Dado que el «sentimiento», por definición, conlleva intrusiones masivas en la conciencia, esto parece un truismo, fácilmente pasado por alto pero sumamente importante, como veremos. Peil, K.: «Emotional intelligence, sensory self-regulation, and the organic destiny of the species: The emotional feedback system», manuscrito inédito, Universidad de Michigan, (2001). Disponible en *ktpeil@aol.com*; Clore, G. L.: «Why emotions are felt, en P. Ekman y R. Davidson, (eds.): *The nature of emotion: Fundamental questions*, Oxford University Press, Nueva York, (1994), 103-111.

3. Tellegen, A.; Lykken, D. T.; Bouchard, T. J.; Wilcox, K. J.; Segal N. L. y Rich, S.: «Personality similarity in twins reared apart and together», *Journal of Personality and Social Psychology*, 54, (1988), 1.031-1.039.

4. Fredrickson, B.: «What good are positive emotions?», *Review of General Psychology*, 2, (1998), 300-319; Fredrickson, B.: «The role of positive emotions in Positive Psychology: The broaden-and-build theory of positive emotion», *American Psychologist*, 56, (2001), 218-226.

5. La respuesta es «power» [poder]. Todos estos experimentos fueron a cargo de Alice Isen y sus alumnos de la Cornell University. La doctora Isen desafió la tendencia de trabajar sólo con el sufrimiento mucho antes de que la Psicología Positiva se pusiera de moda, y la considero la fundadora de la psicología experimental de la emoción positiva. Isen, A. M.: «Positive affect and decision making». En M. Lewis y J. M. Haviland-Jones (eds.): *Handbook of emotions*, 2.ª ed. (2000), 417-435: Guilford Press, Nueva York; Estrada, C.; Isen, A. y Young M.: «Positive affect facilitates integration of information and decreases ancho-

ring in reasoning among physicians», *Organizational Behavior and Human Decision Process*, 72, (1997), 117-135.

6. Masters, J.; Barden, R. y Ford, M.: «Affective states, expressive behaviour, and learning in children», *Journal of Personality and Social Psychology*, 37, (1979), 380-390.

7. Isen, A. M.; Rosenzweig, A. S. y Young, M. J.: «The influence of positive affect on clinical problem solving», *Medical Decision Making*, 11, (1991), 221-227.

8. Peirce, C. S.: «How to make our ideas clear», en J. Buchler (ed.), *Philosophical writings of Peirce*, Dover, Nueva York, 1991.

9. Como en 1980 todavía no pensábamos en la felicidad positiva, equiparamos a las personas no decaídas con personas felices y esto podría constituir un error argumental.

10. Headey, B. y Wearing, A.: «Personality, life events, and subjective well-being: Toward a dynamic equilibrium model», *Journal of Personality and Social Psychology*, 57, (1989), 731-739. Además, los estudiantes universitarios consideran que tienen más posibilidades que sus iguales de encontrar un buen trabajo, ser propietarios de una vivienda, evitar ser víctimas de un delito y librarse de sufrir otras experiencias adversas, como tener un hijo discapacitado (Weinstein, 1980). Weinstein, N.: «Unrealistic optimism about future life events», *Journal of Personality and Social Psychology*, 39, (1980), 806-820.

11. Alloy, L. B. y Abramson, L. Y.: «Judgment of contingency in depressed and nondepressed students: Sadder but wiser», *Journal of Experimental Psychology: General*, 108, (1979), 441-485. Éste fue el primer estudio que demostró el realismo depresivo. En el capítulo 6 de mi libro *Aprenda optimismo* podrá hallar una revisión de esta fascinante y fuerte ilusión de control. El artículo que muestra que el realismo es un factor de riesgo para la depresión es Alloy, L. y Clements C.: «Illusion of control: Invulnerability to negative affect and depressive symptoms after laboratory and natural stressors», *Journal of Abnormal Psychology*, 101, (1992), 234-245.

12. Ackermann, R. y DeRubeis, R.: «Is depressive realism real?», *Clinical Psychology Review*, 11, (1991), 365-384.

13. Aspinwall, L. G.; Richter, L. y Hoffman, R. R.: «Understanding how optimism works: An examination of optimists' adaptive moderation of belief and behavior», en E. C. Chang (ed.), *Optimism and pessimism: Implications for theory, research, and*

*practice*, 217-238, Asociación Americana de Psicología, Washington D.C., 2001.

14. Davidson, R.: «Biological bases of personality», en V. Derlega, B. Winstead, et al. (eds.): *Personality: contemporary theory and research*, Chicago, Nelson-Hall, 1999. Davidson y sus colegas estudian la actividad cerebral en vivo en personas durante circunstancias felices y tristes, y han relacionado el talante positivo con la actividad de varias zonas del lóbulo frontal izquierdo. En uno de los estudios más espectaculares, Davidson ha medido la actividad cerebral de un experimentado practicante de la meditación: Matthieu Ricard, biólogo molecular francés que ha sido monje budista durante veinte años y ha escrito *El monje y el filósofo*. Cuando Ricard entra en estados de «paz» muy elevados, se producen notables cambios en el frontal izquierdo.

15. Me tomé esta teoría a pecho y rompí la tradición al escoger el lugar de celebración de las reuniones de los científicos dedicados a la Psicología Positiva. En mi opinión, el pensamiento creativo y la innovación científica son una prioridad más importante para este nuevo campo que las habituales críticas académicas plagadas de quejas. Por consiguiente, los investigadores de la Psicología Positiva no se reúnen en las salas sombrías de las universidades o los hoteles, no llevamos corbata, no tenemos un programa preestablecido y no preparamos las reuniones. Nos reunimos durante una semana de enero en Akumal, un centro turístico con precios módicos en el Yucatán. Los 30 participantes nos sentamos por la mañana y al atardecer alrededor de una *palapa* durante varias horas y reflexionamos sobre un tema concreto, como la forma de medir las fortalezas características o de qué manera el ánimo positivo estimula el sistema inmunológico. Por la tarde formamos grupos de tres expertos en un área —como sobrecogimiento y asombro, o cómo aumentar el valor de felicidad ideal— y escribimos al respecto o nos limitamos a conversar. Viajamos a Akumal con nuestras familias y nos dedicamos a pasear, bucear y a comer juntos. Teniendo en cuenta que estos científicos son, en su mayor parte, osados académicos, es alentador comprobar que la mayoría coincide en calificar nuestras reuniones como «una de las mejores experiencias intelectuales de mi vida». Mel Konner, uno de los más canosos, me ha escrito esta misma mañana:

Debo reconocer que la experiencia de Akumal ha sido lo más parecido a «ampliación y desarrollo» que he vivido en un congreso. Tengo que remontarme a un congreso sobre la infancia intercultural en un castillo romano en las afueras de Viena, en 1973, o quizás a mi Año del Centro para los Estudios Avanzados, en 1987, para encontrar un marco equiparable a Akumal y su poder para descentrarme y permitirme desarrollar mi pensamiento desde una nueva perspectiva. El entorno es importante. Akumal indujo en mí un estado meditativo continuo que creo que pudo ser colectivo.

Otro profesional, Marvin Levine, me ha escrito diciendo: «Considero este congreso el mejor —de una larga vida profesional— al que he asistido jamás.» Y uno de los participantes más jóvenes y menos avezados me ha escrito esta noche lo siguiente:

Nunca he asistido a un congreso que se haya traducido en tanto trabajo bien hecho y en tan numerosas buenas ideas. La estructura grupal y el entorno me parecieron sumamente productivos y renovadores, y me estoy pellizcando una y otra vez para ver si es que resulta que he soñado toda la semana. No podía haber sido más maravilloso, y estoy inmensamente agradecido por haber tenido la oportunidad de participar.

16. El desarrollo de los recursos físicos se trata en Fredrickson, B.: «What good are positive emotions?», *Review of General Psychology 2*, (1998), 300-319.

17. Ostir, G.; Markides, K.; Black, S. y Goodwin, J.: «Emotional well-being predicts subsequent functional independence and survival», *Journal of the American Geriatrics Society*, *48*, (2000), 473-478.

18. Danner, D. y Snowdon, D.: «Positive emotion in early life and longevity: Findings from the nun study», *Journal of Personality and Social Psychology*, *80*, (2001), 804-813; Maruta, T.; Colligan, R.; Malinchoc, M. y Offord, K.: «Optimists vs pessimists: Survival rate among medical patients over a 30-year period», *Mayo Clinic Proceedings*, *75*, (2000), 140-143.

19. Stone, A.; Neale, J.; Cox, D.; Napoli, A.; et al.: «Daily events are associated with secretory immune responses to an oral antigen in men», *Health Psychology*, *13*, (1994), (5), 440-446;

Segerstrom, S.; Taylor, S.; Kemeny, M. y Fahey, J.: «Optimism is associated with mood, coping and immune change in response to stress», *Journal of Personality and Social Psychology*, 74, (1998), 1.646-1.655; Kamen-Siegel, L.; Rodin, J.; Seligman, M. E. P. y Dwyer, C.: «Explanatory style and cell-mediated immunity», *Health Psychology*, 10, (1991), 229-235.

20. Staw, B.; Sutton, R. y Pelled, L.: «Employee positive emotion and favorable outcomes at the workplace», *Organization Science*, 5, (1994), 51-71.

21. Marks, G. y Fleming, N.: «Influences and consequences of well-being among Australian young people: 1980-1995», *Social Indicators Research*, 46, (1999), 301-323.

22. Hom, H. y Arbuckle, B.: «Mood induction effects upon goal setting and performance in young children», *Motivation and Emotion*, 12, (1988) 113-122.

23. Weisenberg, M.; Raz, T. y Hener, T.: «The influence of film induced mood on pain perception», *Pain*, 76, (1998), 365-375.

24. Fredrickson, B. y Levenson, R.: «Positive emotions speed recovery from the cardiovascular sequelae of negative emotions», *Cognition and Emotion*, 12, (1998), 191-220.

25. Matas, L.; Arend, R. y Sroufe, A.: «Continuity of adaptation in the second year: The relationship between quality of attachment and later competence», *Child Development*, 49, (1978), 547-556.

26. Diener, E. y Seligman, M. E. P.: «Very happy people», *Psychological Science*, 13, (2002), 81-84.

27. Si desea una reseña al respecto *véase* Diener, E.; Suh, E.; Lucas, R. y Smith, H.: «Subjective well-being: Three decades of progress», *Psychological Bulletin*, 125, (1999), 276-302.

28. Diener, E.; Lyubomirsky, S. y King, L., (2002), TK.

29. Tanto Katherine Peil como Jerry Clore (véase nota anterior en este capítulo) han argüido que la emoción positiva es un sistema sensorial.

## 4. ¿SE PUEDE SER MÁS FELIZ DE FORMA DURADERA?

1. Esta sección, al igual que este capítulo, se basa en gran medida en el grupo de trabajo en Psicología Positiva llamado

«grupo de búsqueda de la felicidad». Está formado por David Schkade, profesor de Gestión de la Universidad de Tejas; Sonja Lyubomirsky, profesora de Psicología de la Universidad de California en Riverside; y Ken Sheldon, profesor de Psicología de la Universidad de Misuri, a quienes agradezco sobremanera que hayan compartido generosamente sus pensamientos conmigo.

2. Lyubomirsky, S. y Lepper, H. S.: «A measure of subjective happiness: Preliminary reliability and construct validation», *Social Indicators Research*, 46, (1999), 137-155.

3. Seligman, M. E. P.: *What you can change and what you can't*, Knopf, Nueva York, 1994. [Versión en castellano: *No puedo ser más alto pero puedo ser mejor: el tratamiento más adecuado para cada trastorno*, Grijalbo Mondadori, Barcelona, 1995.]

4. Los rangos fijos y los puntos fijos de este tipo tienen buenos precedentes, y el más claro de ellos procede de la bibliografía sobre el hecho de realizar una dieta alimentaria. El aumento de peso muestra la misma propiedad homeostática que la pérdida del mismo: las personas que se atiborran de comida y engordan muchos kilos en poco tiempo tienden a adelgazar «de forma espontánea» con el tiempo y a recuperar su peso anterior. Sin embargo, los rangos fijos de peso no son estrictos, tienden a aumentar con la edad y también cuando después de hacer régimen repetidas veces se vuelve a ganar peso de forma considerable. En todo caso, un rango fijo es una noción más optimista que un punto fijo puesto que se puede vivir en el nivel superior de tal rango de felicidad en lugar de hacerlo en el nivel inferior.

5. Brickman, P.; Coates, D. y Janoff-Bulman, R.: «Lottery winners and accident victims: Is happiness relative?», *Journal of Personality and Social Psychology*, 36, (1978), 917-927. En un estudio realizado con personas que habían ganado a las quinielas en Gran Bretaña, Smith y Razzell (1975) descubrieron que el 39 % de los afortunados afirmaron ser «muy felices», el doble que los sujetos control, pero también informaron de una mayor pérdida de amigos y de sentimientos inferiores respecto al logro. Smith, S. y Razzell, P.: *The pools winners*, Caliban Books, Londres, 1975.

6. Silver, R.: «Coping with an undesirable life event: A study of early reactions to physical disability», tesis doctoral inédita, (1982). Northwestern University, Evanston, IL.

7.  Hellmich, N.: «Optimism often survives spinal chord injuries», *USA Today*, (9 de junio de 1995), D4.

8.  Lykken, D. y Tellegen, A.: «Happiness is a stochastic phenomenon», *Psychological Science*, 7, (1996), 186-189.

9.  Esta gran cantidad de referencias bibliográficas se revisa en Diener, E.: «Subjective well-being», *American Psychologist*, 55, (2000), 34-43.

10.  Lehman, D.; Wortman, C. y Williams, A.: «Long-term effects of losing a spouse or child in a motor vehicle crash», *Journal of Personality and Social Psychology*, 52, (1987), 218-231.

11.  Vitaliano, P. P.; Russo, J.; Young, H. M.; Becker, J. y Maiuro, R. D.: «The screen for caregiver burden», *Gerontologist*, 31, (1991), 76-83.

12.  Diener, E., Diener, M. y Diener, C.: «Factors predicting the subjective well-being of nations», *Journal of Personality and Social Psychology*, 69, (1995), 851-864.

13.  Diener, E.; Suh, E.; Lucas, R. y Smith H.: «Subjective wellbeing: Three decades of progress», *Pyschological Bulletin*, 125, (1999), 276-302. Éste es el artículo de mayor autoridad sobre el tema de cómo las circunstancias externas influyen en la felicidad, y esta parte del capítulo sigue su lógica.

14.  Diener, E. y Diener, C.: «Most people are happy», *Psychological Science*, 7, (1995), 181-185.

15.  Wilson, W.: «Correlates of avowed happiness», *Psychological Bulletin*, 67, (1967), 294-306.

16.  Grupo de estudio de los valores mundiales (1994). *World values survey*, 1981-1994 y 1990-1993. (Archivo informático, versión ICPSR.) Instituto de Investigación Social, Ann Arbor, MI.

17.  Diener, E. y Suh, E.: «Measuring quality of life: Economic, social, and subjective indicators», *Social Indicators*, 40, (1997), 189-216; Myers, D.: «The funds, friends, and faith of happy people», *American Psychologist*, 55, (2000), 56-67.

18.  «Positive Psychology: An Introduction». (Edición especial), *American Psychologist*, 55, (2000), 5-14. Cuando el doctor Csikszentmihalyi y yo reseñamos los datos que ponían de manifiesto que la felicidad de los pobres de Norteamérica no aumenta demasiado si se incrementa la cantidad de dinero que poseen, recibimos una carta crítica y fascinante. El autor de la misma argüía que tales datos socavaban la lucha por la justicia

social en Estados Unidos (e insinuaba que la humanidad estaría mejor si se prescindiera de tales datos). Se trata de una objeción profunda. Yo considero que aumentar los niveles de felicidad es el objetivo principal de la Psicología Positiva, pero no necesariamente el objetivo fundamental de la justicia. Puede ser moralmente correcto y políticamente deseable intentar salvar el vacío económico entre ricos y pobres, no arguyendo que así los pobres serán más felices —lo cual probablemente no suceda—, sino alegando que es una obligación justa y humana.

19. Ibídem y Diener, E., Horwitz, J. y Emmons, R.: «Happiness of the very wealthy», *Social Indicators, 16,* (1995), 263-274.

20. Biswas-Diener, R. y Diener, E.: «Making the best of a bad situation: Satisfaction in the slums of Calcutta», *Social Indicators Research,* (2001); Biswas-Diener, R.: «Quality of life among the homeless», (2002), (en prensa).

21. Richins, M. L. y Dawson, S.: «A consumer values orientation for materialism and its measurements: Scale development and validation», *Journal of Consumer Research, 19,* (1992), 303-316; Sirgy, M. J.: «Materialism and quality of life», *Social Indicators Research, 43,* (1998), 227-260.

22. Ibídem y Mastekaasa, A.: «Marital status, distress, and wellbeing», *Journal of Comparative Family Studies, 25,* (1994), 183-206.

23. Ibídem y Mastekaasa, A.: «Age variations in the suicide rates and self-reported subjective well-being of married and never married persons», *Journal of Community and Applied Social Psychology, 5,* (1995), 21-39.

24. En un estudio longitudinal de 14.000 alemanes adultos, Diener et al. (2001) descubrieron que las personas que son más felices desde siempre tienen más posibilidades de casarse.

25. Bradburn, N.: *The structure of psychological well-being,* Aldine, Chicago, 1969; Watson, D. y Clark, L. A.: «Affects separable and inseparable: On the hierarchical arrangement of the negative affects», *Journal of Personality and Social Psychology, 62,* (1992), 489-505; Larsen, J.; McGraw, A. P. y Cacioppo, J.: «Can people feel happy and sad at the same time?», *Journal of Personality and Social Psychology, 81,* (2001), 684-696.

26. Wood, W.; Rhodes, N. y Whelan, M.: «Sex differences in positive well-being: A consideration of emotional style and marital status», *Psychological Bulletin, 106,* (1989), 249-264;

Nolen-Hoeksema, S. y Rusting, C. L.: «Gender differences in well-being», en D. Kahneman, E. Diener y N. Schwarz (eds.): *Well-being: The foundations of hedonic psychology*, Russell Sage Foundation, Nueva York, 2000.

27. Solomon, R. y Corbit, J.: «An opponent process theory of motivation», *Psychological Review, 81*, (1974), 119-145.

28. Diener, E. y Suh, E.: «Age and subjective well-being: An international analysis», *Annual Review of Gerontology, 17*, (1998), 304-324.

29. Mroczek, D. K. y Kolarz, C. M.: «The effect of age on positive and negative affect: A developmental perspective on happiness», *Journal of Personality and Social Psychology, 75*, (1998), 1.333-1.349.

30. Brief, A. P.; Butcher, A. H.; George, J. M. y Link, K. E.: «Integrating bottom-up and top-down theories of subjective well-being: The case of health», *Journal of Personality and Social Psychology, 64*, (1993), 646-653.

31. Breetvelt, I. S. y van Dam, F. S. A. M.: «Underreporting by cancer patients: The case of response-shift», *Social Science and Medicine, 32*, (1991), 981-987.

32. Verbrugge, L. M.; Reoma, J. M. y Gruber-Baldini, A. L.:«Shortterm dynamics of disability and well-being», *Journal of Health and Social Behavior, 35*, (1994), 97-117.

33. Witter, R. A.; Okun, M. A.; Stock, W. A. y Haring, M. J.: «Education and subjective well-being: A meta-analysis», *Education Evaluation and Policy Analysis, 6*, (1984), 165-173; Diener, E.; Suh, E.; Lucas, R. y Smith, H.: «Subjective well-being: Three decades of progress», *Psychological Bulletin, 125*, (1999), 276-302.

34. Sigelman, L.: «Is ignorance bliss? A reconsideration of the folk wisdom», *Human Relations, 34*, 965-974.

35. Schkade, D. y Kahneman, D.: «Does living in California make people happy? Manuscrito inédito (1998), Universidad de Princeton.

36. Myers, D.: «The funds, friends and faith of happy people», *American Psychologist, 55*, (2000), 56-67. Ofrece una revisión de la gran cantidad de bibliografía convergente sobre las asociaciones positivas de la fe religiosa.

37. Juliana de Norwich, *Revelations of Divine Love*, [capítulo 27, decimotercera revelación y capítulo 68]. [Versión en

castellano: *Las revelaciones del amor divino*, Aragonesa de reproducciones, Zaragoza, 1989.] En Doyle, Brendan: *Meditations with Julian of Norwich*, Santa Fe, NM, 1983.

38. Argyle, M.: «Causes and correlates of happiness». En D. Kahneman, E. Diener y N. Schwarz (eds.): *Well-being: The foundations of hedonic psychology*, Russell Sage Foundation, Nueva York, 2000.

## 5. SATISFACCIÓN CON EL PASADO

1. El optimismo, la seguridad, la esperanza y la confianza son emociones transitorias con frecuencia consecuencia del ejercicio de rasgos más duraderos, fortalezas que analizaremos en el capítulo 9: estilo explicativo de la causalidad basada en el optimismo y la esperanza.

2. Diener, E.; Emmons, R.; Larsen, R. y Griffin, S.: «The satisfaction with life scale», *Journal of Personality Assessment, 49*, (1985), 71-75.

3. Pavot, W. y Diener, E.: «Review of the satisfaction with life scale», *Journal of Personality Assessment, 5*, (1993), 164-172.

4. Teasdale, J.: «The relationship between cognition and emotion: The mind-in- place in mood disorders», en D. M. Clark y C. Fairburn (eds.), *Science and practice of cognitive behaviour therapy*, Oxford University Press, Nueva York, 1997, 67-93.

5. Schachter, S. y Singer, J.: «Cognitive, social, and physiological determinants of emotional state», *Psychological Review, 69*, (1962), 379-399.

6. Seligman, M. E. P.: «On the generality of the laws of learning», *Psychological Review, 77*, (1970), 406-418.

7. Para una reseña, *véase* Seligman, M. E. P.: *What you can change and what you can't*, Knopf, Nueva York, 1994. [Versión en castellano: *No puedo ser más alto pero puedo ser mejor: el tratamiento más adecuado para cada trastorno*, Grijalbo Mondadori, Barcelona, 1995.]

8. Clark, D. y Claybourn, M.: «Process characteristics of worry and obsessive intrusive thoughts», *Behaviour Research and Therapy, 35(12)*, (1997), 1.139-1.141.

9. Beck, A. T.: *Prisoners of hate*, HarperCollins, Nueva York, 1999. Se trata de un argumento especialmente bueno sobre la

base cognitiva de la ira y la violencia ancladas en interpretaciones del pasado.

10. Todas estas doctrinas tan generales son ampliaciones de la máxima de Laplace con respecto a tres ámbitos científicos concretos. Pierre-Simon Laplace (1749-1827), matemático francés de la Ilustración, realizó las afirmaciones más claras y osadas de todas las sentencias deterministas. Postuló que si se conociera la posición y velocidad de todas las partículas del universo en un solo instante, podríamos predecir todo el futuro de éste, aparte de dibujar todo el pasado. Cuando las afirmaciones deterministas de Darwin para la biología, de Marx para la sociología y la política y de Freud para la psicología se unen a la superestructura de Laplace, se construye en un edificio imponente, una versión secular de la doctrina calvinista de la predestinación, que de forma igualmente explícita hace que toda creencia en la capacidad de elección humana carezca de sentido. ¿Es de extrañar que tantas personas cultas del siglo XX empezaran a creer que eran prisioneras de su pasado, condenadas a dirigirse a sus futuros predestinados por las circunstancias de sus historias personales?

De hecho sí. En primer lugar porque el argumento es mucho menos preciso de lo que parece, y en segundo lugar porque Laplace —incluso con aliados tan brillantes como Darwin, Marx y Freud— se enfrentó a venerables fuerzas intelectuales alineadas en el bando opuesto. La mente norteamericana del siglo XIX no tenía en gran estima el determinismo histórico, sino todo lo contrario.

La mente norteamericana culta del siglo XIX creía profundamente —y por motivos que distaban de ser frívolos— en dos doctrinas psicológicas intrínsecamente relacionadas: el libre albedrío y el individualismo, cada una de las cuales tuvo su origen en el siglo XX. Abordaré a continuación la doctrina del libre albedrío y trataré la individualista en el capítulo 8. La doctrina del libre albedrío, y todos sus apoyos, fue la que granjeó las críticas sobre Laplace y sus aliados. La historia moderna del libre albedrío empieza con Jacobo Arminio (1560-1609), protestante holandés liberal. A diferencia de Lutero y Calvino, Arminio afirmaba que los humanos disponen de libre albedrío y que pueden participar por propia elección de un estado de gracia. Esta idea recibió el nombre de «herejía arminia», puesto que se supone que la gracia sólo viene libremente de Dios. La herejía se generalizó a través de los sermones evangélicos y carismáticos de John Wesley (1703-1791), fundador del metodismo inglés. Wesley predicaba que los humanos disponen de libre albedrío y que, como consecuencia de ello, cada uno de nosotros puede participar de forma activa en la obtención de nuestra salvación realizando buenas obras. Los sensacionales sermones de Wesley, que se oyeron en los pueblos, ciudades y aldeas de Inglaterra, Gales, Irlanda del Norte y las colonias norteamericanas, convirtieron el metodismo en una religión fuerte y popular a comienzos del siglo XIX. El libre albedrío entró entonces en la conciencia popular norteamericana, y en casi todas las formas del cristianismo norteamericano; incluso el luteranismo y el calvinismo lo adoptaron. Las personas normales ya no se veían como recipientes pasivos en espera de ser llenados de gracia. La vida humana común podía mejorarse, la gente normal podía mejorarse a sí misma. La primera mitad del siglo XIX se convirtió en la gran era de la reforma social, el Segundo Gran Despertar. La religión evangélica de la frontera norteamericana era sumamente individualista y los oficios religiosos culminaban con el drama de la «elección» de Cristo. Surgieron utopías para alcanzar la perfección humana.

No existía un terreno mejor para el florecimiento de esta doctrina que la Norteamérica del siglo XIX. El individualismo inquebrantable, la idea de que todos los hombres son iguales, la frontera interminable a lo largo de la cual las oleadas de inmigrantes podían encontrar libertad y riqueza, la instauración de la educación universal, la idea de que los delincuentes podían rehabilitarse, la liberación de los esclavos, la lucha por el sufragio femenino y la idealización del empresario eran manifestaciones de lo muy en serio que las mentes decimonónicas norteamericanas se tomaban el libre albedrío antes de que Darwin, Marx y Freud le lanzaran un jarro de agua fría, demostrando lo poco que les importaba la idea de ser prisioneros del pasado.

Esta situación condujo a un incómodo callejón sin salida a lo largo del siglo XX. Por un lado, las tradiciones religiosas y políticas de Estados Unidos aceptaban el libre albedrío, que se ponía de manifiesto en los pequeños y numerosos actos cotidianos. Por otro lado, los estudiantes que acudían a la universidad descubrieron que el edificio de la ciencia parecía exigirles que renunciaran a tal noción. A los estadounidenses cultos del fin de milenio se les llena la boca de palabras tales como libertad y posibilidad de elección. El libre albedrío forma parte de nuestro discurso político («La voluntad del pueblo», «Devolveré la personalidad a la Casa Blanca») y del diálogo habitual («¿Te importaría apagar el cigarrillo?», «¿Qué prefieres, ir al cine o mirar la tele?»). Al mismo tiempo, sin embargo, el argumento científico más tenaz e inflexible lo excluye; exclusión que ha entrado poco a poco en las decisiones legales («circunstancias atenuantes», «no culpable por estado de demencia») y, lo que es más importante, en la forma en que las personas cultas hablan de su pasado.

11. Las publicaciones útiles se detallan por temas: *Divorcio*: Forehand, R.: «Parental divorce and adolescent maladjustment: Scientific inquiry vs. public information», *Behaviour Research and Therapy, 30*, (1992), 319-328. Este artículo corrige en buena medida los contenidos de la bibliografía popular y sensacionalista existente sobre el divorcio. Parece que es el conflicto, y no el divorcio en sí, el que produce daños. *Muerte de los padres*: Brown, G. y Harris, T.: *Social origins of depression*, Tavistock, Londres, 1978. *Orden de nacimiento*: Galbraith, R.: «Sibling spacing and intellectual development: A closer look at the confluence models», *Developmental Psychology, 18*, (1982), 151-173. *Adversidad* (en general): Clarke, A. y Clarke, A. D.: *Early experience: Myth and evidence*, Free Press, Nueva York, 1976. Rutter, M.: «The long-term effects of early experience», *Developmental Medicine and Child Neurology, 22*, (1980), 800-815.

12. Cuando los investigadores se detuvieron a analizar los resultados en vez de limitarse a declarar que somos producto de las experiencias infantiles, la falta de continuidad sólida de la infancia a la edad adulta salta a la vista. Se trata de un descubrimiento muy importante de la psicología evolutiva a lo largo de la vida. Por lo menos el cambio es una descripción tan buena como la continuidad para explicar lo que nos ocurre a medida que maduramos. Encontrará buenas reseñas de esta abundante bibliografía especializada en Rutter, M.: «Continuities and discontinuities from infancy», en J. Osofsky (ed.): *Handbook of infant development*, 2.ª ed., 1.256-1.298, Wiley, Nueva York, 1987. Plomin, R., Chipuer, H. y Loehlin, J.: «Behavior genetics and personality», en L. Pervin (ed.): *Handbook of personality theory and research*, 225-243, Guilford, Nueva York, 1990.

13. Los estudios sobre gemelos y niños adoptivos se citan en las notas del capítulo 3. *Véase* especialmente Plomin, R. y Bergeman, C.: «The nature of nurture: Genetic influence on environmental measures», *Behavioral and Brain Sciences, 14*, (1991), 373-427. Otro estudio importante es el de Bouchard, T. y McGue, M.: «Genetic and rearing environmental influences on adult personality: An analysis of adopted twins reared apart», *Journal of Personality, 68*, (1990), 263-282.

Sigue existiendo un campo de investigación floreciente que investiga los antecedentes infantiles de los problemas de la edad adulta. En ocasiones se obtienen resultados fiables, pero lo que me sorprende, dada la bibliografía existente sobre el carácter heredado, es la falta de teorías genéticas en dicho campo. Así pues, por ejemplo, existen dos estudios recientes y muy bien estructurados que han encontrado: 1. correlaciones entre el trato que las madres dan a sus hijos y la posterior criminalidad de éstos; 2. correlaciones entre el trauma infantil y posteriores intentos de suicidio. Ambos interpretan los sucesos de la infancia como causales y omiten la posibilidad de que el comportamiento adulto y las experiencias de la infancia sean consecuencia de terceras variables, de tipo genético. Stattin, H. y Klackenberg-Larsson, I.: «The relationship between maternal attributes in the early life of the child and the child's future criminal behavior», *Development and Psychopathology, 2*, (1990), 99-111; Van der Kolk, B.; Perry, C. y Herman, J.: «Childhood origins of self-destructive behaviour», *American Journal of Psychiatry, 148*, (1991), 1.665-1.671.

14. Encontrará una discusión más amplia y académica de los efectos de la infancia en el capítulo 14 de Seligman, M. E. P.: *What you can change and what you can't*, Knopf, Nueva York, (1994). [Versión en castellano: *No puedo ser más alto pero puedo ser mejor: el tratamiento más adecuado para cada trastorno*, Grijalbo Mondadori, Barcelona, 1995.]

15. El determinismo estricto fracasó de forma estrepitosa para los freudianos; es demasiado general para tener valor de predicción según los darwinistas y, con respecto a Marx, la única sede de inevitabilidad histórica que queda tras la caída del bloque soviético se encuentra en los departamentos de inglés de unas pocas universidades estadounidenses elitistas.

Sin embargo, los argumentos filosóficos del determinismo

estricto y de la máxima de Laplace son menos fáciles de despachar que las afirmaciones empíricas de Freud y Marx. Éste no es lugar para revisar los largos y espinosos movimientos de vaivén producidos sobre el determinismo duro, el determinismo blando y el libre albedrío. Basta con decir que el argumento del determinismo duro no es ni mucho menos obvio (algunos lo calificarían de resbaladizo o vago). Tampoco el hecho de saber los detalles de esta antigua controversia sin resolver resultaría liberador para los lectores que actúan movidos por su fe en el determinismo duro para justificar la idea de que están aprisionados por su pasado. Por el contrario, lo que quiero es mencionar un nuevo enfoque sobre el libre albedrío que me parece un soplo de aire fresco en esta disputa viciada y talmúdica. Esta perspectiva tiene la ventaja de dar cierta credibilidad a la máxima de Laplace, al tiempo que nos ayuda a sentirnos totalmente liberados de las ataduras del pasado, aunque Laplace esté en lo cierto.

El libre albedrío no es sólo una sensación mental de elección sin límites. No es únicamente un término indispensable dentro de la dialéctica política y legal. No es sólo un término coloquial en el discurso ordinario. *El libre albedrío es un hecho de la naturaleza con base científica, una realidad psicológica y una realidad biológica.* En mi opinión, el libre albedrío apareció en la evolución porque ofrece a todas las especies inteligentes una enorme ventaja en la lucha por la supervivencia y el éxito reproductivo. Los humanos pertenecen a una especie en la que cada uno de sus miembros compite con otros para emparejarse. Además, a lo largo de la evolución, los sujetos de la especie luchan por la vida misma atacando o defendiéndose de otros depredadores inteligentes.

El mundo animal está repleto de fanfarronadas y de expresiones gestuales vacías, y se caracteriza por desarrollar estrategias que permitan que el comportamiento propio sea impredecible. La dirección hacia la que se lanzará una ardilla cuando un halcón baje en picado sobre ella resulta ser estadísticamente impredecible; si fuera predecible, ya no quedarían ardillas. La aleatoriedad y las fanfarronadas no son los únicos mecanismos por los que la evolución garantiza que unos depredadores no puedan predecir el comportamiento de otros. Si mi conducta fuera totalmente predecible para otro ser humano que compitiera por la misma pareja, esa persona siempre iría un paso por delante de mí y me vencería con facilidad. Si un depredador inteligente u otro ser humano que deseara robar mis recursos predijeran por completo mi comportamiento, me encontraría abocado a las fauces de la muerte. Por este motivo es esencial que gran parte de nuestras acciones sean impredecibles para los depredadores, para los miembros de nuestra misma especie e incluso para nosotros mismos, puesto que si supiéramos con total precisión cuál sería nuestro comportamiento, la evolución seleccionaría también formas que lo hicieran perceptible para nuestros competidores. (Robert Nozick expuso este argumento en la reunión de 1998 de la Asociación Americana de Psicología, en San Francisco.)

Si es jugador de póquer, como yo, sabrá lo muy difícil que resulta poner cara de póquer y jugar sin dar pistas. Somos una especie elegida probablemente para ser impredecible, una especie seleccionada para jugar al póquer. Aparte de las fanfarronadas y los gestos vacíos, los seres humanos también cuentan con un proceso de decisión interno invisible desde el exterior e impredecible a partir de la historia personal. Este proceso nos colocó, literalmente, un paso por delante de nuestros competidores.

Conjeturo que éste es el proceso que experimentamos como posibilidad de elección. Es necesario percatarse de que mi proceso de decisión no debe resultar transparente para los demás o para mí, que no debe ser relacionado con un nexo causal externo, ni ser indeterminado salvo para otros miembros de mi especie, otros depredadores inteligentes y para mí. El libre albedrío no contradice la máxima de Laplace. No niega que un ser omnisciente —lo que mis competidores no son— o una futura ciencia definitiva y completa pueda predecir el comportamiento humano de forma infalible. Tan sólo niega que los actuales productos de la evolución puedan predecir tales conductas. Quizás esto también explique por qué la ciencia social, por compleja que sea, nunca predice más del 50 % de variación. El 50 % impredecible suele ser considerado error de medición, pero puede ser una barrera profunda y real para determinar la actividad humana. La naturaleza estadística de la predicción de la conducta humana a partir de la genética, las neuronas y el comportamiento quizá refleje el espacio en el que se producen la elección, la decisión y el libre albedrío. Se trata de una versión de regresión múltiple del principio de Heisenberg para la ciencia biológica y social, pero por supuesto no invoca nada parecido al mecanismo implicado en esa teoría.

16. Seligman, M. E. P.: *What you can change and what you can't*, Knopf, Nueva York, (1994). [Versión en castellano: *No puedo ser más alto, pero puedo ser mejor: el tratamiento más adecuado para cada trastorno*, Grijalbo Mondadori, Barcelona, 1995.] Véase el capítulo 7 para una revisión de los fármacos y las psicoterapias para combatir la depresión.

17. Ibídem. *Véase* el capítulo 9 para una revisión. Con respecto a la cardiopatía, *véase* Williams, R.; Barefoot, J. y Shekelle, R.: «The health consequences of hostility», en M. Chesney y R. Rosenman, (eds): *Anger and hostility in cardiovascular and behavioral disorders*, McGraw Hill, Nueva York, 1985.

18. Hokanson, J. y Burgess, M.: «The effects of status, type of frustration, and aggression on vascular processes», *Journal of Abnormal and Social Psychology*, *65*, (1962), 232-237; Hokanson, J. y Edelman, R.: «Effects of three social responses on vascular processes», *Journal of Abnormal and Social Psychology*, (1966), 442-447.

19. McCullough, M.; Emmons, R. y Tsang, J.: «The grateful disposition : A conceptual and empirical topography», *Journal of Personality and Social Psychology*, *82*, (2002), 112-127.

20. Emmons, R. y McCullough, M.: «Counting blessings versus burdens: An experimental investigation of gratitude and subjective wellbeing in daily life». (Inédito.)

21. Doy las gracias a Dan Chirot, el colega que ha insuflado nueva vida a la ciencia social del conflicto etnopolítico, por hablar de estos ejemplos conmigo.

22. Wegner, D. y Zanakos, S.: «Chronic thought suppression», *Journal of Personality*, *62*, (1994), 615-640.

23. Recomiendo la lúcida discusión de Everett Worthington sobre el dilema entre perdonar y no perdonar, en Worthington, E.: *Five steps for forgiveness*, Crown, Nueva York, 2001. Gran parte de esta sección se basa en este libro.

24. Ibídem.

25. Seligman, M. E. P.: *What you can change and what you can't*, Knopf, Nueva York, (1994). [Versión en castellano: *No puedo ser más alto pero puedo ser mejor: el tratamiento más adecuado para cada trastorno*, Grijalbo Mondadori, Barcelona, 1995.] *Véase* el capítulo 9.

26. McCullough, M.; Rachal, K.; Sandage, S.; Worthington, E.; Brown, S. y Hight, T.: «Interpersonal forgiving in close relationships: II. Theoretical elaboration and measurement»,

*Journal of Personality and Social Psychology*, 75, (1998), 1.586-1.603.

27. Vuelvo a ponerme a escribir el 13 de septiembre de 2001, cuarenta y ocho horas después de los atentados terroristas de Nueva York y Washington. Aunque a nivel personal no sea equiparable a la situación a la que se enfrentó Worthington, no resulta fácil escribir sobre el perdón en estas circunstancias. Mi puntuación es baja en el test de venganza TRIM, por lo que dedico buena parte de mis pensamientos a la prevención: prevención de terrorismo nuclear, biológico y químico contra nuestros hijos y nietos, y contra todo el mundo civilizado. En estos momentos los terroristas nos han demostrado que tienen capacidad para emprender tales ataques. En mi opinión, para que la prevención funcione las naciones civilizadas deben vaciar y limpiar los focos de terrorismo, pero lo más importante es derrocar a los gobiernos rufianes de la *yihad*. Cuando los dirigentes malvados son destituidos, la mayor parte de la población sigue a su nuevo gobierno. La transformación del pueblo japonés, alemán y soviético bajo regímenes perversos, seguida del cambio producido mediante el liderazgo democrático, es una lección histórica digna de encomio. Pido disculpas por esta nota final, y no tengo ni idea de cómo será interpretada dentro de unos años, pero en este momento se hace emocionalmente necesario para mí escribirla.

28. Harris, A.; Thoresen, C.; Luskin, F.; Benisovich, S.; Standard, S.; Bruning, J. y Evans, S.: «Effects of forgiveness intervention on physical and psychological health», ponencia presentada en la reunión anual de la Asociación Americana de Psicología, San Francisco, agosto de 2001. Para un análisis de otros estudios de intervención, *véase* Thoresen, C.; Luskin, F. y Harris, A.: «Science and forgiveness interventions: Reflections and recommendations». En E. L. Worthington (ed.): *Dimensions of Forgiveness: Psychological research and theological perspectives*, Templeton Foundation Press, Filadelfia, 1998. Respecto a las evidencias acerca de que el hecho de no perdonar está relacionado con varios estados orgánicos poco saludables, *véase* van Oyen, C., Ludwig, T. y Vander Laan, K.: «Granting forgiveness or harboring grudges: Implications for emotion, physiology, and health», *Psychological Science*, 12, (2001), 117-123.

29. Davies, R.: «What every girl should know», *One-half of Robertson Davies*, Penguin, Nueva York, 1976.

## 6. OPTIMISMO SOBRE EL FUTURO

1. Seligman, M. E. P.: *Learned optimism*, Knopf, Nueva York, 1991 [versión en castellano: *Aprenda optimismo*, Grijalbo, Barcelona, 1998], es la fuente más completa; gran parte de esta sección es una adaptación de este libro.

2. En el trabajo con personas depresivas se incluyó una tercera dimensión, la personalización, porque los depresivos suelen sentirse más culpables de los sucesos negativos y menos merecedores de los positivos de lo que en realidad cabe. Con los lectores de este libro predominantemente no depresivos, existe el peligro de que se produzca una distorsión a la inversa, pues reciben reproches insuficientes por los fracasos y demasiados elogios por los éxitos. De ahí que se omita esta dimensión.

3. Ésta es la vía corta. La más larga se encuentra en Seligman, M. E. P.: *Learned optimism*, Knopf, Nueva York, 1991. [Versión en castellano: *Aprenda optimismo*, Grijalbo, Barcelona, 1998.]

4. ¿Acaso la Psicología Positiva no es más que un refrito del pensamiento positivo? La Psicología Positiva guarda una relación filosófica, pero no empírica, con el pensamiento positivo. La Herejía Arminia —tratada anteriormente con profundidad en estas notas— es la base del Metodismo y del pensamiento positivo de Norman Vincent Peale. La Psicología Positiva también está fundamentalmente ligada a la capacidad de libre elección del individuo, y, en este sentido, ambos desarrollos tienen raíces comunes.

Sin embargo la Psicología Positiva difiere en muchos sentidos del pensamiento positivo.

En primer lugar, el pensamiento positivo es una actividad de sillón. La Psicología Positiva, por el contrario, está ligada a un programa de actividad científica empírica y reproducible. En segundo lugar, la Psicología Positiva no aboga por la positividad. Existe un balance general y, a pesar de las muchas ventajas del pensamiento positivo, hay ocasiones en las que es más adecuado el pensamiento negativo. Si bien existen muchos estudios que asocian la positividad con el posterior estado de salud, la longevidad, la sociabilidad y el éxito, el equilibrio de la evidencia sugiere que en ciertas situaciones el pensamiento negativo conlleva una mayor certeza. Cuando ésta va ligada a resultados potencialmente catastróficos —por ejemplo, cuando un piloto decide si deshelar o no las alas del avión—, todos deberíamos ser pesimistas. Considerando las ventajas de ambos, la Psicología Positiva busca el equilibrio óptimo entre el pensamiento positivo y el negativo. En tercer lugar, muchos líderes del movimiento de Psicología Positiva han pasado décadas trabajando sobre los aspectos «negativos» de las cosas. La Psicología Positiva es un complemento de la psicología negativa, no un sustituto. (Esta nota se basa en un manuscrito inédito: Seligman, M. y Pawelski, J: *Positive Psychology: FAQs*.)

## 7. FELICIDAD EN EL PRESENTE

1. Cavafis, C. P.: *Collected Poems*, Traducido por E. Keeley y P. Sherrard, Princeton University Press, Princeton, NJ, 1975. [Versión en castellano: *Antología poética*, Alianza Editorial, Madrid, 1999.]

2. Para una reseña, *véase* Shizgal, P.: «Neural basis of utility estimation», *Current Opinión in Neurobiology*, 7, (1997), 198-208.

3. Recomiendo encarecidamente el incisivo *Faster: The acceleration of just about everything*, de James Gleick, Little, Brown, Nueva York, 2000; y la profunda obra de Stewart Brand: *The clock of the long now*, Basic Books, Nueva York, 2000. Ambas obras tratan sobre los grandes costes psicológicos de la tecnología ultra rápida.

4. Su obra magna no publicada, *Savoring: A process model for positive psychology*, está destinada a ser un clásico. *Véase* también Bryant, F. B.: «A four-factor model of perceived control: Avoiding, doping, obtaining, and savoring», *Journal of Personality*, 57, (1989), 773-797.

5. Tietjens, E.: «The most-sacred mountain», en J. B. Rittenhouse (ed.): *The second book of modern verse*, Houghton-Mifflin, Nueva York, 1923.

6. Langer, E.: *The power of mindful learning*, Perseus, Cambridge, MA, 1997. [Versión en castellano: *El poder del aprendizaje consciente*, Gedisa, Barcelona, 2000.]

7. Para profundizar sobre los beneficios cognitivos de la meditación, recomiendo Jon Kabat-Zinn: *Wherever you go, there you are*, Hyperion, Nueva York, 1994. [Versión en castellano:

*Cómo asumir su propia identidad*, Plaza & Janés, Barcelona, 1995.]

8. Levine, M.: *The Positive Psychology of buddishm and yoga*, Erlbaum, Mahwah, NJ, 2000.

9. Doy las gracias especialmente a Daniel Robinson, profesor emérito de la Universidad de Georgetown, por ayudarme a introducirme en la senda de Aristóteles —sobre todo el Libro X de la *Ética a Nicómaco*— y, en un sentido más general, por mantener viva la luz de los atenienses en el ágora excesivamente insulso de la psicología norteamericana moderna. Leer a Aristóteles es en verdad duro, y por ello resulta especialmente útil Urmson, J. O.: *Aristotle's ethics*, Basil Blackwell, Londres, 1988. «Pero para Aristóteles el disfrute de una actividad no es consecuencia de ella, sino de algo apenas diferenciable de la actividad en sí; para él, hacer una cosa por el mero placer de hacerla es hacerla porque sí» (Ibídem, 105). Especialmente útil en relación con la diferencia entre gratificaciones y placeres es Ryan, R. y Deci, E.: «On happiness and human potential», *Annual Review of Psychology*, 51, (2001), 141-166. Igual que yo, dividen la investigación sobre el bienestar en enfoques hedonistas, que se centran en la emoción, y enfoques eudemónicos, que se centran en la pleno funcionamiento de la persona. La labor de Carol Ryff y sus colegas es especialmente importante con respecto al enfoque eudemónico. Han analizado el tema del bienestar en el contexto del desarrollo de una teoría de vida plena. Inspirándose también en Aristóteles, describen el bienestar no sólo como la consecución del placer, sino como «la lucha por la perfección que representa la realización del verdadero potencial de cada persona.» Ryff, C.: «Psychological well-being in adult life», *Current Directions in Psychological Science*, 4, (1995), 99-104. Parto de la noción de eudaimonia del «potencial» humano y el «funcionamiento pleno», sin embargo, como estos términos parecen esquivos y delimitados por la cultura cuando son explicados, prefiero ver la alternativa eudemónica al placer como la búsqueda de gratificaciones.

10. Csikszentmihalyi, M.: *Flow*, Harper, Nueva York, 1991. [Versión en castellano: *Fluir: una psicología de la felicidad*, Kairós, Barcelona, 1997.] Este libro, que ya es un clásico, es la mejor obra escrita sobre las gratificaciones. Estos ejemplos proceden del mismo.

11. Una de las preguntas de investigación importantes para

la Psicología Positiva es por qué los seres humanos se muestran tan inclinados a elegir placeres, o aún peor, a elegirlos en vez de estados que sabemos que hacen fluir. Sé perfectamente que si esta noche leo la biografía de Sandburg sobre Lincoln en lugar de ver un partido de béisbol, entraré en un estado de fluidez. No obstante, es más probable que vea el béisbol. Existen seis posibles factores de peso que nos impiden escoger gratificaciones, pero aún no han sido desentrañados. Las gratificaciones son restrictivas; conllevan la posibilidad de fracaso; exigen habilidad, esfuerzo y disciplina; producen cambio; pueden provocar ansiedad y tienen costes alternativos. Los placeres, y no digamos ser teleadicto, no comparten casi ninguno, o ninguno, de estos fuertes elementos disuasorios.

12. *Véase* Seligman, M.: *The optimistic child*, Houghton-Mifflin, Nueva York, 1996, [versión en castellano: *Niños optimistas: cómo prevenir la depresión en la infancia*, Grijalbo, Barcelona, 1999] para una revisión de los datos y teorías de la epidemia moderna que es la depresión. *Véanse* también las páginas 248-299 de Seligman, M.; Walter, E. y Rosenhan, D.: *Abnormal Psychology*, Norton, Nueva York, 2001, para una reseña y extensa bibliografía.

13. Kessler, R.; McGonagle, K.; Zhao, S.; et al: «Lifetime and 12-month prevalence of DSR-III psychiatric disorders in the United States: Results from the National Comorbidity Study», *Archives of General Psychiatry*, *51*, (1994), 8-19.

14. *Véase* Seligman, M.: *The optimistic child*, Houghton-Mifflin, Nueva York, 1996, [versión en castellano: *Niños optimistas: cómo prevenir la depresión en la infancia*, Grijalbo, Barcelona, 1999]. *Véase* el capítulo 5.

15. Smith, L. y Elliot, C.: *Hollow kids: Recapturing the soul of a generation lost to the self-esteem myth*, Forum, Nueva York, 2001.

16. Csikszentmihalyi, M.: *The call of the extreme*, 2002, en imprenta.

# 8. RENOVAR LAS FORTALEZAS Y VIRTUDES

1. La América colonial de los siglos XVII y XVIII tenía una visión severa y fría del carácter y la acción humana, procedente de la teología puritana que, a su vez, derivaba de las ideas de

Lutero y Calvino. A pesar de los apologistas modernos, estos dos intelectos excepcionales de la Reforma creían que no existía nada parecido al libre albedrío. Sólo Dios concede la gracia y los seres humanos no participan en el proceso, ni pueden hacerlo. No hay nada que uno decida hacer para poder ir al cielo o evitar las llamas del infierno; el destino está escrito de forma indeleble por Dios en el momento de la creación. Jonathan Edwards (1703-1758), el teólogo puritano más destacado, sostenía que aunque pensemos que somos libres, en realidad nuestra voluntad está totalmente sujeta al nexo causal. Y lo que es peor, cuando ejercemos el «libre» albedrío, es inevitable que escojamos el pecado.

Sin embargo, según el denominado «Segundo Gran Despertar» de comienzos del siglo XIX, las personas de buen carácter tendían a escoger la virtud y Dios las recompensará en la eternidad. Eso es a lo que se refiere Lincoln al hablar de los «mejores ángeles de nuestra naturaleza». Por el contrario, las personas de mal carácter tienden a escoger la maldad, y el precio de las decisiones pecaminosas son la pobreza, la embriaguez, el vicio y, en última instancia, el infierno. En el ámbito político, a diferencia de las monarquías europeas, se consideraba que la misión de Norteamérica era fomentar el buen carácter y, por consiguiente, erigir el reino de Dios en la Tierra. Andrew Jackson, con unas palabras que le habrían hecho acabar en la hoguera un siglo o dos antes en Europa, dijo como presidente electo: «Creo que el hombre puede ser elevado; el hombre puede estar más y más dotado de divinidad; y al hacerlo, se vuelve más parecido a Dios de carácter y es capaz de gobernarse.»

2. Kuklick, B.: *Churchmen and philosophers*, Yale University Press, Nueva York, 1985, sobre todo el capítulo 15.

3. Aunque raya en el antisemitismo, Cuddihy, J. M.: *The ordeal of civility*, Beacon Press, Boston, 1985, que argumenta que Marx y Freud ofrecen excusas para el comportamiento irrespetuoso de los inmigrantes salidos de los pogromos de Europa del Este, ofrece una interpretación paralela del mensaje subyacente de las ciencias sociales.

4. La idea de que toda persona expuesta a tales condiciones espantosas corre el riesgo de la maldad es la base del igualitarismo norteamericano, y sus fundamentos son venerables. La inmortal declaración de Thomas Jefferson promulgaba la creen-

cia de John Locke acerca de que todos los hombres son iguales. Para Locke (1632-1704) esta idea enraiza en la teoría de que todo el conocimiento procede de los sentidos. Nacemos como una página en blanco y experimentamos una escueta secuencia de sensaciones. Dichas sensaciones están «relacionadas» en el tiempo o el espacio, asociándose en nuestra mente, de forma que todo lo que sabemos, todo lo que somos, no es más que un conjunto de asociaciones procedentes de la experiencia. Para entender los actos de una persona, la ciencia puede prescindir de nociones cargadas de valor, tales como el carácter; lo único que nos hace falta saber son los detalles de la educación que ha recibido. Así pues, cuando la psicología se inserta en el programa de ciencias sociales con el ascenso de los conductistas durante la Primera Guerra Mundial, su misión consiste en comprender cómo aprenden las personas del entorno para convertirse en lo que son.

5. McCullough, M. y Snyder, C.: «Classical sources of human strength: revisiting an old home and building a new one», *Journal of Social and Clinical Psychology*, 19, (2000), relata la historia de Allport. *Véase* también Himmelfarb, G.: *The demoralization of society: From victorian virtues to modern values*, Vintage, Nueva York, 1996.

6. Una limitación de la generalidad de las virtudes de Dahlsgaard es que todas estas culturas, por extendidas que estén, son euroasiáticas. Según los lingüistas, hace cuatro mil años toda Eurasia tenía una tradición común, y lo ateniense y lo indio no son completamente independientes. El griego y el sánscrito poseen raíces comunes, y Buda y Aristóteles pudieron haber tenido ideas similares sobre la virtud debido a su antigua tradición común. La prueba de fuego de esta idea será el análisis profundo de las virtudes en culturas más exóticas procedentes de tradiciones filosóficas y lingüísticas verdaderamente independientes. La Red de Psicología Positiva respalda tal investigación. Lo máximo que puedo aseverar con certeza sobre las virtudes es que los sabios más destacados de las tradiciones filosóficas euroasiáticas son estos seis. Agradezco a Marvin Levine esta observación.

7. Wright, R.: *The moral animal: Evolutionary psychology and everyday life*, Pantheon, Nueva York, 1994.

## 9. SUS FORTALEZAS PERSONALES

1. Quinto partido de la final de la NBA de 1997 contra Utah Jazz, 11 de junio de 1997.

2. Tiene sentido, desde el punto de vista del aprendizaje, que nos sintamos inspirados y elevados cuando somos testigos de actos que evidencian buen carácter y que nos repugnen aquellas conductas que revelan mal carácter (y si son nuestros, nos sentimos avergonzados y culpables). La elevación es una emoción positiva que refuerza los buenos actos voluntarios y, por consiguiente, aumenta su probabilidad, mientras que la repugnancia, la culpa y la vergüenza son emociones negativas que castigan los malos actos de voluntarios.

Durante décadas, los teóricos del aprendizaje reflexionaron sobre el hecho de que algunas acciones pueden incrementarse —reforzarse— mediante la recompensa y reducirse a través del castigo, pero otras acciones no. Si le doy 100 dólares por leer en voz alta la frase anterior, probablemente la lea. Pero si le ofrezco la misma cantidad por contraer las pupilas —sin ayuda externa, como podría ser una luz brillante dirigida al globo ocular—, no lo conseguirá. Sólo las acciones voluntarias, como leer en voz alta, son susceptibles de refuerzo o castigo. Las conductas en las que no participa la voluntad, como recudir la dilatación pupilar, no pueden ser objeto de recompensa ni de castigo.

El resultado final de todo ello es que las fortalezas de carácter, puesto que se manifiestan mediante actos de voluntad, son exactamente lo que puede ser modelado por recompensas y castigos. Una cultura puede ayudar a definir lo que considera buen carácter en su medio, pero, además, la especie humana se halla equipada con emociones positivas como la elevación, la inspiración y el orgullo, destinadas a reforzar aquellos actos que nacen del buen carácter, y con emociones negativas como la repugnancia, la vergüenza y la culpabilidad para castigar los actos de mala voluntad.

3. Agradezco a Chris Peterson la siguiente observación: existe una ilusión de santidad que se inmiscuye en nuestra noción de lo que es una buena persona. ¿La persona virtuosa es aquella que poseee cada una de las seis virtudes en toda su amplitud, y vicios? Tengo mis serias dudas sobre que este criterio

no sea demasiado estricto para los pobres mortales. ¿Cuál es el lugar del vicio en la existencia y ejercicio de las virtudes?

Una idea que está profundamente arraigada en la psicología negativa del siglo XX es que, en el fondo, las personas que tienen un buen carácter ostensible son farsantes; sus actos aparentemente virtuosos enmascaran la inseguridad o incluso una psicopatología más profunda. Un tema recurrente en la literatura, así como en el periodismo sensacionalista contemporáneo, es el desenmascaramiento moral de una persona supuestamente buena: las acusaciones —que pueden ser ciertas o no— de que Mark Chmura violó a la niñera, que Jesse Jackson tuvo un hijo ilegítimo, que Michael Jackson era pedófilo, que Gary Hart engañó a su mujer, que el pastor Jimmy Swaggart frecuentaba prostitutas, que el abogado Clarence Thomas acosó sexualmente a una compañera de trabajo. Las revelaciones de índole sexual como éstas quedan especialmente bien en la prensa, pero no tienen por qué estar relacionadas con el sexo: basta con pensar en las acusaciones de que el senador Joseph Biden había plagiado sus discursos en la campaña presidencial de 1988; de que los nominados al gabinete ministerial Zoe Baird, Kimba Woods y Linda Chávez no habían cotizado la Seguridad Social de sus señoras de la limpieza; de que Albert Gore había mentido sobre sus logros; de que George W. Bush condujo en estado de embriaguez; de que Bill y Hillary Clinton habían aceptado sobornos a cambio de indultos; y Bob Kerrey, al mando de un grupo de soldados, había asesinado a mujeres y niños en Vietnam, etcétera.

Este tipo de historias nos intrigan, al tiempo que nos dejan una sensación de vacío. Se trata de personas que también han demostrado muchas —y, en algunos casos, todas— de las seis virtudes. ¿Acaso las acusaciones, si resultan ciertas, nos indican que no son buenas personas, o que sus virtudes no son más que defensas o derivados de sus vicios? Personalmente, me gustaría ver pruebas de la cadena causal antes de desestimar ejemplos de bondad humana por considerarlos mera exhibición o disimulo. Y casi nunca existen tales evidencias. De hecho, lo que comparten estos ejemplos, aparte de las transgresiones obvias, es una especie de rectitud por parte del transgresor. El verdadero pecado quizá no sea el pecado obvio, sino la falta de autenticidad del pecador. Basta con comparar el desprecio que sentimos al oír este tipo de historias y la carencia de tal desprecio cuando años atrás pudimos leer que Jimmy Carter reconocía «desear en su corazón» a mujeres que no eran su esposa.

Otra puntualización en este sentido es que yo considero el carácter como algo plural, y la existencia de actividad no virtuosa con respecto a una fortaleza no significa que esa persona no pueda tener y mostrar otras fortalezas, o que no pueda ser una persona virtuosa. Durante el escándalo de Monica Lewinsky, supongo que gran parte del público norteamericano fue más allá de la infidelidad de Bill Clinton, e incluso de su falta de honradez, y valoró sus acciones encomiables como líder.

4. Formación sobre la seguridad de las pistolas. Disponible en línea en *www.darwinawards.com/darwin/index_darwin 2000.html*.

5. Turnbull, C.: *The mountain people*, Simon and Schuster, Nueva York, 1972.

6. Formular una definición de «buena vida» que trascienda de forma radical distintos sistemas de valores, supone todo un reto. Se ha desarrollado mucha bibliografía que documenta distintos valores fundamentales en Japón —donde la afirmación: «quiero llevar una vida inofensiva» es la aspiración mayoritaria— y en Estados Unidos, donde es más frecuente: «quiero llevar una vida independiente». Mi fórmula «a través del empleo de las fortalezas características en los principales ámbitos de la vida para conseguir numerosas gratificaciones y la verdadera felicidad» es, creo yo, independiente de la cultura, puesto que las fortalezas son ubicuas tanto en culturas colectivas como individualistas. Un buen punto de partida es revisar la bibliografía intercultural sobre la felicidad en Ryan R. y Deci, E.: «On happiness and human potential», *Annual Review of Psychology*, 51, (2001), 141-166.

7. El lector interesado debería empezar por Kashdan, T.: «Curiosity and interest», en C. Peterson y M. Seligman (eds.): *The VIA classification of strenghts and virtues*, 2002. Manuscrito disponible en *www.positivepsychology.org*, si desea una revisión completa de temas referentes a la curiosidad y el interés.

8. No deberíamos omitir la gran cantidad de personas que encuentran un empleo y tienen la suerte de que les paguen por utilizar fortalezas como el amor por el conocimiento. En estos casos el amor por el saber se sitúa en primer lugar y es una ventaja poder ganarse la vida con él. En el capítulo 10 hablamos de

las «vocaciones», trabajos que uno seguiría realizando aunque no cobrara por ellos.

9. Jahoda, M.: *Current concepts of positive mental health*, Basic Books, Nueva York, 1958, llama a este rasgo «orientación realista», y Ellis, A., *Reason and emotion in psychotherapy*, Stuart, Nueva York. [Versión en castellano: *Razón y emoción en psicoterapia*, Desclée de Brouwer, Bilbao, 1981.], al hablar de lo que es la salud mental, describe esta fortaleza como el hecho de no confundir deseos y necesidades con hechos y no condicionar la vida con estados en los que impera el «debería o tendría que», sino por la razón.

10. Robert Sternberg es la mejor fuente de esta fortaleza: Sternberg, R. J.; Forsythe, G. B.; Hedlund, J.; Horvath, J. A.; Wagner, R. K.; Williams, W. M.; Snook, S. A. y Grigorenko, E. L.: *Practical intelligence in everyday life*, Cambridge University Press, 2000.

11. Gardner, H.: *Frames of mind: The theory of multiple intelligence*, Basic Books, Nueva York, 1983. [Versión en castellano: *Inteligencias múltiples: la teoría en la práctica*, Paidós Ibérica, Barcelona, 1998.] «Personal intelligence, social intelligence, and emotional intelligence: The hot intelligences», en C. Peterson y M. Seligman (eds.): *The VIA classification of strenghts and virtues*, 2002. Manuscrito disponible en *www.positivepsychology.org*.

12. Goleman, D.: *Emotional intelligence*, Bantam, Nueva York. [Versión en castellano: *Inteligencia emocional*, Kairós, Barcelona, 1998, y Javier Vergara Editor, Buenos Aires 1998.] Además de la inteligencia social y personal, este concepto también incluye el optimismo, la amabilidad y otras fortalezas. La inteligencia emocional me parece fantástica para aumentar la concienciación pública, pero poco apropiada para fines científicos, por lo que prefiero distinguir entre los distintos elementos.

13. Gallup Organization: *Strengths-finder® resource guide*, Lincoln, NE, 2000: Autor; Buckingham, M. y Clifton, D.: *Now, discover your strengths*, Free Press, Nueva York, 2001.

14. Los programas de investigación de Baltes y Staudinger (2000), Sternberg (1990) y Vaillant (1993) han proporcionado información importante sobre este concepto anteriormente esquivo. Baltes, P. B. y Staudinger, U. M.: «Wisdom: A methaeuristic (pragmatic) to orchestrate mind and virtue toward excellence», *American Psychologist*, 55, (2000), 122-136; Vaillant,

G. E.: *The wisdom of the ego*, Harvard University Press, Cambridge, MA, 1993; Sternberg, R. J. (ed.): *Wisdom: Its nature, origins and development*, Cambridge University Press, Nueva York, 1990. [Versión en castellano: *La sabiduría: su naturaleza, orígenes y desarrollo*, Desclée de Brouwer, Bilbao, 1994.]

15. Empiece por Steen, T.: «Courage», en Peterson y Seligman, ibídem, (2002) y Monica Worline, *«via Classification: Courage»*, en Peterson y Seligman, ibídem, (2002).

16. Putnam, D.: «Psychological courage», *Psychology, Psychiatry, and Psychology, 4*, (1997), 1-11. Rachman, S. J.: *Fear and courage* (2.ª edición), W. H. Freeman, Nueva York, 1990.

17. O'Byrne, K. K.; López, S. J. y Petersen, S.: «Building a theory of courage: A precursor to change?» (agosto, 2000), artículo presentado en la Convención anual de la Asociación Americana de Psicología, Washington, D.C. Shlep, E. E.: «Courage: A neglected virtue in the patient-physician relationship», *Social Science and Medicine, 18*(4), (1984), 351-360.

18. Sheldon, K.: «Authenticity/honesty/integrity» en C. Peterson y M. Seligman (eds.): *The VIA classification of strengths and virtues*, (2002). Manuscrito disponible en *www.positivepsychology.org*.

19. Post, S.; Underwood, L. y McCullough, M.: «Altruism/altruistic/love/kindness/generosity/nurturance/care/compassion», en Peterson y Seligman, ibídem, 2002.

20. Taylor, S.; Klein, L.; Lewis, B.; et al.: «Biobehavioral responses to stress in females: Tend-and-befriend, not fight-or-flight», *Psychological Review, 107*, (2000), 411-429.

21. Gilligan, C.: *In a different voice: Psychological theory and women's development*, Harvard University Press, Cambridge, MA, (1982); Kohlberg, L.: *Essays on moral development* (vol. 2): «The nature and validity of moral stages», Harper & Row, San Francisco, 1984.

22. Roy Baumeister es la autoridad más importante sobre la autorregulación. Considera que es la virtud primordial y que, como un músculo, es limitada. Baumeister, R. y Exline, J.: «Personality and social relations: Self-control as the moral muscle», *Journal of Personality, 67*, (1999), 1.165-1.194.

23. Haslam, N.: «Prudence», en C. Peterson y M. Seligman, (eds.): *The VIA classification of strengths and virtues*, (2002). Manuscrito disponible en *www.positivepsychology.org*; Emmons,

R. A. y King, L. A.: «Conflict among personal strivings: Immediate and long-term implications for psychological and physical well-being», *Journal of Personality and Social Psychology*, *54*, (1988), 1.040-1.048; Friedman, H. S.; Tucker, J. S.; Schwartz, J.E.; Tomlinson-Keasey, C.; Martin, L. R.; Wingard, D. L. y Criqui, M. H.: «Psychosocial and behavioral predictors of longevity: The aging and death of the "Termites"», *American Psychologist*, *50*, (1995), 69-78.

24. Haidt, J.: «The emotional dog and its rational tail: A social intuitionist approach to moral judgment», *Psychological Review*, *108*, (2001), 814-34.

25. «Your Song», de Elton John y Bernie Taupin, 1969. Robert Emmons es el decano de la investigación sobre la gratitud. *Véase* Emmons, R.: «Gratitude», en C. Peterson y M. Seligman (eds): *The VIA classification of strengths and virtues*, (2002). Manuscrito disponible en *www.positivepsychology.org*; McCullough, M. E.; Kilpatrick, S.; Emmons, R. A. y Larson, D.: «Gratitude as moral affect», *Psychological Bulletin*, *127*, (2001), 249-266.

26. Seligman, M.: *Learned optimism*, Knopf, Nueva York, 1991. [Versión en castellano: *Aprenda optimismo*, Grijalbo, Barcelona, 1998.]

## 10. EL TRABAJO Y LA SATISFACCIÓN PERSONAL

1. Leonhardt, D.: «If richer isn't happier, what is?», *New York Times*, 19 de mayo de 2001, B9-11.

2. Propongo que «ápice» sea la unidad de satisfacción con la vida.

3. Bellah, R. N.; Madsen, R.; Sullivan, W. M.; Swidler, A. y Tipton, S. M.: *Habits of the heart: Individualism and commitment in American life*, Harper and Row, Nueva York, 1985; [versión en castellano: *Hábitos del corazón*, Alianza Universidad, Madrid, 1989]; Wrzesniewski, A.; McCauley, C. R.; Rozin, P. y Schwartz, B.: «Jobs, careers and callings: People's relations to their work», *Journal of Research in Personality*, *31*, (1997), 21-33; Baumeister, R. F.: *Meanings of life*, Guilford Press, Nueva York, 1991.

4. Wrzesniewski, A.; Rozin, P. y Bennett, G.: «Working, playing and eating: Making the most of most moments», en C. Keyes y J. Haidt (eds.): *Flourishing: The positive person and the good*

*life*, Asociación Americana de Psicología, Washington, D.C., 2001.

5. Wrzesniewski, A.; McCauley, C. R.; Rozin, P. y Schwartz, B.: «Jobs, careers, and callings: People's relations to their work», *Journal of Research in Personality, 31*, (1997), 21-33. Véase también Wrzesniewski, A. y Dutton, J.: «Crafting a job: Revisioning employees as active crafters of their work», *Academy of Management Review, 26*, (2001), 179-201. La historia de Coatesville es una mezcla de dos incidentes. Uno ocurrió con motivo de la muerte de Bob Miller y el otro me lo contó Amy Wrzesniewski.

6. Wrzesniewski, A.; McCauley, C. R.; Rozin, P. y Schwartz, B.: «Jobs, careers and callings: People's relations to their work», *Journal of Research in Personality, 31*, (1997), 21-33, con autorización del primer autor.

7. Cohen, R. C. y Sutton, R. I.: «Clients as a source of enjoyment on the job: How hairstylists shape demeanor and personal disclosures», en J. A. Wagner III (ed.): *Advances in qualitative organization research*, Jai Press, Greenwich, CT, 1998.

8. Benner, P.; Tanner, C. A. y Chesla, C. A.: *Expertise in nursing practice*, Springer, Nueva York, 1996. «Untheorized dimensions of caring work: Caring as structural practice and caring as a way of seeing», *Nursing Administration Quarterly, 17*, (1993), 1-10.

9. Fine, G. A.: *Kitchens: The culture of restaurant work*, University of California Press, Berkeley, 1996.

10. Se han cambiado los nombres y los lugares de esta historia por cortesía con el verdadero Dominick.

11. Csikszentmihalyi, M.: *Finding flow*, Basic Books, Nueva York, 1997. [Versión en castellano: *Aprender a fluir*, Kairós, Barcelona, 1998]; Csikszentmihalyi, M. y Schneider, B.: *Becoming adult*, Basic Books, Nueva York, 2000.

12. En la vida moderna puede existir el problema del exceso de posibilidades de elección. Iyengar, S. y Lepper, M.: «When choice is demotivating», *Journal of Personality and Social Psychology, 79*, (2000), 995-1.006. En una serie de estudios, era más probable que los participantes compraran mermeladas exóticas o chocolate para gourmets cuando tenían seis opciones de elección que cuando tenían 24 o 30 respectivamente. Schwartz, B.; Ward, A.; Monterosso, J.; Lyubomirsky, S.;

et al. «Maximizing versus satisficing is a matter of choice» (manuscrito inédito), analizaba los «maximizadores» y los «satisfactores». Los maximizadores viven la vida buscando lo mejor en todo, a diferencia de los satisfactores, que se conforman con lo «suficientemente bueno». Los maximizadores se ven afectados en gran medida por la depresión, la insatisfacción y el arrepentimiento.

13. El 79 % de los alumnos de último curso se matricularon tras graduarse en el instituto o en alguna institución de enseñanza superior. La estadística nacional más cercana era inferior: el 62 % (NELS 1988-1994).

14. Csikszentmihalyi, M.: *Finding flow*, Basic Books, Nueva York, (1997), 61. [Versión en castellano: *Aprender a fluir*, Kairós, Barcelona, 1998.]

15. Ibídem.

16. Adaptado de Seligman, M.; Verkuil, P. y Kang, T.: «Why lawyers are unhappy», *Cardozo Law Journal*, *23*, (2002), 33-53.

17. Hall, M.: «Fax poll finds attorneys aren't happy with work», *L.A. Daily Journal*, 4 de marzo 1992.

18. Con vigencia a partir del 1 de enero de 2000, y compuesto por una salario base de 125.000 dólares más una «prima mínima garantizada» de 20.000 dólares y una «prima discrecional» adicional de entre 5.000 y 15.000 dólares anuales; *New York Law Journal*, 27 de diciembre, 1999. En el número del 22 de diciembre de 1998 del *New York Law Journal* se informaba de que el bufete Wachtell, Lipton daba primas de final de año del 100 % del salario base. El primer año, los abogados jóvenes ganaban 200.000 dólares.

19. Schiltz, P.: «On being a happy, healthy, and ethical member of an unhappy, unhealthy, and unethical profession», *Vanderbilt Law Review*, *52*, (1999), 871.

20. Eaton, W. W.; Anthony, J. C.; Mandell, W. M. y Garrison, R. A.: «Occupations and the prevalence of major depressive disorder», *Journal of Occupational Medicine*, *32*, (1990), 1.079-1.087.

21. Shop, J. G.: «New York poll finds chronic strain in lawyers' personal lives», *Association of Trial Lawyers of America*, abril, 1994. Según el artículo, el 56 % de los abogados divorciados atribuyó a su trabajo el fracaso de su matrimonio.

22. *Véase* J. Heinz et al.: «Lawyers and their discontents: findings from a survey of the Chicago bar», *Indiana Law Journal*, 74, (1999), 735.

23. Seligman, M.: *Learned optimism*, Knopf, Nueva York, 1991. [Versión en castellano: *Aprenda optimismo*, Grijalbo, Barcelona, 1998.]

24. Satterfield, J. M.; Monahan, J. y Seligman, M. E. P.: «Law school performance predicted by explanatory style», *Behavioral Sciences and the Law*, 15, (1997), 1-11.

25. La prudencia es una fortaleza, valorada de forma ubicua en todas las culturas. La prudencia extrema, la capacidad del abogado para prever todos los peligros posibles, es útil para ejercer la profesión, pero resulta perjudicial en muchos otros contextos. Formalmente, consideramos las características positivas como vigentes en una relación de familia género-especie. Las virtudes (género), lo más abstracto, son los rasgos positivos envolventes valorados de forma universal. Las fortalezas (especies) son los caminos hacia las virtudes que se encuentran de forma ubicua en las culturas y la historia. Los temas (familia) son rasgos positivos, pero sólo en ciertos contextos como la industria norteamericana, y negativos en muchos otros. Los temas son los rasgos que contribuyen al éxito de un trabajo que mide el Gallup *Strenghtfinder* @. Así pues, el pesimismo extremo que muestran los abogados de éxito en Estados Unidos es un tema, un rasgo que contribuye al éxito en el mundo jurídico estadounidense. No es lo suficientemente general para constituir una fortaleza o una virtud.

26. Karasek, R.; Baker, D.; Marxer, F.; Ahlbom, A. y Theorell, T.: «Job decision latitude, job demand, and cardiovascular disease: A prospective study of Swedish men», *American Journal of Public Health*, 71, (1981), 694-705.

27. Schwartz, B.: *The costs of living: How market freedom erodes the best things in life*, Norton, Nueva York, 1994.

28. «14 hours days? Some lawyers say "no"», *New York Times*, 6 de octubre de 1999, G1. («En los grandes bufetes, el 44 % de los nuevos abogados jóvenes dejan la empresa en un plazo de tres años.») El artículo también especifica que los bufetes de Nueva York han creado comités para «buscar la forma de tener contentos a los abogados jóvenes».

29. Para una lista más larga de sugerencias incluso más

anodinas, *véase* la calidad de vida de los abogados. *The Record of the Association of the Bar of the City of New York*, 55, 2000.

30. Para un debate sobre la valentía en entornos empresariales, *véase* Worline, M.: «Courage», en C. Peterson y M. Seligman (eds): *The VIA classification of strengths and virtues*, (2002). Manuscrito disponible en *www.positivepsychology.org*.

## 11. LA VIDA AMOROSA

1. Van Boven, L.; Dunning, D. y Lowenstein, G.: «Egocentric empathy gaps between owners and buyers: Misperceptions of the endowment effect», *Journal of Personality and Social Psychology*, 79, (2000), 66-76.

2. Tooby, J. y Cosmides, L.: «Friendship and the banker's paradox: Other pathways to the evolution of adaptations for altruism», en W. G. Runciman; J. M. Smith y R. I. M. Dunbar, (eds.): «Evolution of social behaviour patterns in primates and man», *Proceedings of the British Academy*, 88, (1996), 119-143.

3. Diener, E. y Seligman, M.: «Very happy people», *Psychological Science*, 13, (2001), 81-84.

4. Myer, D.: *The American Paradox*, Yale University Press, New Haven, CT, 2000. El capítulo sobre el matrimonio en este libro es la fuente más seria que conozco, y utilizo las citas y las cifras de Myer sobre el divorcio y la infelicidad en varios de los párrafos siguientes.

5. Para un debate excelente sobre cuán cruciales son las relaciones, tanto para el bienestar positivo como negativo, *véase* Reis, H. y Gable, S.: «Toward a positive psychology of relationships», en C. Keyes, y J. Haidt, (eds.): *Flourishing: The positive person and the good life*, Asociación Americana de Psicología, Washington, D.C., 2001.

6. Conger, R. y Elder, G.: *Families in troubled times: Adapting to change in rural America*, Aldine de Gruyter, Hawthorne, Nueva York, 2002.

7. Hazan, C.: «The capacity to love and be loved», en C. Peterson y M. Seligman (eds): *The VIA Classification of strengths and virtues*, American Psychological Association Press, Washington, D.C. 2002. *Véase* también Sternberg, R.: «A triangular theory of love», *Psychological Review*, 93, (1986), 119-135. En este

importante artículo, Sternberg argumenta que el amor tiene tres aspectos: intimidad, pasión y compenetración. En principio, el matrimonio combina las tres.

8. En *Cuna de gato*, Kurt Vonnegut llama a estos grupos superficiales «granfalloons» en contraposición con los «karasses», grupos profundamente relacionados por un «wampeter» o propósito profundo.

9. El matrimonio, ¿una institución de éxito? ¿Con quién estoy bromeando? Es por todos conocido que la institución del matrimonio, a pesar de todas sus ventajas emocionales y materiales y de todas las bendiciones evolutivas, se encuentra actualmente bajo una tensión insoportable en Estados Unidos. La tasa de divorcio en este país se ha duplicado desde 1960, y ahora la mitad de los matrimonios termina en divorcio. En la década de los noventa había unos 2,4 millones de bodas y 1,2 millones de divorcios al año. La mitad de los niños pasan por la devastadora experiencia del divorcio de sus padres.

Y ése no es más que un elemento de la erosión de la institución del matrimonio. La frecuencia del matrimonio también está descendiendo; en la actualidad, el 41 % de los adultos estadounidenses no están casados, en comparación con el 29 % de hace cuarenta años. Además, los estadounidenses retrasan ahora el momento de la boda, y hombres y mujeres se casan por término medio cinco años más tarde que hace cuatro décadas. La única luz en el extremo del túnel es que la tasa de divorcio en Estados Unidos se ha ido reduciendo a un ritmo constante a lo largo de la década de 1990, pero quizá se deba únicamente a que los jóvenes retrasan el matrimonio, no a una tendencia contraria al divorcio.

Tal vez pueda pensarse que este descenso de la tasa de matrimonios debido al divorcio, al aplazamiento y al hecho de permanecer soltero es una tendencia diseñada para descartar lo que habrían sido matrimonios infelices. No es así; entre los casados, el porcentaje de los que dicen ser «muy felices en su matrimonio» también ha descendido, y sólo un tercio de quienes se casaron en la década de 1970 hace tal afirmación. Lo que ocurre es sencillamente que el divorcio está más sobre el tapete desde el punto de vista psicológico que hace una generación. Cuando las cosas van mal en un matrimonio, echarlo por la borda y encontrar una solución nueva y más halagüeña resulta una opción más viable. Así pues, intentar que funcione o decidir vivir por debajo de un nivel de amor óptimo ha descendido.

En resumidas cuentas, los cambios sociales de la generación anterior han hecho que muchos millones de matrimonios que empezaron con amor, alegría y optimismo naufraguen y se conviertan en un caos en el que cada uno de los miembros de la pareja no vea más que las debilidades y defectos del otro. Esto empieza a desmentir las ventajas del emparejamiento estable y es una pérdida de la capacidad de amar y ser amado a una escala sin precedentes. Para documentarse, *véase* Myers, D. (2000), citado anteriormente en este capítulo.

10. Cutler, W.; Garcia, C.; Huggins, G. y Prett, G.: «Sexual behavior and steroid levels among gynecologically mature premenopausal women», *Fertility and Sterility, 45*, (1986), 496-502.

11. *Véase* Myers, D. (2000), citado anteriormente en este capítulo.

12. Hazan, C. y Zeifman, D.: «Pair bonds as attachments», en J. Cassidy y P. Shaver (eds.), *Handbook of attachment*, 336-354, Guilford Press, Nueva York, 1999; Belsky, J.: «Modern evolutionary theory and patterns of attachment», ibídem, 141-161.

13. El innovador artículo es el de Hazan, C. y Shaver, P.: «Romantic love conceptualized as an attachment process», *Journal of Personality and Social Psychology, 52*, (1987), 511-524.

14. Roger Kobak cuenta esta historia en Kobak, R.: «The emotional dynamics of disruptions in attachment relationships», en J. Cassidy y P. Shaver (eds.), *Handbook of Attachment*, 21-43, Guilford Press, Nueva York, 1999.

15. Para una reseña excelente de los estudios exhaustivos tanto de Ainsworth como de Bowlby, *véase* Weinfield, N.; Sroufe, A.; Egeland, B. y Carlson, E.: «The nature of individual differences in infant-caregiver attachment», ibídem, 1999, 68-88.

16. *Véase* Feeny (1999), ibídem, en las pp. 363-365 se hace un resumen de las pruebas.

17. Feeny (1999), ibídem, 360. Este capítulo también contiene una excelente reseña sobre las consecuencias de los distintos tipos de apego tal como se analizaron tanto en la investigación de campo como de laboratorio.

18. Kunce, L. y Shaver, P.: «An attachment-theoretical approach to caregiving in romantic relationships», en K. Bartholomew y D. Perlman (eds.): *Advances in personal relationships*,

*vol. 5: Attachment processes in adulthood*, 205-237, Jessica Kingsley, Londres, 1994.

19. Hazan, C.; Zeifman, D. y Middleton, K.: «Adult romantic attachment, affection and sex», artículo presentado en el 7.º Congreso sobre Relaciones Personales, Groningen, Países Bajos, Julio de 1994.

20. Mikulincer, M.; Florian, V. y Weller, A.: «Attachment styles, coping strategies, and posttraumatic psychological distress: The impact of the Gulf War in Israel», *Journal of Personality and Social Psychology, 64*, (1993), 817-826.

21. Cafferty, T.; Davis, K.; Medway, F.; et al: «Reunion dynamics among couples separated during Operation Desert Storm: An attachment theory analysis», en K. Bartholomew y D. Perlman (eds.): *Advances in personal relationships, vol. 5: Attachment process in adulthood*, 309-330, Jessica Kingsley, Londres, 1994.

22. Éstas son las referencias completas:

- Christensen, A. y Jacobson, N.: *Reconcilable differences*, Guilford Press, Nueva York, 2000. Cómo distinguir en el matrimonio los conflictos que tienen solución de los que no la tienen en el matrimonio, y cómo solucionar los que tienen solución. Para matrimonios muy problemáticos.

- Gottman, J., en colaboración con DeClaire, J.: *The relationship cure*, Crown, Nueva York, 2001. Acciones concretas para mejorar la comunicación y los vínculos con los seres queridos. Para todas las relaciones humanas problemáticas, desde hermanos hasta parejas.

- Gottman, J., en colaboración con Silver. N.: *The seven principles for making marriage work*, Three Rivers, Nueva York, 1999. [Versión en castellano: *Siete reglas de oro para vivir en pareja*, Plaza & Janés, Barcelona, 2000.] Se trata de un manual documentado con investigaciones, directo, con ejercicios concretos, para mejorar los matrimonios con problemas y el único que contiene gran número de consejos para matrimonios que funcionan. Mi preferido.

- Markman, M.; Stanley, S. y Blumberg, S.: *Fighting for your marriage*, Jossey-Bass, Nueva York, 1994. [Versión en castellano: *Salve su matrimonio: claves para resolver los conflictos y prevenir el divorcio*, Gestión, Barcelona, 2000.] Cómo ser un oyente activo y un compañero atento. Una capacidad general muy útil aplicada a los matrimonios con problemas, pero adecuada para todas las relaciones íntimas.

23. Gottman, J. y Levenson, R.: «Marital processes predictive of later dissolution: Behavior, physiology, and health», *Journal of Personality and Social Psychology*, *63*, (1992), 221-233.

24. Gottman, J. y Silver, N.: *The seven principles for making marriage work*, Three Rivers, Nueva York, 1999. [Versión en castellano: *Siete reglas de oro para vivir en pareja*, Plaza & Janés, Barcelona, 2000.] *Véase* especialmente el capítulo 4.

25. Gable, S. y Reis, H.: «Appetitive and aversive social interaction», en J. Harvey y A. Wenzel (eds.): *Close romantic relationship maintenance and enhancement*. 2001. En imprenta.

26. Murray, S.: «The quest for conviction: Motivated cognition in romantic relationships», *Psychological Inquiry*, *10*, (1999), 23-34; Murray, S.; Holmes, J.; Dolderman, D. y Griffin, D.: «What the motivated mind sees: Comparing friend's perspectives to married partners' views of each other», *Journal of Experimental Social Psychology*, *36*, (2000), 600-620.

27. Finchman, F. y Bradbury, T.: «The impact of attributions in marriage: A longitudinal analysis», *Journal of Personality and Social Psychology*, *53*, (1987), 510-517; Karney, B. y Bradbury, T.: «Attributions in marriage: state or trait? A growth curve analysis», *Journal of Personality and Social Psychology*, *78*, (2000), 295-309.

28. Lincoln, A., (30 de septiembre de 1859). Discurso ante la Sociedad Agrícola del Estado de Wisconsin, Milwaukee.

29. El mejor manual es Markman, M.; Stanley, S. y Blumberg, S.: *Fighting for your marriage*, Jossey-Bass, Nueva York, 1994. [Versión en castellano: *Salve su matrimonio: claves para resolver los conflictos y prevenir el divorcio*, Gestión, Barcelona, 2000.] Esta sección se basa en gran medida en su trabajo; sobre todo en el tercer capítulo. *Véase* también Kaslow, F. y Robison, J.: «Long-term satisfying marriages: Perceptions of contributing factors», *American Journal of Family Therapy*, *24*, (1996), 153-170, que dicen que los matrimonios duraderos y felices man-

tienen una «comunicación positiva y ratificadora», en la que los desaires y otras imputaciones negativas sólo destacan por su ausencia.

30. Markman et al., ibídem, 67-69.

## 12. LA EDUCACIÓN DE LOS HIJOS

1. Este capítulo fue escrito en estrecha colaboración con Mandy Seligman. De hecho, ella escribió más que yo.

2. Bower, G.: «Organizational factors in memory», *Cognitive Psychology, 1,* (1970), 18-46.

3. Fredrickson, B. y Joiner, T.: «Positive emotions trigger upward spirals toward emotional well-being», *Pychological Science*, 2002, en imprenta.

4. Young-Bruehl E. y Bethelard, F.: *Cherishment: A psychology of the heart*, Free Press, Nueva York, 2000.

5. Seligman, M.: *Helplessness: On depression, development, and death, Freeman*, San Francisco, 1975. [Versión en castellano: *Indefensión: en la depresión, el desarrollo y la muerte*, Debate, Madrid, 2000.] *Véase* especialmente el capítulo 7.

6. Seligman, M.: *The optimistic child*, Houghton-Mifflin, Nueva York, 1996. [Versión en castellano: *Niños optimistas: cómo prevenir la depresión en la infancia*, Grijalbo, Barcelona, 1999.] *Véase* especialmente el capítulo 5.

7. Bloom, L.: *Language development: Form and function in emerging grammars*, MIT Press, Cambridge, MA, 1970.

8. Davies, R.: *One-half of Robertson Davies*, Viking, Nueva York, 1977.

9. e.e. cummings: *love is a place, no thanks*, (1935).

10. Esta sección es una versión del capítulo 14 de Seligman, M.: *The optimistic child*, Houghton-Mifflin, Nueva York, 1996. [Versión en castellano: *Niños optimistas: cómo prevenir la depresión en la infancia*, Grijalbo, Barcelona, 1999.]

11. De acuerdo con el psicólogo pionero, Carl Rogers.

12. La referencias bibliográficas sobre la indefensión aprendida apetitiva se tratan en Peterson, Maier y Seligman: *Learned helplessness*, Oxford University Press, Nueva York, 1993 y en Seligman: *Helplessness*, Freeman, Nueva York, 1991. Ambas presentan referencias bibliográficas extensas sobre el tema.

13. *Véase* el volumen editado por B. Campbell y R. Church: *Punishment and aversive behavior*, Appleton-Century-Crofts, Nueva York, 1969, que presenta pruebas sólidas de la eficacia contundente del castigo.

14. Mi tesis doctoral fue el primero de numerosos estudios que lo demostraron. Seligman, M.: «Chronic fear produced by unpredictable shock», *Journal of Comparative and Physiological Psychology*, 66, (1968), 402-411. En el capítulo 6, «Imprevisibilidad y ansiedad», de Seligman, *Helplessness*, Freeman, San Francisco, 1975, encontrará una reseña.

15. Vaillant, G. y Vaillant, C.: «Work as a predictor of positive mental health», *American Journal of Psychiatry*, 138, (1981), 1.433-1.440.

16. Tanto esta sección como la anterior son una versión del capítulo 14 de Seligman: *The optimistic child*, Houghton-Mifflin, Nueva York, 1996. [Versión en castellano: *Niños optimistas: cómo prevenir la depresión en la infancia*, Grijalbo, Barcelona, 1999.]

17. Schwartz, R. y Garamoni, G.: «Cognitive balance and psychopathology: Evaluation of an information processing model of positive and negative states of mind», *Clinical Psychology Review*, 9, (1989), 271-94; Garamoni, G.; Reynolds, C.; Thase, M. y Frank, E.: «Shifts in affective balance during cognitive therapy of major depression», *Journal of Consulting and Clinical Psychology*, 60, (1992), 260-266.

18. Considero que la frecuencia elevada de sueños sumamente negativos es más que una simple correlación con la depresión. El evitar que la gente deprimida sueñe, ya sea mediante fármacos o interrumpiendo el sueño REM, es un tratamiento antidepresivo eficaz. Del mismo modo que enfrentarse a muchos sucesos negativos durante el día provoca depresión, experimentarlos durante la noche también podría causarla. *Véase* Vogel, G.: «A review of REM sleep deprivation», *Archives of General Psychiatry*, 32, 96-97.

19. *Véase* Seligman, M. E. P. y Yellin, A.: «What is a dream?», *Behavior Research and Therapy*, 25, (1987), 1-24.

20. B. F. Skinner estaba en lo cierto respecto a las palomas, pero se equivocaba en lo referente a los niños, y mi fe juvenil en Skinner me perjudicó en el trato con los niños. Skinner popularizó la «ley del efecto» de Thorndike, y desde su trono en Har-

vard convenció a los teóricos más novatos como yo de que una «respuesta» gratificante reforzaría la causa de su origen. Eso funcionaba medianamente bien en los experimentos en los cuales trataba de que las ratas accionasen una palanca, proporcionándoles comida cada vez que lo hacían. Digo «medianamente bien» porque incluso con animales de laboratorio, el refuerzo positivo es una técnica muy trabajosa. En primer lugar exige numerosas pruebas y una gran pericia: se necesitan innumerables combinaciones entre respuestas y gratificaciones para obtener un rendimiento óptimo. Normalmente sus experimentos requerían entre diez y cien combinaciones de estímulos y respuestas para lograr un buen «adiestramiento» de una rata hambrienta. En segundo lugar se debe escoger la respuesta con mucho tacto para que la supuesta ley funcione: las palomas nunca aprenderán a presionar una palanca con el pico, independientemente del número de refuerzos utilizados, pero «aprenden» a picotear un interruptor iluminado para obtener comida aunque no exista relación alguna entre el hecho de picotear el interruptor y la comida; se limitan a picotear cuando ven los granos. Los padres rara vez se esfuerzan por gratificar decenas de veces un mismo comportamiento, y no suelen ser muy minuciosos en lo concerniente a las respuestas que gratifican y las que omiten.

## 13. Repitición y resumen

1. Imgine a un sadomasoquista que se recrea en los asesinatos en serie y obtiene un gran placer con los mismos. Imagine a un asesino a sueldo que obtiene gratificación acechando y matando. Imagínese a un terrorista de Al-Qaeda que estrella un avión secuestrado contra el World Trade Center. ¿Podría decirse que estas tres personas han obtenido, respectivamente, la vida placentera, la buena vida y la vida significativa?

La respuesta es «sí». Por supuesto, condeno sus actos, pero por motivos ajenos a la teoría explicada en este libro. Los actos son moralmente despreciables, pero la teoría no es una ley moral ni una visión del mundo, es una descripción. Estoy convencido de que la ciencia es moralmente neutral, pero éticamente relevante.

La teoría expuesta en este libro describe qué es la vida placentera, la buena vida y la vida significativa. Describe cómo alcanzarlas y cuáles son las consecuencias de vivirlas. No las prescribe ni tampoco valora ninguna de ellas más que otra desde el punto de vista teórico.

Resultaría hipócrita negar que personalmente valoro más la vida significativa que la buena vida, que, a su vez, valoro más que la vida placentera. Pero los motivos de mis valoraciones son ajenos a la teoría. Valoro más la contribución al todo que la contribución al yo, y valoro más el desarrollo de potenciales que vivir el momento. Las tres vidas no son incompatibles entre sí, y es mi deseo que las alcance todas.

## 14. Sentido y propósito

1. Wright, R.: *Nonzero: The logic of human destiny*, Pantheon, Nueva York, 2000.
2. Asimov, I.: «The last question», *Science Fiction Quarterly* (7/15-11-1956)
3. Stegall, W.: *A guide to A.N. Whitehead's understanding of God and the universe*, Creative Transformation, Center for Process Studies, Claremont, California, 1995.

## Apéndice: terminología y teoría

1. La palabra felicidad es el término general que describe todo el conjunto de metas de la Psicología Positiva. La palabra en sí no es un término en la teoría —a diferencia de «placer» o «fluidez», que son entidades cuantificables con propiedades psicométricas aceptables, es decir, muestran cierta estabilidad con el paso del tiempo y fiabilidad entre observadores—. El concepto felicidad es como el término «cognición» en el campo de la Psicología Cognitiva o «aprendizaje» en la teoría del aprendizaje. Estos términos designan un ámbito de estudio, pero no desempeñan ningún papel en las teorías inherentes a sus respectivos campos.

2. El optimismo es una emoción orientada hacia el futuro. El estilo explicativo optimista (*véase* el capítulo 6) es un rasgo,

una fortaleza que, ejercitada, genera las emociones de optimismo y confianza. (Adaptado de Valores-en-Acción [VIA], Clasificación de Fortalezas y Virtudes, desarrollada por Christopher Peterson y Martin Seligman. Financiado por la Fundación Emmanuel and Rhoda Mayerson.)

# Índice

«Para viajar lejos no hay mejor nave que un libro».

EMILY DICKINSON

# Gracias por tu lectura de este libro.

En **penguinlibros.club** encontrarás las mejores recomendaciones de lectura.

Únete a nuestra comunidad y viaja con nosotros.

penguinlibros.club